ro
ro
ro

Kurt-Reiner Geiß
Michael Hamm

Handbuch Sportlerernährung

Rowohlt

rororo sport
Herausgegeben von Bernd Gottwald

9. Auflage November 2008

Veröffentlicht im Rowohlt Taschenbuch Verlag,
Reinbek bei Hamburg, September 1992

Umschlaggestaltung Peter Wippermann/Jürgen Kaffer
(Foto: Sportpressephoto Bongarts)
Satz Sabon und Helvetica (Linotronic 500)
Gesamtherstellung CPI – Clausen & Bosse, Leck
Printed in Germany
ISBN 978 3 499 18672 1

Inhalt

1 Einleitung Sportlerernährung – Wissen und Spekulationen 11

2 Medizinische und leistungsphysiologische Grundlagen 13

2.1 Energiebedarf 13
2.2 Energieumsatz 17
2.2.1 Energiebilanz 17
2.2.2 Physiologischer Brennwert 17
2.2.3 Kalorisches Äquivalent 18
2.2.4 Respiratorischer Quotient 18
2.2.5 Messung des Energieumsatzes 20
2.2.5.1 Direkte Kalorimetrie 20
2.2.5.2 Indirekte Kalorimetrie 20
2.2.6 Grundumsatz 20
2.2.7 Arbeits- und Leistungsumsatz 23
2.2.7.1 Temperaturregulation 23
2.2.7.2 Verdauung 23
2.2.7.3 Muskelarbeit 24
2.2.7.3.1 Aufbau, Struktur und Funktion des Muskels 24
2.2.7.3.2 Koordination 30
2.2.7.3.3 Flexibilität 31
2.2.7.3.4 Kraft 31
2.2.7.3.5 Ausdauer 31
2.2.7.3.6 Adaptations- und Trainingseffekte 39
2.3 Verdauung und Resorption der Nährstoffe 43
2.4 Energiegewinnung in der Zelle 59
2.4.1 Zusammenhang zwischen der Energiebereitstellung der Zelle und der Sauerstoffaufnahme bei unterschiedlichen körperlichen Belastungen 64
2.4.1.1 Extrem kurze Belastungen (bis circa 10 Sekunden) 64
2.4.1.2 Belastungsdauer bis 3 Minuten 65
2.4.1.3 Mittlere Belastungsdauer (bis 20 Minuten) 66
2.4.1.4 Längerfristige Belastung (Stunden) 66

3 Ernährungsphysiologische Grundlagen 69

3.1 Kohlenhydrate 75
3.1.1 Allgemeine Bedeutung für die Ernährung 76
3.1.2 Aufbau 76
3.1.3 Stoffwechsel 78
3.1.3.1 Superkompensation 78
3.1.3.2 Hormonelle Regulation der Blutzuckerkonzentration 83
3.1.3.3 Stoffwechselverfügbarkeit 84
3.1.3.4 Biochemie der Energiegewinnung aus Kohlenhydraten 86
3.1.4 Bedeutung der Kohlenhydrate für den Sportler 88
3.1.5 Ballaststoffe in der Ernährung des Sportlers 89
3.1.6 Kohlenhydratreiche Lebensmittel und Präparate 91
3.2 Fette (Lipide) 94
3.2.1 Anteilige Energiebereitstellung aus Fetten 94
3.2.2 Allgemeine Bedeutung für die Ernährung 96
3.2.3 Aufbau und Zusammensetzung der Nahrungsfette 96
3.2.4 Funktion und Stoffwechsel der mehrfach ungesättigten Fettsäuren 100
3.2.5 Biochemie des Fettstoffwechsels und der Energiegewinnung aus Fettsäuren 102
3.2.6 Nahrungsvorkommen und Präparate 102
3.3 Proteine (Eiweißstoffe) 106
3.3.1 Allgemeine Bedeutung für die Ernährung 107
3.3.1.1 Aufbau 108
3.3.1.2 Biologische Wertigkeit und Ergänzungswirkung 113
3.3.1.3 Zur Qualitätsbestimmung von Proteinen 114
3.3.2 Stoffwechsel 115
3.3.3 Proteinbedarf und -zufuhrempfehlungen 121
3.3.4 Risiken einer zu hohen Proteinzufuhr 123
3.3.5 Nahrungsvorkommen und Präparate 126
3.4 Vitamine 127
3.4.1 Allgemeine Bedeutung für die Ernährung 127
3.4.2 Vitaminbedarf und Empfehlungen für die Vitaminzufuhr 128
3.4.3 Kritische Vitaminversorgung und Vitaminsubstitution 134
3.4.4 Mangelerscheinungen und Überdosierungsfolgen 136
3.4.5 Nahrungsvorkommen und Präparate 138
3.5 Wasser- und Elektrolythaushalt 139
3.5.1 Bedeutung von Wasser und Vorkommen im Körper 139
3.5.2 Folgen von Wasser- und Elektrolytverlusten 141

3.5.3 Allgemeine Bedeutung der Mengen- und Spurenelemente 143
3.5.3.1 Natrium(chlorid) 144
3.5.3.2 Kalium 145
3.5.3.3 Calcium 146
3.5.3.4 Phosphor (Phosphat) 146
3.5.3.5 Magnesium 147
3.5.3.6 Eisen 149
3.5.3.7 Zink 152
3.5.3.8 Selen 152
3.5.3.9 Chrom 153
3.5.4 Getränke und Empfehlungen zum Trinkverhalten 154
3.6 Wirkstoffe 158
3.6.1 Enzyme und Coenzyme 158
3.6.2 Coenzym Q_{10} 161
3.6.3 Phospholipide 161
3.6.4 Carnitin 162
3.6.5 Weitere als Wirkstoffe diskutierte Substanzen: Flavonoide, Pangaminsäure, Orotsäure, alpha-Liponsäure, Inosin, Taurin 163

4 ____ Sportartenspezifische Ernährung 167

4.1 Spezifische Bedeutung der Nährstoffe im Sport 167
4.2 Sportartenspezifische Anforderungen 178
4.2.1 Kraftsportarten 178
4.2.2 Kraftausdauersportarten 183
4.2.3 Schnellkraft- und Kampfsportarten 186
4.2.4 Spielsportarten 188
4.2.5 Ausdauersportarten 190

5 ____ Zur Gewichtsfrage im Sport 195

5.1 Körpergewicht und Körperfettanteil im Sport 199
5.2 Gewichtsreduktion 200
5.3 Eßstörungen bei Sportlern 210
5.3.1 Anorexia nervosa und Bulimia nervosa 211
5.3.2 Merkmale zur Diagnostik 216

6 ____ Praxis der Ernährungsberatung 219

6.1 Abgrenzung von Ernährungsberatung, Ernährungsaufklärung und -information 220
6.2 Ernährungsprotokolle 221
6.3 EDV-Einsatz in der Ernährungsberatung 223
6.4 Ernährungsberatung in Koronarsportgruppen 223
6.5 Ernährungsberatung am Olympiastützpunkt Hamburg/Kiel 225

7 ____ Lebensmittelwissenschaftliche Grundlagen, Warenkunde und spezielle Kostformen 227

7.1 Der Lebensmittelkreis 227
7.2 Nährstoffdichte 232
7.3 Lebensmitteltabellen 233
7.4 Zusammensetzung der Mineralwässer 248
7.5 Nahrungsergänzungen/Sportlernahrungen 251
7.6 Lebensmittelrechtliche Beurteilung von Sportlernahrungen 254
7.7 Alternative Kostformen im Sport 257
7.7.1 Vegetarische Ernährungsprinzipien 258
7.7.2 Vollwert-Ernährung 258
7.7.3 Nachteile bestimmter alternativer Kostformen für den Sportler 260
7.7.4 Vorteile für den Sportler 260
7.8 Außer-Haus-Verpflegung 262
7.8.1 Gemeinschaftsverpflegung 262
7.8.2 Verpflegung im Ausland 263

8 ——— Kritische Anmerkungen zu Wirkstoffen und leistungssteigernden Maßnahmen im Sport 265

8.1 Enzyme, Fatburner 265
8.2 Phospholipide 266
8.3 Coenzym Q_{10} und Inosin 266
8.4 Aminosäuren 267
8.5 Isotonie 267
8.6 Antioxidantien 268
8.7 Doping 269
8.8 β-Endorphin 274
8.9 Sportmedizinische Untersuchungen 275

Anhang 277

Literatur 278
Die Autoren 283

Kapitel 1

Einleitung
Sportlerernährung – Wissen und Spekulationen

Seit Beginn der achtziger Jahre treibt etwa jeder vierte Bundesbürger Sport. Dieser Trend wurde maßgeblich durch die Fitneßwelle ausgelöst, die von Amerika nach Europa «importiert» wurde und die neben attraktiven Sportarten auch ein neues Lebensgefühl mit sich brachte: Sport, Wohlbefinden und Gesundheit stehen dabei in einem engen Zusammenhang.
Es erscheint daher aus medizinischer Sicht begrüßenswert, daß nach bundesweiten Aktionen, wie zum Beispiel «Trimming 130» durch die Sportverbände, letzlich auch Krankenkassen und Versicherungen diesen Aspekt erkannt haben und nun durch verschiedene Promotion-Maßnahmen diese neue, gesundheitsbewußte Lebensart fördern.
Beim Ausüben sportlicher Aktivitäten verfolgt jeder seine persönlichen Ziele: Die einen zum Beispiel spielen lediglich aus Freude am Hobby Tennis oder joggen durch den Wald, um sich fit zu halten; die mehr Ambitionierten trainieren für Wettkämpfe, und Leistungssportler absolvieren zum Teil mehr als zwölf Trainingseinheiten pro Woche, um auf nationaler und internationaler Ebene Medaillen zu erringen.
Darüber hinaus kommt dem Sport auch noch eine spezifische, krankheitsvorbeugende, das heißt prophylaktische Bedeutung zu, wobei gesichert erscheint, daß bestimmte Zivilisationskrankheiten (wie zum Beispiel die Gefäßverkalkung, Arteriosklerose) durch regelmäßige sportliche Betätigung und durch bedarfsgerechte, fettreduzierte Ernährung in ihrem Ausprägungsgrad gemindert oder gar in ihrer Entstehung verhindert werden können.
Sport hat aber auch eine kurative Wirkung: In zahlreichen Rehabilitationskliniken und ambulanten Gruppen lernen Patienten nach einer Operation durch Steigerung der Muskelkraft und Verbesserung der Koordinationsfähigkeit sich wieder zu bewegen oder bauen nach Erleiden eines Herzinfarktes durch Gymnastik und Ausdauertraining ihre cardiale Leistungsfähigkeit erneut auf. Durch diese

Maßnahmen wird der soziale Reintegrationsprozeß ermöglicht, der für alle Patienten im Verlauf der Genesung neben finanziell-ökonomischen Aspekten schon allein aus psychologischer Sicht von überragender Bedeutung ist.
Gleich aus welchen Gründen man nun Sport treibt, so ist die wichtigste Voraussetzung für jede körperliche Betätigung die Leistungsbereitschaft, beziehungsweise -fähigkeit des Organismus. Folgende Faktoren sind hierbei von ausschlaggebender Bedeutung und letztendlich für den Erfolg entscheidend:

1. optimales Training und Wettkampfvorbereitung
2. mentale Einstellung
3. sportartgerechte Ernährung

Gerade letztgenannter Faktor wird jedoch als Voraussetzung für eine optimale Leistungsfähigkeit des Körpers in seiner Notwendigkeit immer wieder unterschätzt. Vielmehr dominieren hier althergebrachte Gewohnheiten, die sowohl im Breiten- als auch im Leistungssport oft aufgrund von Unkenntnis und Glauben an Mystik bis hin zu zwanghaften Verhaltensmustern ritualisiert werden.
Des weiteren verwenden zahlreiche Leistungssportler angeblich leistungssteigernde Substanzen, von denen viele als Dopingpräparate verboten sind. Mit ihnen versuchen die Athleten die autonomen Leistungsreserven ihres Organismus zu mobilisieren und gehen dabei ein hohes gesundheitliches Risiko ein, ohne zuvor alle natürlichen Wege einer «physiologischen» Leistungssteigerung ausgeschöpft zu haben. Gelegentlich verwenden einige Sportler diese Präparate wohl auch, um aus profilneurotischen Gründen relative, sportartbezogene genetische Dispositionen, im Sinne mangelnder Voraussetzung beziehungsweise Eignung, zu kompensieren oder um unzureichende Trainingssteuerung und Wettkampfvorbereitung sowie Fehlverhalten in der Ernährung lediglich auszugleichen. Nur sehr wenige Athleten scheinen zu wissen, daß durch eine bedarfsgerechte, sportartgerechte Ernährung Leistungssteigerungen bis zu 15 % erzielt werden können!
In letzter Zeit kommt es des weiteren bei den Sportlern durch zum Teil falsch interpretierte und mit Informationsverlust einhergehende, populärwissenschaftlich formulierte Aussagen in den Medien sowie durch spekulative Werbeversprechungen der Nahrungsmittel- und Getränkebranche, die versucht, pseudomedizinische Informationen durch die Kopplung an bekannte, erfolgreiche Sportler glaubhaft darzustellen, zu einer zunehmenden Verunsicherung.

Das vorliegende Buch erhebt den Anspruch, sportmedizinisch-ernährungsphysiologisch gesichertes Wissen darzustellen, konkrete Anleitung für die Praxis zu geben, spekulative Aussagen kritisch zu prüfen und auf falsche Informationen hinzuweisen. Gleichzeitig können in diesem Buch erstmals Beispielsberechnungen zum individuellen, leistungsbezogenen Kalorienverbrauch und zur sportartspezifischen Nährstoffverteilung für Trainings-, Vorwettkampf-, Wettkampf- und Regenerationstage (nach dem Calorymetic-System) aufgezeigt werden.

Kapitel 2

Medizinische und leistungsphysiologische Grundlagen

2.1 Energiebedarf

Unser Körper ist, biologisch betrachtet, ein Verband von Zellen, die, zusammengeschlossen zu funktionellen Einheiten, verschiedene Arbeiten verrichten.
Zu den allgemeinen Leistungen gehören Aufbau und Erhaltung der Zell- und Organstruktur, des weiteren Bildung und Erhaltung des extra- und intrazellulären Flüssigkeitsmilieus.
Darüber hinaus sind die spezifischen Arbeiten zu nennen:

- die mechanische Arbeit, z. B. die durch Kontraktionen verschiedener Muskelpartien ermöglichten Bewegungsabläufe;
- die neurogene Koordination, die zum einen die verschiedenartigen Bewegungsabläufe im Sinne einer Signalabgabe steuert, zum anderen aber auch Impulse bzw. Reize aus der Umwelt aufnimmt (z. B. Schmecken), umwandelt und teilweise auch abspeichert;
- die chemische Arbeit: der ständige Auf- und Abbau von Molekülen, die spezielle Funktionen in unserem Organismus haben: Hier ist z. B. die Biosynthese der Hormone, die zur Steuerung der Funktionslage verschiedener Organe (z. B. Schilddrüse) oder der Immunabwehr dienen, zu nennen;
- osmotische Arbeit: Hierzu zählen unter anderem die aktiven Transportprozesse, wenn also z. B. Mineralstoffe gegen ein Konzentrationsgefälle zur Aufrechterhaltung eines speziellen Flüssigkeitsmilieus durch Zellwände bzw. Membranen geschleust werden müssen.

Diese allgemeinen und speziellen Zellfunktionen ermöglichen unserem Organismus durch die Aufrechterhaltung eines Basisenergiestoffwechsels die eigentliche Lebensfähigkeit. Hierzu kommt dann noch der Leistungsstoffwechsel; dabei wird durch ein Ausschöpfen aller Energiereserven grundsätzlich eine höhere Aktivitätsstufe erreicht, was uns letztlich in die Lage versetzt, bestimmte Leistungen zu vollbringen, z. B. das Verrichten einer körperlichen Tätigkeit.

1 Zellplasma (Hyaloplasma)
2 Lysosomen
3 endoplasmatisches Retikulum
4 Glykogen (Zuckermoleküle)
5 Lipide (Fette)
6 Zellkern (Nucleus)
7 Kernkörperchen (Nukleoli)
8 Mitochondrien
9 Golgi-Apparat
10 Ribosomen

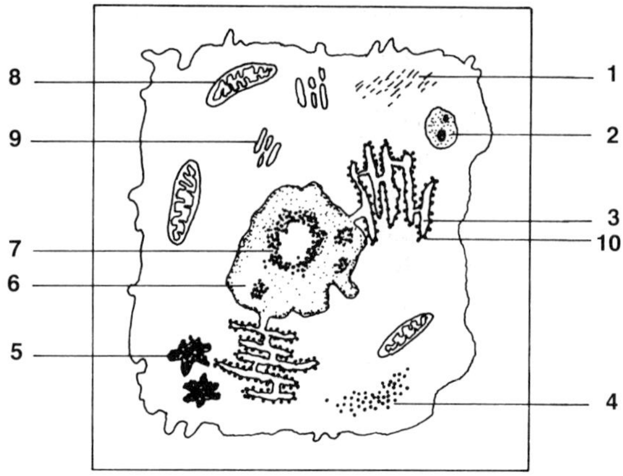

Abb 2.1 Schematische Darstellung einer Zeile nach einer elektronenmikroskopischen Aufnahme

Je nach Funktion haben die einzelnen Zellen unterschiedliche Zellorgane und weisen des weiteren im Verband eine entsprechend verschiedene Struktur bzw. Anordnung auf. Nur durch das koordinierte Zusammenarbeiten der verschiedenen Zellverbände ist es uns somit überhaupt möglich zu leben.

Die Zelle wird von einer Membran (Plasmalemm) umgeben und enthält neben dem Zellkern – je nach Funktion – verschiedene Strukturen:

Zellkern (Nucleus): enthält die genetische Information (Desoxyribonucleinsäure, DNS) und bestimmt die Funktion der Zelle.

Lysosomen: enzymhaltige Zellorganellen, die aufgenommene Stoffe verarbeiten.

Endoplasmatisches Retikulum: Membransystem, in dem ein Teil des Eiweißstoffwechsels abläuft.

Mitrochondrien: Stelle der Energiegewinnung (hier laufen der Zitronensäurezyklus, die oxydative Phosphylierung und die Atmungskette ab).

Golgi-Apparat: glattwandige Vakuolen oder parallel angeordnete Membranen (Säckchen oder Zisternen), die bei der Produktion von Sekreten eine Rolle spielen.

Ribosomen: Stelle der Eiweißsynthese (in Verbindung mit dem endoplasmatischen Retikulum).

Damit die Zellen ihren mannigfaltigen Aufgaben nachkommen können, benötigen sie Energie; während die Pflanzen physikalische Energie (Licht) bei der Photosynthese verwerten können, ist der Mensch auf chemische Energie, die wir mit der zugeführten Nahrung aufnehmen, angewiesen. Alle unsere Zellen sind nun so entwickelt, daß sie die zugeführte chemische Energie über komplexe, umfangreiche Stoffwechselprozesse in die sogenannte biologische Energie umwandeln, die dann die bereits erwähnten Arbeitsleistungen ermöglicht. Das eigentliche Substrat dieser biologischen Energie ist das Adenosin-Triphosphat (ATP).
Unter diesem speziellen biochemischen Aspekt können die Zellen daher auch im weitesten Sinne als Energietransformatoren betrachtet werden. Grundsätzlich sind die Prozesse, die zur Lieferung von biologischer Energie beitragen, bei denen also ATP gebildet wird, in den Energiestoffwechsel eingeordnet, die Abläufe, die ATP verbrauchen, hingegen dem Leistungsstoffwechsel zugeordnet. Die Zelle kann daher als Energietransformator angesehen werden. Hierbei ist zu berücksichtigen, daß es weder im Energie- noch im Leistungsstoffwechsel möglich ist, eine 100prozentige Energieausbeute zu erzielen, da ein Teil der Energie als nicht nutzbare Wärme verlorengeht.
Wir werden uns später mit den komplexen biochemischen Abläufen der Stoffwechselprozesse ausführlich beschäftigen; es sei hier an dieser Stelle deshalb nur zunächst auf den allgemeinen Verarbeitungsprozeß hingewiesen: Alle chemischen Substanzen, die der Mensch braucht, sind in den natürlichen Lebensmitteln enthalten; wir können Nahrungsmittel pflanzlicher und tierischer Herkunft zu uns nehmen. Kennen wir doch die große Zahl der Nahrungsmittel, so bestehen diese alle nur aus drei chemisch definierten Gruppen von Hauptnährstoffen: Kohlenhydrate, Fette, Eiweißstoffe.

Abb. 2.2 Energie- und Leistungsstoffwechsel

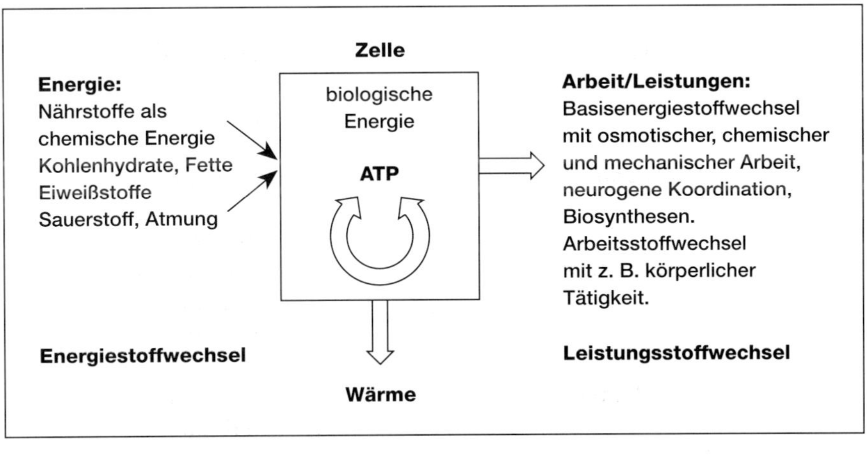

Zusammen mit diesen Hauptnährstoffen werden dem Körper bei einer gemischten Kost Vitamine, Mineralstoffe und Spurenelemente zugeführt. Die mit den täglichen Mahlzeiten aufgenommenen Lebensmittel werden im Magen-Darm-Bereich verdaut, also in ihre verschiedenen Nährstoffe aufgespalten. Anschließend erfolgt über die Darmwand die Aufnahme ins Blut, das die Substanzen dann zunächst zur Leber transportiert. Bei einem großen Teil der Nährstoffe beginnt in der Leber sofort die weitere Verarbeitung, der andere Teil gelangt über das Blut zu den verschiedenen Zellen. In Abhängigkeit von der Stoffwechsellage können die Nährstoffe dann als Energiereserve gespeichert oder zur Energiegewinnung mit Sauerstoff verbrannt werden.
Beim Verrichten einer körperlichen Tätigkeit (z. B. bei der Ausübung einer sportlichen Aktivität) werden die Nährstoffe im Rahmen des Leistungsstoffwechsels zur Energiegewinnung herangezogen; Kohlenhydrate und Fette stellen hierbei die maßgeblichen Energieträger dar, wobei sich der unterschiedliche Verbrauch dieser Substanzen nach der Dauer und Intensität der ausgeübten Tätigkeit richtet. Vergleicht man beispielsweise die im Wettkampf vollbrachte Leistung eines Marathonläufers mit der eines Gewichthebers, liegt es auf der Hand, daß sich der Energiebedarf und die Nährstoffverteilung beider Sportler deutlich unterscheiden müssen.

	Marathonläufer	**Gewichtheber**
Kalorienbedarf (kcal/kJ)	4050/16929	2800/11804
Nährstoffbedarf:		
Kohlenhydrate (g):	583	396
Fett (g):	119	80
Eiweiß (g):	133	103

Tabelle 2.1 Energiebedarf und Nährstoffverteilung eines Marathonläufers gegenüber einem Gewichtheber am Wettkampftag

Der Energiebedarf liegt bei dem Marathonläufer somit um 1250 kcal (5225 kJ) höher als bei dem Gewichtheber; die Nährstoffverteilung ist bei dem Läufer deutlich kohlenhydratreich, bei dem Gewichtheber entspricht sie einer Normalverteilung (nach dem *Calorymetic-System*).

Anhand dieser Ausführungen wird ersichtlich, wie sehr eine optimale Leistungsfähigkeit von einer sportartspezifischen Ernährung abhängt.

2.2 Energieumsatz

2.2.1 Energiebilanz

Jede lebende Zelle benötigt zur Aufrechterhaltung ihrer allgemeinen und speziellen Funktions- und Leistungsfähigkeit einen ständigen Energiefluß: Energiereiche Nährstoffe werden zusammen mit Sauerstoff aufgenommen und zu energieärmeren Stoffwechselprodukten abgebaut; dieser Prozeß wird als Oxidation bezeichnet. Dabei zeigte eine Reihe von Untersuchungen, daß bei der Oxidation eines Nährstoffes im physikalischen Experiment, wo die Verbrennung explosionsartig abläuft, genau die gleiche Menge Kohlendioxid und Wärme freigesetzt wird wie bei der Umwandlung des Stoffes innerhalb unseres Körpers, wo die Nährstoffe jedoch nur stufenweise abgebaut werden (vgl. direkte Kalorimetrie, S. 20). Der nun für die einzelnen Nährstoffe im Labor experimentell ermittelte Brennwert ist als physikalischer Brennwert bestimmt und wird in Kilokalorien (Kilojoule) angegeben. Der physikalische Brennwert von Kohlenhydraten ist für die einzelnen Stoffe dieser Substanzgruppe jedoch etwas verschieden und liegt z. B. bei der Fruktose bei nur circa 3,8 kcal/g (15,9 kJ/g) gegenüber der Stärke mit circa 4,2 kcal/g (17,6 kJ/g).
Als Mittelwert für ein durchschnittliches Kohlenhydratgemisch beträgt der physikalische Brennwert 4,1 kcal/g (17,3 kJ/g) Kohlenhydrate.
Für ein durchschnittliches Gemisch von Fetten ergab sich im experimentellen Versuch ein physikalischer Brennwert von durchschnittlich 9,3 kcal/g (38,9 kJ/g).
Für die natürlich vorkommenden Proteine wurden Brennwerte zwischen 5,3 und 5,9 kcal/g (bzw. 22,2 und 24,7 kJ/g) ermittelt; der durchschnittliche physikalische Brennwert für 1 g Eiweiß liegt somit bei 5,7 kcal (23,8 kJ).

2.2.2 Physiologischer Brennwert

Der physiologische Brennwert eines Nährstoffes resultiert aus der Energiefreisetzung durch den Verbrennungs- beziehungsweise Oxidationsprozeß in unserem Körper.
Hier werden die Kohlenhydrate und Fette über mehrere Zwischenstufen zu den Stoffwechselendprodukten Kohlendioxid und Wasser abgebaut, also zu den gleichen Endstufen, wie sie auch nach der Verbrennung in dem Laborversuch vorliegen. Für Kohlenhydrate und Fette ist der physikalische und physiologische Brennwert mithin gleich.
Bei den Proteinen finden sich andere Verhältnisse, da der Abbau der Eiweiße in unserem Organismus nur teilweise und nicht, wie bei den Kohlenhydraten und

Fetten, bis hin zur energielosen Endstufe erfolgt. Der in den Proteinmolekülen vorhandene Stickstoff wird nämlich als Harnstoffverbindung ausgeschieden; der Harnstoff wiederum hat jedoch einen physikalischen Brennwert von circa 2,5 kcal/g (10,5 kJ/g). Bei Eiweißstoffen liegt somit der physiologische Brennwert niedriger als der physikalische Brennwert und kann im Durchschnitt mit 4,1 kcal/g (17,1 kJ/g) Eiweiß angegeben werden.

2.2.3 Kalorisches Äquivalent

Im Vorangegangenen wurde der physikalische und physiologische Brennwert der verschiedenen Nährstoffe bei dem Verbrennungsprozeß dargestellt. Eine Voraussetzung für die Oxidation ist das Vorhandensein von Sauerstoff, da die Nährstoffe sonst nicht verbrannt werden können. Das kalorische Äquivalent der Nährstoffe gibt nun für die jeweilige Substanz die freigesetzte Energie bei der Verbrennung mit einem Liter Sauerstoff an:
Verbrennt der Organismus Kohlenhydrate, werden pro Liter Sauerstoff circa 5 kcal (20,9 kJ), bei Fetten circa 4,7 kcal (19,7 kJ) und bei Proteinen circa 4,5 kcal (18,8 kJ) Energie freigesetzt. Diese Werte sind als das kalorische Äquivalent (kcal/l Sauerstoff) der Nährstoffe definiert.
Da zur Energiebereitstellung in unserem Körper vorwiegend Kohlenhydrate und Fette zu annähernd gleichen Teilen herangezogen werden, beträgt das kalorische Äquivalent durchschnittlich 4,85 kcal/l (20,27 kJ/l) Sauerstoff.
Die bei der Oxidation der Nährstoffe jeweils freiwerdende Energie wird in der Zelle in die biologische Energie transformiert, deren Träger, wie bereits erwähnt, in erster Linie das Adenosin-Triphosphat (ATP) ist.

2.2.4 Respiratorischer Quotient

Der vorige Abschnitt zeigte, daß bei der Oxidation der Nährstoffe mit Sauerstoff unterschiedliche Mengen Energie in Abhängigkeit des jeweils verbrannten Nährstoffes und unter Kenntnis dessen physiologischen Brennwertes freigesetzt werden. Aufgrund dieser Voraussetzungen bietet sich hier nun die Möglichkeit, die unterschiedliche Beteiligung der verschiedenen Nährstoffe am Energieumsatz mit Hilfe des respiratorischen Quotienten zu bestimmen. Der respiratorische Quotient läßt sich aus der Relation der bei Oxidation eines Nährstoffes gebildeten Menge Kohlendioxid zu der aufgenommenen Sauerstoffmenge bestimmen.
Für Kohlenhydrate beträgt der respiratorische Quotient 1, das heißt, die Anzahl der zur Oxidation notwendigen Sauerstoffmoleküle ist gleich der Anzahl der Kohlendioxidmoleküle, die bei dem Verbrennungsprozeß entstehen.

Der respiratorische Quotient für Fett beträgt 0,7; dies bedeutet, daß bei der Oxidation von Fetten mehr Moleküle Sauerstoff aufgenommen und verbrannt werden müssen, als Kohlendioxidmoleküle gebildet werden.
Der respiratorische Quotient für Eiweißstoffe ist mit 0,81 festgelegt.
Der respiratorische Quotient besitzt für sportmedizinische Leistungstests eine große Bedeutung; bei den verschiedenen ergometrischen Belastungsuntersuchungen kann nämlich anhand des respiratorischen Quotienten der Anteil der verschiedenen Energieträger (maßgeblich Kohlenhydrate und Fette) zur Dekkung des Leistungsstoffwechsels ermittelt werden. Liegt der respiratorische Quotient also etwa zwischen 0,9 und 1, deckt unser Organismus seinen Energiebedarf maßgeblich durch die rasch aktivierbaren Kohlenhydrate ab. Liegt der respiratorische Quotient demgegenüber zwischen 0,7 und 0,8, werden vorwiegend die Fette zur Energiegewinnung herangezogen. Da sich die Wahl des Energieträgers unter anderem nach dem Vorhandensein der Substanz in unserem Körper richtet, wird auch an dieser Stelle leicht erkennbar, wie sehr Leistungsfähigkeit von einer bedarfsorientierten Ernährung abhängt (siehe Tabelle).

	Mittlerer Brennwert			
	physikalisch	**physiologisch**	**R.Q.**	**kcal/l O_2 (kJ/l O_2)**
Kohlenhydrate	4,1 kcal/g (17 kJ/g)	4,1 kcal/g (17 kJ/g)	1	5,05 (21)
Fette	9,3 kcal/g (38,9 kJ/g)	9,3 kcal/g (38,9 kJ/g)	0,70	4,69 (19,6)
Proteine	5,7 kcal/g (23,9 kJ/g)	4,1 kcal/g (17 kJ/g)	0,81	4,48 (18,8)

Tabelle 2.2 Physikalischer und physiologischer Brennwert der Nährstoffe, respiratorischer Quotient (R.Q.) sowie kalorisches Äquivalent (kcal/l O_2)

Die nachfolgenden Kapitel sollen die komplexen physiologischen und biochemischen Zusammenhänge der Nahrungsaufnahme, des Energie- und Leistungsstoffwechsels sowie dessen Regulationsmechanismen und die Besonderheiten dieser Aspekte im Sport darstellen.

2.2.5 Messung des Energieumsatzes

2.2.5.1 Direkte Kalorimetrie

Der Körper braucht zur Aufrechterhaltung der Funktionsfähigkeit einen dauernden Energiefluß, um die Leistungen des Basisenergiestoffwechsels kontinuierlich ausführen zu können. Auch in völliger Ruhe, wenn der Organismus keine äußere Arbeit verrichtet, müssen chemische, osmotische und synthetische Leistungen erbracht werden.
Mit Hilfe einer isolierten, luftdichten Kammer, in der ein Proband in völliger Ruhe, jedoch wach liegt, werden der Sauerstoffverbrauch, die Kohlendioxidproduktion und die Wärmeabgabe (in Kilokalorien) bestimmt. Diese Umsatzmessung nennt man direkte Kalorimetrie. Mit Hilfe dieser Methode läßt sich die Gültigkeit des ersten Hauptsatzes der Thermodynamik auch für unseren Körper beweisen: Die mit den Nährstoffen zugeführte Energie liefert bei Verbrennung im Organismus ebensoviel Wärme, wie bei der Oxidation der gleichen Substanzen (im physikalischen Experiment) außerhalb des Körpers anfällt. Mit der gleichen Versuchsanordnung läßt sich so auch der Energiegehalt der aufgenommenen Nahrung (siehe kalorisches Äquivalent) ermitteln.

2.2.5.2 Indirekte Kalorimetrie

Diese Methode basiert auf den Kenntnissen, die sich zunächst aus den Messungen der direkten Kalorimetrie ergaben: Bei der Bestimmung des kalorischen Äquivalentes fand sich nämlich eine stöchiometrische Beziehung zwischen der Menge der jeweils verbrannten Substanz, dem dazu benötigten Volumen an Sauerstoff, der Bildung von Kohlendioxid und der freiwerdenden Energie. Unter Kenntnis des jeweils oxidierten Nährstoffes läßt sich über die Messung der vom Körper aufgenommenen Sauerstoffmengen der Energieumsatz bestimmen. Unter Ruhebedingungen kann diese Messung mit Hilfe einer entsprechenden Apparatur leicht durchgeführt werden; unter körperlicher Belastung, insbesondere beim Ausüben verschiedener Sportarten (z. B. Schwimmen, Tennis, Radfahren), begrenzt der Umfang der dafür notwendigen Geräte die Ermittlung der Daten.
Die zur Ermittlung der Sauerstoffaufnahme unter Belastungssituationen geeigneten Meßmethoden sollen jedoch zu einem späteren Zeitpunkt betrachtet werden.

2.2.6 Grundumsatz

Stellt man sich zunächst einmal vor, in völliger körperlicher Ruhe, nüchtern und bei behaglicher Raumtemperatur entspannt zu liegen, arbeiten dann nur jene Zellverbände beziehungsweise Organe, die zur Aufrechterhaltung der sogenannten «vitalen Funktionen» dienen: Hierzu zählen in erster Linie die Atmung, das

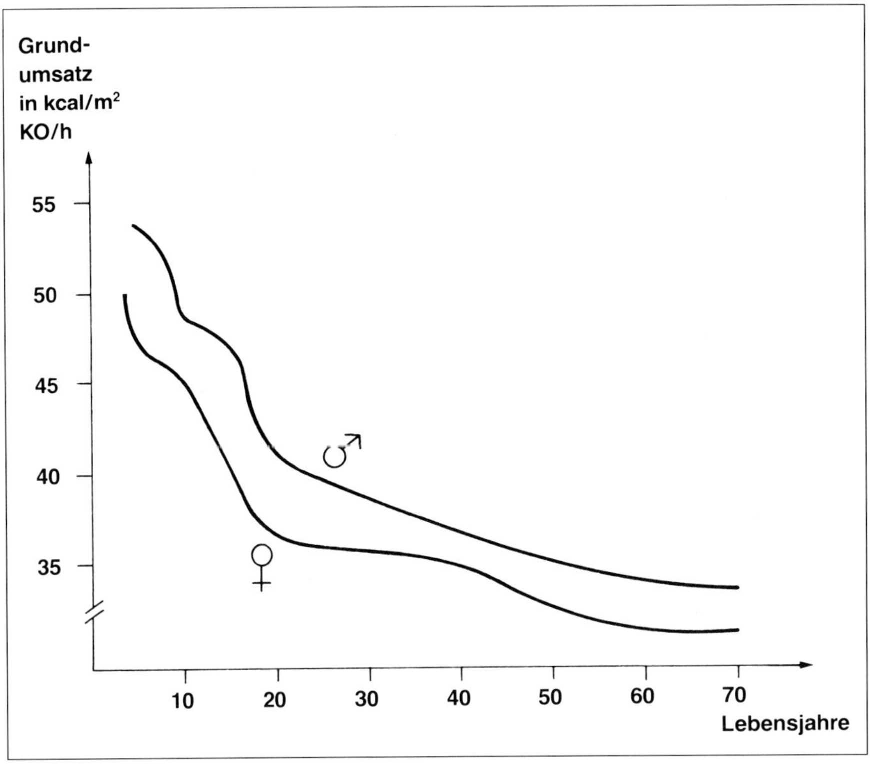

Abb. 2.3 Abhängigkeit des Grundumsatzes (in kcal pro m^2 Körperoberfäche und Stunde) von Alter und Geschlecht.
Die Körperoberfläche kann nach der Näherungsformel von DuBois berechnet werden: $KO = 71{,}84 \times G^{0{,}425} \times L^{0{,}725}$. KO = Körperoberfläche, G = Gewicht in kg, L = Länge in cm.

Schlagen des Herzens und die damit verbundene Blutzirkulation, die Verdauung, die notwendigen Stoffwechselvorgänge in der Leber, die Nierentätigkeit und das Gehirn, das alle diese Funktionen steuert, auch wenn wir schlafen. Die bei einem solchen Zustand ablaufenden Stoffwechselprozesse bestimmen den Grund- beziehungsweise Ruheumsatz. Die hierfür benötigte Energie ist maßgeblich von Alter, Geschlecht, Körpergröße und Gewicht sowie verschiedenen hormonellen Einflüssen abhängig, also bei jedem Menschen verschieden.

Alter
Im ersten Lebensjahr kommt es zu einer kontinuierlichen Zunahme des Stoffwechselumsatzes, der in der schnellen Wachstumsphase bis um die Hälfte höher

liegt als der Umsatz eines Erwachsenen. Bis zur Pubertät fällt dann der Energieumsatz zunächst steil, danach wesentlich langsamer ab und ist bei älteren Menschen durchschnittlich 15 % niedriger als bei 20jährigen.

Geschlecht
Männer haben einen durchschnittlich 10 % höheren Umsatz als Frauen; dies begründet sich zum Teil dadurch, daß männliche Sexualhormone (vor allem das Testosteron) eine stoffwechselsteigernde Wirkung aufweisen, zum anderen haben Frauen relativ mehr Fettgewebe und weniger stoffwechselaktive Muskulatur.

Körpergröße und Gewicht
Aus diesen Angaben kann hinreichend genau die Körperoberfläche bestimmt werden. Zwischen Körperoberfläche und Energieumsatz besteht eine enge Beziehung: Mit steigender Körperoberfläche nimmt der Energieumsatz zu, da der Körper über die größere Fläche mehr Wärme abstrahlt.

Hormonelle Einflüsse
Auf die Bedeutung der Sexualhormone wurde schon hingewiesen. Aber auch die von den Nebennieren produzierten Hormone Adrenalin und Noradrenalin sowie das Schilddrüsenhormon Thyroxin steigern den Energieumsatz, letztgenanntes bei einer Überfunktion der Schilddrüse sogar um bis zu 50 %.
Die anhand der indirekten Kalorimetrie unter Ruhebedingungen bestimmte Sauerstoffaufnahme liegt in Abhängigkeit der oben aufgeführten Faktoren zwischen 200 und 350 ml/min. Bei einer Abdeckung des Energiebedarfs durch Kohlenhydrate und Fette zu gleichen Teilen ergab die Ermittlung des kalorischen Äquivalentes für 1 l Sauerstoff einen Wert von durchschnittlich 4,85 kcal (20,3 kJ); bei einer Sauerstoffmenge von 250 ml/min errechnet sich so für einen 70 kg schweren Erwachsenen ein Energiebedarf von circa 1,2 kcal/min (5,0 kJ/min) beziehungsweise 72 kcal/h (300,96 kJ/h) oder circa 1728 kcal/Tag (7223,0 kJ/Tag). Zur Abdeckung dieses Umsatzes würde der Körper dann circa 210 g Kohlenhydrate und circa 93 g Fett benötigen (diese Beispielrechnung gilt bei der Deckung des Energiebedarfs durch Kohlenhydrate und Fette zu gleichen Teilen; die Eiweißstoffe sind hierbei nicht berücksichtigt, da sie vom Organismus nur in Ausnahmefällen zur Energieabdeckung herangezogen werden).

2.2.7 Arbeits- und Leistungsumsatz

Jegliche Abweichung der obengenannten Voraussetzungen führt nun zu einer Änderung des Energiebedarfs: Bei jeder Form vermehrter Zellarbeit kommt es zu einer Steigerung des Stoffwechsels, also zu einer Zunahme des Umsatzes. Es sind vorrangig drei Einflußgrößen, die den Energiebedarf verändern.

2.2.7.1 Temperaturregulation

Abweichungen der Umgebungstemperatur (normal zwischen 18–22 °C) nach oben bedingen eine Umsatzsteigerung. Unser Organismus versucht, die Körpertemperatur konstant bei 37 °C zu halten. Sind wir nun höheren Temperaturen ausgesetzt, wird ein Abkühlen des Organismus erforderlich; dies geschieht durch große Mengen Schweißabsonderungen auf der Haut und bedingt eine vermehrte osmotische Arbeitsleistung der Zellen. Hierdurch erklärt sich, warum der Energiebedarf beziehungweise -umsatz auch bei Saunagängen ansteigt. Das durch den zum Teil erheblichen Wasserverlust bedingte Durstgefühl «blockiert» jedoch den Wunsch nach Nahrungsaufnahme, und der Organismus rutscht so vorübergehend in eine negative Energiebilanz. Selbst bei regelmäßig durchgeführten Saunabesuchen spielt dieser «Energieverlust» jedoch keine besondere Rolle. Ernährungsphysiologisch sportmedizinische Relevanz erhält dieser Aspekt aber bei Reisen in heiße Länder. Das ständige Durstgefühl verhindert häufig die gewohnte, regelmäßig über den Tag verteilte Nahrungsaufnahme; vielmehr wird die Hauptmahlzeit dann in die kühleren Abendstunden verlegt, wobei es jedoch Sportlern mit einem erhöhten Energiebedarf selten gelingt, diesen durch eine Hauptmahlzeit abzudecken. Der Organismus wird gezwungen, in großem Umfang Energiereserven abzugeben; dies führt innerhalb kurzer Zeit zu einem erheblichen Leistungsverlust.

Sehr hoch ist der Energiebedarf bei einem Absinken der Umgebungstemperatur, die zwangsläufig vermehrte Wärmeabgabe über die Körperoberfläche kann nämlich nur durch eine deutliche Steigerung des Energieumsatzes kompensiert werden. Auch an dieser Stelle soll auf ein typisches Fehlverhalten bei zahlreichen Skisportlern hingewiesen werden: Die Annahme, daß bei kalter Umgebungstemperatur Alkohol (z. B. Obstler, Jägertee usw.) den Körper aufwärmt, ist falsch; die häufig hochprozentigen Getränke vermitteln zwar zunächst subjektiv im Magen ein Wärmegefühl. Die durch Alkohol bedingte Erweiterung der Gefäße führt jedoch sofort zu einer vermehrten Wärmeabgabe und so zu einer Abkühlung des Körpers, die mit einer drastischen Leistungsminderung einhergeht.

2.2.7.2 Verdauung

Nach der Nahrungsaufnahme kommt es durch die sich daran anschließenden Stoffwechselprozesse zu einer Steigerung des Energieumsatzes für durchschnittlich 6–10 Stunden. Dies hängt vor allem mit der spezifischen dynamischen Wirkung der Nährstoffe zusammen und erklärt sich aus den energieverbrauchenden Verdauungs- beziehungsweise Abbauvorgängen und Transportprozessen. So beträgt nach Aufnahme einer gemischten Kost die Steigerung des Energieumsatzes durchschnittlich 5–6 %. Nach Aufnahme größerer Eiweißmengen kann die Umsatzsteigerung dann sogar bis zu 18 Stunden andauern; bei erhöhter Eiweißzufuhr, wenn also mehr als 15 % des täglichen Kalorienbedarfs durch Proteine abgedeckt wird, ist eine Umsatzsteigerung und die Dauer erheblich ausgeprägter. Die Ursache hierfür findet sich darin, daß zur Aufrechterhaltung des Betriebsstoffwechsels bei eiweißreicher Ernährung mehr Kalorien verbrannt werden müssen als bei fett- oder kohlenhydratreicher Kost.

2.2.7.3 Muskelarbeit

Dieser Aspekt hat bei der Ausübung der Sportarten eine überragende Bedeutung und soll deshalb ausführlich dargestellt werden.

2.2.7.3.1 Aufbau, Struktur und Funktion des Muskels

Das Muskelgewebe ermöglicht durch Zusammenziehen (Kontraktion) und Erschlaffung (Relaxation) die aktiven Bewegungsabläufe beziehungsweise Vorgänge unseres Körpers. Aufgrund histologischer Kriterien sowie physiologischer Eigenschaften unterscheidet man drei Muskelgewebstypen:

- Die glatte Muskulatur, die sich vor allem in den Gewebsstrukturen der Eingeweide sowie in den arteriellen Gefäßstrombahnen findet und die einer unwillkürlichen Steuerung des zentralen Nervensystems unterliegt.
- Die Herzmuskulatur, die sich regelmäßig rhythmisch zusammenzieht und wieder erschlafft.
- Die sogenannte quergestreifte oder Skelettmuskulatur, die wir in Kraft, Geschwindigkeit und Dauer der Kontraktion bewußt beeinflussen können.

Die Skelettmuskulatur des Rumpfes, der Arme und der Beine ist somit im eigentlichen Sinne als Motor unseres gesamten Bewegungsapparates anzusehen, wobei die einzelnen Muskelzellen als «Maschinen» die Fähigkeit besitzen, chemische Energie direkt in mechanische Arbeit und Wärme umzuwandeln. Ähnlich wie bei Kraftmaschinen kann auch bei der Zelle, wenn sie äußere Arbeit verrichtet, der Wirkungsgrad, beziehungsweise der Nutzeffekt, berechnet werden. Entsprechend dem 2. Hauptsatz der Thermodynamik entsteht bei der Energieumsetzung vor allem Wärme, so daß der Wirkungsgrad bei einem isolierten Muskel bestenfalls 35 % beträgt.

Aufbau und Struktur der Muskulatur

Makroskopisch betrachtet, besteht die quergestreifte Muskulatur aus einzelnen langen Fasern, die von einem dünnen Bindegewebe umhüllt und durch eine dikkere Bindegewebsschicht zu Bündeln zusammengefaßt sind. Zwischen diesen

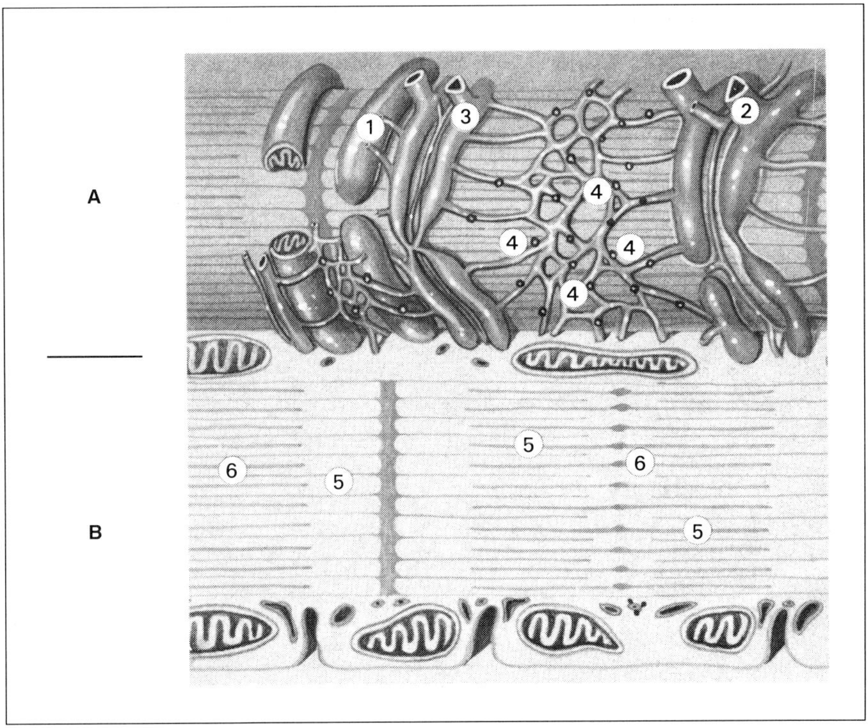

Abb. 2.4 Ultrastruktureller Aufbau einer Skelettmuskelfaser (Vergr. ca. 25 000fach)

A Äußere Hülle (Sarkolemm)
1 Mitochondrien (Orte der oxidativen Energiegewinnung im Muskel).

Sarkoplasmatisches Retikulum (Hohlraumsystem aus Bläschen, Kanälchen und Zisternen) mit:

2 Transversales Tubulussystem (leitet über die äußere Zellmembran ablaufende elektrische Befehle weiter an das longitudinale System).
3 Die dem Longitudinalsystem angelagerten Terminalzisternen enthalten Calciumionen, die durch den weitergeleiteten Reiz ausgeschüttet werden. Dadurch kommt es unter Mitwirkung von ATP zur Bildung des Aktinmyosinkomplexes und damit zur Muskelkontraktion.
4 Ribosomen (Orte der Proteinsynthese).

B Innenansicht
1 Mitochondrien (Orte der oxidativen Energiegewinnung im Muskel).

Eiweißkörper
5 Aktin und
6 Myosin, die sich bei einer Kontraktion ineinanderschieben und so den Muskel verkürzen.

Muskelbündeln finden sich kleinere Fettpolster, des weiteren verlaufen hier die Blutgefäße und Nerven. An den Muskelenden finden sich die aus festem Bindegewebe bestehenden Sehnen, die direkt mit den Knochen verbunden sind. Da sich Ansatz und Ursprung eines Muskels in der Regel nie an dem gleichen Knochen befinden, kommt es bei Kontraktion über das Gelenk zur Beugung, Streckung oder Rotationsbewegung.

Mikroskopischer Aufbau der quergestreiften Skelettmuskelfasern
Der Grundbaustein der Skelettmuskulatur ist die quergestreifte Muskelfaser, als deren wesentliche Zellorganellen folgende Strukturen genannt sein sollen:
Die Zellwand *(Sarkolemm)*, die Zellsubstanz *(Sarkoplasma)*, die Mitochondrien *(Sarkosome)*, das sarkoplasmatische Retikulum, die kontraktilen Myofibrillen und das gespeicherte Glykogen.
Die kontraktilen Elemente der Muskelfasern, die auch als Myofibrillen oder Myofilamente bezeichnet werden, stellen den größten Volumenanteil dar. Die charakteristischen Querstreifen der Muskulatur erklären sich durch die periodisch aneinander gelagerten Makromoleküle Aktin und Myosin der einzelnen Filamente: Diese periodisch aneinandergereihten Aktin- und Myosinfäden bilden die sogenannten Sarkomere. Innerhalb eines Sarkomeres finden sich die dunklen Streifen, die aus den dickeren Myosinfilamenten bestehen und den A-Abschnitt bilden. Die dünneren Aktinmoleküle erscheinen demgegenüber hell und bilden den sogenannten I-Streifen. Der im mittleren Abschnitt eines A-Streifens erkennbare hellere H-Abschnitt zeigt die Zone, wo keine Überlappung der Aktin- und Myosinfäden vorliegt, das heißt, der H-Streifen besteht allein aus Myosin (siehe Abbildung).

Muskelfasertypen
Je nach Funktionsweise, bedingt durch den unterschiedlichen Aufbau, der elektronenmikroskopisch ein charakteristisches Aussehen zeigt, können maßgeblich zwei verschiedene Muskelfasertypen differenziert werden: die sogenannten «schnellen» und «langsamen» Muskelfasern. Dabei sind die schnellen Muskelfasern durch eine kurze Einzelzuckung, die langsamen Myofibrillen durch eine lange Kontraktur charakterisiert. Somit kommt den schnellen Fasern eine Bedeutung für die kraftvolle, kurze Einzelkontraktion zu, die langsamen Fasern dagegen sind für eine spannungsregelnde (Tonus-)Funktion verantwortlich.
Diese bereits in der Physiologie vor mehreren Jahren gefundene Fasertypenunterscheidung (Tierexperiment) ließ sich beim Menschen jedoch nicht nachweisen. Hier werden mehr vom Aussehen rote und weiße Muskelfasern unterschieden: Dabei sind die roten Fasern reich an Mitochondrien und daher für Ausdauerleistungen geeignet; die weißen Muskelfasern scheinen demgegenüber bei kurzen, kraftvollen Bewegungsabläufen (Schnellkraft, Intervall) zum Einsatz zu kommen.

Der mechanische Vorgang der Muskelkontraktion

Die Muskelkontraktion resultiert aus der Verkürzung der Sarkomere, die in den Muskelfibrillen hintereinander aufgereiht sind. Hierbei wird nach der sogenannten Gleittheorie die Kontraktion der Faser durch ein Aneinander-Vorbeigleiten der Aktin- und Myosinfäden bewirkt; bei diesem Vorgang, bei dem sich die Fäden ineinander verschieben, kommt es zu einer Kontraktion der Muskelfasern, ohne daß sich die Aktin- und Myosinfäden selbst verkürzen. Dies ließ sich elektronenmikroskopisch eindeutig durch die während der Kontraktion konstant bleibende Länge der A-Streifen (das heißt der Myosinfäden) nachweisen. Auch bei einer Dehnung des Muskels ändert sich die Filamentlänge nicht, sondern vielmehr kommt es durch ein Herausziehen der Aktinmoleküle aus den Myosinfilamenten zu einer geringeren Filamentüberlappung.

Die eigentliche Funktionsweise der Gleit-Filamenttheorie wird in zahlreichen Hypothesen diskutiert, wobei folgende Deutung als gesichert angenommen werden kann: Die seitlichen Querfortsätze eines Myosinfilaments bilden dabei eine

Abb. 2.5 Bandstruktur der Myofibrillen. Links im erschlafften, rechts im kontrahierten Zustand. B Anordnung der dicken und dünnen Myofilamente im erschlafften und kontrahierten Sarkomer

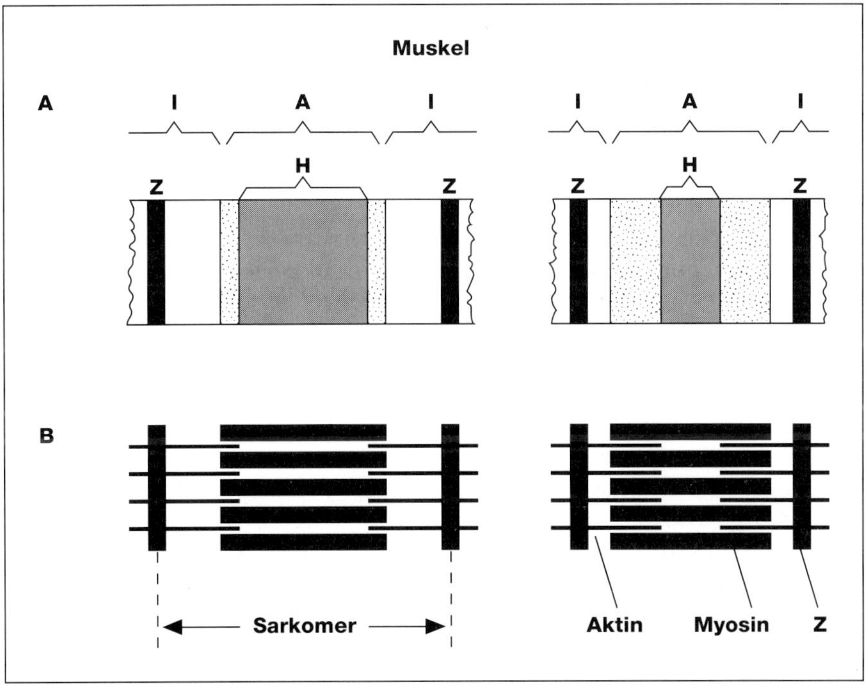

Querbrücke zu den Aktinfäden, die dann bei entsprechender Spannung weiter in die Myosin-Zwischenräume durch eine Art Kippbewegung der Querfortsätze in Richtung Sarkomermitte gezogen werden. In bildlichem Sinn gesprochen könnte man das Übereinandergleiten der Myosin- und Aktinfilamente mit dem rhythmischen Schlag eines Ruderbootes vergleichen.

Die biochemische Energietransformation

Adenosin-Triphosphat (ATP) stellt die unmittelbre Energiequelle der Muskelkontraktion dar. Hierbei ist zu berücksichtigen, daß alle anderen energieliefernden Stoffwechselvorgänge in der Muskulatur (aerobe und anaerobe Glykolyse, der Abbau von Kreatininphosphat sowie die Fettsäurenoxidation) nicht als direkte Energielieferanten der Muskelkontraktion in Frage kommen, sondern vielmehr nur dazu dienen, das eigentliche energiereiche Substrat, nämlich ATP, immer wieder neu zu resynthetisieren.
Adenosin-Triphosphat wird im Muskel durch ein Enzym gespalten und somit energetisch verwertet; hierbei sind die Proteinstrukturen Aktin und Myosin die einzigen Substanzen im Muskel, welche ATP als Energiequelle verwerten können. Neueren Untersuchungen zufolge scheint es jedoch wahrscheinlich, daß ATP als Energiequelle nicht für die eigentliche Ruderbewegung bei dem Querbrückenzyklus benötigt wird, da dieser Prozeß zwischen den Aktin- und Myosinköpfchen spontan verläuft; ATP wird wohl eher für das Lösen der Querbrücken als den maßgeblich energieverbrauchenden Prozeß benötigt, so daß der Substanz auch eine sogenannte «Weichmacherwirkung» zugeschrieben wird.

Die kontraktionsauslösenden und relaxierenden Vorgänge in der Muskelfaser

Der Muskelkontraktion liegen zum Teil komplizierte Vorgänge zugrunde, die hier vereinfacht dargestellt werden sollen: Über einer Nervenzelle *(Motoneuron)* wird ein Reiz aus dem Rückenmark über eine Nervenfaser, die sich auf einem Muskelfaserbündel zu mehreren motorischen Endplatten aufzweigt, weitergeleitet; der nervale Impuls setzt dann die Substanz Acetylcholin frei, wodurch die Membran depolarisiert wird und sich die Erregung sodann über die gesamte Zelloberfläche ausbreitet. Diese Depolarisationswelle, das Aktionspotential, leitet sich dann über mehrere Strukturen in der Muskelzelle, nämlich das Transversaltubulus- oder T-System sowie das Longitudinal- oder L-System bis hin zu den Myofibrillen fort. An dem Longitudinalsystem kommt es schließlich zu einer Änderung der Durchlässigkeit *(Permeabilität)* der Membran und so zu einer Freisetzung der in dem System gespeicherten Calciumionen. Die Calciumionen aktivieren das Enzym Myosin-Adenosintriphosphatase, das ATP unter der Freisetzung von Energie abbaut und so die Bildung eines Aktin-Myosin-Komplexes ermöglicht: Die Aktin- und Myosinfäden gleiten aneinander vorbei, es kommt zu einer Verkürzung der Sarkomeren durch Kontraktion der Myofibrillen. Dieser Vorgang wird als elektromechanische Kopplung bezeichnet.

Elementarer Erregungsablauf (Aktionspotential)
Das Aktionspotential der Herzmuskelzellen beginnt wie auch bei der Skelettmuskelfaser mit einer raschen Umladung vom Wert des Ruhepotentials (circa −90mV) bis zur Spitze (circa +30mV): Depolarisation, hervorgerufen durch einen starken Natrium-Calcium-Einstrom, wobei als besonderes Charakteristikum der Herzmuskulatur ein lang dauerndes Plateau (durch Calciumeinstrom bedingt) folgt. Dieser Phase folgt die Repolarisation bis zum Ruhepotential; die Repolarisation wird durch den Kaliumausstrom hervorgerufen.
Zusammengefaßt: Rascher, kräftiger Natriumeinstrom = Depolarisation. Langsamer Kaliumausstrom = Repolarisation. Am Herzen zusätzlicher, langsamer Calciumeinstrom = Plateau. Daher dauert das Aktionspotential der Herzmuskulatur circa 200–400 msec und ist somit etwa 100mal länger als der elementare Erregungsvorgang einer Skelettmuskelzelle.

Abb. 2.6 Elementarer Erregungsablauf am Beispiel des Aktionspotentials einer (Herz-) Muskelzelle (nach GEISS, K.-R.)

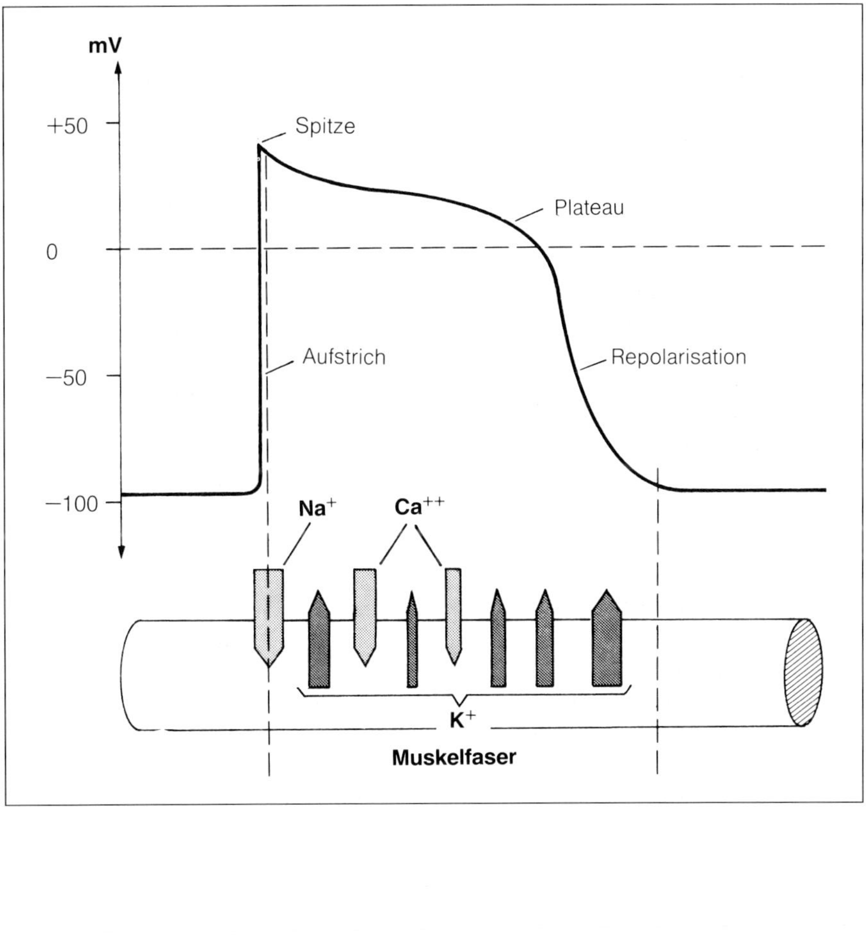

Durch das Abklingen der elektrischen Reizung verringert sich die Membranpermeabilität des calciumhaltigen L-Systems; eine Calciumpumpe transportiert unter Verbrauch von Energie die aktivierenden Calciumionen wieder in das Kanälchensystem zurück und beendet so den Kontraktionsprozeß.

Im Vorausgegangenen wurden die nervalen, biochemischen und elektromechanischen Vorgänge der Muskelkontraktion beschrieben; in Abhängigkeit von den äußeren Bedingungen können folgende Arten der Kontraktion unterschieden werden:

1. Isometrische Kontraktion: Es handelt sich hierbei um eine Kontraktion, bei der es zu einer Spannungs- beziehungsweise Tonuszunahme kommt, ohne daß sich die Lage ändert (z. B. Haltearbeit).

2. Isotonische Kontraktion: Bei gleichbleibender Spannung verkürzt sich die Muskelfaser.

3. Auxotonische Kontraktion: Diese Form nimmt eine Zwischenstellung zwischen isomerischer und isotonischer Kontraktion ein: Hierbei ändert der Muskel gleichzeitig seine Länge und seinen Tonus (diese Form der Kontraktion kommt bei fast allen Körperbewegungen vor).

4. Unterstützungskontraktion: Auch hier handelt es sich um eine Kombination, wobei zunächst ein bestimmtes Gewicht durch eine entsprechende Spannungsentwicklung (isometrische Kontraktion) gehalten werden muß; durch eine isotonische und/oder auxotonische Kontraktion kommt es darüber hinaus zu einem Anheben des entsprechenden Gegenstandes.

5. Anschlagskontraktion: Im weitesten Sinne ist diese Kontraktion als umgekehrte Unterstützungsreaktion zu verstehen. Durch eine isotonisch/auxotonische Kontraktion kommt es zunächst zur Anhebung des Gewichtes, beim nachfolgenden Halten wird dann nur noch die Spannung erhöht *(isometrische Kontraktion)*.

Die verschiedenen Kontraktionen ermöglichen uns die differenzierten und komplexen Bewegungsabläufe, die aus sportmedizinischer Sicht in fünf Hauptformen der Motorik unterschieden werden können: Koordinationsfähigkeit, Flexibilität, Schnellkraft, Kraft und Ausdauer.

2.2.7.3.2 Koordination

Koordination ist als das Zusammenspiel des zentralen Nervensystems und der Skelettmuskulatur zu sehen und mündet in einen optimal ausgeführten Bewegungsablauf. Hierbei nimmt das Gehirn zunächst einen Impuls aus der Umwelt auf, wandelt dieses Signal um und setzt dann über entsprechende Leitungsbahnen die Muskulatur in Aktivität, die den Bewegungsvorgang ausüben soll. Zahlreiche Sportarten setzen aufgrund ihres komplizierten Bewegungsmusters eine perfekte Koordinationsfähigkeit voraus (z. B. Hochsprung oder Kunstturmspringen). Durch Übung läßt sich die Koordinationsfähigkeit deutlich verbessern. Dieser Trainingserfolg beruht maßgeblich auf der Entwicklung eines spezifischen Bewegungsmusters, wobei dann nur noch die wirklich erforderlichen Muskelpartien in Abhängigkeit des zeitlichen Ablaufes des Bewegungsvorganges aktiviert werden. Insgesamt kommt es dadurch zu einer Ökonomisierung des Bewegungsablaufes, so daß der Sauerstoffverbrauch und der damit verbundene Energiebedarf abnimmt.

2.2.7.3.3 Flexibilität

Flexibilität stellt den Bewegungsradius der Gelenke dar; je größer dieser Radius ausfällt, um so größer ist die Flexibilität. Die Beweglichkeit der Gelenke stellt in vielen Sportarten eine wesentliche Voraussetzung für die Leistungsfähigkeit dar (Turnen, Eiskunstlaufen oder auch Skifahren). Ein wichtiger Aspekt der Flexibilität in allen Sportarten ist in der Vorbeugung von Verletzungen zu sehen. Durch entsprechendes Training läßt sich der Beweglichkeitsradius der Gelenke maßgeblich durch eine Zunahme der Dehnfähigkeit des Muskels, der Sehnen sowie Bänder und Gelenkkapsel steigern.

2.2.7.3.4 Kraft

Als statische oder auch isometrische Kraftentwicklung ist jene Kraft definiert, die ein Muskel oder eine Muskelgruppe willkürlich gegen einen fixierten Widerstand auszuüben vermag. Unter dynamischer Kraft ist die Kraftentwicklung innerhalb eines Bewegungsablaufes zu sehen. An dieser Stelle soll nicht im einzelnen auf die verschiedenen Definitionen unterschiedlicher Autoren des Begriffes Kraft eingegangen werden; aus sporternährungsphysiologischer Sicht genügt eine praktische Unterteilung der verschiedenen Komponenten in zwei Gruppen:

Kurze, fast explosionsartig ausgeführte Bewegungsabläufe (wie sie z. B. in den Wurf- und Sprungdisziplinen gesehen werden) und demgegenüber längerdauernde, mit kontinuierlicher Kraftentfaltung ausgeübte Bewegungsabläufe (wie z. B. beim Rudern). Durch entsprechend verschiedene Trainigsformen kann die jeweilig überwiegende Komponente gezielt verbessert werden. Hierbei kommt es bei der Intensivierung der Maximalkraft zu einer Zunahme vorrangig des Muskelfaserquerschnittes und der Muskelzellzahl, bei der mehr dynamischen Komponente zusätzlich noch zu einer Zunahme der Kontraktionsgeschwindigkeit der Muskulatur.

2.2.7.3.5 Ausdauer

Hierbei handelt es sich um Bewegungsabläufe, die über einen längeren Zeitraum (bis über Stunden) kontinuierlich und auf einer relativ niedrigen Belastungsintensitätsstufe ausgeführt werden. Hier zeigt sich der leistungsbegrenzende Faktor von seiten des Energiehaushaltes am deutlichsten, da bei einer solchen

Beanspruchungsform Energiebedarf und Gewinnung sich die Waage halten müssen. Durch Training kommt es im Organismus zu einer Reihe von Adaptionsvorgängen, wobei eine Verbesserung der Herz-Kreislauf-Verhältnisse und ein gesteigerter Leistungsstoffwechsel (hervorgerufen unter anderem durch eine bessere Substratumsetzung durch die Enzymsysteme) zu einer Steigerung der Leistungsfähigkeit führen.
Gerade die zwei letztgenannten Adaptionsmechanismen stellen aus sportmedizinischer und ernährungsphysiologischer Sicht die wichtigsten Komponenten zur Ermittlung des gesteigerten Energieumsatzes unter Belastung dar und sollen deshalb im folgenden nun näher betrachtet werden.
Wie im Vorausgegangenen bereits kurz erläutert, benötigt der Organismus beim Verrichten einer Tätigkeit mehr Energie; dies ist gleichbedeutend mit einem höheren Verbrauch an Sauerstoff und Nährstoffen. Auch hier besteht eine feste Relation zwischen der körperlichen Leistung, die in Watt angegeben wird, und dem Mehrbedarf an Sauerstoff (siehe Abbildung 2.7):

1 W Leistung erfordert 12 ml Sauerstoff

Der Energieumsatz beziehungsweise Bedarf steigt demnach linear mit der Belastungsintensität an.
Bei einer Belastung von z. B. 85 W/min muß unser Körper also 1 l Sauerstoff aufnehmen und setzt bei der Oxidation beziehungsweise Verbrennung somit circa 4,85 kcal Energie frei. Bei Belastungsformen, bei denen eine bestimmte Wegstrecke pro Zeiteinheit zurückgelegt wird (Laufen, Schwimmen, Rudern usw.) oder bei denen ein bestimmtes Gewicht bewegt wird (Gewichtheben usw.), können die erbrachte Leistung und die hierfür erforderliche Energie leicht ermittelt werden.
Bei Intervallsportarten (Tennis, Fußball, Ski-Alpin) ist die Berechnung über Watt-Leistung kaum möglich. Hier muß die Sauerstoffaufnahme über andere Parameter indirekt gefunden werden; es läßt sich folgender Ansatz vereinfacht darstellen.
Wie bereits erläutert, steht der erhöhte Bedarf an Sauerstoff in einer festen Beziehung zu der Belastungsintensität:

Für 1 W Mehrleistung benötigt der Körper einen Mehrtransport von 12 ml Sauerstoff

Dieser Mehrtransport setzt eine Adaption der Pumpleistung des Herzens voraus, das heißt, auch die Förderleistung des Herz-Kreislauf-Systems steigt linear mit der Belastungsintensität und dem Energieverbrauch an. Als meßbarer Parameter für die Förderleistung ist hierbei das Herzvolumen definiert als die Menge Blut,

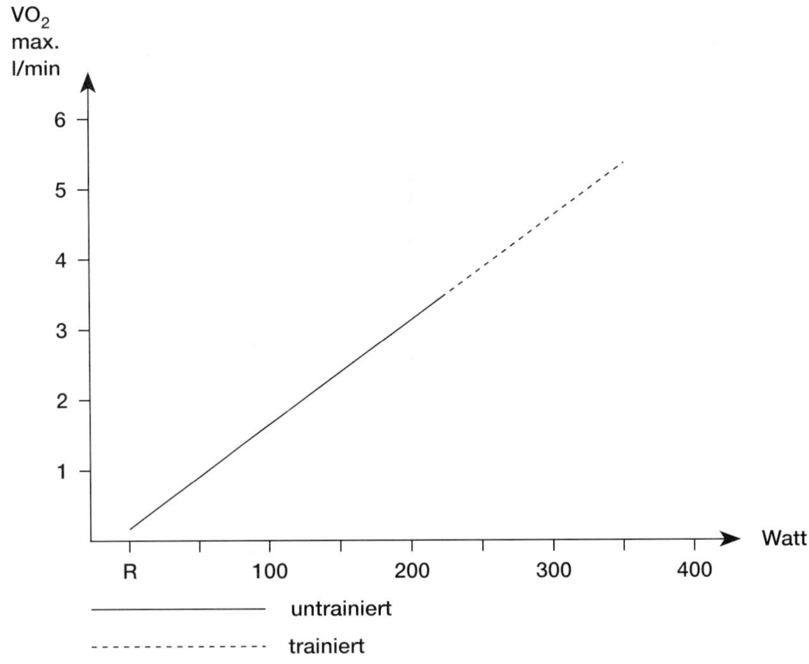

Abb. 2.7 Zusammenhang zwischen Energieumsatz und Belastungsintensität
Die maximale Sauerstoffaufnahme gibt die Menge Sauerstoff in l an, die maximal pro Minute von unserem Herz-Kreislauf-System transportiert werden kann, und steht somit in enger Relation zu dem maximalen Herzminutenvolumen. Die maximale Sauerstoffaufnahme ist bei trainierten deutlich höher als bei untrainierten Personen; sie wird bei Sportarten, die dem Kraft-Ausdauer-Bereich zuzuordnen sind (z. B. Rudern), am höchsten bestimmt und kann Werte um 6 l/min erreichen.

die pro Minute durch den Körper gepumpt wird. Das *Herzminutenvolumen (HMV)* errechnet sich aus dem Produkt von Puls beziehungsweise *Herzfrequenz (HF)* und dem *Schlagvolumen (SV)* (die Menge Blut, die pro Herzschlag ausgeworfen wird).

$$\mathbf{HMV = HR \times SV \text{ in } l/min}$$

Bei der Energiebereitstellung und der Kreislaufanpassung finden sich jedoch deutliche Unterschiede zwischen trainierten und untrainierten Personen. So kann das Herzminutenvolumen bei Untrainierten von circa 5 l/min in Ruhe auf

nur 20–25 l/min unter maximaler Belastung, bei Trainierten auf über 30 l/min gesteigert werden (siehe Abbildung 2.8).
Die Herzfrequenz steigt dabei linear zur Belastungsintensität an, das Schlagvolumen nimmt ebenfalls unter Belastung zu, um dann ab einer bestimmten Intensität weitgehend konstant zu bleiben (siehe Abbildungen 2.9 und 2.10).
Da die maximale Herzfrequenz eine biologisch festgelegte Größe ist (lediglich alters-, aber nicht geschlechts- und trainingsabhängig), wird das unterschiedliche maximale Herzminutenvolumen annähernd nur durch das höhere Schlagvolumen des Trainierten erzielt.

Abb. 2.8 Unterschiede in der Energiebereitstellung und Kreislaufanpassung von trainierten und untrainierten Testpersonen
Das Herzminutenvolumen ist definiert als die Menge Blut, die pro min von unserem Herz in den großen Kreislauf gepumpt wird; das Herzminutenvolumen steigt unter Belastung an. Dabei steigert der Untrainierte seine Förderleistung auf ca. 20 l/min und erreicht dabei eine maximale Wattbelastung zwischen 250 und 300 Watt. Eine trainierte Person hingegen kann das Herzminutenvolumen bis auf 30 l/min anheben und so Belastungsintensitäten von über 400 Watt erzielen. Den energieverbrauchenden Organen werden somit mehr Sauerstoff und mehr Substrate zur Verfügung gestellt.

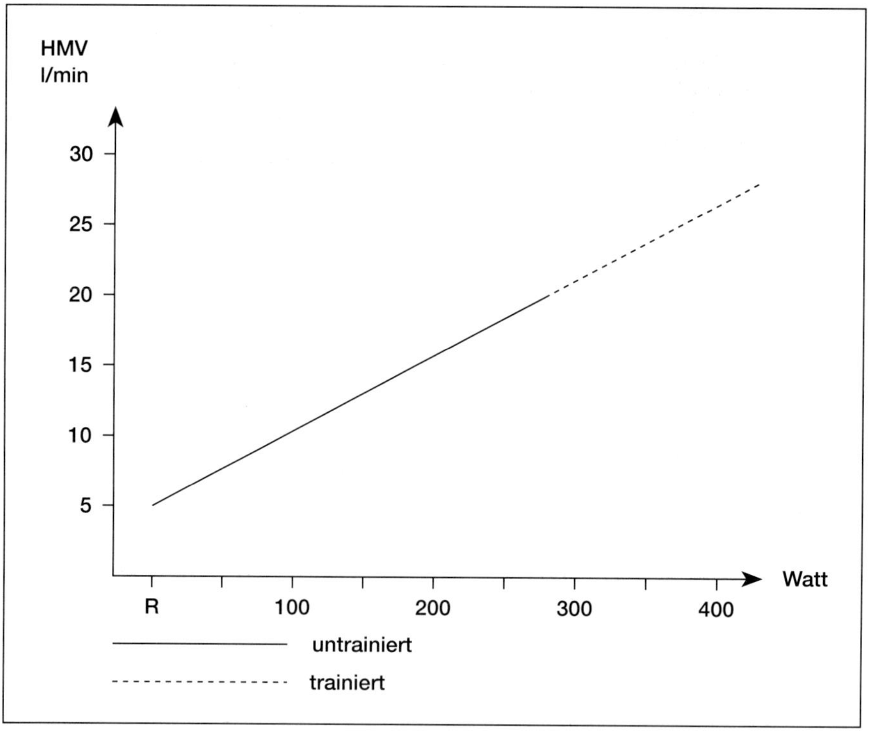

	Ruhe		Belastung (200 W)		Maximalwerte			
	HF	**SV**	**HF**	**SV**	**HF**	**Watt**	**HMV**	**O_2**
untrainiert	70	80	162	120	180	250	21,6	3,7
trainiert	60	120	130	165	180	425	29,7	5,4

Tabelle 2.3 Vergleich der Meßdaten einer untrainierten gegenüber einer trainierten Person HF = Herzfrequenz/min, SV = Schlagvolumen in Milliliter, HMV = Herzminutenvolumen in Liter/min, O_2 = maximale Sauerstoffaufnahme in Liter/min (entnommen aus: REINDELL, H., ROSKAMM, H.: Herzkrankheiten, Springer [1]1977, S. 297)

Abb. 2.9 Unterschiede im Schlagvolumen von trainierten und untrainierten Testpersonen Das Schlagvolumen (SV), definiert als die Menge Blut, die pro Herzaktion ausgeworfen wird, liegt bei den trainierten Personen sowohl in Ruhe als auch unter Belastung höher als bei vergleichbaren untrainierten. Zu Belastungsbeginn kommt es zu einem Anstieg des Schlagvolumens, um dann ab einer gewissen Stufe konstant zu bleiben. Da die maximale Herzfrequenz bei gesunden Personen im gleichen Lebensalter annähernd gleich ist, erscheint das Schlagvolumen als der entscheidende Parameter, der die maximale Leistungsfähigkeit bestimmt: Bei gleicher maximaler Herzfrequenz führt das erhöhte Schlagvolumen nämlich zu dem bereits beschriebenen Anstieg des Herzminutenvolumens und damit zu einer Erhöhung der maximalen Sauerstoffaufnahme. Durch die Zunahme des Schlagvolumens liefert das Herz-Kreislauf-System dem Organismus mehr Sauerstoff, so daß deutlich mehr Energie durch Oxidation freigesetzt werden kann.

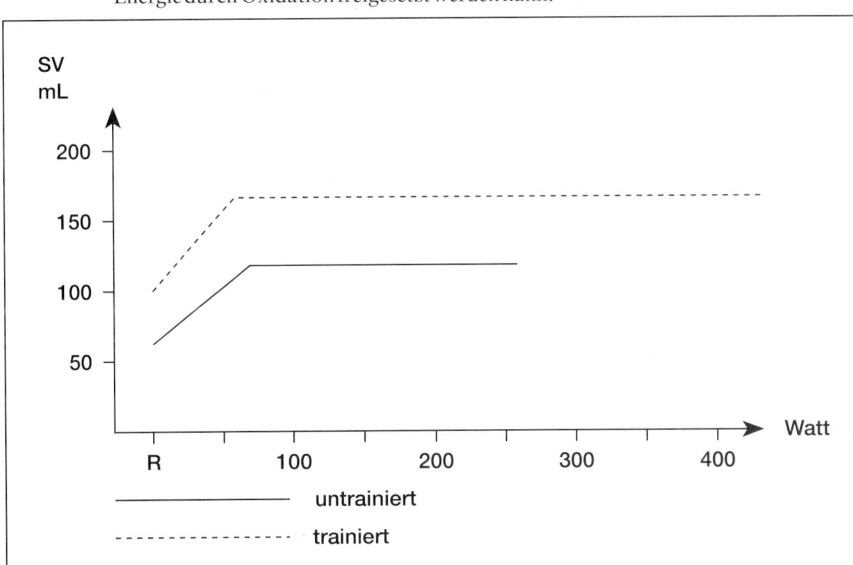

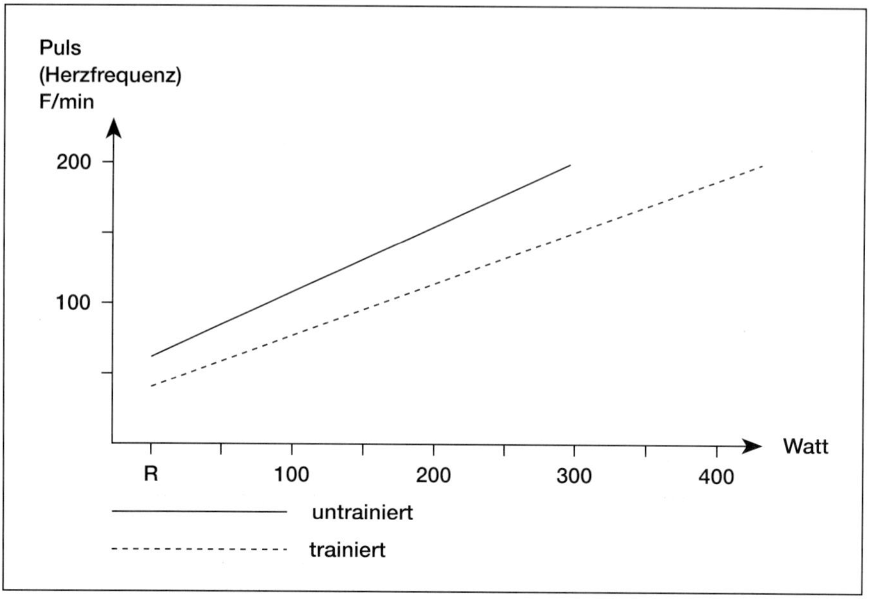

Abb. 2.10 Unterschiede in der Herzfrequenz von trainierten und untrainierten Testpersonen
Die Herzfrequenz oder der Puls ist definiert als die Anzahl der Herzschläge pro Minute. Die Pulsfrequenz steigt linear zur Belastungsintensität an: Dabei liegt die Herzfrequenz auf gleicher Belastungsstufe bei untrainierten jeweils höher als bei trainierten Personen. Die maximale Herzfrequenz ist bei jeder Person biologisch festgelegt, altersabhängig, aber nicht geschlechts- oder trainingsabhängig.

Da der Trainierte ein höheres Schlagvolumen besitzt, kommt er bei gleicher Belastungsintensität mit einer niedrigeren Herzfrequenz gegenüber dem Untrainierten aus, beziehungsweise er kann mit vergleichbarer maximaler Herzfrequenz deutlich mehr Sauerstoff transportieren und somit höhere körperliche Leistungen vollbringen als der Inaktive.
Das Schlagvolumen ist also letztendlich der Parameter, der über maximale Sauerstoffaufnahme und somit über den maximalen Energieumsatz und die daraus resultierende höchste Belastbarkeit entscheidet.
Beide Personen erreichen ihre maximale Herzfrequenz von 180/min; der Trainierte kann jedoch vergleichbar mehr leisten, da er aufgrund seines höheren Schlagvolumens eine deutlich höhere Förderleistung aufweist (29,7 l/min) und somit eine größere maximale Sauerstoffaufnahme (5,41 l Sauerstoff/min) besitzt.

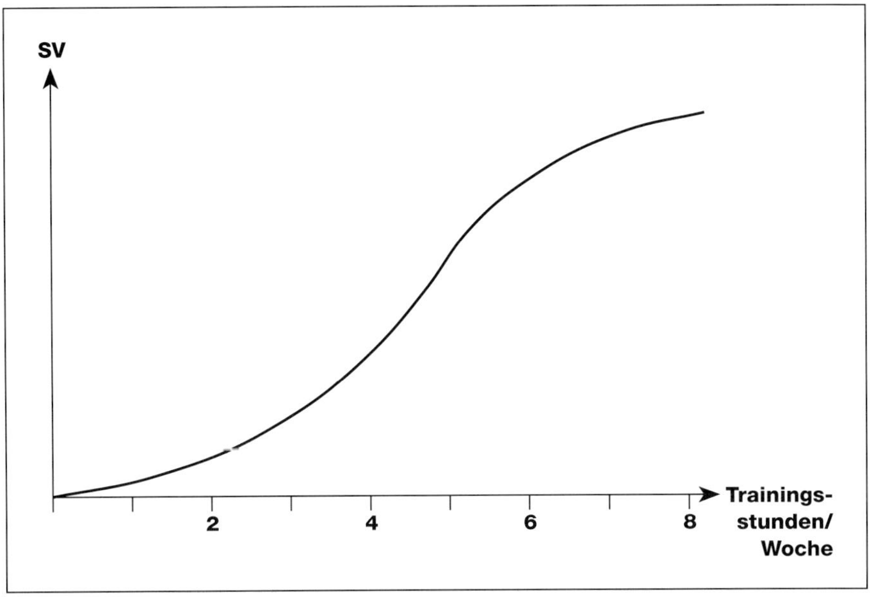

Abb. 2.11 Zunahme des Schlagvolumens in Abhängigkeit der regelmäßig ausgeführten Trainingseinheiten pro Woche
Wie bereits in Abb. 2.9 aufgezeigt, liegt das Schlagvolumen einer trainierten Person auf gleichen Belastungsstufen höher als bei untrainierten. Die Zunahme des Schlagvolumens ist jedoch in Abhängigkeit des regelmäßig ausgeführten Trainings zu sehen. Diese Kurve bezieht sich jedoch nur auf Sportarten, die eine entsprechende Herz-Kreislauf-Wirkung bzw. Anpassung erzielen und repräsentiert soweit die Gruppen Kraftausdauer, Ausdauer, Intervall- und Schnellkraft. Bei einem geringen Trainingsumfang, beispielsweise 2 Stunden pro Woche, kommt es noch zu keiner wesentlichen Steigerung des Schlagvolumens; diese läßt sich eigentlich erst ab 3 Stunden Training pro Woche erzielen; bei weiterer Steigerung der Trainingseinheiten kommt es dann zu einer anfänglichen raschen Zunahme, bei einem Trainingsumfang von mehr als 12–14 Stunden pro Woche ist jedoch keine wesentliche Vergrößerung mehr zu erwarten.

Gibt man nun eine definierte Belastungsintensität vor (z. B. 200 W) und registriert hierbei die entsprechend erzielte Pulsfrequenz, kann man indirekt über das Åstrand-Normogramm die maximale Sauerstoffaufnahme ablesen und dann den maximalen Kalorienbedarf entsprechend den vorausgegangenen Formeln bestimmen (siehe Abbildung 2.12).

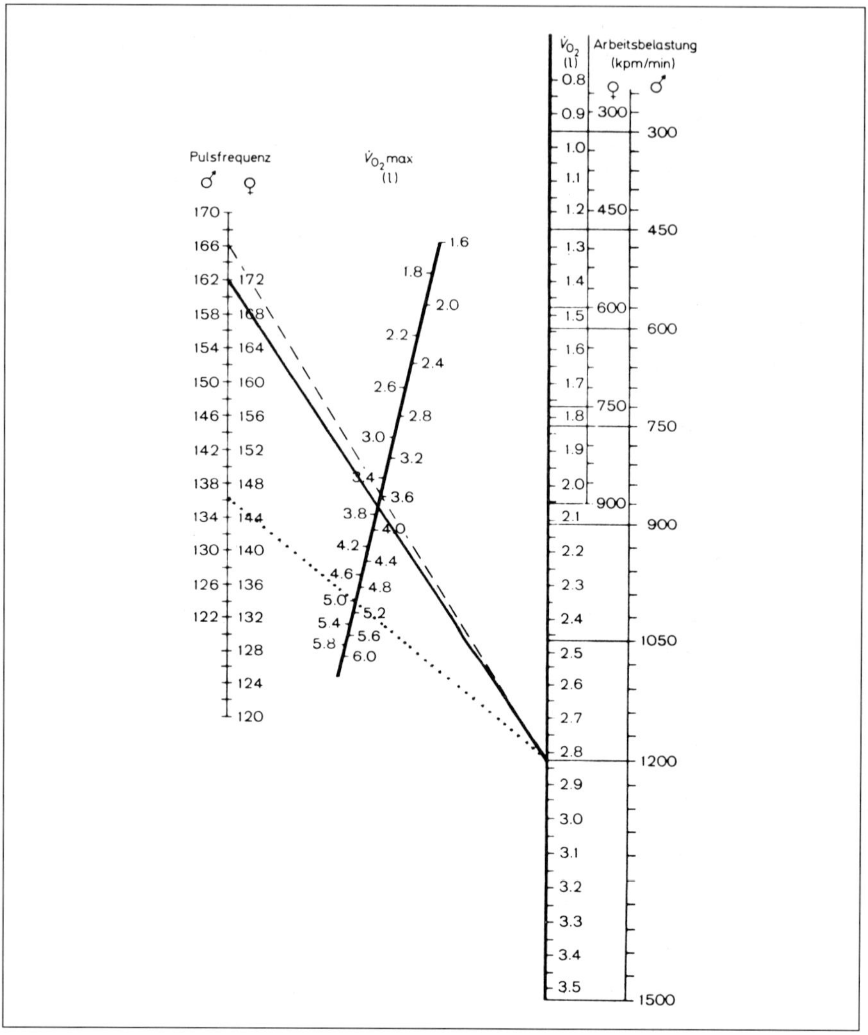

Abb. 2.12 Ermittlung der maximalen Sauerstoffaufnahme mit dem Åstrand-Normogramm
Das Åstrand-Normogramm dient der Ermittlung der maximalen Sauerstoffaufnahme; dabei wird die Herzfrequenz auf einer bestimmten Belastungsstufe (200 Watt) ermittelt; über das Normogramm kann dann die maximale Sauerstoffaufnahme abgelesen werden. In unserem Beispiel hat der Untrainierte auf der 200-Watt-Belastungsstufe eine Herzfrequenz von 162/min, eine maximale Sauerstoffaufnahme von 3,7 l/min, einem kcal(kJ)-Verbrauch von maximal 15,5 kcal/min (64,79 kJ/min) entsprechend. Der Trainierte erzielte auf der gleichen Belastungsstufe eine Herzfrequenz von 136/min; seine maximale Sauerstoffaufnahme liegt somit bei 5,2 l/min, so daß er kurzfristig 27,7 kcal/min (115,79 kJ/min) «verbrennen kann».

2.2.7.3.6 Adaptations- und Trainingseffekte

Unser Organismus braucht zur Aufrechterhaltung seiner Lebensfähigkeit und zur Ausübung von zahlreichen speziellen Tätigkeiten unterschiedliche Mengen an Energie, die er aus den ihm zugeführten Nährstoffen gewinnt. Das kalorische Äquivalent stellt dabei die aus dem jeweiligen Substrat/l Sauerstoff gewonnene Energiemenge dar. Durch verschiedene wissenschaftliche Meßmethoden (direkte und indirekte Kalorimetrie sowie über das Åstrand-Normogramm) kann die jeweilige Sauerstoffaufnahme und der damit verbundene Energieumsatz ermittelt werden. Durch Training kommt es neben einer verbesserten Flexibilität und einer gesteigerten Koordinationsfähigkeit sowie neben dem Zuwachs an Muskulatur vornehmlich durch die Adaptation der Herz-Kreislauf-Verhältnisse zu einer Erhöhung der maximalen Sauerstoffaufnahme, einem damit verbundenen erhöhten Energieumsatz und somit zu einer gesteigerten Leistungsfähigkeit.
Dies läßt sich anhand zweier Beispielsberechnungen nach dem *Calorymetic-System* verdeutlichen (weitere Beispielrechnungen nach dem *Calorymetic-System* s. Kapitel 4):

Testperson I ist 31 Jahre alt, 180 cm groß, 72 kg schwer. Geschlecht männlich, Arbeit: Kaufmann, 8 Stunden pro Tag; die Beispielperson treibt seit 5 Jahren Sport, die regelmäßig ausgeführten Trainingseinheiten betragen 2 Stunden pro Woche, die gewählte Sportart ist Squash, die Berechnung bezieht sich auf eine Stunde Squash.

Testperson II weist die gleichen Stammdaten wie Testperson I auf, betreibt ebenfalls seit 5 Jahren Sport, der regelmäßige Trainingsaufwand beträgt jedoch 8 Stunden pro Woche.
Beide Personen haben den gleichen Kalorienbedarf an einem Tag ohne Sport und mit Arbeit, nämlich
2500 kcal (10 450 kJ), die idealerweise bei einer Normalverteilung durch

355 g Kohlenhydrate,
71 g Fett und
76 g Eiweiß
abgedeckt werden.

Übt Testperson I (mit einem regelmäßigen Trainingsaufwand von nur 2 Stunden pro Woche) 1 Stunde Squash aus, klettert der Kalorienbedarf auf 2750 kcal (11 495 kJ), die bei einer entsprechenden Normalverteilung durch

392 g Kohlenhydrate,
80 g Fett und
96 g Eiweiß
abgedeckt werden.

Testperson II, mit 8 Stunden regelmäßigem Training pro Woche, kann aufgrund der höheren maximalen Sauerstoffaufnahme an dem Tag mit 1 Stunde Squash und mit Arbeit demgegenüber
3100 kcal (12 960 kJ) verbrauchen, bei einer normal- bis kohlenhydratreichen Nährstoffverteilung entspricht dies

443 g Kohlenhydrate,
90 g Fett und
108 g Eiweiß.

Hierbei ist zu berücksichtigen, daß der Kalorienbedarf für den Tagesumsatz mit Arbeit (2500 kcal/10 450 kJ) normalverteilt bleibt und nur für den Kalorienverbrauch durch sportliche Aktivität die sportartspezifische Nährstoffverteilung angerechnet wird.
Bei der Testperson I beläuft sich der durch Squash zusätzlich entstandene Kalorienbedarf auf 250 kcal (1045 kJ) und entspricht mithin nur 10 % des täglichen Grundumsatzes.
Bei der Testperson II liegt der Kalorienbedarf durch 1 Stunde Squash bei 600 kcal (2500 kJ), so daß sich die Gesamtnährstoffverteilung in den Bereich normal bis kohlenhydratreich verschiebt.

Exkurs: Zusammenhang zwischen Trainingsumfang und Adaptationsvorgängen

Im vorangegangenen Kapitel wurden die durch regelmäßig ausgeführtes Training bedingten Veränderungen am Herz-Kreislauf-System und in der Zelle aufgezeigt. Es wurde festgestellt, daß sich eine Steigerung der kardialen Leistungsfähigkeit (Anstieg des Schlagvolumens) nur mit hohem Trainingsumfang merklich erzielen läßt.

Demgegenüber wird jedoch jeder «Sportanfänger», selbst wenn er nur 1–2 Stunden pro Woche körperlich aktiv ist, rasch feststellen, daß seine Leistungsfähigkeit zunimmt.

Folgende Veränderungen ermöglichen diese Leistungssteigerung trotz eines sehr geringen Zeitaufwandes:

1. Das Sauerstoffangebot wird von der Zelle aufgrund einer früh einsetzenden Erhöhung der Substratumsetzung besser ausgenutzt. Als meßbarer Parameter gilt die arterio-venöse Sauerstoffdifferenz, die bereits bei einem geringen Trainingsumfang zunimmt.
2. Durch die ständige Wiederholung der Bewegungsabläufe verbessert sich die neuro-muskuläre Koordinationsfähigkeit. Es werden zunehmend nur noch die Muskeln eingesetzt, die für die Ausführung der Bewegung wirklich erforderlich sind. Diese Ökonomisierung der Muskelarbeit spart viel Energie.
3. Der Körper gewöhnt sich mit der Zeit an die sich wiederholende Belastung. Sie stellt dann keine ungewohnte Beanspruchung mehr dar. Dadurch wird eine überschießende Streßreaktion vermieden, und die Hormone Adrenalin und Noradrenalin werden «belastungsadäquat» ins Blut abgegeben.

Diese Veränderungen, die bereits bei einem Trainingsumfang von 1–2 Stunden pro Woche eintreten, bedingen mithin eine spürbare Steigerung der körperlichen Leistungsfähigkeit. Abb. 2.12a zeigt diesen Trainingseffekt beispielhaft bei einer Person, die über einen Zeitraum von einem halben Jahr 3 × pro Woche jeweils 30 Minuten joggte. Vor Trainingsbeginn lag bei dem Probanden die maximale Sauerstoffaufnahme bei 2,8 l pro Minute, das Schlagvolumen unter Belastung bei etwa 100 ml. Die Person konnte in dem untrainierten Zustand jedoch nur 25 % ihrer maximalen Leistungsfähigkeit über die Dauer von 30 Minuten aufrechterhalten. Nach der Trainingsperiode von einem halben Jahr fand sich zwar keine wesentliche Änderung der maximalen Sauerstoffaufnahme (2,9 l) und des Schlagvolumens (105 ml). Der Proband konnte nun jedoch eine Belastungsintensität entsprechend 45 % seiner maximalen Leistungsfähigkeit über 30 Minuten problemlos durchhalten.

Erst ab einem Trainingsumfang von mehr als 2–3 Stunden pro Woche steigt die maximale Sauerstoffaufnahme und das Schlagvolumen, also die kardiale Leistungsfähigkeit, signifikant an. Gleichzeitig kommt es auch zu einer weiteren Steigerung der Belastungsfähigkeit.

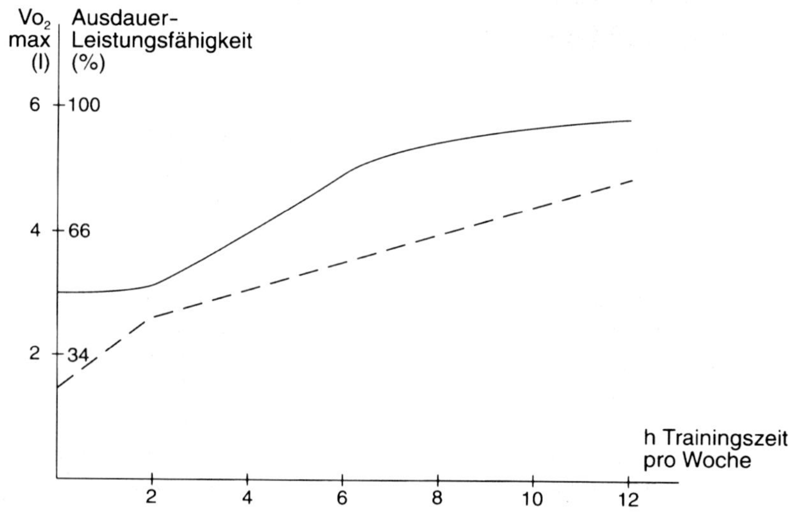

Person:	Anfänger	Hobbyjogger	Marathonläufer
VO_2 max:	2,8 l	2,9 l	5,8 l
SV:	100 ml	105 ml	165 ml
Ausdauerleistungsfähigkeit über 30 min:	25 %	45 %	82,5 %

Abb. 2.12 a Zusammenhang zwischen Trainingsumfang und Steigerung der Parameter V_{O_2} max (bzw. SV) und Ausdauerleistungsfähigkeit (GEISS, K.-R., Berechnung nach dem Calorymetic-System spo-med Ag, Ch)

Es sei an dieser Stelle erwähnt, daß aus leistungsphysiologischer Sicht sicherlich noch nicht alle trainingsbedingten Adaptationsvorgänge am Herzen und in der Zelle bis ins Detail geklärt sind. Die vorliegende Abbildung stellt aber sicherlich eine geeignete Arbeitshypothese für weitere Forschungsprojekte auf dem Sektor «Trainingssteuerung» dar.

2.3 Verdauung und Resorption der Nährstoffe

Die Verdauung der aufgenommenen Nahrung beginnt bereits im Mund; hier wird die feste Nahrung durch den Kauvorgang zerteilt und gleichzeitig mit dem Speichel vermischt. Die Unterkiefer-, Ohrspeichel- und Unterzungendrüse bilden zusammen täglich etwa 1,5 l Speichel. Der menschliche Speichel besteht zu mehr als 99 % aus Wasser und enthält einen geringen Anteil Mineralstoffe und organische Substanzen, wobei die Rhodanid-Ionen eine desinfizierende Wirkung aufweisen. Darüber hinaus finden sich Mucopolysaccharide, Glykoproteide und Eiweißkörper. Als wichtigsten Bestandteil enthält der Speichel die Amylase Ptyalin, ein Enzym, das Kohlenhydratmoleküle spaltet. Die Kohlenhydratverdauung beginnt also gegenüber der Eiweiß- und Fettverdauung schon bereits im Mund. Anschließend wird die zerkleinerte und angefeuchtete Nahrung zu einem gleitfähigen Bissen geformt und in den hinteren Rachenraum transportiert; hier erfolgt reflektorisch der Schluckvorgang.
Durch das Schlucken gelangt der Bissen dann in die Speiseröhre *(Oesophagus)*. Die Wand der Speiseröhre besteht aus Muskelfasern, welche die geschluckte Speise durch wellenförmiges Zusammenziehen (sogenannte peristaltische Kontraktionswelle) in den Magen befördern.
Im Magen *(Ventriculus)* wird die Speise aufgenommen und durch peristaltische Kontraktionen mit dem Magensaft vermischt. Der Magensaft ist eine Flüssigkeit, die im wesentlichen aus Salzsäure (HCL), Schleim und Enzymen sowie dem Intrinsic factor besteht. Die Bildung und Absonderung (Sekretion) des Magensaftes unterliegt drei Steuerungsvorgängen:

1. Nervöse und psychische Phase
Durch Sehen, Riechen und Schmecken oder sogar nur durch die Vorstellung von Speisen wird die Produktion von Magensaft durch Nervenimpulse eingeleitet.

2. Gastrische Phase
Gelangt Speise in den Magen, wird dieser gedehnt, was reflektorisch zur Magensaftsekretion führt. Aber auch die Nahrungsmittel selbst lösen dabei die Sekretion aus: Als wirksamste Stimulatoren sind dabei die Eiweiße und die alkoholhaltigen Getränke zu nennen.

3. Intestinale Phase
Sie läuft ebenso wie die gastrische Phase ohne die Beteiligung der Nerven reflektorisch ab und wird durch den Eintritt von verdauter Speise in den Darm ausgelöst. Sie hat aber an der gesamten Sekretion nur eine geringe Beteiligung.

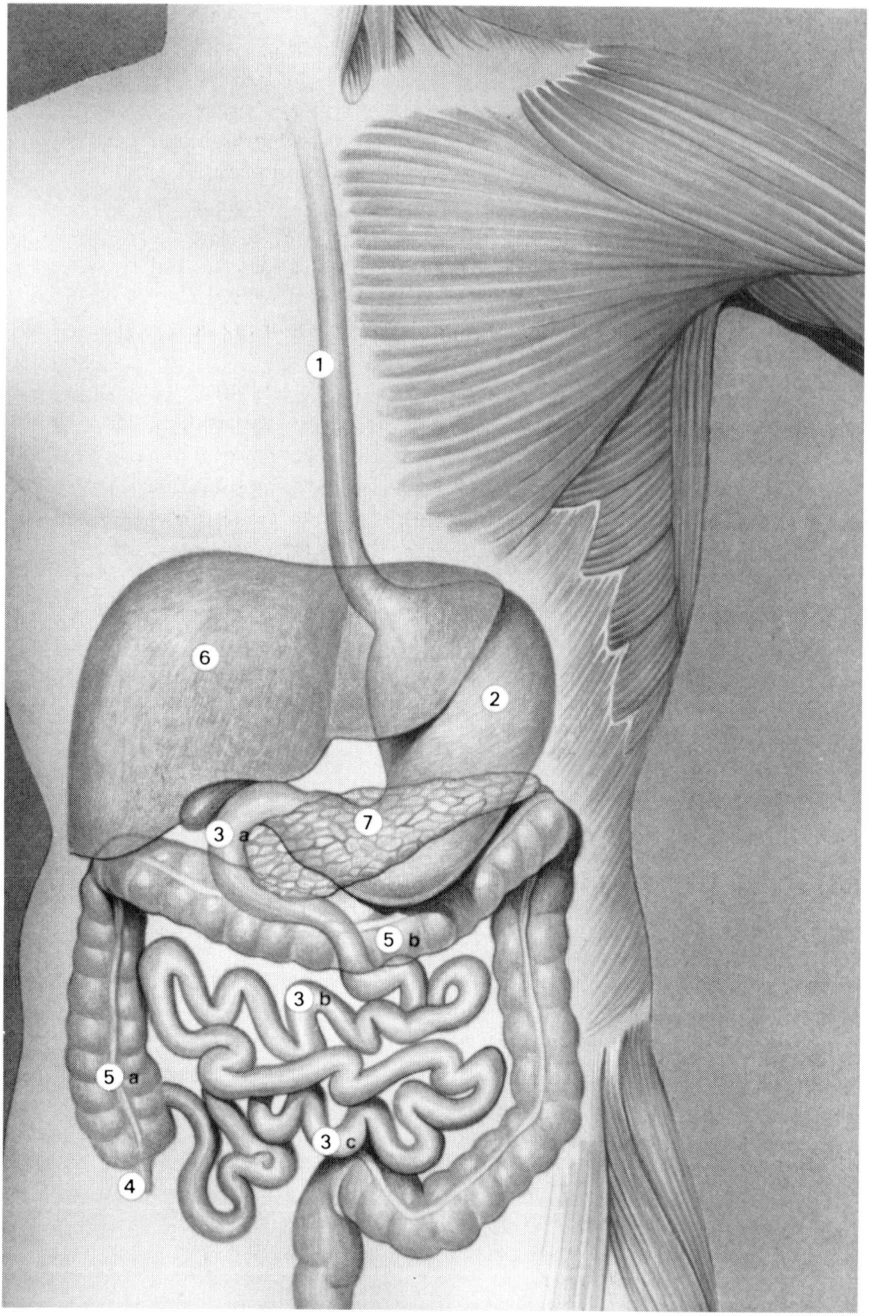
1
6
2
7
3 a
5 b
3 b
5 a
3 c
4

Der Magen produziert während der drei Phasen täglich etwa 1,5 bis 2 l Magensaft. Die bereits zuvor genannten Bestandteile des Magensaftes werden in den verschiedenen Zellen der Magenschleimhaut *(Mucosa)* gebildet. Die Belegzellen produzieren Salzsäure, die im wesentlichen drei Aufgaben bei der Verdauung erfüllt: Zum einen werden die größeren Eiweißkomplexe weitgehend aufgespalten *(Denaturierung)*, zum anderen schafft die Salzsäure im Magen ein saures Milieu, durch das die Enzyme, die dann das Eiweiß weiter aufspalten, in ihre aktive beziehungsweise aktivierte Form überführt werden. Die Salzsäuresekretion, die nach der Nahrungsaufnahme deutlich auf das 4–6fache ansteigen kann, bedingt den niedrigen pH-Wert des Magens, der zwischen 1,2 und 1,8 liegt. Hierdurch kommt es als dritte Funktion zur Abtötung der meisten mit der Speise aufgenommenen Mikroorganismen.

Die Hauptzellen bilden die Enzyme; als wichtigstes soll an dieser Stelle das Pepsinogen genannt werden, das zunächst als inaktive Vorstufe in den Magen abgegeben und anschließend durch die Salzsäure in das eiweißspaltende Pepsin umgewandelt beziehungsweise aktiviert wird. Daneben spielt als Enzym noch die Magenlipase eine Rolle, die die Spaltung bereits emulgierter Fette einleitet. Die Nebenzellen produzieren den Magenschleim *(Mucin)*, dem eine Bedeutung als Schutzfaktor gegen die Selbstverdauung der Magenwand durch die Salzsäure zugemessen wird.

Als einer der wichtigsten Bestandteile des Magensaftes ist der *Intrinsic factor* anzusehen. Er setzt sich aus einer Zucker-Eiweiß-Verbindung *(Glykoprotein)*

Abb. 2.13 Schematische Zeichnung der Verdauungsorgane

Vereinfachte Beschreibung zum Eiweißabbau

1 Speiseröhre (Oesophagus)
Keine Verdauung der Eiweiße.

2 Magen (Ventriculus)
Vor allem werden die Proteine hier hydrolisiert (Wasserhülle),
aber beginnend auch schon zu Polypeptidketten gespalten (Sekundärstruktur).

3 a Zwölffingerdarm (Duodenum)
Weitere Aufspaltung der Proteine in Polypeptidketten.

3 b Oberer Dünndarm (Jejunum)
Aufspaltung der Polypeptidketten zu Dipeptiden und dann
in die einzelnen Aminosäuren.

3 c Unterer Dünndarm (Ileum)

4 Blinddarm (Appendix)

5 a Aufsteigender Dickdarm (Colon ascendes)

5 b Querliegender Dickdarm (Colon transversum)

6 Leber (Hepar)
Weitere Verarbeitung zu biogenen Aminen (Enzyme, Hormone) mit Transport
zum Gehirn oder Transport zur Muskulatur als Strukturprotein (Baustoff),
dazu siehe Abb. 2.4.

7 Bauchspeicheldrüse (Pancreas)

zusammen und ist für die Aufnahme des Vitamin B_{12} unbedingt erforderlich. Da Vitamin B_{12} bei der Bildung der roten Blutkörperchen eine wichtige Rolle spielt (Vitamin-B_{12}-Mangel führt zur *perniziösen Anämie*), muß bei Fehlen des Intrinsic factors das Vitamin durch Injektion verabreicht werden.
Im Magen wird also die Speise gut mit dem Magensaft vermischt und durch die entsprechenden Enzyme die weitere Verdauung, vor allem der Eiweiße, eingeleitet. Es ist dabei jedoch zu berücksichtigen, daß die unterschiedlichen Speisen verschieden lange Verweildauer im Magen haben:

Wasser, Tee, Brühe, gekochter Reis:	circa 1 bis 2 Stunden
Milch, Weißbrot, Kochfleisch, Spinat, gekochte Karotten, Birnen:	circa 2 bis 3 Stunden
Schwarzbrot, Kartoffeln, Käse, Äpfel, Salat, Rindfleisch, Blumenkohl:	circa 3 bis 4 Stunden
Braten, Bohnen, Hering:	circa 4 bis 5 Stunden
fettes Fleisch, Ölsardinen, Räucheraal:	circa 6 bis 8 Stunden

Anhand dieser kleinen Aufführung ist erkennbar, daß die Kohlenhydrate eine deutlich kürzere Verweilzeit im Magen aufweisen als die relativ fett- und eiweißreichen Nahrungsmittel (vgl. Kapitel 3.1.3, S. 78, Kapitel 3.2.3, S. 96).

Sobald der Speisebrei flüssig genug ist, den Magenausgang zu passieren, beginnt die portionsweise Entleerung des Mageninhaltes *(Chymus)* in den Zwölffingerdarm *(Duodenum)*.
In diesem oberen Darmabschnitt wird der saure Mageninhalt mit den alkalischen Säften (Sekreten) der Bauchspeicheldrüse *(Pankreas)* sowie der Galle vermischt und so der Hauptteil der Verdauung beziehungsweise der weiteren Nährstoffaufspaltung bewerkstelligt.
Die Gallenflüssigkeit wird kontinuierlich in der Leber gebildet, das tägliche Volumen beträgt zwischen 0,5 und 1 l. Die Gallenblase speichert zunächst die Flüssigkeit, dickt sie ein, um sie dann nach der Entleerung des Magens in den Zwölffingerdarm abzugeben. Die Galle enthält keine Verdauungsenzyme, sie setzt sich vielmehr aus den Gallensäuren, dem Gallenfarbstoff und dem Cholesterin zusammen. Es sind vor allem die Gallensäuren, die bei der Verdauung der Fette eine maßgebliche Rolle spielen: Sie emulgieren dabei die wasserunlöslichen Fette und ermöglichen so die Aufnahme *(Resorption)* durch die Darmwand.
Die Bauchspeicheldrüse *(Pankreas)* produziert täglich etwa 1–1,5 l Sekret, das eine große Anzahl von Enzymen, welche die Verdauung von Eiweißen, Fetten und Kohlenhydraten bewirken, enthält. Als die wichtigsten Enzyme wären das eiweißspaltende Trypsin, zum Abbau der Fette die Lipase und zur Spaltung der Kohlenhydrate die Pankreas-α-Amylase zu nennen.
Im oberen Dünndarmabschnitt *(Jejunum)* werden die Nährstoffe also so weit gespalten beziehungsweise abgebaut, daß nun die Resorption durch die Darmwand erfolgen kann. Gleichzeitig werden mit dem Fett die fettlösenden Vit-

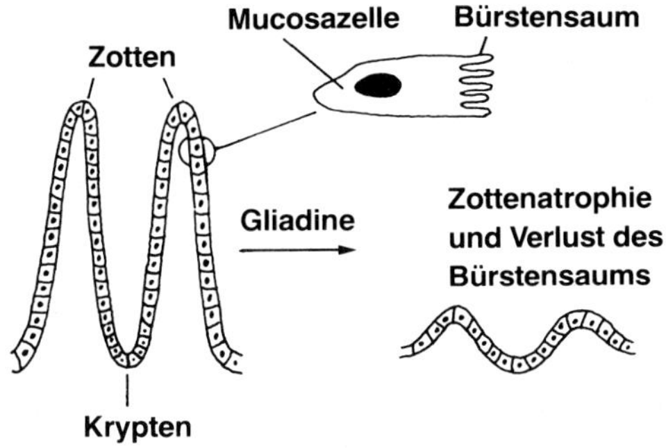

Abb. 2.14 Zottenatrophie bei der einheimischen Sprue

Abb. 2.15 a Schleimhaut des menschlichen Dünndarms (Jejunum), Azanfärbung. Es sind 4 Zotten (Villi) und 7 Krypten zu erkennen. Die Zotten sind gerunzelt. (Quelle siehe Abb. 2.15 b)

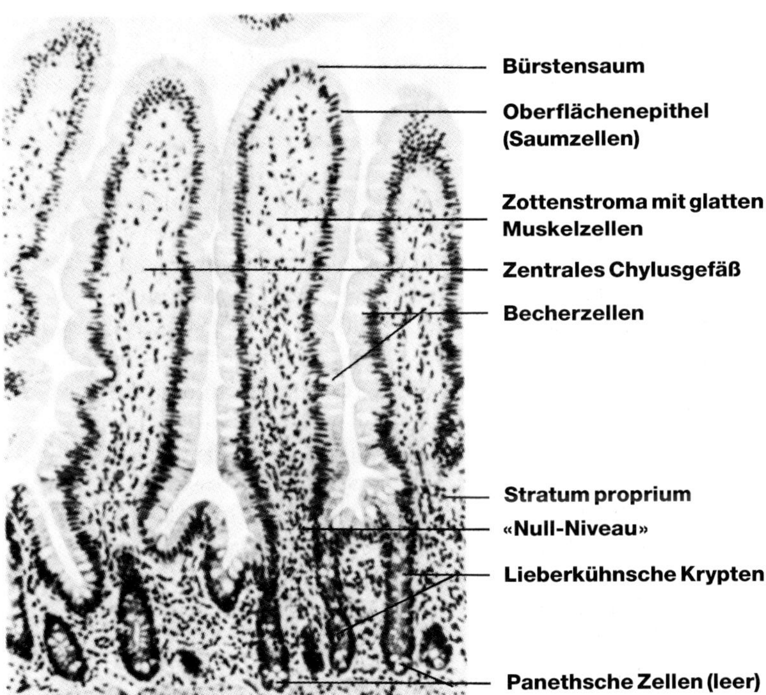

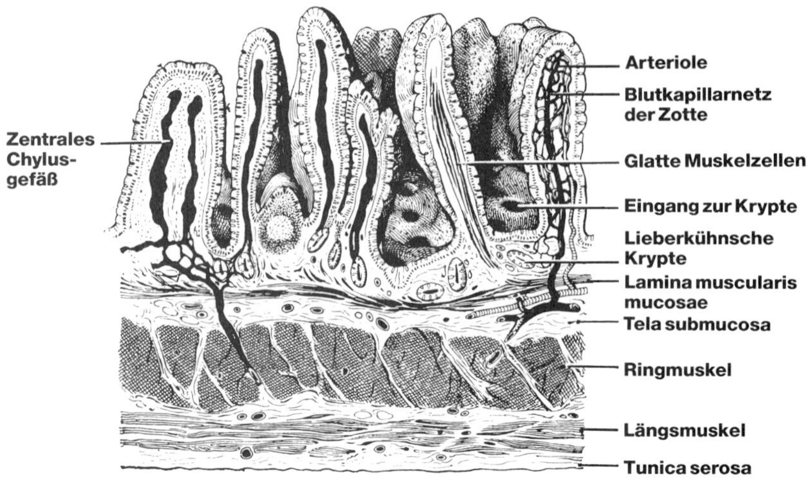

Abb. 2.15 b Wandaufbau der Dünndarmschleimhaut. Oberfläche und Schnitt kombiniert (halbschematisch)
(Quelle Abb. 2.15 a und b: BENNINGHOFF/GOERTTLER: Lehrbuch der Anatomie des Menschen, 10. durchgesehene Auflage 1975, S. 90–91. Urban & Schwarzenberg, München–Wien–Baltimore)

amine (A, D, E und K) im Jejunum aufgenommen, des weiteren erfolgt die Resorption von Vitamin C und Riboflavin.
Um die anfallende Menge bewältigen zu können, ist es notwendig, daß die innere Oberfläche des Dünndarms um ein Vielfaches größer ist, als es den äußeren Abmessungen entspricht. Diese zum Teil 500fache Vergrößerung der Oberfläche wird durch Schleimhautfalten, die mit unterschiedlich großen Zotten besetzt sind, erzielt.
Wie aus diesen Ausführungen hervorgeht, ist der obere Dünndarm der wichtigste Abschnitt für die Resorption der Nährstoffe. Im unteren Teil des Dünndarms *(Ileum)* werden normalerweise der Vitamin-B_{12}-Intrinsic-factor-Komplex und die Gallensalze aufgenommen. Bei Überlastung der Aufnahmekapazität des oberen Dünndarms (z. B. bei krankhaften Veränderungen) können aber auch alle Substanzen im unteren Dünndarm resorbiert werden; das Ileum stellt somit also die funktionelle Reserve des Dünndarms dar.
Nach der Dünndarmpassage gelangen die unverdauten Nahrungsreste in den Dickdarm *(Colon)*, dessen wichtigste Funktion in der Resorption von Wasser und Elektrolyten beziehungsweise Mineralstoffen zu sehen ist. Das Colon ist jedoch für den Menschen nicht lebensnotwendig, da alle seine Aufgaben auch ausreichend von den Dünndarmabschnitten bewältigt werden können.

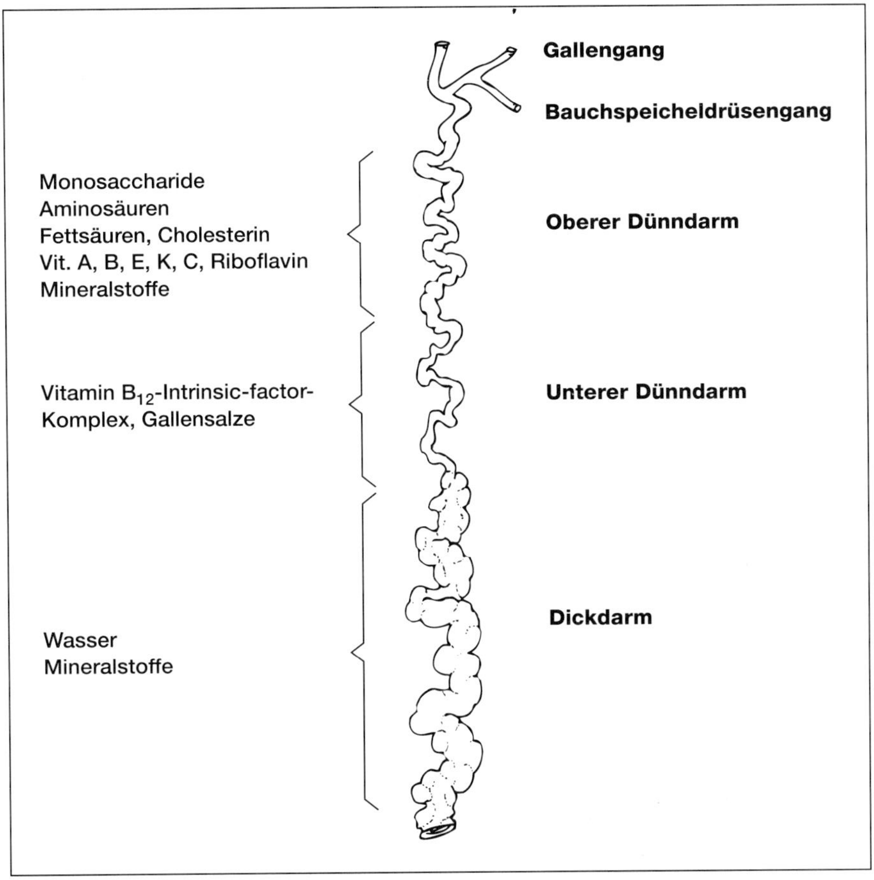

Abb. 2.16 Schematische Darstellung der Nährstoff-, Vitamin-, Mineralstoff- und Wasserresorption in den verschiedenen Darmabschnitten (nach Geiss, K.-R.)

Die Aufnahme der Nahrungsstoffe durch die Darmwand erfolgt durch zwei Arten von Resorptionsvorgängen, die als aktiver und passiver Transport definiert sind: Die Aufnahme durch die Darmwand in Richtung eines fallenden Konzentrationsgradienten ohne Aufwand von Stoffwechselenergie gilt in der Regel als passiver Transport; die Resorption gegen einen steigenden Konzentrationsgradienten, in der Regel ein energieverbrauchender Prozeß, ist als aktiver Transport definiert. Diese Unterscheidung ist eigentlich sehr ungenau, da fallende Konzentrationsgradienten letztendlich nur durch zuvor abgelaufene aktive Transportleistungen entstehen konnten; ein passiver Transport ohne Energieverbrauch erscheint daher eigentlich nicht möglich.

Die über die Darmwand (durch aktive oder passive Transportmechanismen) aufgenommenen Nährstoffbausteine der Kohlenhydrate und Proteine gelangen nun zusammen mit den Mineralstoffen und wasserlöslichen Vitaminen über den Blutweg (Pfortader, *vena portae*) in die Leber. Der Großteil der emulgierten Fette wird zunächst über die Lymphbahnen in den großen Kreislauf und schließlich ebenfalls in die Leber transportiert.

Stoffwechsel der Leber

Die Leber ist als das zentrale Organ annähernd aller Stoffwechselprozesse anzusehen. Zu den allgemeinen Aufgaben gehört der Betriebsstoffwechsel mit der Bildung und Erhaltung

1. von Zell- und Organstrukturen und
2. des extra- und intrazellulären Flüssigkeitsmilieus.

Darüber hinaus hat die Leber eine große Zahl spezieller Aufgaben zu erfüllen, die dem spezifischen Organstoffwechsel zuzuordnen sind: Aufbau beziehungsweise Synthese von Molekülen mit spezifischen Funktionen wie z. B.

- Bildung spezieller Glykoproteinverbindungen (Faktoren für die Blutgerinnung)
- Produktion der Gallensäuren (wichtig für die Resorption der Fette)
- Aufbau von biogenen Aminen (Substanzen, die zur Hormonsynthese herangezogen werden)
- Ausscheidung beziehungsweise Entgiftung verschiedener Stoffwechselprodukte (Harnstoffsynthese)

Der allgemeine Betriebs- und der spezifische Organstoffwechsel laufen dabei ständig parallel ab. An dieser Stelle sollen nun die Prozesse, welche für die Energieversorgung des Körpers im Vordergrund stehen, kurz erläutert werden; dabei verhält sich die Stoffwechsellage der Leber in den zwei Phasen 1. «Mahlzeit» *(Resorptionsphase)* und 2. «Nach-Mahlzeit» *(Postresorptionsphase)* unterschiedlich:

Resorptionsphase

Sämtliche Nährstoffe gelangen in die Leber. Aus der Glukose wird zunächst Glykogen aufgebaut und gespeichert; sind die Glykogenspeicher der Leber gefüllt, dient die über den Bedarf hinaus aufgenommene Glukose, nach partiellem Umbeziehungsweise Abbau, der Synthese von Triglyceriden *(Liponeogenese)*. Die Triglyceride werden als Eiweißverbindung *(Lipoproteine)* wieder ins Blut abgegeben und anschließend im Fettgewebe gespeichert. Die Leber zieht nur einen geringen Teil der zugeführten Kohlenhydrate zur Gewinnung biologischer Energie heran, um ihren eigenen Energiebedarf, der zur Erhaltung des allgemeinen und speziellen Organstoffwechsels erforderlich ist, abzudecken. Auch die Aminosäuren können zur Deckung des eigenen Energiebedarfs genutzt werden; den hierbei entstehenden Ammoniak wandelt die Leber in Harnstoff um. Den größten Teil der Aminosäuren verwendet das Organ jedoch zur Synthese von komplexen Eiweißverbindungen, die vorwiegend als *Plasmaproteine* ins Blut gelangen. Die resorbierten Fettsäuren werden in der Leber wieder zu Triglyceriden aufgebaut, als Lipoproteinverbindung ins Blut abgegeben und dann im Fettgewebe abgespeichert.

In der Resorptionsphase nutzt die Leber also die zugeführten Nährstoffe, um sie in energiereiche Substanzen umzuwandeln und in den verschiedenen Depots abzuspeichern. Die Glykogenspeicherkapazität der Leber beträgt durchschnittlich 100–130 g. Dieser Energiespeicher dient jedoch nicht dem Eigenbedarf, sondern steht anderen Organen (z. B. dem Gehirn) in der Phase ohne Nahrungszufuhr *(Postresorptionsphase)* als Reserve zur Verfügung. Wie bereits erwähnt, wandelt die Leber die über den aktuellen Gesamtbestand hinaus aufgenommenen Kohlenhydrate in Triglyceride um; diese werden zusammen mit den aus der Nahrung stammenden Triglyceriden im Fettgewebe abgespeichert. Die Speicherkapazität des Fettgewebes ist gegenüber der Glykogenspeicherkapazität annähernd unbegrenzt; dies erklärt sehr deutlich, warum eine Zunahme des Körpergewichtes ausschließlich auf die Zunahme der Fettdepots zurückzuführen ist.

Postresorptionsphase

In dieser Phase gelangen keine Nährstoffe aus dem Darm zur Leber. Zur Abdekkung des aktuellen Energiebedarfs müssen nun deshalb die Glykogen- und Fettreserven mobilisiert werden. Zunächst entleert die Leber ihre Glykogendepots, wandelt Glykogen in freie Glukose um und gibt diese ins Blut ab. Somit ist die Versorgung der Organe, die ihren Energiebedarf überwiegend nur durch Glukose abdecken können (z. B. Gehirn), gewährleistet. Der Umwandlungsprozeß von Glykogen zu Glukose heißt «*Glykogenolyse*». Reichen die Glykogenreserven der Leber nicht aus, die erforderliche Energie bereitzustellen, baut das Organ aus Aminosäuren, Glycerin und Laktat Glukose auf; diese Glukosesynthese aus Substanzen, die nicht der Stoffgruppe der Kohlenhydrate angehören, wird als «*Glukoneogenese*» bezeichnet.

Kommt es in der Postresorptionsphase zu einem weiteren Anstieg des Energiebedarfs, gewinnt die Glukoneogenese aus Aminosäuren zunehmend an Bedeutung. Die Aminosäuren werden dann aus den Muskelfasern herausgelöst und der Leber zur Verfügung gestellt.

In diesem Zusammenhang sei kurz auf die Problematik des «Gewichtmachens» in den Kraftsportarten hingewiesen: Extremes Fasten oder «Nulldiät» bedingt sehr rasch eine Entleerung der Glykogenreserven und erzwingt so die Glukoneogenese aus Aminosäuren; die Folge ist ein Abbau der Muskulatur, was gerade in den Kraftsportdisziplinen mit einem deutlichen Leistungsabfall einhergeht (vgl. Kapitel 4.2.1, S. 180 ff).

Bei der Synthese von Glukose aus stickstoffhaltigen Aminosäuren entsteht Ammoniak, den die Leber zu Harnstoff umwandelt und ins Blut abgibt; die Ausscheidung erfolgt über die Niere. Die oben genannten Synthesen (Glukoneogenese und Harnstoffbildung) sind energieverbrauchende Prozesse; die Leber gewinnt die benötigte Energie durch den Abbau der Fettsäuren, die sogenannte *β-Oxidation*. Dabei bildet sie als Stoffwechselzwischenprodukte die sogenannten *Ketonkörper*, die als Energiesubstrate dem Gehirn und auch bedingt der Muskulatur zur Verfügung gestellt werden.
Zusammengefaßt läßt sich folgendes ableiten: In der Postresorptionsphase greift die Leber auf die zuvor angelegten Reserven zurück, mobilisiert die energiereichen Substanzen, wandelt sie zu Glukose um und hält so den Blutzuckerspiegel weitgehend konstant; somit ist eine kontinuierliche Energieversorgung der glukoseverbrauchenden Organe auch in der Zeit ohne Nahrungszufuhr gewährleistet.
Anhand dieser Ausführungen erscheint es leicht nachvollziehbar, daß eine Schädigung der Leber schwerwiegende Veränderungen im gesamten Stoffwechsel bedingt. Aus diesem Grund muß hier auf den Zusammenhang zwischen dem alimentären Fehlverhalten und der Entstehung einer Fettleber hingewiesen werden.
Grundsätzlich entsteht eine Fettleber durch die vermehrte Speicherung von Triglyceriden in dem Organ. Pharmakologische Substanzen, Giftstoffe und die chronische Unterernährung, wie sie in der westlichen Welt ohnehin nicht vorkommt, spielen dabei nur eine untergeordnete Rolle. Vielmehr sind die Überernährung, der chronische Alkoholkonsum und die Zuckerkrankheit *(Diabetes mellitus)* als Hauptursachen für die Entstehung einer Fettleber verantwortlich.

Überernährung
Bei einer ständig kalorisch überschüssigen Nahrungsaufnahme wandelt die Leber die Kohlenhydrate in Triglyceride um *(Liponeogenese)* und speichert sie zusammen mit dem Nahrungsfett vorwiegend im Fettgewebe ab. Ein Teil der Triglyceride verbleibt jedoch auch in der Leber.

Chronischer Alkoholismus
Beim Abbau des Alkohols in der Leber entstehen Stoffwechselzwischen- und -endprodukte, aus denen das Organ Triglyceride synthetisiert und speichert. Alkohol ist mithin ein Substratlieferant der Liponeogenese. Das Entstehen einer Fettleber tritt bei einem regelmäßig erhöhten Alkoholabusus nach einigen Jahren ein, ist aber nicht nur von der Dauer des Konsums allein, sondern auch von der «Dosierung» abhängig. Als oberste Grenze für einen Mann werden in der Regel 80 g Alkohol/Tag angegeben, dies entspricht etwa einer Flasche Wein. Für Frauen gilt höchstens die halbe Menge.

Diabetes mellitus
Die Zuckerkrankheit ist bedingt durch einen Mangel an Insulin; dadurch wird eine Entgleisung der komplexen hormonellen Regulationsmechanismen hervorgerufen. Es kommt zu einem vermehrten Fettabbau *(Lipolyse)* im Fettgewebe und zu einem erhöhten Fettsäureangebot an die Leber. Diese synthetisiert die Fettsäuren zu Triglyceriden und speichert sie ab.

Stoffwechsel im Fettgewebe
Das Fettgewebe besitzt eine annähernd unbegrenzte Speicherkapazität und stellt somit das größte Energiedepot des Körpers dar. Ähnlich wie bei der Leber ist die Stoffwechsellage des Fettgewebes von den zwei Phasen («Mahlzeit» und «Nach-Mahlzeit») abhängig.
In der **Resorptionsphase** baut das Gewebe aus Glukose Triglyceride auf *(Liponeogenese)* und lagert sie ein. Die zugeführten Nahrungsfette sowie die von der Leber gebildeten Fett-Eiweiß-Verbindungen *(Lipoproteine)* werden ebenfalls im Fettgewebe zu Triglyceriden resynthetisiert und anschließend deponiert. Die für diese Umwandlungsprozesse benötigte Energie gewinnt das Fettgewebe in der Resorptionsphase aus der Oxidation von Glukose.
In der **Postresorptionsphase** werden die Reserven je nach Bedarf mobilisiert; das Fettgewebe wandelt dann die Triglyceride zu Fettsäuren und Glycerin um; über das Blut gelangen die Substanzen zu der Leber und der Muskulatur, wo dann der weitere Abbau (β-Oxidation der Fettsäuren) zur Energiegewinnung erfolgt. Auch das Fettgewebe nutzt zur Deckung des eigenen Energiebedarfs in der Postresorptionsphase die β-Oxidation von Fettsäuren.

Stoffwechsel in der Muskulatur
Die Hauptaufgabe der Skelettmuskulatur ist das Verrichten mechanischer Arbeit. Die hierfür erforderliche Energie gewinnt die Muskelzelle in der **Resorptionsphase** hauptsächlich aus der Oxidation von Glukose. Die darüber hinaus aufgenommene und nicht unmittelbar für den Leistungsstoffwechsel benötigte Glukose wird zu Glykogen synthetisiert und in der Zelle gespeichert.
Aus den Aminosäuren bildet die Muskelzelle Proteine; diese finden als Struktureiweiße beim Aufbau von verschiedenen Zellbestandteilen Verwendung oder werden als kontraktile Elemente in die Muskelfasern eingebaut.
Die Proteine können in der Postresorptionsphase aber auch wieder zu Aminosäuren abgebaut werden *(Proteolyse)*; sie dienen dann der Leber, wie bereits erwähnt, zum Aufbau von Glukose *(Glukoneogenese)*.
In der **Postresorptionsphase** ist die Deckung des Energiebedarfs in der Muskelzelle abhängig von der jeweiligen Beanspruchung bzw. von der Aktivität:
In Ruhe schont die Zelle ihre Glykogenreserven und gewinnt Energie zur Aufrechterhaltung ihres Betriebsstoffwechsels vorwiegend aus der β-Oxidation von Fettsäuren.

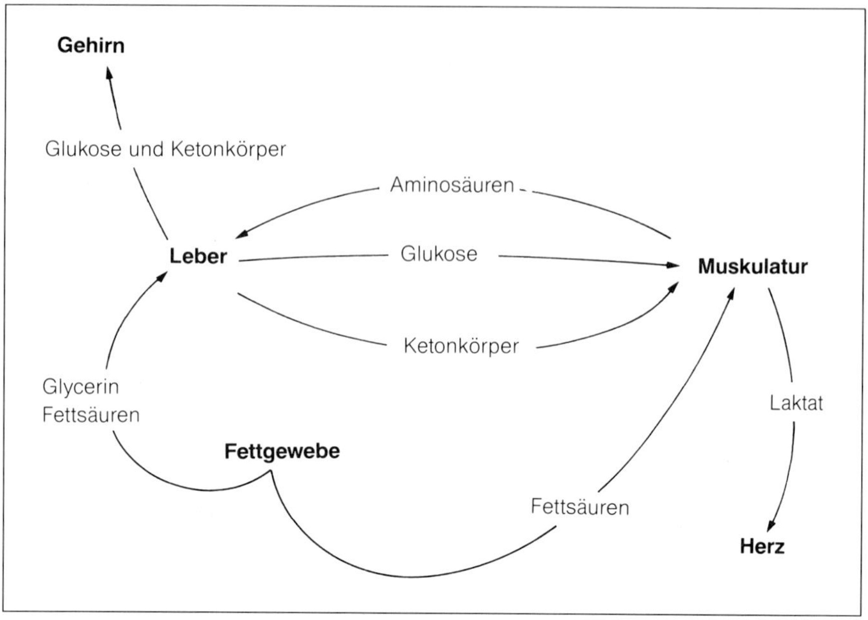

Abb. 2.17 Wechselbeziehung der Organe in der Postresorptionsphase
Das Schema zeigt die wesentlichen Wechselbeziehungen zwischen den Organen in der Postresorptionsphase; das Fettgewebe ist dabei Energielieferant und beliefert die Muskulatur und die Leber mit Fettsäuren; der Glukosebedarf der Muskulatur und des Gehirns wird von der Leber abgedeckt, sie liefert außerdem noch die Ketonkörper und stellt somit das wichtigste Organ im Stoffwechsel dar.

Bei mechanischer Arbeit (Leistungsstoffwechsel) mit kurzer Dauer wird das gespeicherte Glykogen zu Glukose abgebaut, die über die weiterführende Oxidation Energie liefert. Demgegenüber nutzt die Muskelzelle bei länger anhaltenden Belastungsformen die β-Oxidation zur Gewinnung von Energie. Belastungsdauer und Intensität bestimmen dabei den jeweiligen Anteil der Energieträger an der Versorgung der beanspruchten Muskulatur.
Im Vorausgegangenen wurden die Verdauung, die Resorption der Nährstoffe sowie deren organspezifische Verwertung je nach Stoffwechsellage in der Resorptions- und Postresorptionsphase erläutert.

Für den Sportler sind folgende Zusammenhänge wichtig:
Über den aktuellen Bedarf hinaus zugeführte Kohlenhydrate wandelt die Leber in Triglyceride um, die im Fettgewebe gespeichert werden. Kommt es in der Postresorptionsphase aufgrund einer körperlichen Aktivität zu einem Anstieg des Energiebedarfs, deckt die Muskelzelle diesen durch die Glykogenolyse, die Oxi-

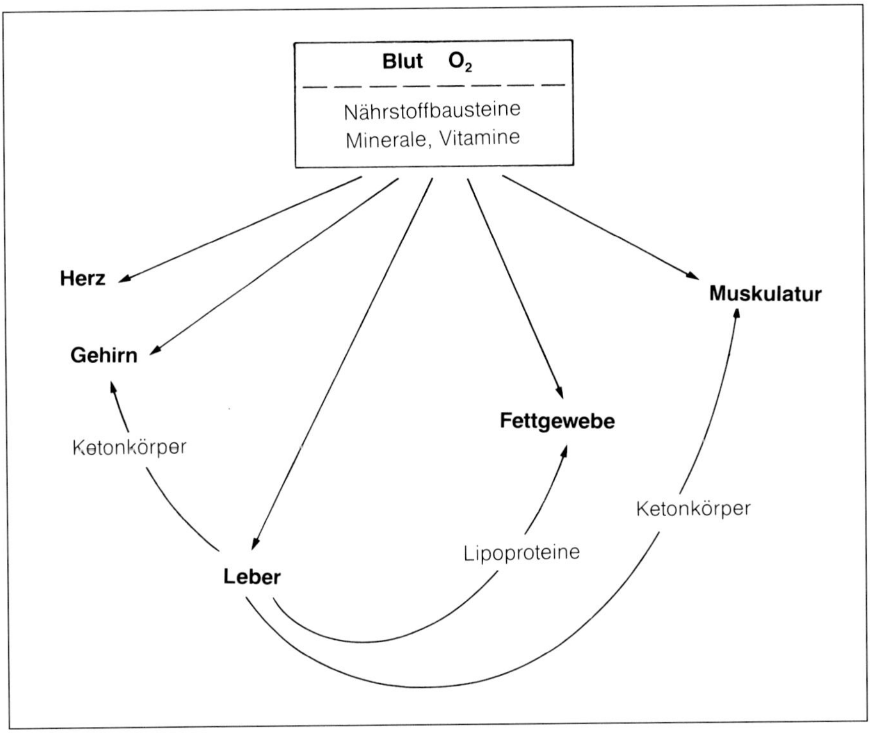

Abb. 2.18 Wechselbeziehung der Organe in der Resorptionsphase
In der Resorptionsphase entnehmen die Organe dem Blut die Nährstoffbausteine, die Vitamine, die Mineralstoffe und den Sauerstoff; anschließend beginnt die organspezifische Verwertung der jeweiligen Energieträger in den Zellen. In dieser Phase bildet die Leber Lipoproteine und Ketonkörper, um sie an andere Organe abzugeben.

dation der Glukose und die Oxidation der Fettsäuren ab. Die schnell aktivierbare Energie liefert dabei die Verbrennung der Glukose. Der Organismus ist zwar in der Lage, Glukose in Triglyceride umzuwandeln; es ist ihm aber aus biochemisch-enzymatischen Gründen nicht möglich, Glukose aus Triglyceriden zu resynthetisieren!
Bei länger anhaltenden Belastungen gehen aufgrund der begrenzten Glykogenspeicherkapazitäten die Reserven in der Leber und Muskulatur rasch zur Neige. Die Leber kann zwar Glukose aus Aminosäuren, Laktat sowie Glycerin aufbauen, aber die Menge der resynthetisierten Glukose reicht bestenfalls aus, den Blutzuckerspiegel zu stabilisieren und so die Versorgung des Gehirns sicherzustellen.

Mit der bei der Glukoneogenese gebildeten Glukose kann jedoch nicht der Energiebedarf der arbeitenden Muskulatur abgedeckt werden, die Muskelzelle muß nun auf die Fette als Energieträger zurückgreifen. Dieser Nachteil läßt sich unter Beachtung folgender Empfehlungen günstig beeinflussen:

1. Eine bedarfsadaptierte, leicht fettreduzierte Mischkost sorgt für eine optimale Ausnutzung der vorhandenen Glykogenspeicherkapazitäten.
2. Der Verzicht auf Trauben- und Haushaltszucker sowie die Bevorzugung komplexer Kohlenhydrate verhindert die Überladung der Leber mit Glukose und somit die Synthese von Fetten *(Liponeogenese).*
3. Anstelle von drei Mahlzeiten täglich empfiehlt es sich, die Nahrungsaufnahme auf fünf Mahlzeiten pro Tag zu verteilen; unter Berücksichtigung von Punkt 2 kann darüber hinaus ein rascher Blutzuckeranstieg mit nachfolgender insulinbedingter Unterzuckerung verhindert werden. Vielmehr kommt es bei der Verteilung von fünf Mahlzeiten pro Tag zu einem ausgeglichenen Blutzuckerprofil und so zu einer konstanten Leistungsbereitschaft des Organismus.
4. Durch die Anwendung einer bestimmten Trainingsform in der Vorwettkampfphase läßt sich die Glykogenspeicherkapazität der Muskulatur erhöhen (Superkompensation, vgl. Kapitel 3.1.3.1, S. 78 ff).
5. Unmittelbar vor Beginn einer Belastung dürfen keine fett- und/oder eiweißreichen Mahlzeiten aufgenommen werden, da deren Verweildauer im Magen-Darm-Bereich mehrere Stunden beträgt, was die Leistungsfähigkeit deutlich reduziert. Auf die Zufuhr glukosehaltiger Speisen und Getränke ist ebenfalls zu verzichten; dies verhindert eine mögliche Blutzuckerentgleisung und einen Verlust der Leistungsbereitschaft. Die letzte Nahrungsaufnahme sollte zwei bis drei Stunden vor Beginn einer Belastung erfolgen; fettarme, leichtverdauliche Nahrungsmittel sind dabei zu bevorzugen.
6. Bei Belastungen mit einer Dauer von bis zu zwei Stunden oder mehr muß auf eine rechtzeitige und regelmäßige Substitution von Flüssigkeit geachtet werden.
7. Aufgrund der zuvor geschilderten biochemischen Wechselbeziehungen der Organe ist die Zufuhr von Kohlenhydraten (jedoch nicht in Form von Haushalts- oder Traubenzucker) in Abhängigkeit von der Belastungsdauer und Intensität sinnvoll; hierdurch kann einer frühzeitigen Entleerung der Glykogenspeicher vorgebeugt werden, es kommt dann nicht zum Auftreten des Zustandes, der bei den Sportlern als *«Hungerast»* bekannt ist.

Nibbling – der neue Eß- und Trinkrhythmus für Sportler während des Trainings und in der Wettkampfsituation

Es gibt eine Reihe von Argumenten, die eine Aufteilung der Nahrungszufuhr im Sinne von «verteilter Zwischenverpflegung» oder «Essen im Wenige-Stunden-Rhythmus» nahelegen.

Arbeitsmediziner und Ernährungswissenschaftler empfehlen diese verteilte Mahlzeitenportionierung, da dadurch Magen und Kreislauf weniger belastet werden. Die Verteilung der Nahrung schwankt nicht so sehr zwischen den Extremen: einmal zuviel – einmal zuwenig. Alle Regulationsmechanismen, die im Zusammenhang mit dem Nahrungsstoffwechsel stehen, werden günstig beeinflußt. Ebenso wird den Gegebenheiten der physiologischen Leistungsbereitschaft im Tagesverlauf besser entsprochen.

Der Hauptgewinn einer solchen Nahrungsverteilung liegt in einer gleichmäßigen Bereitstellung von Nährstoffen für die körperliche und geistige Leistungsfähigkeit. Ein Beispiel ist der Blutzuckerspiegel. Durch ein sinnvolles Kohlenhydratangebot (komplexe, ballaststoffhaltige Kohlenhydrate – auf mehrere, kleinere Portionen verteilt) sollen sowohl Blutzuckerspitzen (Überzuckerung, Hyperglykämie) als auch ein plötzliches Absacken des Blutzuckerspiegels – also eine Unterzuckerung *(Hypoglykämie)* – vermieden werden.

Verteilte, regelmäßige Nährstoffaufnahme hilft auch Übergewicht zu vermeiden. Das betrifft zunächst die positive Beeinflussung der Hunger-Sättigungs-Regulation. Es ist aber auch bekannt, daß man durch wenige, große Einzelportionen sein energiespeicherndes System eher trainiert, Energiedepots (Fett) anzulegen. Eine verteilte Energieaufnahme kann dagegen bedarfsgerecht gestaltet werden, d. h., die Energie wird von einer Imbißmahlzeit bis zur nächsten umgesetzt.

Mit dieser Empfehlung ist selbstverständlich nicht unkontrolliertes, ständiges Zwischendurchessen zusätzlich zu den gewohnten – eher üppigen – Hauptmahlzeiten gemeint. «*Frühstück, Mittagessen und Abendessen werden durch kleine Mahlzeiten (Snacks) ersetzt, und zwar bis zu sieben pro Tag*» (Ernährungsbericht 1980, S. 127). «*Essen und Trinken im 2–3-Stunden-Rhythmus*» entspricht sicherlich ganz besonders den heutigen Arbeits- und Lebensbedingungen.

Ein weiterer Bereich ist der Sport, der von diesem neuen Eßrhythmus in vielerlei Hinsicht profitieren kann. «*Beim Menschen verläuft der Stoffwechsel beim ‹nibbling› ökonomischer als bei stoßweiser Belastung durch wenige große Mahlzeiten.*» (Lang, 1979, S. 251). Die Energie-, Nährstoff- einschließlich Wasseraufnahme kann in verteilter Form bedarfsgerecht den Wettkampf- und Trainingsbedingungen angepaßt werden. Eine kontinuierliche Nahrungsversorgung läßt sich so am besten sicherstellen. Praktiziert wird das «nibbling» vom Radrennsportler, der zwischendurch öfters kleine Schlucke nährstoffreicher Flüssigkeiten aufnimmt.

Gerade wenn Muskelzuwachs das Ziel ist, ist es zweckmäßig, das Proteinangebot in gleichmäßig verteilter Form anzubieten. Der hochdosierten Einzelgabe sind kleinere Portionen vorzuziehen. Je näher dem Trainingsreiz Eiweiß dem Körper zugefügt wird, desto höher ist der «Aufbaueffekt», wobei bei herkömmlicher Ernährung vor dem Training die übliche Verweildauer der Speisen im Magen und die persönliche Verträglichkeit Berücksichtigung finden muß.

Ein weiteres Beispiel betrifft die Verwertung der nicht energieliefernden, essentiellen Nährstoffe (Vitamine, Mengen- und Spurenelemente). Für das Ausmaß der Resorption von Vitamin E und C gilt: Es wird in Relation mehr von einer Dosis aufgenommen, wenn sie gering ist. Dies spricht eindeutig für eine verteilte Tagesaufnahme in Form mehrerer kleiner Mahlzeiten oder verschiedener Gaben geringer dosierter Präparate.

Hormone

Hormone haben, chemisch betrachtet, eine unterschiedliche Molekülstruktur; sie werden in den verschiedenen Organen gebildet und gelangen über den Blutweg zu ihren Zielorganen, wo die Bindung an den entsprechenden Rezeptor stattfindet. Damit geben sie ein «Signal» ab und steuern so den Stoffwechsel in einer spezifischen Form. Jede Störung im Hormonhaushalt verursacht schwere Stoffwechselentgleisungen und somit Erkrankungen.

Abschließend sollen nur kurz die Hormone, die die energieversorgenden Stoffwechselprozesse steuern, aufgezählt werden:

1. Das Schilddrüsenhormon *Thyroxin* steigert den Grundumsatz und erhöht so den gesamten Energiebedarf.
2. Die Glukocorticoide, z. B. das *Cortisol*, werden in der Nebennierenrinde gebildet, fördern den Proteinabbau und steigern die Glukoneogenese aus den beim Proteinabbau gewonnenen Aminosäuren. Da sie darüber hinaus noch eine unspezifische antiphlogistische Wirkung besitzen, werden sie bei einer Reihe von Entzündungskrankheiten aus therapeutischen Gründen verwendet.
3. *Insulin* wird in der Bauchspeicheldrüse gebildet und fördert in der Resorptionsphase die Verwertung der Energiesubstrate; hier reguliert es vor allem die Blutzuckerkonzentration, indem es den Transport von Glukose in die Zellen beschleunigt.
4. *Glukagon* ist der direkte Gegenspieler des Insulins; es wirkt in der Postresorptionsphase dem Insulin entgegen, in dem es die Freisetzung von Glukose aus dem Glykogenspeicher fördert *(Glykogenolyse)*.
5. Katecholamine, z. B. *Adrenalin*, werden in dem Nebennierenmark gebildet und versetzen den Organismus in eine höhere Leistungsbereitschaft, beschleunigen Atmung, Herzfrequenz und heben den Blutdruck; im Stoffwechsel fördern sie die Lipolyse und die Glykolyse.
6. *Somatotropin* (STH) ist das im Hypophysenvorderlappen gebildete Wachstumshormon. Daneben zeigt es aber auch Einfluß auf den Fett- und Kohlenhydratstoffwechsel. In den Fettstoffwechsel greift es zum einen hemmend bei der Lipidsynthese ein, zum anderen fördert es den Abbau der Lipiddepots. Auf den Kohlenhydratstoffwechsel wirkt STH insulin-antagonistisch, d. h., es hebt den Blutzuckerspiegel an, da es den Wirkungsgrad des Insulins verlängert und die Ausschüttung von Glukagon stimuliert.

2.4 Energiegewinnung in der Zelle

Von den zahlreichen Stoffwechselprozessen, die in einer Zelle ablaufen, sollen nun die energieliefernden Reaktionen etwas genauer erläutert werden. Die Zelle selbst ist dabei als der eigentliche Energietransformator anzusehen, indem sie die chemische Energie der Nährstoffe in «biologische» Energie umwandelt. Die bei diesen Verbrennungsvorgängen freiwerdende Energie wird jedoch nicht direkt von den energieverbrauchenden Zellprozessen zur Verfügung gestellt, sondern zunächst in energiereichen Phosphatverbindungen gespeichert. Die beiden wichtigsten Träger der biologischen Energie sind

- Adenosintriphosphat (ATP)
- Kreatinphosphat (KP)

Adenosintriphosphat (ATP)

Der chemische Aufbau des Moleküls besteht aus einer organischen Base *(Adenin)*, einem Monosaccharid *(Ribose)* und drei Phosphatgruppen *(P)*, die durch zwei energiereiche Verbindungen miteinander verknüpft sind. Diese Phosphatverbindungen können nun durch eine chemische Reaktion (Wassereinlagerung, *Hydrolyse*) abgespalten werden; bei der Hydrolyse eines Phosphatrestes entsteht aus Adenosintriphosphat (ATP) Adenosindiphosphat (ADP).

$$\mathbf{ATP + H_2O \overset{\text{Enzym 1*}}{\rightleftharpoons} ADP + P}$$

* Enzym 1: Adenosintriphosphate

Die dabei frei werdende Energie beträgt unter standardisierten Bedingungen circa 30 kJ (7,2 kcal) pro mol ATP. Das ADP-Molekül enthält jetzt nur noch eine energiereiche Phosphatverbindung; wird auch diese abgespalten, gewinnt die Zelle erneut circa 30 kJ (7,2 kcal) pro mol ADP.

$$\mathbf{ADP + H_2O \rightleftharpoons AMP + P}$$

Bei der Spaltung der zwei energiereichen Phosphatverbindungen des ATP werden mithin insgesamt circa 60 kJ beziehungsweise 14,4 kcal pro mol ATP frei; diese Energie wird nun von der Zelle für alle energieverbrauchenden Stoffwechselprozesse genutzt.

Kreatinphosphat (KP)

Die energiereiche Phosphatverbindung wird benötigt, um das verbrauchte ATP wieder zu resynthetisieren:

$$\text{KP} + \text{ADP} \underset{}{\overset{\text{Enzym 2*}}{\rightleftharpoons}} \text{Kreatin} + \text{ATP}$$

* Enzym 2: Kreatinkinase

Die Zelle verfügt also über zwei Energieträger; ATP liefert für alle energieverbrauchenden Prozesse *direkt* Energie; KP füllt die ATP-Speicher wieder auf.
Die Energiemenge beider Phosphatverbindungen reicht bei starker körperlicher Belastung jedoch maximal nur für circa 10 Sekunden. ATP und KP müssen also ständig neu aufgebaut werden. Die hierfür benötigte Energie gewinnt die Zelle aus der biologischen Oxidation der Nährstoffe. Die verschiedenen biochemischen KP- und ATP-resynthetisierenden Prozesse lassen sich folgendermaßen unterteilen:

1. der aerobe Energiestoffwechsel beziehungsweise die aerobe Oxidation, bei der Nährstoffe unter Sauerstoffverbrauch abgebaut werden,
2. die anaerobe Oxidation, die Verwertung der Glukose ohne Sauerstoff.

Die aerobe Oxidation

Hierbei handelt es sich um einen Redoxprozeß, der sich zwischen den Nährstoffen und dem Sauerstoff vollzieht. Zunächst werden die Kohlenhydrate, Fett und Aminosäuren zu dem Stoffwechselzwischenprodukt, der aktivierten Essigsäure *(Acetyl-Coenzym A)* abgebaut; diese Reaktion ist als *Substratdehydrierung* definiert. Ihr gehören die Oxidation der Glukose *(aerobe Glykolyse)* und die Verbrennung der Fettsäuren *(β-Oxidation der Fettsäuren)* an.
Die aerobe Glykolyse: Glukose wird im Cytoplasma der Zelle über mehrere Zwischenstufen zu Brenztraubensäure *(Pyruvat)* umgesetzt (vgl. Kapitel 8). Über einen Transportmechanismus gelangt Pyruvat dann in die Mitochondrien, wo der weitere Abbau zu Acetyl-Coenzym A erfolgt.
Die β-Oxidation der Fettsäuren: Die langkettigen Fettsäuren werden ebenfalls «bruchstückhaft» (vgl. Kapitel 3.2.5, S. 102) in Acetyl-Coenzym A überführt; dieser Vorgang läuft unter Verwertung von Sauerstoff in den Mitochondrien ab.
Der Abbau der Aminosäuren erfolgt bis zum Pyruvat, das dann in den zentralen Stoffwechselweg eingeschleust und zu *Acetyl-Coenzym A* weiter verarbeitet wird.
Acetyl-Coenzym A ist somit als das *erste gemeinsame Stoffwechselzwischenprodukt*, das bei dem Abbau der Kohlenhydrate, Fett- und Aminosäuren entsteht, anzusehen.
Das Acetyl-Coenzym A wird anschließend in einem cyclischen Prozeß *(Zitronensäure- oder Citrat-Cyclus)* umgesetzt. In dem ersten Teilabschnitt des Nährstoff-

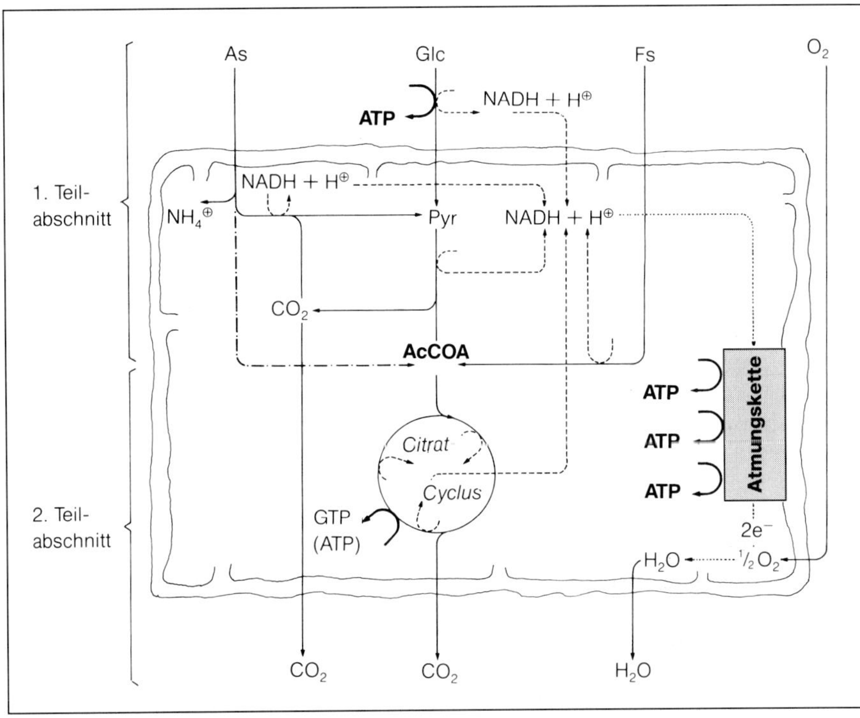

Abb. 2.19 Schematische Darstellung der energieliefernden Prozesse in der Zelle
AcCoA als erstes gemeinsames Stoffwechselzwischenprodukt aus dem Nährstoffabbau
——— ATP-energieliefernde Prozesse
– – – – – NADH-liefernde Prozesse
.... NADH-abbauende Prozesse
AS: Aminosäuren, Glc: Glukose, FS: Fettsäuren, CO_2: Kohlendioxid
(modifiziert nach JUNGERMANN und MÖHLER, Biochemie, S. 102)

abbaus *(der Substratdehydrierung)* und im zweiten Teilabschnitt *(im Citrat-Cyclus)* entsteht aus ADP und P ATP. Die chemischen Reaktionen beider Teilabschnitte gehen mit der Abgabe von Elektronen einher; die freiwerdenden Elektronen werden auf das Substrat *Nicotinsäure-Amid-Dinucleotid* (NAD^+) unter der Bildung von NADH übertragen. Das NADH gibt die Elektronen anschließend über ein Proteintransportsystem an den Sauerstoff unter Bildung von Wasser ab ($H^+ + O_2 = H_2O$).
Auch der Elektronendurchfluß geht mit der Bildung von ATP einher; dieser Stoffwechselprozeß wird als *oxidative Phosphorylierung* beziehungsweise als *Atmungskette* beschrieben (siehe Abbildung 2.19).

Es sei an dieser Stelle erwähnt, daß im Cytoplasma der Abbau der Fett- und Aminosäuren ohne Energiegewinnung, das heißt, ohne die Bildung von ATP, abläuft. Im Cytoplasma liefert nur der Kohlenhydratabbau ATP! Die Amino- und Fettsäuren können nur aerob, also unter der Verwendung von Sauerstoff, in den Mitochondrien zur Energiegewinnung herangezogen werden.
Den weitaus größten Teil der Energie, die zur Resynthese der energiereichen Phosphatverbindungen ATP und KP benötigt wird, erhält die Zelle aus der aeroben Oxidation der Nährstoffe; dies gilt vor allem für Arbeitsleistungen, die auf einer niedrigen bis mittleren Intensitätsstufe über einen längeren Zeitraum verrichtet werden.
Steigt die Belastungshöhe und – damit verbunden – der aktuelle Energiebedarf jedoch an, kann dieser nicht mehr allein durch die aerobe Verbrennung abgedeckt werden, da die Kapazität der aeroben Energiebereitstellung durch die folgenden Faktoren maßgeblich limitiert ist:

1. Die Kapazität der verschiedenen Enzymsysteme, die die chemischen Reaktionen steuern beziehungsweise katalysieren, ist erschöpft,
2. Das Sauerstoffangebot an die Zelle reicht nicht aus.

Die Zelle nutzt dann die zweite Möglichkeit der Energiebereitstellung:

Die anaerobe Oxidation

Wie bereits erwähnt, können die Fett- und Aminosäuren nur aerob in den Mitochondrien abgebaut werden. Die anaerobe Energiegewinnung läuft daher nur im Cytoplasma unter Verwertung der Glukose ohne Sauerstoff ab und wird deshalb *anaerobe Glykolyse* genannt. Zunächst erfolgt der Abbau des Glukosemoleküls wie bei der aeroben Oxidation bis zu dem Zwischensubstrat Pyruvat; während bei der aeroben Verbrennung die Zwischenprodukte Pyruvat und NADH dann in die Mitochondrien transportiert werden, verbleiben sie bei der anaeroben Glykolyse nun im Cytoplasma (dies ist der Grund, warum einige Autoren die aerobe Glykolyse als *intermolekularen Redoxprozeß*, die anaerobe Glykose demgegenüber als *intramolekularen Redoxprozeß* bezeichnen). Im Cytoplasma wird dann Pyruvat zu Milchsäure weiterverarbeitet *(Laktat)*. Dabei kann gleichzeitig die Umwandlung von NADH zu NAD^+ durchgeführt werden (siehe Abbildung 2.20).

Die anaerobe Oxidation ist für die Zelle ein Ausweg, vermehrt benötigte Energie auch noch dann zur Verfügung stellen zu können, wenn die Enzymsysteme der Atmungskette ihre maximale Umsatzrate beziehungsweise Kapazität erreicht haben: Anstatt NADH zu NAD^+ unter Verwendung von Sauerstoff über die Atmungskette zu oxidieren, vollzieht sich diese Reaktion nun bei der Umwandlung von Pyruvat zu Laktat ohne Sauerstoff. Es sei aber nochmals darauf hingewiesen, daß dabei nicht das Sauerstoffangebot in den Mitochondrien als der limitierende Faktor anzusehen ist, sondern die erschöpfte Kapazität der Enzym-

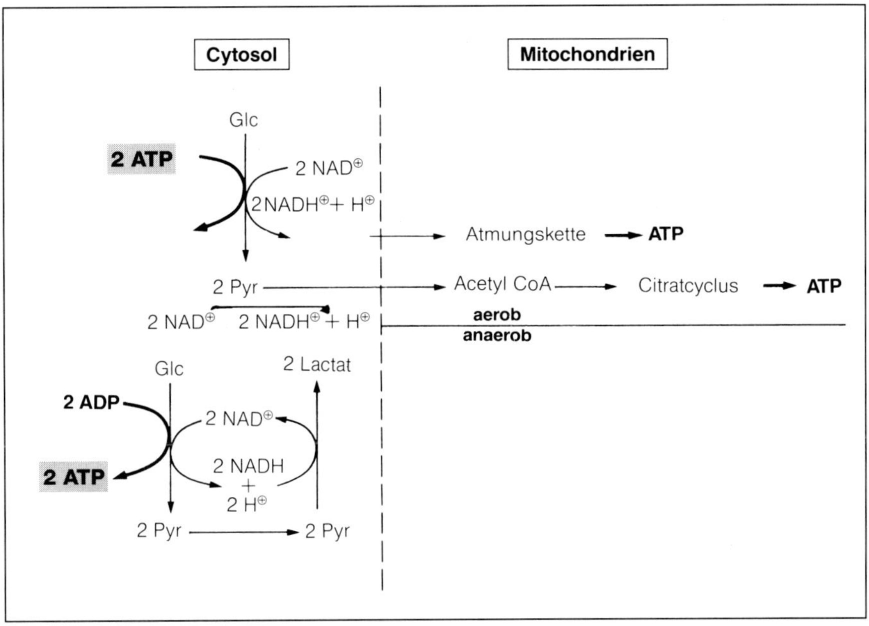

Abb. 2.20 Stoffwechselabläufe in den Zellorganellen in Abhängigkeit der Oxidationsvorgänge
aerob: Das im Cytoplasma gebildete Pyruvat wird in die Mitochondrien transportiert und dort weiterverarbeitet; alle Nährstoffe werden in den Mitochondrien ausschließlich aerob unter Verwendung von Sauerstoff oxidiert.
anaerob: Nur im Cytoplasma ist die anaerobe Glykolyse möglich, da bei der Umwandlung von Pyruvat zu Lactat das NADH ohne Sauerstoff zu NAD oxidiert werden kann.

systeme, die das Pyruvat zur aeroben Energiebereitstellung weiterverarbeiten, die Zelle dazu «zwingt», den erhöhten Energiebedarf durch den «Ausweg» der anaeroben Oxidation abzudecken.
Dieser Stoffwechselprozeß geht bei höherer Belastungsintensität mit der vermehrten Produktion von Laktat einher. Einige Organe (z. B. die Leber und das Herz) können zwar Laktat verwerten; die Umsatzrate reicht jedoch nicht aus, um die bei intensiver körperlicher Belastung anfallende Substratmenge zu bewältigen: Als Folge kommt es zu einem Anstieg des Laktatspiegels und gleichzeitig zu einer Übersäuerung *(Acidose)* in der Zelle und im Blut. Die Acidose verursacht ausgeprägte Veränderungen im Zellstoffwechsel, sobald der intracelluläre pH-Wert den optimalen Bereich für die Funktion der Enzymsysteme unterschreitet. Die Energiegewinnung in der Zelle stagniert, und die Belastung wird dann rasch abgebrochen.

Ein weiterer Nachteil der anaeroben Glykolyse wird bei einem Vergleich der Energieausbeute gegenüber der aeroben Oxidation deutlich. Es ergibt sich folgend Bilanz:

Die aerobe Oxidation liefert

38 mol ATP pro mol Glukose

(dabei werden 36 mol in den Mitochondrien und nur 2 mol in dem Cytoplasma gebildet; man kann daher die Mitochondrien zu Recht als die «Kraftwerke» der Zelle bezeichnen).
Bei der anaeroben Glykolyse entstehen im Cytoplasma nur

2 mol ATP pro mol Glukose

Bei der gleichen Substratmenge gewinnt die Zelle anaerob mithin nur circa 5 % der Energie, die bei der aeroben Verbrennungsform entsteht. Der einzige Vorteil der anaeroben Glykolyse ist daher lediglich in der schnelleren Energiebereitstellung, das heißt in der pro Zeiteinheit freigesetzen Energiemenge, zu sehen.

2.4.1 Zusammenhang zwischen der Energiebereitstellung der Zelle und der Sauerstoffaufnahme bei unterschiedlichen körperlichen Belastungen

2.4.1.1 Extrem kurze Belastungen (bis circa 10 Sekunden)

Diese Belastungsformen werden vorwiegend in den Intervall- und Schnellkraftsportarten, gelegentlich auch in den Kraftsportarten vorgefunden (z. B. Kugelstoßen, Diskus- und Speerwerfen, Hoch- und Weitsprung, Gewichtheben usw.). ATP und KP liefern die hierfür benötigte Energie sofort, wobei das ATP noch während der Bewegungsabläufe resynthetisiert wird. Für einen Zeitraum von etwa 10 Sekunden ist so die maximale Kraftentfaltung aus den vorhandenen ATP- und KP-Reserven möglich, ohne daß weitere Energie aus der biologischen Oxidation gewonnen werden muß. In den ersten 10 Sekunden kommt es zu keiner vermehrten Sauerstoffaufnahme, das heißt, eine Beschleunigung der Atmung tritt nicht ein; die Zelle bedient sich des Sauerstoffs, der im Blut ohnehin vorhanden ist. Die während der Anfangsphase zunächst gar nicht aufgenommene, aber wohl verbrauchte Sauerstoffmenge ist als Sauerstoffdefizit definiert und ent-

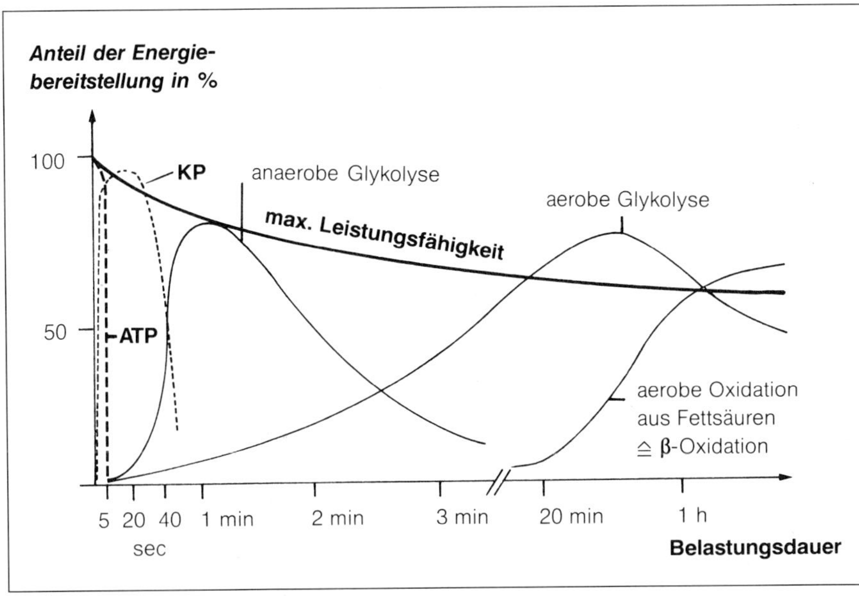

Abb. 2.21 Anteil der Energie liefernden Substanzen bei körperlicher Belastung mit unterschiedlicher Dauer sowie die jeweils maximale Leistungsfähigkeit

spricht der Menge Sauerstoff, die nach Arbeitsende «nachgeatmet» werden muß. Der Körper geht also zu Beginn einer Belastung eine «Sauerstoffschuld» ein. Die im Anschluß an die Belastung nachgeatmete Menge Sauerstoff dient nur zum Wiederaufbau der KP-Speicher; da die Nutzung anderer Energieträger außer ATP und KP nicht notwendig wird und es auch zu keiner Laktatbildung kommt, spricht man in dieser Phase von der *alaktaziden Sauerstoffschuld*.

2.4.1.2 Belastungsdauer bis 3 Minuten

Bei maximaler Belastungsintensität steigt nun der Energiebedarf bis auf das 300fache an. Die Kapazitäten der aeroben Oxidation reichen aufgrund ihrer geringen Energieausbeute pro Zeiteinheit allein nicht aus, diesen enormen Bedarf abzudecken. Die Zelle ist gezwungen, den «Ausweg» der anaeroben Glykolyse, die etwa nach 40 Sekunden ihre maximale Energiebereitstellung erreicht, zusätzlich zu nutzen. Kurz danach endet die maximale Belastungsintensität, da der Laktatspiegel im Blut rasch ansteigt. Die Intensität muß verringert werden, da die drohende Übersäuerung des Blutes zum Abbruch der Belastung zwingt. Dies ist dann der Fall, wenn der Milchsäuregehalt im Blut den Wert von circa 15 mmol/l übersteigt.
Mit zunehmender Belastungsdauer nimmt der Anteil der Energie, der durch die aerobe Oxidation bereitgestellt wird, immer mehr zu. Gleichzeitig erreicht die

Sauerstoffaufnahme ihren maximalen Wert. Nach Belastungsende wird zunächst das KP wieder aufgebaut *(alaktazide Sauerstoffschuld)*; anschließend benötigt der Körper den nachgeatmeten Sauerstoff zur oxidativen Entfernung des Laktats: *laktazide Sauerstoffschuld*.

2.4.1.3 Mittlere Belastungsdauer (bis 20 Minuten)

Die hierfür erforderliche Energie wird durch die aeroben Oxidationsvorgänge abgedeckt, wobei als maßgebliches Substrat die Glukose Verwendung findet *(aerobe Glykolyse)*. Die Sauerstoffaufnahme beträgt etwa 70 % ihres Maximalwertes, Sauerstoffverbrauch und -aufnahme befinden sich in einem Gleichgewicht: Dieser Zustand ist als *steady-state*-Phase definiert. Wird gegen Belastungsende die Intensität gesteigert (z. B. beim Endspurt), nimmt der Sauerstoff- und Energiebedarf zu. Je nach Ausmaß des Intensitätsanstieges muß die Zelle dann wieder auf die anaerobe Oxidation zur Energiebereitstellung zurückgreifen.

2.4.1.4 Längerfristige Belastung (Stunden)

Zu Anfang der Belastung nutzt die Zelle zunächst die schnell aktivierbare Energie aus der aeroben Verbrennung der Glukose. Mit zunehmender Dauer wird dann die Fettsäurenverbrennung zur Deckung des Energiebedarfs herangezogen: Es erfolgt der Abbau der Fettsäuren zu Acetyl-Coenzym A, die Energiegewinnung durch die aeroben Wege des Citrat-Cyclus und der Atmungskette. Es ist jedoch zu berücksichtigen, daß zur Resynthese der gleichen ATP-Menge bei der Fettsäurenverbrennung gegenüber der Glukoseoxidation circa 15 % mehr Sauerstoff benötigt wird. Trotzdem erscheint die Fettsäurenoxidation bei längeranhaltenden Belastungen sinnvoll, da nur so die Glykogenreserven geschont werden können. Nach einer Belastungsdauer von circa 1 Stunde erfolgt die Energiebereitstellung aus der Glukose- und Fettsäurenoxidation zu etwa gleichen Teilen. Gleichzeitig macht sich aber auch eine geringere Leistungsfähigkeit bemerkbar.

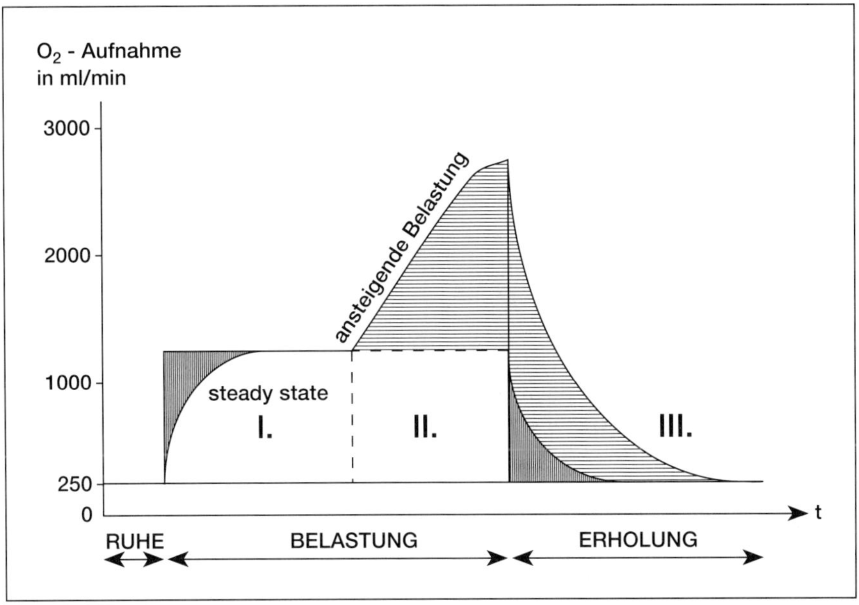

Abb. 2.22 Darstellung zum Verhalten der Sauerstoff(O_2)-Aufnahme in Ruhe, unter konstanter und ansteigender Belastung sowie in der Erholungsphase

I. Phase: Konstante Belastungsphase (steady state, ausschließlich aerobe Stoffwechsellage) mit anfangs eingegangenem Sauerstoffdefizit.

II. Phase: Zunehmende bzw. ansteigende Belastung (aerobe und anaerobe Stoffwechsellage) mit steigendem Sauerstoffbedarf und größerem Sauerstoffdefizit.

III. Phase: Das zu Belastungsbeginn und unter zunehmender Beanspruchung eingegangene Sauerstoffdefizit wird in der Erholungsphase (im Sinne von «Sauerstoffschuld») abgetragen.

Kapitel 3

Ernährungsphysiologische Grundlagen

Seitdem Menschen Sport treiben, versuchen sie, ihre Leistung neben geeigneten Trainingsmethoden durch eine gezielte Ernährung zu steigern. Moderne Ernährungsprinzipien im Sport werden verständlich, wenn man etwas über ihre Entstehung und Begründung weiß.

Die jeweilige Betonung eiweißreicher oder kohlenhydratbetonter Kostformen zieht sich wie ein roter Faden durch die Geschichte der Sporternährung. Die Athleten der Antike gingen recht bildhaft vor, sich die Wirkung bestimmter Nahrungsmittel vorzustellen. Das Fleisch kräftiger Tiere gab dem Ringer Kraft. Dem auf Schnellkraft beanspruchten Sprinter gab man Ziegenfleisch oder Fische, die in bewegter See gefangen wurden. Wir finden jedoch nicht nur Hinweise auf den Verzehr von Fleisch, was der eiweißbetonten Ernährung in Kraftsportarten auch heute noch entspricht. Die römischen Legionäre, die für ihre Ausdauerleistungen bekannt waren, verzehrten täglich ihre Ration an kohlenhydratreichem Getreidebrei, einer «Urform» des heute in Sportlerkreisen zu Recht beliebten Müslis.

Bei dieser geschichtlichen Betrachtungsweise der Sporternährung werden bereits zwei Grundprinzipien der sportartenspezifischen Ernährung deutlich: Kohlenhydrate sind die vorteilhafteste Energiequelle für alle muskulären und mentalen Leistungen. Insbesondere Ausdauersportler profitieren von einer kohlenhydratbetonten Ernährung.

In kraftbetonten Sportarten kommt der Höhe der Eiweißzufuhr eine besondere Bedeutung zu. Allerdings steigt der Bedarf an Protein nicht überproportional. So ergibt sich die prozentuale Verteilung der Hauptnährstoffe an der täglichen Energiebereitstellung aus Abbildung 3.1 auf Seite 70.

Mögliche Abweichungen von dieser Nährstoffrelation in der Ernährung von Leistungssportlern unterschiedlicher Sportarten werden in den Kapiteln 3.1 Kohlenhydrate und 3.3 Proteine diskutiert.

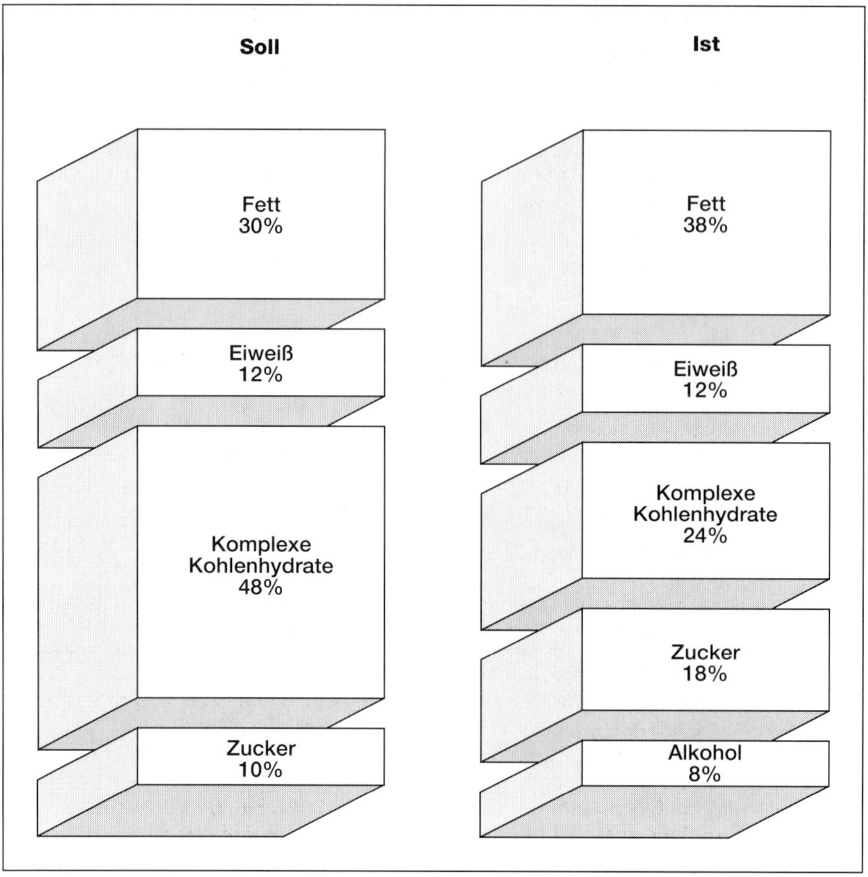

Abb. 3.1 Empfohlene Nährstoffrelation im Vergleich zur tatsächlichen Nahrungsaufnahme (nach Worm, N.: Das Kohlenhydrat-Kompendium, München: TR-Verlagsunion 1988, S. 4)

Die Ernährung zählt zu den wesentlichen trainings- und wettkampfbegleitenden Maßnahmen im Sport. Eine bedarfsangepaßte und vollwertige Ernährung bei sportlicher Betätigung muß daher folgenden Anforderungen genügen:

- Sicherstellung aller ernährungsabhängigen Stoffwechselleistungen (Energiebereitstellung und -freisetzung, Versorgung mit Substanzen für den Aufbau und die Erhaltung körpereigener Strukturen und Wirkstoffe, Gewährleistung von Enzymaktivitäten, von hormonellen Steuersystemen und Regelkreisen, der Nerven-, Muskel- und Herz-Kreislauf-Funktion);
- Schutz vor leistungsmindernden Mangelerscheinungen und Ausgleich von Nährstoff- bzw. Substanzverlusten;

- Stabilisierung und Förderung der Abwehrkräfte, des Wohlbefindens und der Leistungsmotivation;
- Stabilisierung eines leistungsgerechten Körpergewichts;
- optimale Energiespeicherung, d. h. für die betreffende Sportart vorteilhafte Glykogeneinlagerung;
- Verminderung der Zufuhr stoffwechselbelastender Substanzen (Fette, Cholesterol, Purine = Harnsäurebildner);
- Förderung der Regeneration bzw. Wiederherstellungsprozesse auch nach Unfällen und Verletzungen.

Aus diesen Zielsetzungen leiten sich folgende Anforderungen an die Sportlerernährung ab.

Kohlenhydratreiche Kost
Circa 55–60 Prozent der täglichen Kalorien sollen aus Kohlenhydraten bestehen, vorzugsweise komplexe ballaststoffhaltige Kohlenhydrate aus Getreide, Kartoffeln, Gemüse, ergänzt durch frisches Obst.

Kontrolle des Gesamtfettanteils der Nahrung
Täglich sollen nicht mehr als 30 Prozent Fettkalorien verzehrt werden, d. h. fettarme Produkte bevorzugen, sparsam mit Streich- und Zubereitungsfett umgehen, fettsparende Garverfahren wählen.

Hochwertiges Eiweißangebot
Circa 10–15 Prozent der täglichen Energiezufuhr sollen durch Proteine gedeckt werden unter Berücksichtigung der Ergänzungswirkung von pflanzlichen Eiweißträgern wie Getreideprodukte, Kartoffeln und Hülsenfrüchte mit tierischen Proteinlieferanten wie Milch, Fisch, Fleisch und Ei. Durch den vermehrten Verzehr pflanzlicher Eiweißträger wird auch der von der Sporternährungswissenschaft empfohlene hohe Kohlenhydratanteil in der Ernährung besser erreicht.

Hohe Nährstoffdichte
Solche Lebensmittel bevorzugen, die ein günstiges Verhältnis von Vitaminen und Mineralstoffen zum Kaloriengehalt haben, also Vollkornprodukte, frisches Obst und Gemüse, frische oder tiefgefrorene Küchenkräuter, fettarme Milchprodukte.

Genügend Trinkflüssigkeit
Nichts wirkt sich schneller leistungsmindernd aus als ein Mangel an Wasser. Ein für Sportler geeigneter Durstlöscher sollte Wasser- und Mineralstoffverluste ausgleichen. Geringe Kohlenhydratmengen im Getränk können bei längerdauernden Belastungen zur Stabilisierung der Blutglukosekonzentration beitragen.

Persönliche Verträglichkeit
Das «gute Gefühl um den Magen herum» ist ein ganz wichtiges Ernährungsziel für jeden Sportler. Dazu tragen ein auf den Sport abgestimmter Mahlzeitenrhythmus und eine persönlich bekömmliche Lebensmittelauswahl und Nahrungszubereitung bei.

Eine abwechslungsreiche Ernährung ist die beste Grundlage für eine vollwertige Nährstoffversorgung des Sportlers. Die folgende Übersicht (Tab. 3.1) zeigt, welche Substanzen im einzelnen benötigt werden.

Energielieferanten	Kohlenhydrate (Stärke und Zucker) Fette (Eiweißstoffe)
Bausubstanzen	Proteine (Eiweißstoffe) Wasser (Hauptbestandteil des Organismus) Mineralstoffe
Schutz- und Reglerstoffe	Vitamine Wasser (u. a. Wärmeregulation) Spurenelemente
Funktionserhaltende Nahrungsinhaltsstoffe	Ballaststoffe Wasser (u. a. Nierenfunktion, Herz-Kreislauf-Funktion) Geschmacks-, Duft- und Farbstoffe

Tabelle 3.1 Nährstoffe und ihre Funktionen

Man kann die verschiedenen Nahrungsbestandteile auch in essentielle und nicht essentielle Nährstoffe einteilen. Essentiell bedeutet, daß die betreffenden Nährstoffe nicht oder nicht in bedarfsgerechter Menge – beispielsweise aus Vorstufen – im Stoffwechsel gebildet werden können. Sie müssen deshalb unbedingt mit der Nahrung aufgenommen werden. Essentiell sind Wasser, 8 Aminosäuren (im Wachstum 9–10), 2 mehrfach ungesättigte Fettsäuren, 13 Vitamine und eine Vielzahl von Mineralstoffen, d. h. Mengen- und Spurenelemente sowie die Ballaststoffe. Nicht essentiell sind Kohlenhydrate, die gesättigten, einfach ungesättigten und ein Teil der mehrfach ungesättigten Fettsäuren sowie die restlichen

Tabelle 3.2 Energiegehalt von Kohlenhydraten, Fett, Eiweiß und Alkohol

Kohlenhydrate	4 kcal/g	17 kJ*/g
Fett	9 kcal/g	38 kJ*/g
Eiweiß	4 kcal/g	17 kJ*/g
Alkohol	7 kcal/g	30 kJ*/g

* Der Faktor für die Umrechung von Kalorien in Joule bzw. umgekehrt beträgt ca. 4

Anwendung	Wirkung fördernd (+), hemmend (–)
1. Kohlenhydrate (Mono-, Oligo-, Polysaccharide)	
1.1 nach starker Trainingsbelastung:	Glykogen ++
1.2 vor Wettkämpfen:	Kohlenhydratspeicher ++ Kohlenhydratutilisation ++ Fettutilisation – – Wirkungsgrad ++
2. Proteine und Aminosäuren	
2.1 Krafttraining:	Muskel-anabole Wirkung +
2.2 Ausdauertraining:	Nachlieferung von Substraten für den Energiestoffwechsel + Entschlackung + Blutbild +
3. Elektrolyte (Na, K, Mg, Ca u. a.)	
Hohe Schweißverluste:	Muskelerregbarkeit + Muskelkontraktion +
4. Spurenelemente (Fe, Co, Mn, Zn, Se u. a.)	
Intensives Training und Wettkampf:	O_2-Transport +
Höhentraining:	Hämoglobin + Myoglobin +
5. Vitamine	
Training und Wettkampf, Höhentraining:	Blutbildung + Energieumsatz + Eiweißaufbau +
6. Carnitin	Fettverwertung +

Tabelle 3.3 Bedeutung ergogener Substanzen im Sport
Viele Nährstoffe können als ergogen wirksam werden, d. h., daß sie bei verschiedenen Belastungsformen leistungsfördernd (+) oder hemmend (–) sind. Die größte Bedeutung haben die Kohlenhydrate, die Proteine, die Elektrolyte, die Vitamine und Eisen (nach Keul, J., Witzigmann, E.: Die Olympia-Diät, München: Heyne 1988).

Aminosäuren. Selbstverständlich sind aber die Energieträger als Gruppe essentiell, wobei sich Kohlenhydrate, Fette und Proteine in gewissem Umfang bei der Energiebereitstellung gegenseitig vertreten können. «Isodynamische Mengen» (Isodynamiegesetz nach Rubner) sind 1 g Kohlenhydrate = 1 g Eiweiße = 0,44 g Fette. Diese Betrachtung muß jedoch aufgrund des Vorhandenseins von essentiellen Aminosäuren im Proteinanteil der Nahrung und aufgrund der unterschiedlichen «Ökonomie» bzw. Effizienz der Energiegewinnung aus Kohlenhydraten, Fetten und Proteinen stark eingeschränkt werden (vgl. empfohlene Nährstoffrelation, S. 71)

Für die Leistungsfähigkeit des Sportlers sind alle Nährstoffe in bedarfsgerechter Menge wichtig, einzelne sind jedoch von besonderer Bedeutung. Die in Tabelle 3.3, S. 73 aufgeführten ergogenen Nahrungssubstanzen werden in den nachfolgenden Kapiteln ausführlich erläutert.

3.1 Kohlenhydrate

Kohlenhydrate sind die bevorzugte Energiequelle für alle körperlichen und geistigen Leistungen. Bei einer entsprechenden Ernährungsgestaltung sollten nicht nur Sportarten berücksichtigt werden, die durch einen hohen Energieumsatz gekennzeichnet sind, sondern auch diejenigen, die vornehmlich über mentale und neuromuskuläre Größen bestimmt werden. So sind bei Sportarten wie Autorennen, Kunstturmspringen oder Fallschirmspringen mental gesteuerte koordinative und konzentrative Vorgänge von entscheidender Bedeutung (KEUL, 1984, S. 35).

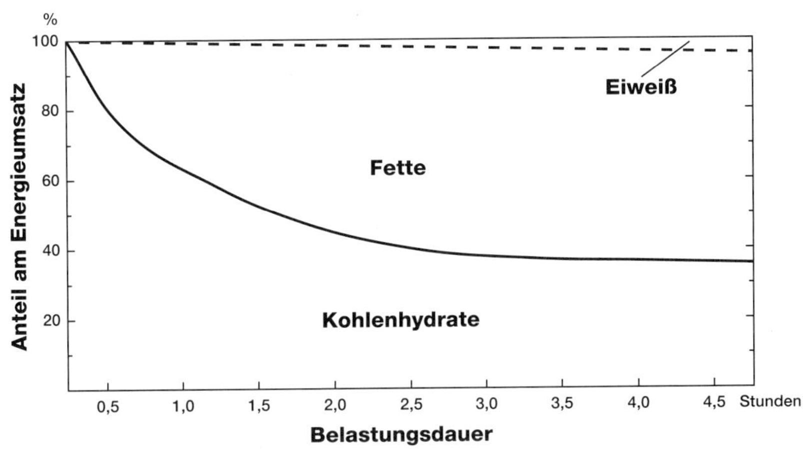

Abb. 3.2 Anteilige Energiebereitstellung in Abhängigkeit der Belastungsdauer (Quelle: KEUL, J., WITZIGMANN, E.: Die Olympia-Diät, München: Heyne 1988, S. 38)

«Bei kurzfristigen Belastungen überwiegt der Anteil der Kohlenhydrate am Energieumsatz. Mit zunehmender Dauer der Belastung werden die Fette zur bevorzugten Energiequelle. Ebenfalls nimmt in Abhängigkeit von der Dauer der Belastung der Anteil des Eiweißes am Energieverbrauch zu, der auch nach Stunden währender Muskelarbeit nur untergeordnete Bedeutung hat. Bei Belastungen unter einer Stunde Dauer kann Eiweiß als Energiequelle der Muskulatur vernachlässigt werden» (KEUL, 1988, S. 38).

3.1.1 Allgemeine Bedeutung für die Ernährung

Kohlenhydrate (Stärke und Zucker) liefern weltweit über die Hälfte der benötigten Nahrungsenergie für die Menschheit. Dies entspricht auch den aktuellen Ernährungsempfehlungen der Deutschen Gesellschaft für Ernährung. 55–60 Prozent der täglichen Energiezufuhr sollten in Form von Kohlenhydraten bereitgestellt werden. Dieser Orientierungswert errechnet sich als Differenz zwischen 10–15 Prozent Eiweißenergie und 25–30 Prozent Fettenergie einerseits und 100 Prozent der Gesamtenergieaufnahme andererseits. Die Mindestmenge an Nahrungskohlenhydraten wird mit circa 100 g pro Tag angegeben, um die Folgen eines Kohlenhydratmangels im Stoffwechsel (wie Hypoglykämie, verminderte Glukosetoleranz, Ketose und Störungen im Bereich des Wasser- und Mineralstoffhaushaltes) zu vermeiden.
Nahrungskohlenhydrate haben in bezug auf die für den Baustoffwechsel wichtigen Proteine einen Spareffekt. Bei ausreichendem Kohlenhydratangebot wird die Glukoneogenese, d.h. die Glukoseneubildung aus Aminosäuren, nicht beansprucht.
Nicht zuletzt sind kohlenhydratreiche Lebensmittel (Getreide, Kartoffeln, Gemüse und Obst) unverzichtbare Vitamin-, Mineralstoff- und Ballaststoffquellen in unserer Ernährung. In den letzten Jahren ist der Verzehr an wertvollen Stärketrägern (Getreide, Kartoffeln) jedoch deutlich zurückgegangen, während die Zuckeraufnahme zugenommen hat.
Die gegenwärtige Kohlenhydratzufuhr in westlichen Industriestaaten macht nur circa 40 Prozent der Gesamtenergie aus. Die tägliche Energiebereitstellung aus Fetten ist mit durchschnittlich 40 Prozent demgegenüber zu hoch. Um dieses aus leistungsphysiologischer und gesundheitlicher Sicht gleichermaßen ungünstige Kohlenhydrat-Fett-Verhältnis in der Ernährung zu korrigieren, sind Änderungen im Lebensmittelverzehr notwendig, etwa im Sinne von mehr pflanzlichen, weniger tierischen Lebensmitteln.
Ein hoher Kohlenhydratanteil an der täglichen Energiebereitstellung verschafft dem Sportler eine günstige Stoffwechselsituation infolge reichlicher Glykogenbevorratung und bedeutet eine gute Voraussetzung für eine schnelle Erholung nach Belastungen. Denn Kohlenhydrate sind die für die Muskel-, Nerven- und Gehirnzellen am ökonomischsten verwertbare Energiequelle.

3.1.2 Aufbau

Unter dem Sammelbegriff «Kohlenhydrate» faßt man zahlreiche organische Verbindungen zusammen, deren Gemeinsamkeit der chemische Grundaufbau – CH_2O – ist, der dieser Nährstoffgruppe auch ihren Namen gab. Die Elemente Kohlenstoff, Wasserstoff und Sauerstoff sind so verbunden, daß ein Atom Koh-

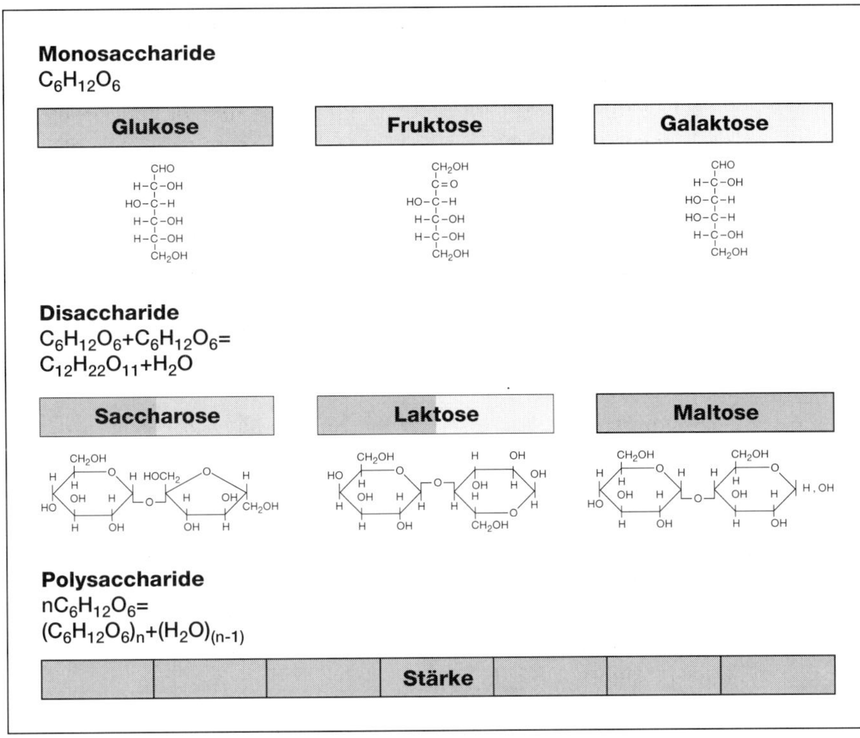

Abb. 3.3 Aufbau und Struktur der Kohlenhydrate

lenstoff (C) formelmäßig jeweils von einem Molekül Wasser (H_2O) begleitet ist. Ein Hydrat ist eine Verbindung, die Wasser chemisch gebunden enthält.

Die Nahrungskohlenhydrate bestehen im wesentlichen aus Polysacchariden, Dextrinen (Abbauprodukte der Stärke – als Oligosaccharide werden Kohlenhydrate mit 3–10 Monosaccharidbausteinen bezeichnet –, Maltodextrine enthalten auch mehr Monosaccharidbausteine), Disacchariden und Monosacchariden. Die angeführten Kohlenhydrate unterscheiden sich einmal durch die Art ihrer Komponenten, d. h. durch die Monosaccharidbausteine, und zum anderen durch ihre Molekülgröße. Das Disaccharid Saccharose ist beispielsweise aus den beiden Monosacchariden Glukose (Traubenzucker) und Fruktose (Fruchtzukker) aufgebaut, während das Polysaccharid Stärke eine sehr lange Kette von Glukosebausteinen ist. Stärke kommt als Reservekohlenhydrat überwiegend in pflanzlichen Lebensmitteln (Getreide, Kartoffeln, Hülsenfrüchte) vor. Die sogenannte tierische Stärke in der Leber und Muskulatur heißt Glykogen. Ebenfalls zu den Polysacchariden zählen die Ballaststoffe Cellulose und Pektin, die für Enzyme des menschlichen Verdauungstraktes unverdaulich sind.

2/3 der Nahrungskohlenhydrate sollten in Form von Polysacchariden aufgenommen werden, die auch komplexe Kohlenhydrate genannt werden. 1/3 der Kohlenhydrate können dann Mono- und Disaccharide sein. Die wichtigsten Disaccharide sind die Saccharose (der sogenannte Haushaltszucker entweder aus Zuckerrüben oder Zuckerrohr stammend), die Laktose (Milchzucker) und die Maltose (Malzzucker). Laktose besteht aus einem Molekül Glukose und Galaktose, während Maltose ein Disaccharid aus zwei Bausteinen Glukose ist. Honig enthält Invertzucker, ein Gemisch von Fruktose und Glukose.
Monosaccharide sind die Einfachzucker Glukose, Fruktose und Galaktose sowie die Zuckeralkohole Sorbit und Xylit, die wie die Fruktose als diätetische Zuckeraustauschstoffe Verwendung finden. Die Süßstoffe Saccharin, Cyclamat und Aspartam sind kohlenhydrat- und praktisch energiefrei.

3.1.3 Stoffwechsel

Die Resorption der Kohlenhydrate erfolgt ausschließlich in Form von Monosacchariden. Alle anderen Kohlenhydrate – also die Di-, Oligo- und Polysaccharide – müssen zuerst enzymatisch verdaut, d. h. in ihre Monosaccharidbausteine aufgespalten werden, bevor sie zur Energiegewinnung genutzt werden können. Glukose und Galaktose werden sehr rasch, Fruktose und die Zuckeralkohole langsamer resorbiert. Glukose und Galaktose werden im Dünndarm aktiv resorbiert, d. h. auch gegen ein Konzentrationsgefälle. Fruktose wird in Form der sogenannten erleichterten Diffusion, Sorbit und Xylit ausschließlich durch Diffusion in den Blutkreislauf aufgenommen. Das bedeutet für die Ernährungspraxis: Glukose wird so rasch aufgenommen, daß auch bei höheren Einzeldosen (über 100 g) kein osmotisch bedingter Durchfall erzeugt wird, während bei Fruktose 50–80 g und bei Sorbit und Xylit bereits Einzelmengen von 20–40 g abführend wirken können.
Die resorbierten Monosaccharide gelangen durch die Pfortader zur Leber. Die Leber hat für den Kohlenhydratstoffwechsel eine zentrale Bedeutung. Dort wird ein Teil der Glukose, die nicht unmittelbar zur Energiegewinnung benötigt wird, als Glykogen gespeichert. Das Leberglykogen macht etwa 150 g aus und dient der Blutzuckerregulation, falls der Blutzucker zwischen den Mahlzeiten abfällt. Die Muskulatur ist ebenfalls in der Lage, einen Teil der Glukose als Glykogen zu speichern. Dieser Anteil dient als Energiereserve für körperlich-muskuläre Leistungen. Er beträgt unter normalen Ernährungs- und Arbeitsbedingungen etwa 200 g (Ketz, S. 68).

3.1.3.1 Superkompensation

Von einem hohen Glykogengehalt der betreffenden Arbeitsmuskulatur profitieren alle Sportler, die eine Leistung mit Ausdauer erbringen müssen. Das bezieht

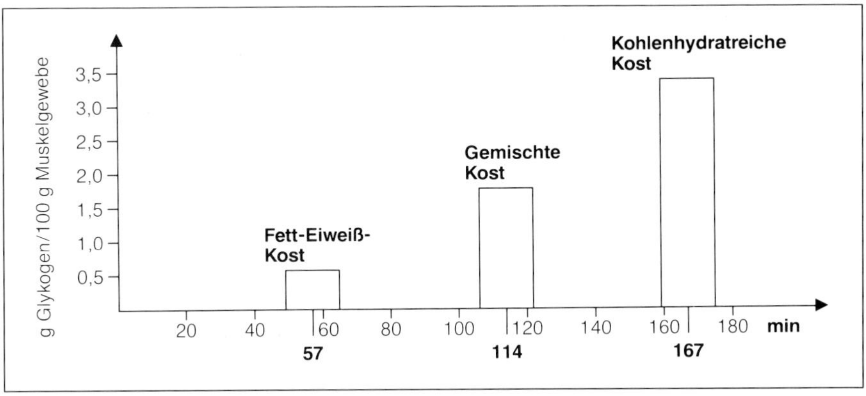

Abb. 3.4 Muskelglykogengehalt und maximale Arbeitszeit bei definierter Belastung und verschiedenen Kostformen (nach KETZ, H.-A.: Ernährung und Leistung. Z. Ernährungsforschung 21, 101 [1976])

sich nicht nur auf den Wettkampf, sondern auch auf intensive und umfangreiche Trainingsbelastungen.

Es ist möglich, die Glykogenspeicher eines Leistungssportlers durch eine Kombination von Training und kohlenhydratreicher Ernährung zu steigern. Diese Ernährungstechnik wird «*Glykogensuperkompensation*» oder «*Kohlenhydrataufladung*» genannt. Die Abbildung 3.4 zeigt die Zusammenhänge zwischen dem Kohlenhydratgehalt der Nahrung und der Glykogenspeicherung in der Muskulatur.

Das reichliche Vorhandensein und die Regeneration der Glykogenvorräte wird durch eine kohlenhydratreiche Basisernährung gefördert. Dies gilt vor allem für Sportler, die täglich mit großem Trainingsumfang trainieren und bei entsprechend hoher Intensität ständig einen großen Anteil der Glykogenvorräte in Anspruch nehmen. In besonderem Maße sollen Ausdauersportler konsequent eine kohlenhydratreiche Ernährung bevorzugen.

Die reichliche Zufuhr von Kohlenhydraten bei gleichzeitiger Fettkontrolle ist aber nur die eine Voraussetzung für eine ausgiebige Glykogenanreicherung. Von großer Bedeutung ist auch die Tatsache, daß der betreffende Muskel zuvor belastet und seine Glykogenvorräte entsprechend ausgeschöpft werden. Erst die Inanspruchnahme der Kohlenhydratreserven eines Muskels schafft über die Aktivierung bestimmter Enzyme (*Glykogensynthetase*) die notwendigen Bedingungen für die Auffüllung und Anreicherung. Dabei wird der vor der Belastung vorhandene Glykogenbestand in der Erholungsphase überschritten. Somit ist also der Superkompensationseffekt ein lokales Phänomen und trifft nur für Muskelgruppen – beispielsweise Beinmuskulatur des Radsportlers – zu, die durch ständige Beanspruchung ihren Glykogenvorrat wiederholt weitgehend verlieren und anschließend durch kohlenhydratreiche Kost (circa 60 Prozent Kohlenhydrate) wieder auffüllen. Die systematische Erhöhung der Muskelglykogenvorräte ist bei allen Ausdauersportarten mit und ohne zusätzlichen Krafteinsatz vorteilhaft. Die Schaffung ausreichender Muskelglykogenreserven ist auch für viele Spielsportarten von Bedeutung. Ebenfalls geht aus verschiedenen sportmedizinischen Untersuchungen hervor, daß eine kohlenhydratreiche Ernährung vor den Wettkämpfen und nach dem Training für eine – je nach Sportart und Trainingsrhythmus – mehr oder weniger lange Zeit zu einer maximalen Auffüllung der Kohlenhydratspeicher führt. Am günstigsten sind mehrere sich wiederholende Perioden der Ausschöpfung und Wiederauffüllung während des Trainings. *«In den Tagen relativer Ruhe können die für jede Sportart notwendigen technischen Übungen absolviert werden.»* (KETZ, 1976, S. 103)

Zur Erhöhung der Glykogenspeicherung in der Muskulatur stehen unterschiedliche Ernährungsschemata zur Verfügung (nach SCHNABEL, 1986, S. 67f):

1. Das einfachste Verfahren, die Glykogeneinlagerung in die Muskulatur zu fördern, besteht in einer Erhöhung des Kohlenhydratanteils von gegenwärtig circa 40 Prozent auf 55–60 Prozent bei gleichzeitiger Reduzierung des Fettanteils der Kost.
2. Eine stärkere Glykogeneinlagerung ist zu erreichen, wenn zunächst durch ein erschöpfendes Ausdauertraining die muskulären Speicher entleert werden und anschließend für 2–3 Tage eine kohlenhydratreiche Kost gewählt wird. Hier kommt es nicht nur zu einer Wiederauffüllung der entleerten Speicher (*Kompensation*), sondern zu einer deutlich erhöhten Speicherung (*Superkompensation*).
3. Eine besonders hohe Superkompensation wird erreicht, wenn zusätzlich 2–3 Tage kohlenhydratarme – d. h. eiweißfettreiche – Kost nach der Entleerung der Speicher und vor der Kohlenhydrat-Diät zwischengeschaltet werden.

Diese Ernährungsschemata sollen noch einmal grafisch veranschaulicht werden (Abb. 3.5).

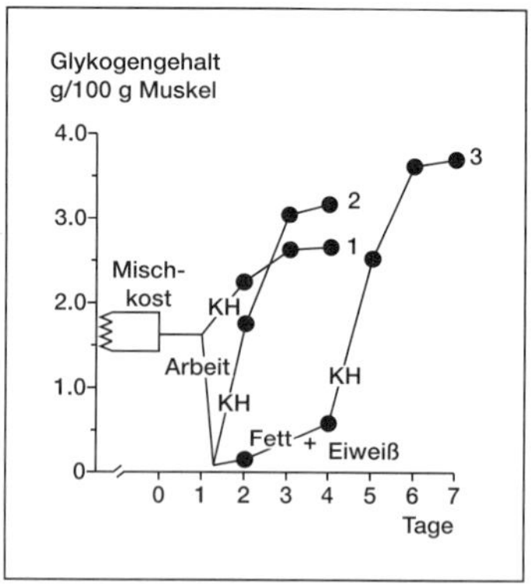

Abb. 3.5 Kohlenhydrataufladung nach SALTIN und HERMANSEN (nach SCHNABEL, S. 67)

Kritische Betrachtung der Superkompensation

Teilweise wird an den Eiweiß-Fett-Diättagen noch weiter trainiert, während bei Einhaltung der Kohlenhydrat-Diät kein intensives Training mehr stattfinden darf. Es hat sich jedoch gezeigt, daß extreme Formen der Superkompensation – insbesondere das Training bei eiweiß- und fettreicher Kost – zu Beeinträchtigungen des physischen und psychischen Wohlbefindens führen können. Negativ ist auch die Unterbrechung des normalen Trainingsablaufes.

Der extreme Wechsel der Ernährung innerhalb weniger Tage kann zu gastrointestinalen Unverträglichkeitserscheinungen führen, d. h., es können Magen-Darm-Beschwerden auftreten.

Die nach theoretischen Überlegungen zwar sinnvollste Form der Superkompensation ist in der Praxis jedoch nur schwer durchzuführen. Das heißt, das aufwendige Schema: Training/Eiweiß-Fett-Kost/Kohlenhydratdiät ist nicht zu empfehlen.

Grundsätzlich ist auch zu beachten, daß mit der Glykogeneinlagerung eine vermehrte Wassereinlagerung in der Muskulatur (pro g Glykogen 2,7 g Wasser) und damit zwangsläufig eine Erhöhung des Körpergewichts verbunden ist. Grundsätzlich sollte die Superkompensation nur wenigen wichtigen Wettkämpfen pro Saison vorbehalten bleiben.

Das Prinzip der *Superkompensation* lohnt sich am ehesten zur Wettkampfvorbereitung bei Sporteinsätzen, die länger als 60–90 Minuten dauern. Falls eine Diät mit 70–80 Prozent Kohlenhydratanteil für circa 3 Tage in Erwägung gezogen wird, sollte diese Superkompensationsmaßnahme jedoch in bezug auf individuelle Reaktionen zunächst bei unwichtigen Wettkämpfen erprobt werden. Eine «minimale» Form der Kohlenhydrataufladung ist die sogenannte Nudelparty am Vorabend eines Marathonereignisses.

Während der regulären Trainingsbelastung läßt sich die Ausdauerleistungsfähigkeit durch eine generelle Erhöhung des Kohlenhydratanteils auf möglichst

Tabelle 3.4 Täglicher Lebensmitteleinsatz bei kohlenhydratreicher Ernährung, 2500 kcal bzw. 10 000 kJ, 55 Prozent Kohlenhydrate

350 g	Brot (entspricht circa 7 Scheiben)
300 g	Kartoffeln (entspricht circa 4–6 Stück) *oder* 90 g Reis *oder* Nudeln (Trockengewicht)
300 g	Gemüse (zum Beispiel Erbsen, Möhren, Salate)
200 g	Obst (zum Beispiel Äpfel, Bananen, Kiwis)
50 g	Zucker, Honig, Konfitüre, Süßigkeiten oder Kohlenhydrat-Konzentrate für Sportler (zum Beispiel Maltodextrine)

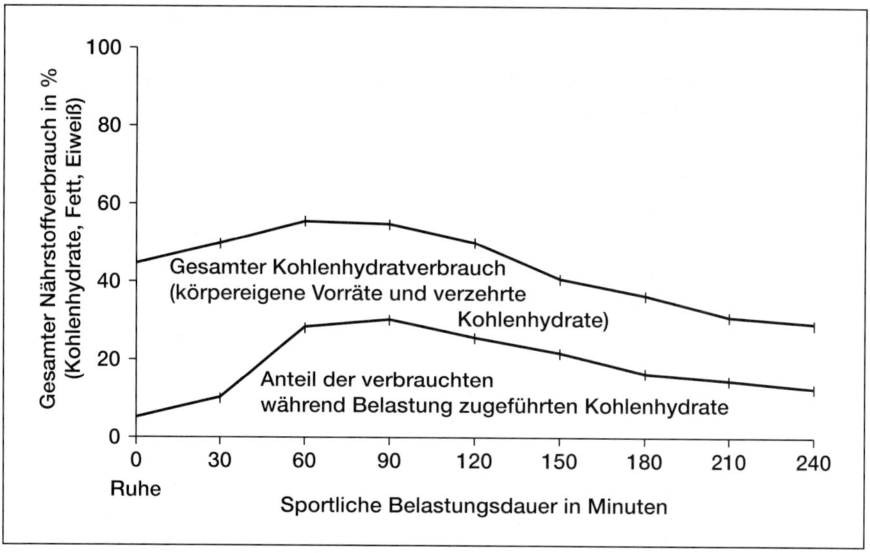

Abb. 3.6 Kohlenhydratverbrauch bei sportlicher Belastung
(nach KEUL, J., WITZIGMANN, E.: Die Olympia-Diät, München 1988, S. 48)
Werden während einer Belastung Kohlenhydrate zugeführt, dann können sie einen Großteil des Energiebedarfs während der Arbeit abdecken und vermögen die körpereigenen Vorräte zu schonen.

55–60 Prozent der Energiezufuhr aufrechterhalten. Es wäre schon viel erreicht, wenn diese Kohlenhydratbetonung grundsätzlich eingehalten würde. Von einer grundsätzlich kohlenhydratreichen Ernährung (über 50 Prozent der Energiezufuhr) profitieren Sportler aller Sportdisziplinen und in allen Sportabschnitten. Eine kohlenhydratreiche Ernährung ist nicht immer einfach zu praktizieren. Mit einer lacto-vegetarisch orientierten Kostform (vgl. S. 257 ff) läßt sich meist ein hoher Kohlenhydratanteil realisieren. Für die tägliche Ernährung bedeutet dies aber eine Umstellung der Ernährungsgewohnheiten, d. h. eine Änderung der Mengenvorstellungen, wie das das folgende Beispiel zeigt. Kartoffeln und Gemüse werden zur Hauptsache beim Essen, Fleisch zur Beilage.
Je höher die Gesamtenergiezufuhr – etwa ab 3500 kcal bzw. 14 000 kJ – ist, desto schwieriger fällt es, den angestrebten Kohlenhydratanteil unter Beachtung des Nahrungsvolumens und der persönlichen Verträglichkeit zu decken. Unter 50 Prozent der täglichen Energiezufuhr sollte der Kohlenhydratanteil in keinem Fall liegen. Gegebenenfalls ist der ergänzende Einsatz von leichtverdaulichen Kohlenhydratpräparaten (zum Beispiel Maltodextrine) zu erwägen.
Die Regeneration erschöpfter Glykogenspeicher dauert auch bei kohlenhydratreicher Kost mindestens 24 Stunden, bei normaler gemischter Ernährung zwei

bis drei Tage. Eiweiß- und fettreiche Nahrung sowie Alkohol verzögern die Regeneration. Häufiger Wettkampfeinsatz und nicht genügendes Kohlenhydratangebot in der Nahrung führen zum sogenannten Übertraining, das auch durch schleichende Glykogenverarmung zustande kommt.

Von den grundsätzlichen Überlegungen einer kohlenhydratreichen Kost und dem Prinzip der Superkompensation zu differenzieren ist die Verabreichung von Kohlenhydraten während eines Wettkampfs. Dies führt zu einem Stoffwechseleffekt im Sinne eines verstärkten Kohlenhydratumsatzes und einer zurückgedrängten Fettsäurenoxidation. Die Kohlenhydrate werden dann meist in Form von Getränken angeboten. Vorteilhaft sind Glukose-Polymere vom Typ der Maltodextrine. Sie dienen aber vor allem der Aufrechterhaltung der Blutglukosekonzentration und damit der metabolischen Leistungsfähigkeit.

3.1.3.2 Hormonelle Regulation der Blutzuckerkonzentration

Die Blutflüssigkeit ist das Medium für den Nährstoff- und Sauerstofftransport zu den Zellen und für den Abtransport von Stoffwechselendprodukten und Wärme von den Zellen. Der Blutzucker (Normalbereich zwischen 70–100 mg Prozent) dient der Versorgung mit dem für alle Zellen wichtigsten Energielieferanten. Eine weitgehend konstante Blutzuckerkonzentration ist eine wichtige Voraussetzung für die Leistungsfähigkeit.
Von Schwankungen des Blutzuckers ist vor allem die mentale Leistungsfähigkeit (Konzentration und Koordination) betroffen. Ein rascher Blutzuckerabfall kann zum *Hungerast* führen, einem in Sportlerkreisen bekannten Phänomen, das als Zustand einer relativen Hypoglykämie mit Zittern, Schwächegefühl und Schweißausbrüchen einhergeht und zum Abbruch der Leistung zwingt.
Die Höhe der Blutzuckerkonzentration wird durch Nahrungsaufnahme, Energieverbrauch und durch hormonelle Regulation beeinflußt. Es gibt blutzuckersenkende und -erhöhende Hormone. Das bekannteste Hormon in diesem Zusammenhang ist das von den Inselzellen – genau den B-Zellen – des Pankreasgewebes gebildete Insulin. Insulin fördert die Aufnahme von Glukose in die Leber- und Muskelzellen sowie in das Fettgewebe. Durch das Hormon wird die Permeabilität (Durchlässigkeit) der Zellmembran erhöht und damit der Stofftransport vom Extrazellulärraum in die Zelle begünstigt. Der Blutzuckerspiegel wird gesenkt. Das Nervengewebe und die Erythrozyten (rote Blutkörperchen) können jedoch auch unabhängig vom Insulin Glukose aufnehmen. Insulin zeigt aber nicht nur Wirkungen auf den Kohlenhydratstoffwechsel. Es fördert neben der Glykogensynthese auch die Aufnahme von Aminosäuren und Fettsäuren in die Zelle sowie die Protein- und Lipidbiosynthesen (BUDDECKE, 1984, S. 350–353).
Der menschliche Organismus vermag nur eine bestimmte Zuckermenge in Form von Glykogen zu speichern. Darüber hinausgehende Mengen werden in

der Leber zu Fetten aufgebaut und dann zum Fettgewebe transportiert, um dort als Depotfett gespeichert zu werden. Insulin hemmt die Abgabe von freien Fettsäuren an das Blut. Insulin dient also auch der Bevorratung der bei den Mahlzeiten im Überschuß zugeführten Energie. Für den bewegungsarmen Menschen ist dies eher ein nachteiliger Effekt. Für Sportler wie Nicht-Sportler gilt daher die Empfehlung einer energetisch bedarfsangepaßten Ernährung.

Gegenspieler des Insulins

Das in den A-Zellen gebildete Hormon Glukagon wirkt vorwiegend auf Leber und Fettgewebe. Es zeigt speziell eine Leberglykogen mobilisierende und damit die Blutzuckerkonzentration erhöhende Wirkung. Es fördert auch die Glukoneogenese aus Laktat. Ebenfalls hat es eine proteinkatabole, d. h. Eiweiß abbauende Wirkung, indem unter Glukagoneinfluß die glukoplastischen Aminosäuren zu Glukose umgewandelt werden. Ebenfalls blutzuckererhöhend wirkt das Adrenalin, das Muskel- und Leberglykogen mobilisiert. Das «Streßhormon» Adrenalin führt ebenfalls zu einer Erhöhung des Laktatspiegels und der freien Fettsäuren im Blut. Man kann dies als Energiemobilisierung für Angriffs- oder Fluchtreaktionen bezeichnen. Ebenfalls blutzuckererhöhend wirkt das Wachstumshormon (STH), indem der Wirkungsgrad des Insulins verringert und die Ausschüttung von Glukogen gefördert wird (BUDDECKE, S. 358). Eine Erhöhung der Glukosekonzentration im Blut geschieht auch unter Einfluß des adrenocorticotropen Hormons (ACTH).

3.1.3.3 Stoffwechselverfügbarkeit

Schnell verfügbare Zucker – an erster Stelle steht die Glukose – erhöhen die Blutzuckerkonzentration rasch und provozieren somit eine Insulinausschüttung. Die Anwesenheit von Ballaststoffen und/oder die gleichzeitige Gabe von Proteinen und Fetten verzögern dagegen die Kohlenhydratverdauung. Vollkornprodukte, Hülsenfrüchte, Eierteigwaren, Brot mit Käse oder Streichfett und Quark sind Lebensmittelbeispiele, die als sogenannte Kohlenhydratgaben mit Langzeitwirkung bezeichnet werden können. Ausschlaggebend für die – hier im positiven Sinne – verlangsamte Digestion ist weniger die Molekülgröße eines Kohlenhydrates (zum Beispiel Poly- oder Oligosaccharid) und die damit verbundene Hydrolyse im Dünndarm, sondern die Entleerungsgeschwindigkeit des Magens. Hydrolyse- und Resorptionskapazität stehen so ausreichend zur Verfügung, daß sie normalerweise keine limitierenden Faktoren darstellen. Die ursprünglich vertretene Auffassung, daß die Blutzuckerreaktion verschiedener Kohlenhydrate mit der Kettenlänge der Kohlenhydrat-Polymere zu tun habe, kann also in dieser Form nicht aufrechterhalten werden.

Die Magenentleerung wird vor allem durch Art und Menge des Mageninhaltes bestimmt. Je höher die Konzentration und der dadurch bedingte osmotische Druck, desto langsamer ist die Magenentleerung. Eine Hauptaufgabe des Magens besteht ja darin, die Abgabe von Nährstoffen so zu dosieren, daß eine Überflutung des Dünndarms mit Nährstoffen, die nicht sofort verarbeitet werden können, verhindert wird. Das optimale osmotische Milieu für die Verdauungs- und Resorptionsvorgänge liegt bei circa 300 m Osmol/kg Wasser (*Isotonie*).

Die Magenentleerungsgeschwindigkeit der Glukose-Saccharide ist von ihrer verabreichten Konzentration und nicht von ihrem chemischen Aufbau abhängig, d. h., die Kettenlänge hat keinen Einfluß auf die Resorptionskinetik. In zahlreichen Studien konnte belegt werden, daß vergleichbare Mengen an Glukose, Maltose, Maltodextrinen und Stärke praktisch identische Blutzuckerprofile hervorrufen. Diese Aussage gilt aber nur für die reinen – isolierten – Nährstoffe. Im Lebensmittel bzw. im Verbund mit anderen Lebensmitteln ergeben sich andere Verhältnisse. So können vor allem Interaktionen mit Ballaststoffen, die langsamere Verfügbarkeit der Stärke aus dem natürlichen Zellverband in Vollkornprodukten, das Vorhandensein anderer Nährstoffe – wie Fette und Eiweiße – die Geschwindigkeit der Magenpassage und die Resorptionsrate im Dünndarm beeinflussen. Man muß also die «Verpackungsfrage» der Kohlenhydrate mitberücksichtigen, d. h., ob sie mit Fetten oder Ballaststoffen zusammen aufgenommen werden. Durch Fett wird die Magenentleerung erheblich verzögert. So ist auch der Blutzuckeranstieg nach dem Verzehr von Eiscreme oder Schokolade sicherlich im Vergleich zu anderen Süßigkeiten entsprechend verringert. Damit darf aber nicht das Prinzip der energetisch angepaßten und insgesamt fettkontrollierten Ernährung durchbrochen werden. Daher ist auch in der Leistungs- und Fitneßernährung ballaststoffreichen Lebensmitteln der Vorzug zu geben.

Die Geschwindigkeit der Magenentleerung wird auch bei Getränken vom osmotischen Druck der (Trink-)Lösung bestimmt. Getränke mit einer Zuckerkonzentration über 10 Prozent werden unter Umständen so langsam weitergegeben, daß der angestrebte Flüssigkeitsersatz erst nach einer Belastung stattfindet und auch eine Beeinträchtigung durch viel Flüssigkeit im Magen auftreten kann.

Um ernährungsmäßig eine weitgehend konstante Blutzuckerkonzentration zu gewährleisten und einem leistungsgefährdenden Absinken der Blutglukose vorzubeugen, empfiehlt sich:

- **eine fraktionierte Kohlenhydratzufuhr, d. h., öfters (5–7) kleine kohlenhydrathaltige Mahlzeiten einnehmen, die gleichzeitig Ballaststoffe, etwas Protein und Fett enthalten;**
- **die Kombination von «langsamer» und «schneller» verfügbaren Kohlenhydraten in einer Mahlzeit, zum Beispiel Vollkornbrot mit Quark und Konfitüre oder Vollkornflocken mit Obst und Milch;**
- **die Bevorzugung von wenig gesüßten Getränken, wobei öfters kleine Trinkmengen aufgenommen werden sollten. Man kann zum leicht gesüßten Getränk auch 1–2 Stück Vollkornknäcke oder Vollkornkekse knabbern oder zum Getränk einen Eßlöffel leicht löslicher Haferflocken geben.**

3.1.3.4 Biochemie der Energiegewinnung aus Kohlenhydraten

Nach der Aufnahme in die Blutbahn wird die Glukose in den Intermediärstoffwechsel eingeschleust. In den Zellen muß Glukose zunächst aktiviert werden, und zwar durch die Glukokinase in der Leber und die Hexokinase in anderen Organen. Es entsteht der Phosphatester Glukose-6-phosphat, die stoffwechselaktive Form der Glukose. Sie nimmt im Stoffwechsel eine zentrale Stellung ein, wie die Abbildung 3.7 zeigt.

Der weitere Stoffwechsel der Glukose, insbesondere die Glykolyse und ihre Beziehung zu anderen Stoffwechselvorgängen, ist im nachfolgenden Schema (Abb. 3.8) dargestellt.

Es wird ersichtlich, daß Glukose in Glykogen und Fett umgewandelt werden kann, die als Energiespeicher dienen. Weiterhin kann sie im Rahmen des aeroben Abbaus über die Glykolyse und anschließend den Zitronensäurezyklus bis zu Wasser und Kohlendioxid abgebaut werden. Der anaerobe Abbau geht bis zur Milchsäure.

Glukose ist auch Ausgangssubstanz für wichtige Synthesen, zum Beispiel Glycerinphosphat für die Triglyceridbildung und Glukuronsäure, eine Verbindung, die bei der Entgiftungsleistung in der Leber eine wichtige Rolle spielt.

Eine Schlüsselsubstanz im Stoffwechsel ist das Acetyl-CoA. Es entsteht ebenfalls aus dem Glukoseabbau. Acetyl-CoA ist wiederum Ausgangssubstanz für die Cholesterinsynthese und damit für die Bildung von Steroidhormonen und Gallensäuren. Das Acetyl-CoA wird dann im Zitronensäure- bzw. Citratzyklus einer vollständigen Oxidation zu CO_2 unterworfen.

Die Glykolyse ist von der Brenztraubensäure (Pyruvat) und der Milchsäure

Abb. 3.7 Die zentrale Rolle der Glukose im Stoffwechsel

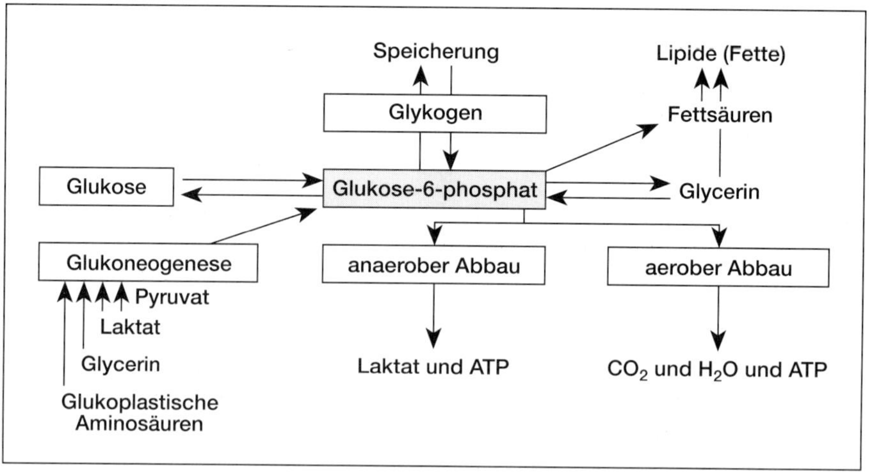

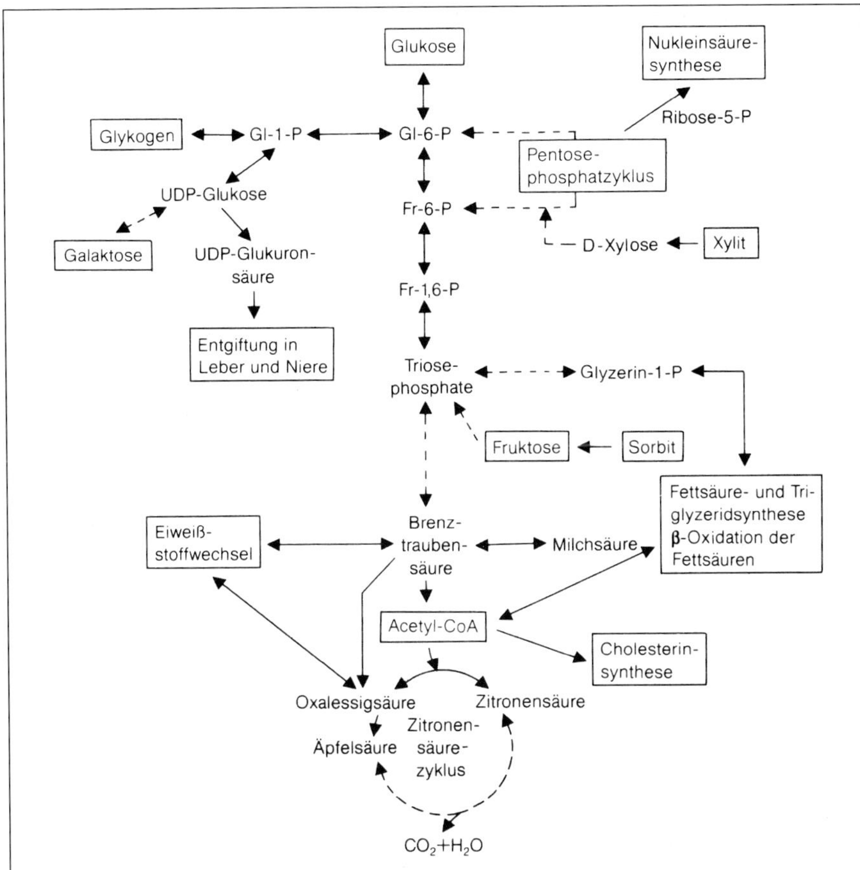

Abb. 3.8 Der Intermediärstoffwechsel der Nährstoffe
(Quelle: Kasper, H.: Erährungsmedizin und Diätetik, 6. neubearbeitete und erweiterte Auflage 1987, Urban und Schwarzenberg, München – Wien – Baltimore)

(*Laktat*) ausgehend umkehrbar. Diese Möglichkeit wird auch als Glukoneogenese bezeichnet. So wird durch Glukoseneubildung auch bei kohlenhydratfreier Ernährung die Aufrechterhaltung einer ausreichenden Glukoseversorgung des Gehirns gewährleistet. Ausgangssubstanzen für die Glukoneogenese sind Brenztraubensäure, Milchsäure, Glycerin und die sogenannten glukoplastischen Aminosäuren Alanin, Serin, Glycin, Threonin, Cystein, Asparaginsäure, Glutaminsäure, Arginin, Histidin, Prolin und Valin. Fettsäuren können nicht zur Glukoseneubildung herangezogen werden. Nur der Glycerinanteil des Triglyceridmoleküls ist dazu in der Lage (Kasper, S. 34 f).

3.1.4 Bedeutung der Kohlenhydrate für den Sportler

Kohlenhydrate sind die wichtigste energieliefernde Nährstoffgruppe. Sie stellen zudem eine besonders ökonomische Energiequelle dar. Sie können sowohl aerob als auch anaerob zur Energiegewinnung herangezogen werden.
Die Energieausbeute an ATP – bezogen auf den verbrauchten Sauerstoff – ist beim Kohlenhydratabbau größer als bei der Fettsäurenoxidation. Die ATP-Ausbeute ist in bezug auf den verbrauchten Sauerstoff bei Oxidation von Glukose oder von Glykogen um 13 bzw. 16 Prozent größer als bei der Energiegewinnung aus Fetten. Dafür ist der höhere intramolekulare Sauerstoffgehalt der Kohlenhydrate verantwortlich. Wenn die Sauerstoffaufnahme zur limitierenden Größe für die körperliche Leistungsfähigkeit wird, ist es in jedem Fall vorteilhaft, wenn der Energieumsatz bevorzugt aus dem Kohlenhydratabbau bestritten wird (KEUL, 1975, S. 157).
Je größer die Belastungsintensität ist, desto größer ist der Kohlenhydratanteil an der Energiebereitstellung. Von Nachteil ist die relativ begrenzte Speicherfähigkeit von Kohlenhydraten im Organismus. Es ist vorrangiges Ernährungsziel, durch kohlenhydratreiche und fettkontrollierte Kost zumindest für optimale Glykogenspeicher zu sorgen. Die zur Zeit gewohnte, relativ kohlenhydratarme und fettreiche Ernährung ist dazu nicht in der Lage.
Sind die Glykogenvorräte schlecht angelegt bzw. erschöpft, muß die Energiegewinnung vorrangig aus der Fettsäurenoxidation bestritten werden. Fette sind zwar eine konzentrierte und in sehr großen Mengen verfügbare Energiequelle, die Belastungsintensität muß bei dieser Art von Energiegewinnung aber reduziert werden. Das macht sich zum Beispiel subjektiv mit zunehmendem Ermüdungsgefühl in der Muskulatur bemerkbar. Die Geschwindigkeit beim Laufen muß zurückgenommen werden. Im Spielsport wird die Spielbeteiligung und Laufleistung in der zweiten Halbzeit schlechter.
Von großer Bedeutung sind gut angelegte Glykogendepots bei allen Ausdauersportarten, bei Intervallbelastungen und bei intensivem, umfangreichem Training.

Um die gewünschte Kohlenhydratbetonung in der Sporternährung zu erreichen, sind verschiedene Maßnahmen möglich und empfehlenswert:

- **Vermehrter Verzehr kohlenhydratreicher und fettarmer Lebensmittel wie Getreideprodukte (Nudeln, Reis, Getreideflocken, Brot), Kartoffeln, Gemüse und Obst. Brot sollte fettarm belegt sein. Schmackhaft und kohlenhydratreich ist Brot mit Quark bestrichen und mit Apfel-, Bananen- oder Kiwischeiben belegt.**
- **Anreicherung von Getränken und Speisen mit Kohlenhydratkonzentraten (vorzugsweise glukoseliefernde Maltodextrine).**

- **Angebot kohlenhydratreicher Snacks bzw. Zwischenimbisse wie Obst, Vollkornkekse und kohlenhydratreiche Riegel auf der Basis von Getreide, Trockenfrüchten und Zuckern.**
- **Bereitstellen von kohlenhydratreichen Nachspeisen wie Fruchtkaltschalen, Obstsalat, Pudding mit Fruchtsirup.**

3.1.5 Ballaststoffe in der Ernährung des Sportlers

Da Ballaststoffe keine Energie liefern, wurden sie lange Zeit als überflüssiger «Ballast» abgetan. Dabei sind die für den Menschen unverdaulichen Pflanzenbestandteile für Gesundheit und Leistungsfähigkeit genauso wichtig wie die Nährstoffe Kohlenhydrate, Fette und Eiweiße sowie Vitamine und Mineralstoffe. Im Vordergrund steht der positive Einfluß der Ballaststoffe auf die gesunde Darmfunktion. Ballaststoffreiche Kost sättigt anhaltend und trägt zur Regulation bzw. zum ordnungsgemäßen Ablauf wichtiger Stoffwechselprozesse bei.
Der tägliche Verzehr an Ballaststoffen ist jedoch durch Änderung unserer Ernährungsgewohnheiten stark zurückgegangen. Er beträgt heute nur ca. 2/3 der wünschenswerten Menge von 30 g/Tag. Damit verbunden ist eine ebenfalls zu geringe Aufnahme an den für die Leistung so wichtigen komplexen Kohlenhydraten (Stärke), während die Zufuhr von Zucker, Fett und tierischem Eiweiß zugenommen hat. Diese Änderung der Ernährung führt bei gleichzeitigem Mangel an körperlicher Aktivität zu Übergewicht und begünstigt die Entstehung vieler Stoffwechselerkrankungen.
Ballaststoffreiche Lebensmittel, wie Getreide, Gemüse, Kartoffeln und Obst, sind nicht zuletzt auch reich an Vitaminen und Mineralstoffen. Es sprechen also viele Gründe dafür, die Ballaststofflücke in unserer täglichen Ernährung zu schließen.

Leistungsstabilisierung durch mehr Ballaststoffe in der Sporternährung
Ballaststoffe sind eine in der Sporternährung noch zu wenig beachtete Nahrungssubstanz. Ihre besondere Bedeutung liegt darin, daß sie unter anderem einen dämpfenden Einfluß auf den Anstieg der Blutzucker-Kurve bei kohlenhydratreicher Kost ausüben. Mit ballaststoffreichen Lebensmitteln werden die für die Arbeit von Muskel-, Nerven- und Gehirnzellen so wichtigen Kohlenhydrate kontinuierlich und bedarfsgerecht zugeführt. Ballaststoffe sorgen somit für einen gleichmäßigen Blutzuckerspiegel und damit für die erwünschte Leistungsstabilisierung (Abb. 3.9)

Brot / Kleingebäck

Toastbrot	3,1
Weizenbrötchen	3,5
Weizenbrot	3,7
Weizenmischbrot	4,1
Roggenmischbrot	4,7
Roggenbrot	5,4
Roggenmischbrot mit Schrot	5,6
Mehrkornbrot	5,6
Roggenvollkornbrot	7,0
Knäckebrot	14,6

Mehl

Weizenmehl Type 405	4,0
Weizenmehl Type 550	4,2
Weizenmehl Type 1050	5,2
Weizenbackschrot 1700	11,6
Roggenmehl Type 815	6,5
Roggenmehl Type 997	7,3
Roggenmehl Type 1150	8,0
Roggenmehl Type 1370	9,0
Roggenbackschrot 1800	10,9
Roggenvollkornschrot	10,9

Andere Getreideprodukte

Cornflakes	4,1
Müsli	4,0
Müsliriegel	2,8
Gerstenflocken	7,1
Gerstengraupen	6,6
Haferflocken	5,3
Maisflocken	7,7
Roggenflocken	11,8
Weizenflocken	11,7
Weizengrieß	5,4
Butterkeks	3,2
Nudeln, verzehrfertig	1,0
Vollkornnudeln, verzehrf.	2,7
Zwieback	3,6

Gemüse und Salat

Aubergine	1,7
Blattsalat	1,2
Blattspinat	2,3
Blumenkohl	2,2
Broccoli	3,0
Champignons	1,5
Chicorée	1,1
Chinakohl	0,9
Eisbergsalat	0,9
Endiviensalat	1,9
Feldsalat	1,6
Gemüsefenchel	1,3
Gurke	0,4
Kartoffeln	1,4
Knollensellerie	3,6
Kohlrabi	1,6
Möhren	1,3
Paprika, grün	1,3
Porree	1,5
Radieschen	0,8
Rettich	3,5
Rhabarber	0,8
Rosenkohl	2,5
Rote Bete	1,8
Rotkohl	2,6
Spargel	1,2
Tomaten	0,9
Weißkohl	1,9
Wirsing	2,4
Zucchini	0,8
Zwiebeln	1,4

Hülsenfrüchte
– verzehrfertig –

Weiße Bohnen	7,5
Rote Bohnen	6,0
Grüne Erbsen	7,0
Gelbe Erbsen	4,9
Kichererbsen	4,4
Kidneybohnen	8,3
Linsen	4,5

Obst

Ananas	1,7
Apfel	2,1
Avocado	2,2
Banane	1,3
Birne	2,8
Brombeeren	3,5
Erdbeeren	1,5
Grapefruit	0,6
Heidelbeeren	2,6
Himbeeren	3,8
Honigmelone	0,4
Johannisbeeren	3,6
Kiwi	2,2
Mango	1,0
Orange	1,2
Papaya	1,1
Passionsfrucht	1,0
Pfirsich	1,4
Pflaume	1,4
Sauerkirsche	1,1
Süßkirsche	1,0
Wassermelone	0,4
Weintrauben	1,2

Trockenobst

Aprikosen	6,8
Datteln	8,1
Feigen	9,6
Korinthen	5,0
Pflaumen	8,4
Sultaninen	5,4

Nüsse und Ölsamen

Cashewnüsse	2,9
Erdnüsse	6,1
Haselnüsse	7,4
Kokosnüsse	5,0
Mandeln	9,6
Paranüsse	7,1
Pistazien	6,5
Walnüsse	4,7
Sonnenblumenkerne	6,6

* Der Ballaststoffgehalt wurde nach dem Berliner Verfahren ermittelt. Alle Angaben beziehen sich auf das Frischgewicht. Die Analysen wurden an frischen, entsprechend ihrer üblichen Verzehrsform vorbereiteten (geschälten, entsteinten usw.) Lebensmitteln durchgeführt. Der Ballaststoffgehalt unterliegt in Abhängigkeit von Herkunft und Verarbeitungsweise der Lebensmittel Schwankungen, so daß der tatsächliche Ballaststoffgehalt im Einzelfall von den Angaben in dieser Tabelle abweichen kann.
(Quelle: Vereinigung Getreide, Markt- und Ernährungsforschung e.V. [Hrsg.], Bonn 1986)

Tabelle 3.5 Gesamtballaststoffgehalt pro 100 g Lebensmittel *

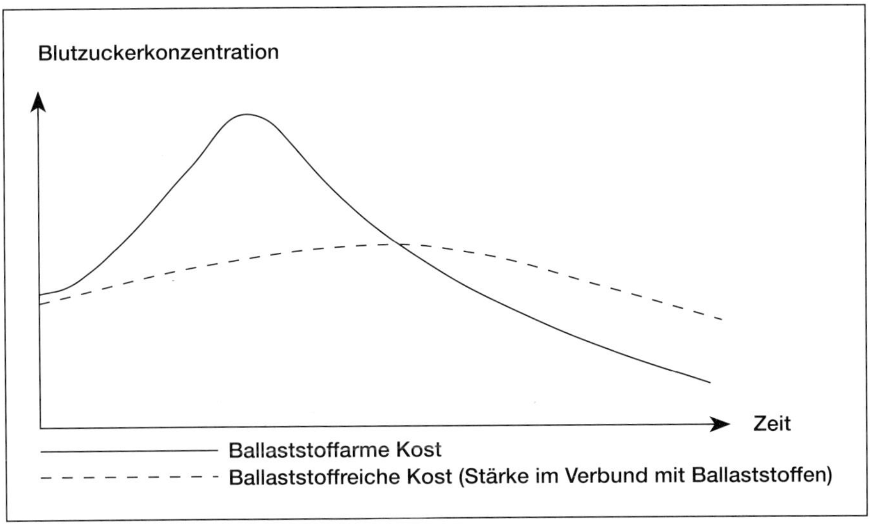

Abb. 3.9 Beeinflussung der Blutzuckerkonzentration nach Aufnahme von Zuckern und komplexen Kohlenhydraten in Verbindung mit Ballaststoffen

Ballaststoffreiche Ernährung in der Praxis

- **Mit einer ballaststoffreicheren Kost beginnt man am besten im Training. Genügendes Trinken ist im Sport ohnehin eine zentrale Forderung. Damit wird auch die volle Wirksamkeit der Ballaststoffe sichergestellt.**
- **Ballaststoffreiche Happen in längeren Wettkampfpausen stabilisieren die sportliche Leistung.**
- **Ein ballaststoffhaltiger Snack oder Imbiß sättigt anhaltender als Süßigkeiten und zuckerhaltige Drinks.**
- **Die konzentrierte Eiweißaufnahme im Krafttraining macht darüber hinaus eine Nahrungsergänzung mit Ballaststoffen notwendig.**

3.1.6 Kohlenhydratreiche Lebensmittel und Präparate

Ohne Kenntnis über die Lebensmittelzusammensetzung ist eine bedarfsangepaßte und vollwertige Ernährung nicht möglich. Kohlenhydratreiche Lebensmittel können hinsichtlich ihrer Eignung in der Sportlerernährung unterschiedlich beurteilt werden.

Höhe des Kohlenhydratgehaltes

Alle Zucker sind 100 Prozent Kohlenhydrate. Haushaltszucker, Glukose und Fruktose sollten jedoch ebenso wie Honig (enthält circa 70 Prozent Zucker) in konzentrierter Form nicht in zu großen Mengen verwendet werden. Hier ist vor allem auf die individuelle Verträglichkeit zu achten. Besser geeignet zur Kohlenhydratanreicherung von Speisen und Getränken sind die Maltodextrine. Ihre Magenverträglichkeit ist im allgemeinen gut. Bei kohlenhydratreichen Getreideprodukten – wie Reis und Nudeln – ist zu berücksichtigen, daß der hohe Kohlenhydratanteil laut Nährwerttabellen sich auf das Trockengewicht bezieht. Die genannten Produkte nehmen sehr viel Wasser beim Garen auf und entsprechen im verzehrsfertigen Zustand annähernd dem Kohlenhydratgehalt von Kartoffeln.

Nährstoffdichte der Kohlenhydratträger

Viele kohlenhydratreiche Lebensmittel – zum Beispiel Vollkornprodukte, Kartoffeln, Hülsenfrüchte und Obst – sind gleichzeitig wichtige Vitamin- und Mineralstoffquellen. Trockenfrüchte sind zuckerreich, enthalten aber noch zusätzlich Kalium (wichtig für die Muskel- und Nervenfunktion). Das gilt auch für konzen-

Tabelle 3.6 Empfehlenswerte Kohlenhydratträger in der Sportlerernährung

Vollkornbrot, -brötchen, -knäckebrot

Kartoffeln (mit wenig Wasser oder in der Schale gekocht)

Vollkornreis, Parbolled Reis, Vollkorn-Teigwaren, Haferflocken, Weizenvollkornflocken, Müsli, Erbsen, Linsen, Mais

Obst – insbesondere Banane, Apfel und Kiwi, Vollkorngebäck, Fruchtschnitten, Trockenfrüchte, Müsli-Riegel, Honig, Konfitüre, Apfel- und Birnendicksaft, Sanddornsirup

Kohlenhydratpräparate, z.B. Maltodextrin

Tierische Nahrungsmittel			
Magerquark	2	Magermilchpulver	52
Hartkäse	3	Eiscreme (im Durchschnitt)	25
Milch (im Durchschnitt)	5	Eier	1
Joghurt	5	Fleisch	1
Kondensmich, ungez.	10	Leber	6
Pflanzliche Nahrungsmittel			
Haferflocken	66	Kartoffeln	17
Eiernudeln	72	Obst (im Durchschnitt)	11
Mehl	74	Weintrauben	16
Grieß	75	Bananen	21
Reis	79	Trockenobst	60
Cornflakes	83	Obstsäfte (im Durchschnitt)	11
Vollkornbrot	46	Süßmost (im Durchschnitt)	22
Mischbrot	52	Vollmilchschokolade	55
Brötchen	58	Marmelade	66
Zwieback	71	Pralinen	70
Knäckebrot	77	Honig	81
Gemüse (im Durchschnitt)	7	Bonbons	94
Hülsenfrüchte (Bohnen, Erbsen, Linsen)	57	Zucker	100

Tabelle 3.7 Kohlenhydratgehalt verschiedener Lebensmittel in g pro 100 g Lebensmittel (nach WORM, 1988, S. 13)

trierte Dicksäfte, Sirupe aus Äpfeln und Birnen, die man gut zum Süßen von Speisen verwenden kann. Honig, Haushaltszucker, Glukose, Fruktose, Sorbit, Maltodextrin sowie reine Stärke haben eine Nährstoffdichte von praktisch Null, d. h., sie enthalten keine lebenswichtigen Vitamine und Mineralstoffe in für die Bedarfsdeckung relevanten Mengen.

Stoffwechselverfügbarkeit und individuelle Verträglichkeit
Ballaststoffe verzögern die Magenentleerung und bewirken eine langsamere Digestion (Verdauung) von Zuckern. Isolierte Glukose, Oligosaccharide und Stärke werden rasch resorbiert. Ballaststoffreiche Lebensmittel werden individuell unterschiedlich vertragen. Im allgemeinen sind feingeschrotete Vollkornbrote, Weizenkeime, Vollkornknäckebrot, Vollkornhaferflocken und Vollkornteigwaren gut bekömmlich. Langsames Essen, d. h. gutes Kauen, verbessert die Verträglichkeit von Lebensmitteln und Speisen. Hülsenfrüchte sollten im allgemeinen nicht am Wettkampftag verzehrt werden.

3.2 Fette (Lipide)

Fette stellen das größte Energiedepot im menschlichen Organismus dar. Auch bei extremen Dauerbelastungen kann die im Fettgewebe gespeicherte Energie nicht erschöpft werden. Sie entspricht etwa 6–7 kcal bzw. 25–29 kJ je Gramm, denn Fettgewebe besteht nicht nur aus reinem Fett.
Das Fettgewebe macht bei normal ernährten Männern circa 15–20 Prozent und bei Frauen circa 25 Prozent des Körpergewichtes aus. Trainierte Sportler weisen je nach Sportart (vgl. S. 199) deutlich geringere Fettanteile auf. Durch Ausdauertraining wird die Fähigkeit gesteigert, Fettgewebe zu mobilisieren, so daß als äußeres Zeichen dafür die Dicke der Fettfalten (Unterhautfettgewebe) abnimmt.

3.2.1 Anteilige Energiebereitstellung aus Fetten

Obwohl Kohlenhydrate das bevorzugte Energiesubstrat für körperliche Leistungen sind, muß der Organismus bei längeren Belastungen auch auf seine Fettreserven zurückgreifen. Das wichtigste Substrat der Fettoxidation sind die freien Fettsäuren, die aus dem Fettabbau stammen.
Die Energiegewinnung aus Fettsäuren läßt sich gezielt trainieren. Ausdauertrainierte verbessern im besonderen Maße die Energiebereitstellung aus Fettsäuren (Fettsäuretransport, β-Oxidation in den Mitochondrien), so daß gut trainierte Ausdauersportler Fette nicht nur als zweite, sondern möglicherweise unter bestimmten Bedingungen sogar als gleichwertige Energiequelle nutzen können. Das sogenannte Training der Grundlagenausdauer erhöht das aerobe Potential und schränkt die anaeroben Prozesse ein. Durch diese «glykogensparende Maßnahme» (BROUNS, 1987, S. 8) werden die im Vergleich zu den Fettdepots knapperen Glykogenreserven geschont.
Ob mehr Fett oder mehr Kohlenhydrate umgesetzt werden, ist eine Frage der Belastungsintensität und -dauer sowie der Ernährung.

Die Tatsache, daß körpereigene Fette zur Energiegewinnung bei Ausdauerbelastungen beitragen, darf nicht mit der Notwendigkeit einer fettreichen Ernährung verwechselt werden. Die Fettaufnahme sollte nur in Ausnahmefällen (sehr hoher Energieumsatz über 4500 kcal bzw. 18 000 kJ) größer als 30 Prozent der insgesamt zugeführten Energie sein.
Fett hat bekanntlich die höchste Energiedichte und kann so das Nahrungsvolumen gering halten.

Art der Belastung	Verwertete Energieträger	Art der Energiebereitstellung
Extreme Ausdauerbelastung (über 1 Std.)	Fette KH	rein aerob
Langzeitausdauer (8–60 Min.)	Fette / Kohlenhydrate	vorwiegend aerob
Mittelzeitausdauer (2–8 Min.)	überwiegend Kohlenhydrate	gemischt aerob/anaerob
Kurzzeitausdauer (45 Sek.–2 Min.)	**Kohlenhydrate (Glykolyse)**	vorwiegend anaerob
Schnellkraftbelastung (bis zu 45 Sek.)	**Energiereiche Phosphate**	rein anaerob

Tabelle 3.8 Art der Energiebereitstellung in Abhängigkeit von der Belastungsdauer (nach DONATH und SCHÜLER, 1979)

Vor allem sollte die Kost vor und an Sporttagen fettkontrolliert und kohlenhydratreich sein, um eine gute Anlage der vorteilhaften Glykogenspeicher nicht zu mindern und um günstige Voraussetzungen für die Energiegewinnung zu schaffen. Kohlenhydrate sind – zumal auch anaerob verwendbar – die ökonomischste Energiequelle bei intensiven Belastungen.

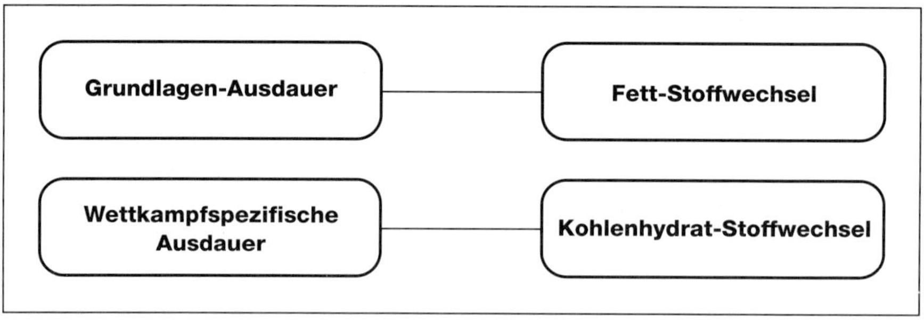

Abb. 3.10 Energieproduktion bei Ausdauersportlern
(nach KONOPKA: Sporternährung, BLV Verlagsgesellschaft, München, S. 139)

3.2.2 Allgemeine Bedeutung für die Ernährung

Fette (Neutralfette, Triglyceride) haben in der Ernährung im wesentlichen zwei Aufgaben, zum einen eine unspezifische als Energieträger und Lieferant von C-Atomen für Biosynthesen und zum anderen eine spezifische als Quelle fettlöslicher essentieller Nährstoffe (mehrfach ungesättigte Fettsäuren, Vitamin A, D und E). Geringe Nahrungsfettmengen sind für die Resorption der fettlöslichen Vitamine A, D, E und K notwendig. Fette haben als sogenanntes Organfett auch mechanische Schutzfunktionen, zum Beispiel im Bereich der Niere.

3.2.3 Aufbau und Zusammensetzung der Nahrungsfette

Bei der Beurteilung des täglichen Fettverzehrs sind quantitative und qualitative Gesichtspunkte zu berücksichtigen. Bei den gegenwärtigen Eßgewohnheiten überwiegen eindeutig die gesättigten Fettsäuren (vorwiegend aus Fleisch, Fleischwaren, fettreichen Molkereiprodukten, tierischen und gehärteten Fetten stammend) zuungunsten der mehrfach ungesättigten Fettsäuren (omega-6-Fettsäuren wie Linolsäure und Gamma-Linolensäure aus Pflanzenölen sowie omega-3-Fettsäuren aus Kaltwasserfischen wie Lachs, Makrele und Hering).
In der Ernährung des Sportlers gilt es, auf ein ausgewogenes Verhältnis von mehrfach ungesättigten und einfach ungesättigten zu gesättigen Fettsäuren von 1:1:1 zu achten. In der Praxis heißt das, beim «sichtbaren» Fett (Streichfett, Zubereitungsfett) pflanzliche Fette zu bevorzugen und insgesamt fettarme Lebensmittel (mageres Fleisch, fettarme Milchprodukte) zu bevorzugen. Von REUSS (1988) wird diskutiert, daß die gesättigten Fettsäuren langsamer verbrannt werden als die ungesättigten.

Zum besseren Verständnis der Fettsäuren-Eigenschaften ist ein Exkurs in die Fettchemie angebracht. Jedes Fettmolekül (Triglycerid) hat einen einfachen Bauplan. Es besteht aus einem Teil Glycerin und drei Fettsäureresten.

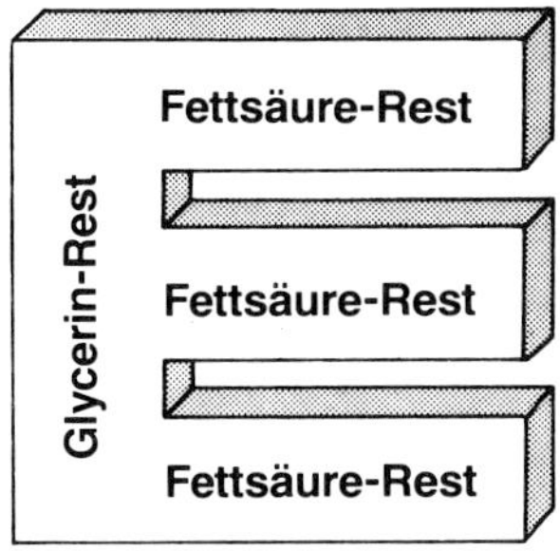

Abb. 3.11 Aufbau eines Fettmoleküls

Die Fettqualität ergibt sich im wesentlichen aus der Fettsäurenzusammensetzung. Es gibt verschiedene Fettsäuren, die sich aufgrund der Anzahl der C-Atome, d. h. ihrer Kettenlänge (kurz-, mittel- und langkettig) und dem Vorhandensein von Doppelbindungen (Maß für die Ungesättigtheit) unterscheiden.
Von der Fettsäurenzusammensetzung hängen die physikalischen und ernährungsphysiologischen Eigenschaften eines Nahrungsfettes ab. Fette mit hohem Anteil langkettiger gesättigter Fettsäuren bewirken:

- eine feste Konsistenz
- einen hohen Schmelzpunkt
- eine schwere Verdaulichkeit
- eine Erhöhung des Cholesterinspiegels bei entsprechendem Verzehr.

Die einfach ungesättigten Fettsäuren verhalten sich im Zusammenhang mit Gefäßkrankheiten im Organismus neutral. Sie bewirken eine ölige Konsistenz des Fettes. Diese Fettsäuren kommen insbesondere in Milchfett (Butter) und Olivenöl vor. Triglyceride aus mittelkettigen Fettsäuren C_8-C_{11} (MCT-Fette) haben insbesondere für Patienten mit Maldigestion und Malabsorption eine diätetische Bedeutung erlangt. Sie werden auch in Abwesenheit von Gallensäuren rasch und vollständig verwertet. Sie können auch in der Ernährung des Sportlers eine schnell verfügbare Energiequelle darstellen. MCT-Fette bieten aber keinen Vorteil hinsichtlich der Ersetzbarkeit von Kohlenhydraten. Beide Substanzen haben einen unterschiedlichen Stoffwechsel. Wenn man den respiratorischen Quotienten mißt, so liegt der auch bei MCT-Fetten im Bereich der anderen Fette, also bei 0,7, während dieser Wert für Kohlenhydrate bekanntlich bei 1 liegt.

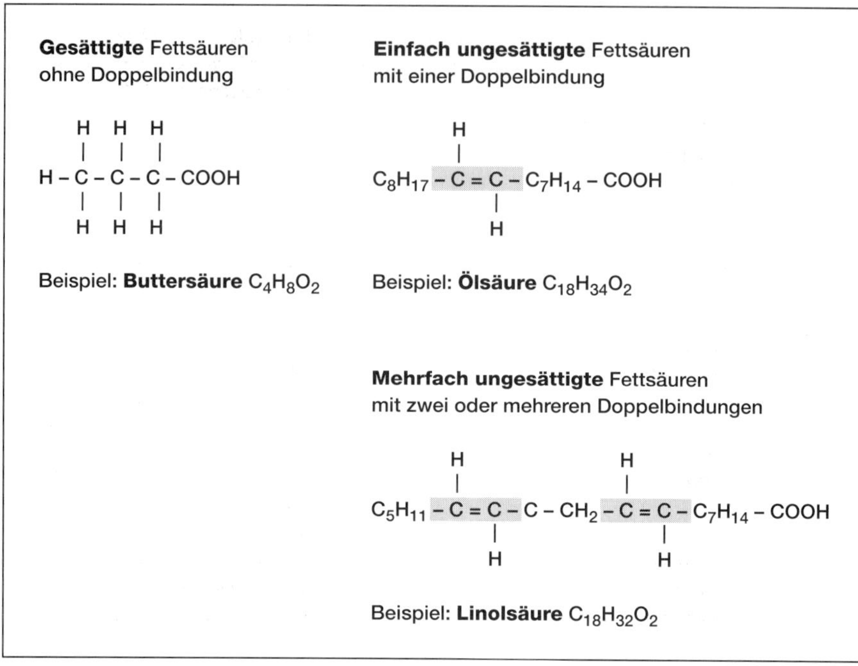

Abb. 3.12 Unterschiedliche Fettsäurearten

Fette mit hohem Anteil mehrfach ungesättigter Fettsäuren bedeuten:

- eine weiche bis flüssige Konsistenz (Öl)
- einen niedrigen Schmelzpunkt
- eine leichtere Verdaulichkeit
- einen Schutzeffekt gegenüber Erhöhung des Cholesterinspiegels unter Berücksichtigung der Gesamtfettmenge in der täglichen Kost.

Energetische Unterschiede sind mit den verschiedenen Fettsäurearten jedoch nicht verbunden. Die mehrfach ungesättigten Fettsäuren erfahren jedoch in der Ernährung besondere Aufmerksamkeit, da einige von ihnen essentiell sind, d. h. «Vitamincharakter» haben, allerdings in höheren Mengen mit der Nahrung aufgenommen werden müssen. Die wichtigste essentielle Fettsäure ist die 2fach ungesättigte Linolsäure aus Keimölen. Die Zufuhrempfehlung für Erwachsene beträgt 10 g essentielle Fettsäuren pro Tag.
Die nachfolgenden Tabellen geben eine Übersicht über die Fettsäurenzusammensetzung von Nahrungsfetten (Tab. 3.9 und 3.10).

	Gesättigte Fettsäuren	Einfach ungesättigte Fettsäuren	Mehrfach ungesättigte Fettsäuren
Pflanzliche Fette			
Distelöl / Safloröl	10	14	76
Sonnenblumenöl	11	25	64
Sojaöl	13	23	64
Maiskeimöl	15	38	47
Erdnußöl	16	56	28
Olivenöl	14	77	9
Diät-Margarine	25	15	60
Pflanzenmargarine, linolsäurereich	20	45	35
Kokosfett	91	7	2
Tierische Fette			
Schweineschmalz	42	48	10
Rindertalg	52	44	4
Butter	65	31	4

Tabelle 3.9 Durchschnittliche Fettsäurenzusammensetzung verschiedener Öle und Fette (Angaben in Prozent) (nach Angaben der Hersteller und Nährwerttabellen)

	Öl-säure	Linol-säure	α-Lino-len-säure	γ-Lino-len-säure	Eicosan-säure	Eicosa-pentaen-säure
Maiskeimöl	27	57	–	–	–	–
Leinsamenöl	16	15	58	–	–	–
Olivenöl	83	4	–	–	–	–
Erdnußöl	56	26	–	–	–	–
Lebertran	22	2	1	–	11	10
Nachtkerzenöl	7	71	–	10	–	–

Tabelle 3.10 Einfache und mehrfach ungesättigte Fettsäuren in verschiedenen Ölen

3.2.4 Funktion und Stoffwechsel der mehrfach ungesättigten Fettsäuren

Essentielle Fettsäuren werden vom Organismus vor allem in Phospholipide eingebaut, die integrierte Bestandteile aller Zellstrukturen (*Zellmembranen*), insbesondere auch der Mitochondrien, sind. Eine weitere wichtige physiologische Funktion der essentiellen Fettsäuren ergibt sich aus ihrer Eigenschaft als Ausgangssubstanz für die Synthese der Prostaglandine. Sie werden wegen ihres Bildungsortes auch als «*Gewebshormone*» bezeichnet.
Der Stoffwechselweg, von den mehrfach ungesättigten Fettsäuren ausgehend, stellt sich folgendermaßen dar: Aus den beiden essentiellen Fettsäuren, der Linolsäure und der alpha-Linolensäure, kann der Körper, vorwiegend in der Leber, durch Kettenverlängerung um jeweils 2 C-Atome am Carboxylende und Denaturierung zum Carboxylende eine Reihe weiterer mehrfach ungesättigter Fettsäuren herstellen. Aus letzterem werden Prostaglandine, Prostacycline, Thromboxane und Leukotriene synthetisiert.
Die Zusammenhänge im Stoffwechselgeschehen sind äußerst komplex. Für die diskutierten Wirkungen dieser Gewebshormone scheint vor allem das Verhältnis der einzelnen Prostaglandine und der weiteren aus mehrfach ungesättigten Fettsäuren gebildeten Substanzen untereinander ausschlaggebend zu sein. So können beispielsweise typische Effekte des aus Gamma-Linolensäure gebildeten Prostaglandins E_1 die Hemmung allergischer Symptome oder die Hemmung der

Abb. 3.13 Mehrfach ungesättigte Fettsäuren und Prostaglandine

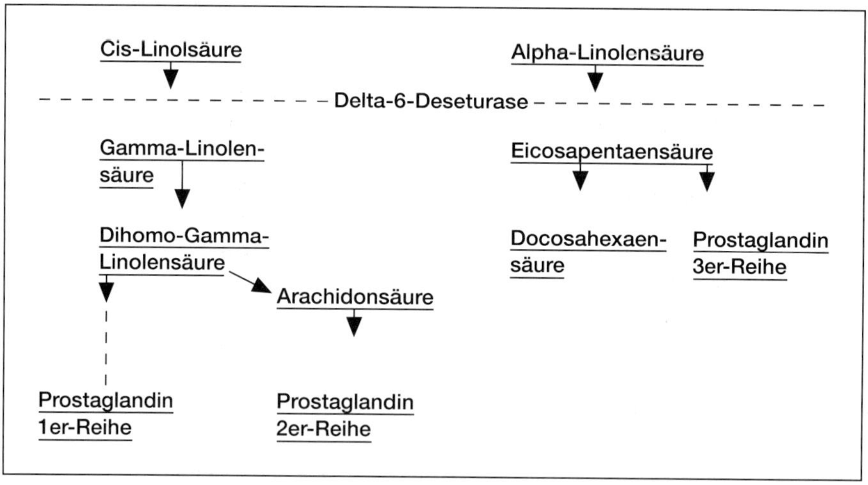

Blutplättchenaggregation sein, während das Thromboxan (den Prostaglandinen ähnliche Substanz) die Aggregation der Blutplättchen fördert. Dies ist beispielsweise bei der Entstehung der Thrombose wichtig.
Eine Möglichkeit, die Prostaglandinsynthese zu beeinflussen, können diätetische Maßnahmen sein. Hierbei wird davon ausgegangen, daß die orale Zufuhr von Prostaglandinvorstufen – die der Gamma-Linolensäure (omega-6-Fettsäuren) oder der Eicosapentaensäure (omega-3-Fettsäure) – die Bildung bestimmter Prostaglandine fördert bzw. überhaupt ermöglicht.
Normalerweise kann die Gamma-Linolensäure zwar im Körper aus Linolsäure synthetisiert werden, das dafür benötigte Enzym Delta-6-Desaturase kann jedoch auf verschiedene Art und Weise gestört werden:

- Nahrungsaufnahme reich an gesättigten Fettsäuren
- Alkoholabusus
- Diabetes mellitus
- im Alter
- Virusinfektionen
- Fehlen von Cofaktoren für die Enzymfunktion (Zink, Magnesium, möglicherweise Vitamin B_6) (Becker, 1983, S. 11/12).

Die Gamma-Linolensäure wird als antithrombotische Substanz betrachtet, da Prostaglandin E_1 und E_2, deren biosynthetische Vorstufe sie ist, als außerordentlich wirksame Hemmer der Thrombozytenaggregation gelten. Durch die orale Zufuhr von Gamma-Linolensäure kann deren Konzentration im Plasma und in den Thrombozyten erhöht werden und damit gleichzeitig auch die Prostaglandinsynthese. Mit dieser Maßnahme soll die Gamma-Linolensäure-Konzentration gegenüber der Arachidonsäure in den Thrombozyten erhöht werden, um so die Produktion der in diesem Fall «guten» Prostaglandine zu unterstützen.

Nach Berg (1989, S. V) kommen aufgrund von Literaturstudien den mehrfach ungesättigten Fettsäuren bei gezielter Langzeitzufuhr folgende Wirkungen zu:

- Einbau in körpereigene Strukturen (Phospholipide, Triglyceride der Körperzellen, zirkulierende Blutzellen und Lipoproteine)
- Beeinflussung von Membranfluidität und Wirkstoffverteilung
- Beeinflussung der Stoffwechselvorgänge mit Auswirkung auf die Ausbildung arteriosklerotischer Gefäßveränderungen und Zellalterung
- Senkung des Cholesterinspiegels
- Senkung der Triglyceride
- Günstige Beeinflussung der Hämostase mit Hemmung oder Erniedrigung proaggregatorischer und Mehrung antiaggregatorischer Prostaglandine
- Verbesserung der Fließeigenschaften des Blutes
- Senkung des Blutdrucks
- Zusätzliche relaxierende und antiinflammatorische Wirkung.

Die omega-3-Fettsäuren stammen aus dem Fett der Kaltwasserfische Hering, Lachs (eine «natürliche» Ernährung mit Phytoplankton vorausgesetzt) und Makrele. Möglicherweise sind die Gamma-Linolensäure und die Eicosapentaensäure auch für den Leistungssportler wichtige Regler- und Schutz-Nährstoffe bei erhöhten Belastungen.

3.2.5 Biochemie des Fettstoffwechsels und der Energiegewinnung aus Fettsäuren

Im Stoffwechsel der Fettsäuren und Lipide nimmt das Acety-CoA eine zentrale Position ein. Es ist Baustein für die Neusynthese und Kettenverlängerung von Fettsäuren, aber auch Produkt des Fettsäureabbaus. Während die De-novo-Synthese im Zytoplasma stattfindet, laufen Kettenverlängerung, aber auch Fettsäureabbau – letzteres wird als β-Oxidation bezeichnet – in den Mitochondrien ab. Die Verwendung von Acetyl-CoA zur Fettsäuresynthese und damit nachfolgend zur Triglyceridbildung dient der Energiespeicherung (*Depotfett*) und dem Aufbau von körpereigenen Fetten. In die Fettsäuresynthese können alle Energieüberschüsse – sei es in Form von Nahrungsfetten, Kohlenhydraten (Kohlenhydratmast!) oder Aminosäuren, die beim Abbau Acetyl-CoA liefern, eingeschleust werden.
Die β-Oxidation, d. h. der Fettsäureabbau, dient dagegen der Energiegewinnung. Das nachfolgende Schema zeigt den Fettsäureabbau und seine Umkehr – die Fettsäurekettenverlängerung (BUDDECKE, S. 220).

3.2.6 Nahrungsvorkommen und Präparate

Je nach Herkunft unterscheiden wir pflanzliche und tierische Fette. Fette kommen in sichtbarer und verarbeiteter («versteckter») Form in Lebensmitteln vor. Sichtbar sind die Streich- und Zubereitungsfette wie Butter, Margarine, Öl, Schmalz und spezielle Bratfette. Über den Gehalt an «versteckten» bzw. verarbeiteten Fetten in Lebensmitteln informiert die Tabelle 3.11.
Im wesentlichen sind dabei vier Lebensmittelgruppen zu beachten: Fleischwaren, Molkereiprodukte, Gebäck und Süßwaren. Diese Übersicht macht auch das für Sportler wissenswerte Eiweiß-Fett-Verhältnis vieler vermeintlich proteinreicher Lebensmittel (zum Beispiel Wurst und Käse) deutlich.
In der Küche des Sportlers läßt sich Fett einsparen, indem in Spezialpfannen, Folien und Tontöpfen gegart wird. Auf panierte und in Fett gebratene bzw. fritierte Speisen sollte verzichtet werden. Dünsten, Grillen und Backen können

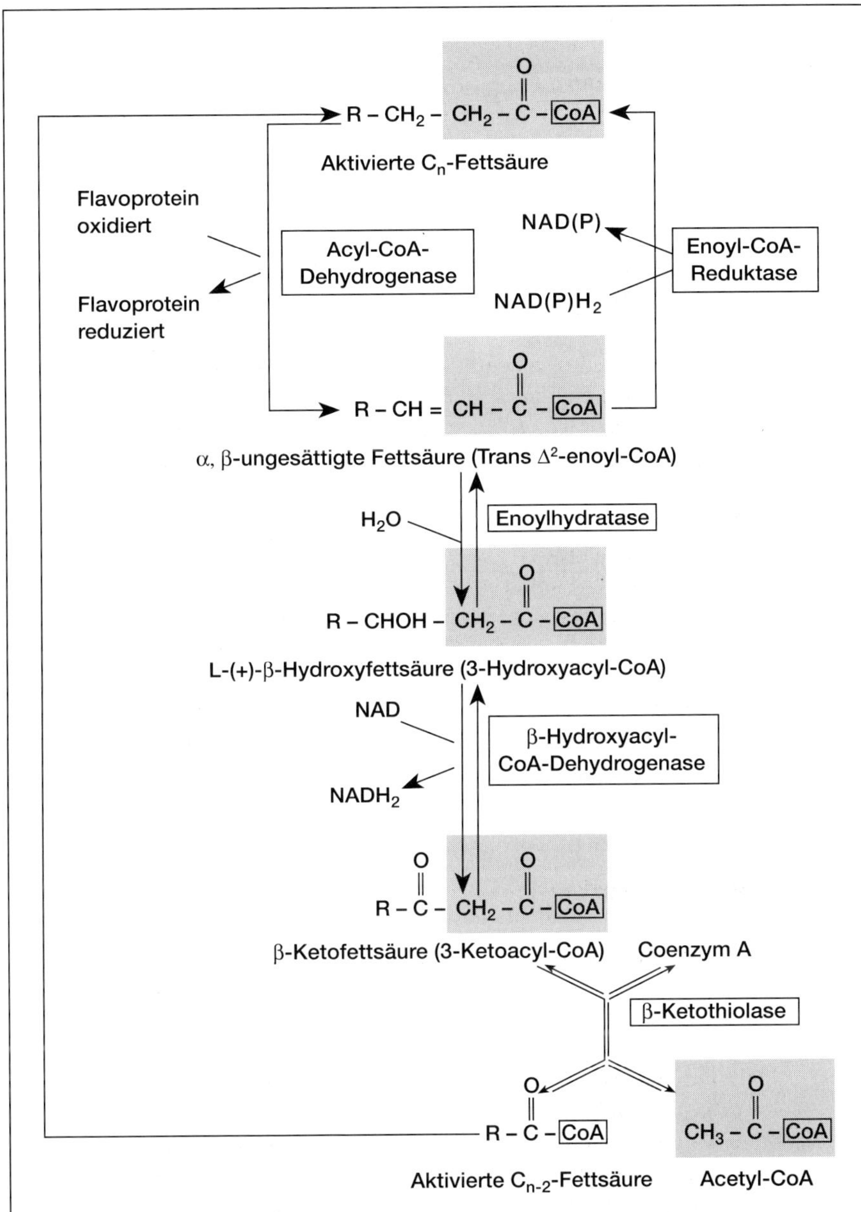

Abb. 3.14 Schema des Fettsäureabbaus durch β-Oxidation und der Fettsäurekettenverlängerung durch Umkehr der β-Oxidation (Quelle: BUDDECKE: Grundriß der Biochemie, De Gruyter[8] Berlin)

Orientierungswert...	**das steckt durchschnittlich in/im:**		
	verzehrbarer Anteil in Gramm	Eiweiß in Gramm	Fett in Gramm
Vollmilch 3,5 % Fett	100	3,5	3,5
teilentrahmte Milch (fettarm)	100	4,0	1,5
Buttermilch	100	4,0	1,0
Speisequark (mager)	100	17,0	1,0
Emmentaler (45 % Fett i. Tr.)	100	28,0	30,0
Gouda (45 % Fett i. Tr.)	100	25,0	29,0
Camembert (50 % Fett i. Tr.)	100	22,0	28,0
Cornedbeef und magerer Schinken	100	20,0–25,0	5,0–10,0
Brühwurst	100	13,0–16,0	10,0–20,0
Fleischwurst	100	11,0	30,0
Leberwurst	100	12,4	41,2
Leberwurst (mager)	100	17,0	21,0
Bierschinken	100	15,5	19,2
Bratwurst	100	12,0	35,0
Mettwurst, einfach	100	14,0	50,0
Ei (Gesamtinhalt)	48	6,1	5,5
Kabeljau, Scholle, Schellfisch	100	16,0–19,0	1,0
Makrele, geräuchert	100	18,0–21,0	11,0–20,0
Hering in Soße	100	12,0–17,0	15,0
Thunfisch in Öl	100	23,0	21,0
Thunfisch in Wasser	100	20,0–26,0	2,0
Schweinekotelett	100	20,0	5,0–9,0
Schweinefilet	100	22,0	2,0
Rind (Roastbeef)	100	22,0	4,5
Rinderfilet	100	21,0	4,0
Brathähnchen (gegrillt)	100	21,0	5,6
Putenbrust	100	24,0	1,0
Kartoffeln (gekocht)	100	2,0	0
Pommes frites	100	4,0	12,0
Kartoffel-Chips	100	5,0	40,0
Brot	100	6,0– 9,0	1,0
Erdnüsse (geröstet und geschält)	100	26,0	49,0
Reis (roh)	100	7,0	1,0
Erbsen, grün (frisch/gefroren)	100	5,0– 6,0	1,0
Eierteigwaren (roh)	100	11,0–15,0	3,0
Schokolade (Vollmilch)	100	8,0	30,0

Tabelle 3.11 Eiweiß-Fett-Verhältnis in Lebensmitteln
(Quelle: Verschiedene Nährwerttabellen und Herstellerangaben)

ebenfalls zur Fettreduzierung in der täglichen Ernährung beitragen, vor allem aber ein verminderter Verzehr von tierischen Lebensmitteln (weniger Wurst und fettreiche Käsesorten, mehr Kartoffeln und Brot).

Fettsäure-Präparate

Neben Keimölen (zum Beispiel Weizenkeimöl) mit hohem Gehalt an Linolsäure und Vitamin E sind Kapseln mit Nachtkerzenöl (Gamma-Linolensäure) und Fischöl bzw. Lachsöl (omega-3-Fettsäuren) als Lebensmittel bzw. diätetische Nahrungsergänzung im Handel. Zusätzlich gibt es für diätetische Erfordernisse Triglyceride mit mittelkettigen Fettsäuren und Phospholipid-(Lecithin-)Konzentrate. Phospholipide sind den Fetten im Aufbau ähnlich (vgl. S. 161 f).

3.3 Proteine (Eiweißstoffe)

Von jeher wurde den Nahrungsproteinen in der Sportlerernährung ein hoher Stellenwert (fast schon mystische Bedeutung) zugemessen. Eine Überbetonung dieser Nährstoffgruppe in der Ernährung würde jedoch zu einer einseitigen und damit keineswegs leistungsfördernden Kostform führen. Bekanntlich benötigt der Sportler alle Hauptnährstoffe in einem richtigen Verhältnis zueinander (vgl. S. 70f).

Neben der Synthese körpereigener Proteine durch die aus dem Nahrungseiweiß resorbierten Aminosäuren kommen dem Aminosäurenangebot aus der Nahrung über hormonelle und enzymatische Mechanismen vielfältige Regelfunktionen im Stoffwechsel zu. Auch ist bekannt, daß die Oxidationsrate vieler Aminosäuren unter körperlicher Belastung stark ansteigt. Für lange Jahre stand fest, daß der Eiweißstoffwechsel nur eine unwesentliche Bedeutung für den Energiehaushalt hat. Neuere Untersuchungen zeigen jedoch, daß der Beitrag der Proteine an der Energiebereitstellung während längerdauernder Belastungen unterschätzt wurde. Dieser Anteil kann 5–15 Prozent des Energieverbrauchs ausmachen. Die unter langdauernder körperlicher Aktivität einhergehenden hormonellen Veränderungen (Abfall der Plasmainsulin- und Anstieg der Glukagon- sowie Glucokortikoid-Konzentration) leiten einen verstärkten Proteinkatabolismus ein und steuern die Verwertung der freigesetzten Aminosäuren. Die verzweigtkettigen Aminosäuren Valin, Isoleucin und Leucin und die Aminosäure Alanin spielen in diesem Zusammenhang eine besondere Rolle. Valin, Isoleucin und Leucin werden in erster Linie in der Skelettmuskulatur verstoffwechselt. Sie dienen der Neubildung von Alanin, das dann im Alanin-Glukose-Zyklus als Ersatz für Pyruvat in der Leber dient und damit den Anschluß an glukoneogenetische Prozesse ermöglicht (SCHNEIDER et al., 1981, S. 184).

Gerade das Muskelgewebe stellt einen großen Speicher für freie Aminosäuren im Organismus dar. Die freien Aminosäuren dienen als Energiequellen, wenn die schnell verfügbaren Kohlenhydratenergiequellen erschöpft sind.

Tabelle 3.12 Gründe für den erhöhten Proteinbedarf des Sportlers

1. Mehrbedarf für die Muskelneubildung (Aufbau-Training).
2. Erhöhter Erhaltungsbedarf für die größere Muskelmasse (Abnutzungsquote).
3. Erhöhter «Verschleiß» an Funktionsproteinen und anderen N-Verbindungen.
4. Möglicher «Stimulierungseffekt» auf die Proteinsynthese.
5. Der Pool an freien Aminosäuren im Gewebe ist ein zusätzlicher Energiespeicher und ein Schutz vor Abbau an Körperprotein.

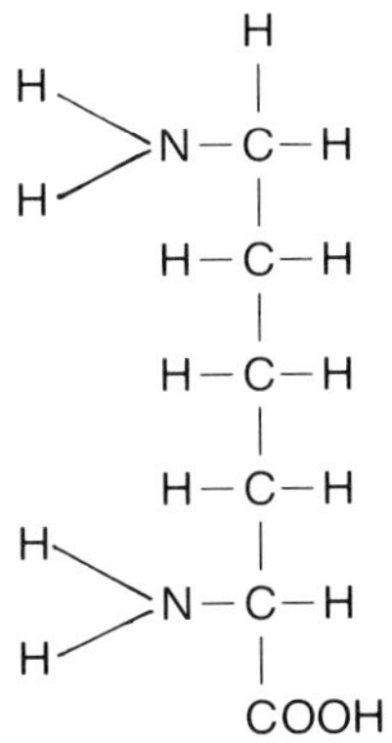

Beispiel: Lysin $C_6H_{14}O_2N_2$

Abb. 3.15 Aminosäure-Baustein der Proteine

Dies scheint vor allem für reine Kraftsportler wichtig zu sein. Der Pool an freien Aminosäuren ist durch das Nahrungsproteinangebot beeinflußbar und kann dann als «Energiereserve» herangezogen werden. Damit kann auch erreicht werden, daß die Aminosäuren nicht aus der Muskelmasse gewonnen werden müssen. Dies wäre gerade beim Krafttraining unerwünscht. Ausdauersportler sind ja in höherem Maße an eine Fettsäurenoxidation adaptiert (vg. S. 94f) und haben im Körperfett ein ausreichendes Energiereservoir.
Insgesamt ergeben sich nach ERBERSDOBLER (1989, S. 2) verschiedene Gründe für den erhöhten Proteinbedarf des Sportlers.

3.3.1 Allgemeine Bedeutung für die Ernährung

Neben der Bereitstellung von Nahrungsenergie kommt den Nährstoffen eine besondere Bedeutung zu, die für Aufbau und Erhaltung von Körperstrukturen (Zellen) und körpereigenen Wirkstoffen (Enzyme und bestimmte Hormone) benötigt werden.
Diese Aufgaben erfüllen die Nahrungsproteine. Die Deckung des täglichen Eiweißbedarfs fällt beim heutigen Lebensmittelangebot nicht schwer. Man muß eher darauf achten, beim bevorzugten Verzehr tierischer Eiweißträger nicht gleichzeitig zuviel Fett und Cholesterin mit aufzunehmen.
Proteine sind Grundbausteine sämtlicher Lebewesen. Speziell beim Menschen

sind Proteine unter anderem Strukturelemente der Muskelfasern und Gerüstesubstanz der Knochen, Sehnen und der Haut. Ebenfalls aus Eiweißstoffen sind die Abwehrkörper, Enzyme und das Hämoglobin, das für den Sauerstofftransport im Blut zuständig ist, aufgebaut. Hier liegen noch weitere Proteine vor, die Nährstoffe und Stoffwechselendprodukte transportieren. Dieser Eiweißbestand unterliegt einem ständigen Auf-, Ab- und Umbauprozeß, der bei gesunden Erwachsenen im Gleichgewicht liegt. Aufgabe der Nahrung ist es, dem Körper zum Erhalt dieses Gleichgewichts genügend Eiweißstoffe zur Verfügung zu stellen.
Die Nahrungsproteine werden im Magen-Darm-Trakt verdaut und ihre Bausteine, die Aminosäuren, werden anschließend zum Aufbau körpereigener Proteine verwendet. Ein Proteinmolekül besteht aus 100 und mehr Aminosäuren, deren charakteristischer Bestandteil der Stickstoff (N) ist.

3.3.1.1 Aufbau

Wirksam und biologisch aktiv sind nur die sogenannten L-Aminosäuren. Aminosäuren enthalten sowohl die sauer reagierende Carboxylgruppe (–COOH) als auch die alkalisch reagierende Aminosäuregruppe ($-NH_2$).

Als Peptidbindung
bezeichnet man die Verknüpfung zweier Aminosäuren unter Wasserspaltung. Man unterscheidet Aminosäuren, Oligopeptide und Polypeptide (→ Proteine).

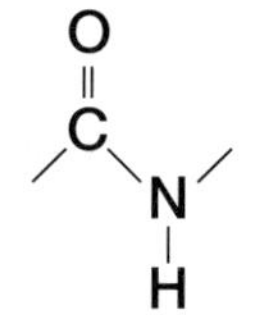

Eiweißstoffe sind also Polypeptidketten, deren Glieder Aminosäuren sind. Insgesamt gibt es 20 verschiedene Aminosäuren, durch deren unterschiedliche Verknüpfungsmöglichkeiten zahlreiche Proteine entstehen.
Die für ein Protein charakteristische und genetisch festgelegte Reihenfolge (*Sequenz*) der Aminosäuren wird als Primärstruktur bezeichnet.
Eiweißstoffe können aus einer Polypeptidkette bestehen, sich aber auch aus mehreren Ketten zusammensetzen. Die räumliche Anordnung (*Konformation*) der Polypeptidketten führt zur Sekundär-, Tertiär- und Quartärstruktur eines Proteins. Letztere besteht aus verschiedenen Proteinuntereinheiten. Aminosäuresequenz und räumliche Anordnung sind für die biologische Funktion eines Proteins entscheidend, d. h., ob es sich zum Beispiel um ein Enzymprotein oder Eiweißhormon handelt. Nicht verwechselt werden darf dies mit der sogenannten Biologischen Wertigkeit eines Proteins. Diese ergibt sich aus dem Vorhandensein und Gehalt der Aminosäuren.

Exkurs: Aufbau von Aminosäureketten

Die Bausteine der Eiweißstoffe sind Verbindungen, die als Aminosäuren durch die endständige Säuregruppe (COOH) und durch die Aminogruppe (NH_2) sowie einen variablen Seitenkettenrest (R) charakerisiert sind.

Primärstruktur
Sogenannte Peptidbindungen, bei denen sich jeweils die Aminogruppe der einen Aminosäure mit der Aminogruppe einer anderen Aminosäure verbindet. Die Anzahl der einzelnen Aminosäuren so wie ihre Aufeinanderfolge (*Sequenz*) kann in einer Peptidkette annähernd unbegrenzt variieren.

Sekundärstruktur
Räumliche Ordnung der Peptidkette; zwei Typen sind bekannt:
die Faltblattstruktur und die α-Schrauben (*α-Helix-Struktur*).

Quartärstruktur
Zusammenlagerung mehrerer, räumlich geordneter Peptidketten
zu einer biologisch wirksamen Einheit.
Bsp.: Insulin
Primärstruktur: Zehn Aminosäuren bilden die Peptidkette.
Sekundärstruktur: α-Helix-Struktur
Tertiär- und Quartärstruktur: Beim Insulin sind zwei Peptidketten
durch Disulfidbrücken zwischen Cysteinresten verbunden.

Aus ernährungsphysiologischer Sicht ist also allein der Aminosäuregehalt der Nahrung ausschlaggebend. Genaugenommen müßten wir auch von Aminosäurenbedarf und nicht Eiweißbedarf sprechen.
Man unterscheidet essentielle, semi-essentielle und nicht essentielle Aminosäuren.

Tabelle 3.13 Einteilung der Aminosäuren nach ihrem qualitativen Bedarf

Aminosäuren		
essentiell	**nicht essentiell**	**semiessentiell**
Valin	Glycin	Arginin
Leucin	Alanin	Histidin
Isoleucin	Serin	
Threonin	Cystin	
Methionin	Tyrosin	
Phenylalanin	Prolin	
Tryptophan	Hydroxyprolin	
Lysin	Asparaginsäure	
	Glutaminsäure	

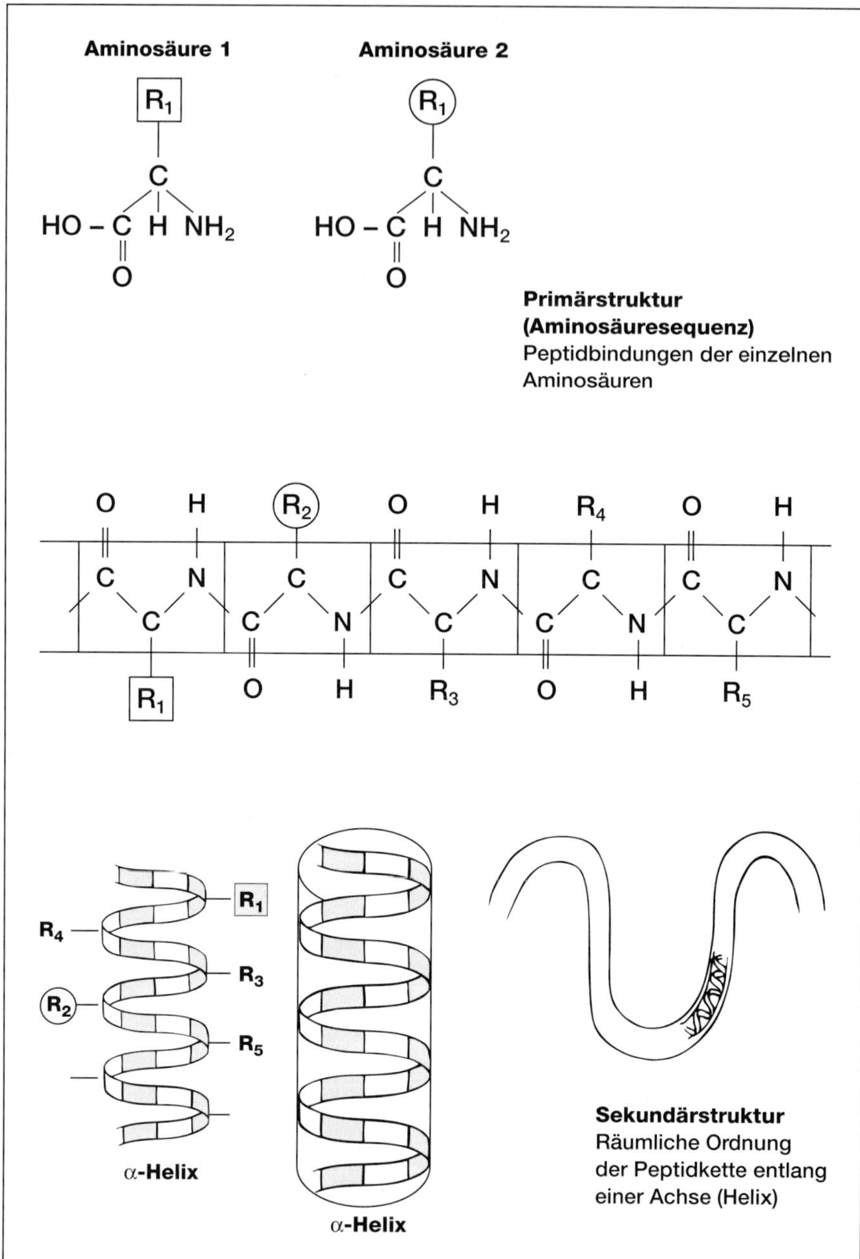

Abb. 3.16 Aminosäuren- und Proteinstrukturen (nach GEISS, K.-R.)

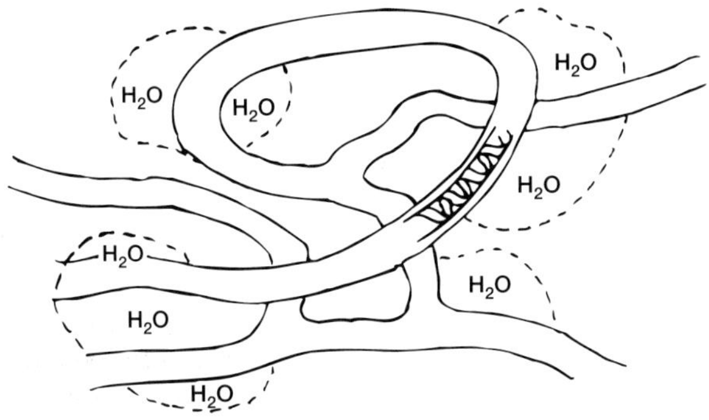

Tertiärstruktur
Dreidimensionale Ordnung von globulären Proteinen (Peptidketten) im Raum (geknäuelt und gefaltet)

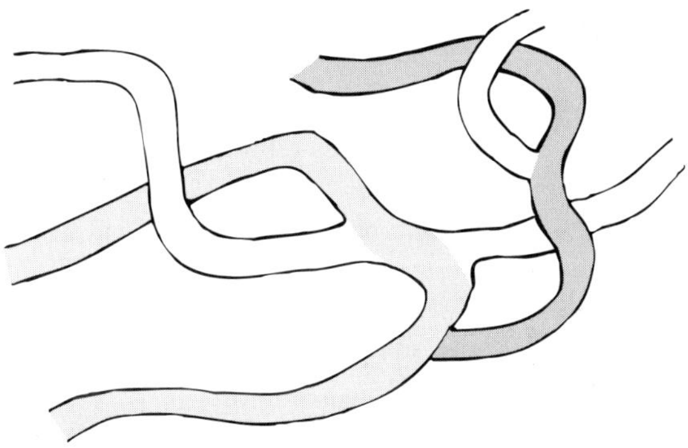

Quartärstruktur oligomerer, globulärer Proteine
Mehrere Proteine mit Tertiärstruktur aneinandergelagert

Acht essentielle Aminosäuren kann der Körper nicht selbst herstellen, daher müssen sie in ausreichender Menge und im richtigen Verhältnis in der Nahrung vorliegen. Semiessentielle Aminosäuren sind nur für bestimmte Bedarfssituationen «essentiell», zum Beispiel Histidin und Arginin im Wachstum.

Man muß den Bedarf an essentiellen Aminosäuren lebensalter- und leistungsspezifisch diskutieren. So muß man sich die Frage stellen, ob der Bedarf eines Kraftsportlers im Training mit dem eines Erwachsenen ohne nennenswerten Zuwachs an Körpergewebe und ohne erhöhte körperliche Leistung vergleichbar ist. Ein Kraftsportler in der anabolen Phase setzt ja ebenso wie das Kind im Wachstum Körpersubstanz an. ERBESDOBLER (1984) schlägt daher vor, den Bedarf des Sportlers an essentiellen Aminosäuren mit dem von Kindern zu vergleichen. Dies gilt insbesondere für den Bedarf von Kindern im Altersabschnitt von 10–12 Jahren, den ERBESDOBLER wegen des relativ hohen Lysinbedarfs am ehesten mit dem eines Schwerkraftsportlers für vergleichbar hält. Andererseits ist aber auch zu bedenken, ob sich der Mehrbedarf an Aminosäuren eines Ausdauersportlers nicht anders zusammensetzen muß als der eines Kraftsportlers.

In der Tabelle 3.14 werden die Gehalte an essentiellen Aminosäuren in verschiedenen Nahrungsproteinen dem Bedarf des Erwachsenen und dem von Kindern in verschiedenen Wachstumsphasen gegenübergestellt.

Nicht essentielle Aminosäuren sind für den Organismus ebenfalls wichtig, jedoch brauchen sie nicht unbedingt in der Nahrung vorzuliegen. Sie werden vom Körper hergestellt, sofern aus anderen Quellen ausreichend Stickstoff zur Verfügung steht.

Tabelle 3.14 Gehalte an essentiellen Aminosäuren in verschiedenen Proteinen im Vergleich zum Bedarf eines Kindes im Alter von 10–12 Jahren (Quelle: ERBERSDOBLER, H.; in: Milcheiweiß in Lebensmitteln, Behr's 1987, S. 203)

Aminosäuren	**Vollei**	**Casein**	**Lactalbumin**	**Fleisch**	**Soja Isol.**	**Weizen**	**Bedarf Kind**	**Bedarf Erw.**
Met + Cys	68	35	53	40	26	37	34	24
Lysin	74	86	113	86	62	25	75	22
Threonin	50	44	66	44	38	27	44	13
Tryptophan	16	17	22	11	13	13	6	7
Valin	70	74	68	51	48	42	41	18
Isoleucin	58	59	75	50	47	41	37	18
Leucin	87	101	120	79	80	69	56	25
Phe + Tyr	103	118	113	75	90	74	34	25
Chem. Score (Bedarf, Kind)	>100	>100	>100	100	77	33	100	XX

Zahlen = g/kg Protein

3.3.1.2 Biologische Wertigkeit und Ergänzungswirkung

Nach der klassischen Definition von THOMAS (1855) versteht man unter Biologischer Wertigkeit (BW) die Anzahl Gramm Körpereiweiß, die durch 100 g eines Nahrungsproteins ersetzt werden kann. Als Bezugswert für die Biologische Wertigkeit (BW = 100) dient Vollei-Protein.
Andere tierische Lebensmittel wie Fleisch, Fisch und Milch liegen im Bereich von 80–90 und teilweise darüber, während für pflanzliche Lebensmittel Wertigkeiten von 60–80 angegeben werden. Wir finden im Bereich tierischer Proteine aber auch niedrigere Werte. So hat das Casein (Teil des Milcheiweißes) eine BW von circa 70 und Gelatine von Null. Relativ hochwertige pflanzliche Proteinquellen sind Soja, Reis, Roggen, Hafer, Sesam und Kartoffeln.

Die Betrachtung der Biologischen Wertigkeiten einzelner Proteinträger darf aber nicht zu einer einseitigen Bevorzugung bestimmter Lebensmittelgruppen und damit letztlich einseitiger Ernährung führen. In der gemischten Kost ergänzen sich pflanzliche und tierische Eiweißlieferanten in den Aminosäurenbausteinmustern so, daß Versorgungslücken des einen durch Überschüsse eines anderen Proteins geschlossen und extreme Verhältnisse ausgeglichen werden können. Ein klassisches Beispiel für eine vorteilhafte Ergänzungswirkung ist die Kartoffel-Ei-Kombination. Aber auch die Mischungen aus Getreide und Milchprodukten oder aus Getreide und Ei sowie die rein vegetabile Kombination Bohnen mit Mais haben eine hohe Biologische Wertigkeit.
Dieser Ergänzungswirkung verschiedener proteinhaltiger Lebensmittel in Form von Speisen und Mahlzeiten kommt also in der Praxis eine größere Bedeutung zu als die isolierte Betrachtung einzelner Biologischer Wertigkeiten. Auch darf bei der Lebensmittelauswahl und Ernährungsgestaltung nicht übersehen werden, daß tierische und pflanzliche Proteine von unterschiedlichen Nahrungssubstanzen begleitet werden. So enthalten tierische Proteinträger neben Vitaminen und Mineralstoffen (zum Beispiel Calcium, Eisen, Zink, Selen und Jod) unterschiedliche Mengen an Fett, Cholesterin und Purinen (Harnsäurebildner). Pflanzliche Proteinquellen enthalten neben Vitaminen und Mineralstoffen (zum Beispiel Magnesium, Kalium und Eisen) energieliefernde Kohlenhydrate und Ballaststoffe.

Die Empfehlungen, den gegenwärtigen hohen Eiweißanteil aus tierischen Lebensmitteln von circa 65 Prozent auf circa 40 bis 50 Prozent der Gesamtproteinaufnahme zu senken, kann zur Reduzierung der Fett-, Cholesterin- und Purin-Aufnahme beitragen. Nur so läßt sich auch die vorteilhafte Kohlenhydratbetonung in der Sportlerernährung realisieren.
Der vermehrte Verzehr von Getreideprodukten (Brot spielt hierbei eine ganz wesentliche Rolle), Kartoffeln und Hülsenfrüchten ist aus ernährungsphysiologischer Sicht unter verschiedenen Gesichtspunkten wünschenswert:

- hoher Gehalt an komplexen Kohlenhydraten (Stärke)
- guter Beitrag zur Versorgung mit pflanzlichem Eiweiß
- vorteilhaftes Ballaststoffangebot
- vielseitige Quelle für Vitamine und Mineralstoffe
- niedriger Fettgehalt.

3.3.1.3 Zur Qualitätsbestimmung von Proteinen

Es gibt unterschiedliche Methoden, die Eignung eines Nahrungsproteins zur Biosynthese von Körpereiweiß festzustellen. Entscheidend sind vor allem der Gehalt an essentiellen Aminosäuren und die Verfügbarkeit von Aminosäuren. Die biologischen Methoden beruhen beispielsweise auf Bilanzversuchen, der Bestimmung des Ersatzes von Körpereiweiß oder des sogenannten Wachstumswertes, auch als *Protein efficiency ratio* (PER) bezeichnet. Zwischen Wachstum und Vermehrung des Eiweißbestandes im Organismus besteht eine Korrelation. Der PER-Wert gibt an, wieviel Gramm Körpergewichtszunahme durch 1 g Proteinaufnahme erzielt werden. Allerdings erfolgt eine Gewichtszunahme im Wachstum nicht nur aufgrund einer Eiweißsubstanzvermehrung.

Ein weiterer häufig verwendeter Wert ist die *Netto-Protein-Utilisation* (NPU). Dieser Wert gibt an, wieviel Körpereiweiß aus 100 g aufgenommenen – aber noch nicht durch die Darmwand in die Blutbahn übergetretenen – Eiweiß' gebildet werden kann. Der NPU-Wert berücksichtigt also auch die Verdaulichkeit eines Proteins und liegt daher unter dem vergleichbaren BW. Die bereits erwähnte klassische Definition der Biologischen Wertigkeit bezieht sich auf die Gramm Körpereiweiß, die aus 100 g resorbiertem Nahrungseiweiß gebildet oder ersetzt werden können.

Die Bestimmung der Nahrungsproteinqualität hinsichtlich Wachstum und Ersatz von Körpereiweiß ist aufwendig und erfolgt im biologischen Test. Es liegt nahe, die Proteinqualität auch aufgrund von Aminosäurenanalysedaten – also chemischen Methoden – zu ermitteln. In diesem Zusammenhang ist der Essential-Amino-Acid-Index (EAA-Index) zu nennen. Die Qualität eines Nahrungseiweißes wird dadurch festgestellt, daß man den Gehalt aller essentiellen Aminosäuren mit dem eines «idealen» Referenzproteins vergleicht. Dabei können anstelle des Standardeiweißes Vollei auch die Aminosäurebedarfszahlen für den Menschen herangezogen werden. Aus dem EAA-Index kann man nach Oser die Biologische Wertigkeit berechnen:

$$\mathbf{BW = EAA\text{-}Index \times 1.09 - 11.7}$$

Weitere chemische Parameter zur Beurteilung der Proteinqualität sind die E/T-Ratio und E/N-Ratio sowie der Chemical Score. Die Tabelle 3.15 verdeutlicht die genannten chemischen und biologischen Methoden sowie die entsprechenden Formeln zur Ermittlung der Proteinqualität.

Chemische Parameter:

1. E/T-Ratio $= \frac{\text{N-Gehalt d. ess. AS (g)}}{\text{Gesamt-N (g)}}$

2. E/N-Ratio $= \frac{\text{ess. AS (g)}}{\text{nicht ess. AS (g)}}$

3. Chemical Score (CS) $= \frac{\text{\% einer AS im Testprotein}}{\text{\% der entspr. AS im Referenzprotein}}$

4. Essential Amino Acid Index (EAA)

$$\sqrt[n]{\left(\frac{Ile_T}{Ile_R} \times 100\right) \cdot \left(\frac{Leu_T}{Leu_R} \times 100\right) \cdot \left(\frac{Lys_T}{Lys_R} \times 100\right) \ldots \left(\frac{Val_T}{Val_R} \times 100\right)}$$

T = Testprotein;
R = Referenzprotein;
n = Anzahl berücksichtigter Aminosäuren

Biologische Parameter:

1. Protein Efficiency Ratio (PER) $= \frac{\text{Gew.-Zunahme (g)}}{\text{Proteinaufnahme (g)}}$

2. Biologische Wertigkeit (BW) $= \frac{\text{retinierter N}}{\text{absorbierter N}} \times 100$

3. Net Protein Utilization (NPU) $= \frac{\text{retinierter N}}{\text{N-Aufnahme}} \times 100$

4. Net Dietary Protein Energy Ratio ($ND_{PE}R$) $= \frac{\text{Proteinenergie}}{\text{Energieaufnahme}} \times \text{NPU}$

5. Net Dietary Protein Value (ND_pV) = N-Aufnahme × 6,25 × NPU

Tabelle 3.15 Parameter zur Beurteilung der Proteinqualität (FAO/WHO 1973; Pellet, Young 1980; Drepper, Elmadfa 1980) zit. nach Elmadfa, I., Leitzmann, C. 1988, S. 155

3.3.2 Stoffwechsel

Der menschliche Körper hat für Proteine keine Depotmöglichkeit, wie das bei Fetten und Kohlenhydraten der Fall ist. Dennoch ist der Eiweißbestand im Körper verhältnismäßig hoch. Er liegt aber vor allem in essentiellen Bestandteilen – wie Struktur- und Enzymproteinen – vor. Diese sind nicht so leicht verfügbar wie gespeicherte Kohlenhydrate und Fette.
Bei den Proteinbausteinen besteht im Organismus ein dynamisches Gleichgewicht, das durch Biosynthese von Körpereiweißen und deren Abbau gekenn-

zeichnet ist. So gibt es einen Pool von freien Aminosäuren, der sich aufgrund der Nahrungseiweißzufuhr durch den Abbau von Gewebeproteinen sowie infolge der Proteinsynthese und Aminosäurenoxidation in seiner Zusammensetzung ständig ändert.

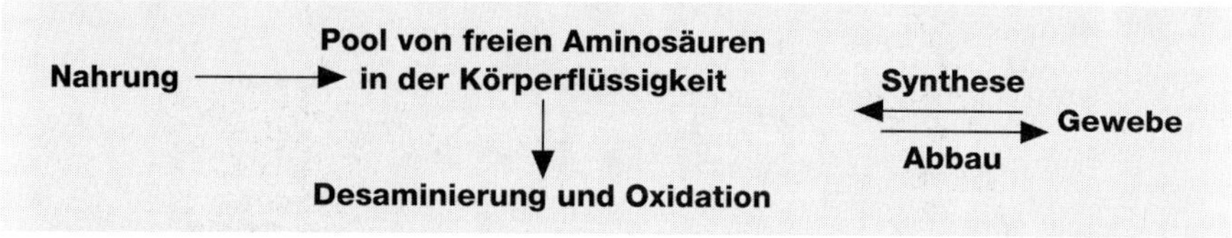

Die beim Abbau der Gewebeproteine anfallenden Aminosäuren können nur zum Teil reutilisiert werden. Die Stoffwechselendprodukte wie Harnstoff, Harnsäure und Kreatinin werden im Urin ausgeschieden, ein Teil des Proteinstickstoffes geht über Faeces, Haut, Haare und Nägel verloren. Zum Ersatz dieser Stickstoffverluste müssen ständig Aminosäuren mit der Nahrung zugeführt werden (BROD und MENDEN, 1984, S. 5).
Da der Körper Nahrungsproteine bekanntlich nicht als solche resorbieren kann, sondern ausschließlich deren Bausteine, d. h. die Aminosäuren bzw. Di- und Tripeptide, stellt sich die Frage nach der Verfügbarkeit der im Verdauungsprozeß freigesetzten Aminosäuren. Allgemein ist die Verdaulichkeit tierischer Eiweißstoffe nahezu vollständig, während sie bei pflanzlichen Proteinen häufig eingeschränkt ist und demzufolge teilweise auch die Verfügbarkeit von Aminosäuren geringer ist.

Neben der Art und Struktur der Eiweißstoffe – native Proteine können ohne Denaturierung der höheren Proteinsubstanzen nicht verdaut werden – haben vor allem technologische Maßnahmen einen Einfluß auf die Aminosäurenverfügbarkeit. Die Einwirkung von Hitze und Säure führt zur Denaturierung (*Gerinnung*) der Proteine. Denaturiertes Nahrungseiweiß ist den menschlichen Verdauungsenzymen leichter zugänglich als natives. Bei eiweißhaltigen Lebensmitteln wie Milch, Soja und anderen Hülsenfrüchten wird durch Denaturierung die Verdaulichkeit verbessert.
Bei Fleisch mit einem hohen Bindegewebsanteil wird durch Erhitzung eine Gelatinisierung des Kollagens erreicht, was eine Verbesserung der Löslichkeit und damit der Verfügbarkeit bedeutet.
Durch Hitzedenaturierung können auch Hemmstoffe der Eiweißverdauung in rohen Sojabohnen unwirksam gemacht werden. Dabei handelt es sich um Tripysininhibitoren, die die Proteinverdauung hemmen und somit die Verfügbarkeit von Aminosäuren entscheidend beeinträchtigen. Diesen erwünschten Wirkungen müssen negative Einflußfaktoren gegenübergestellt werden.

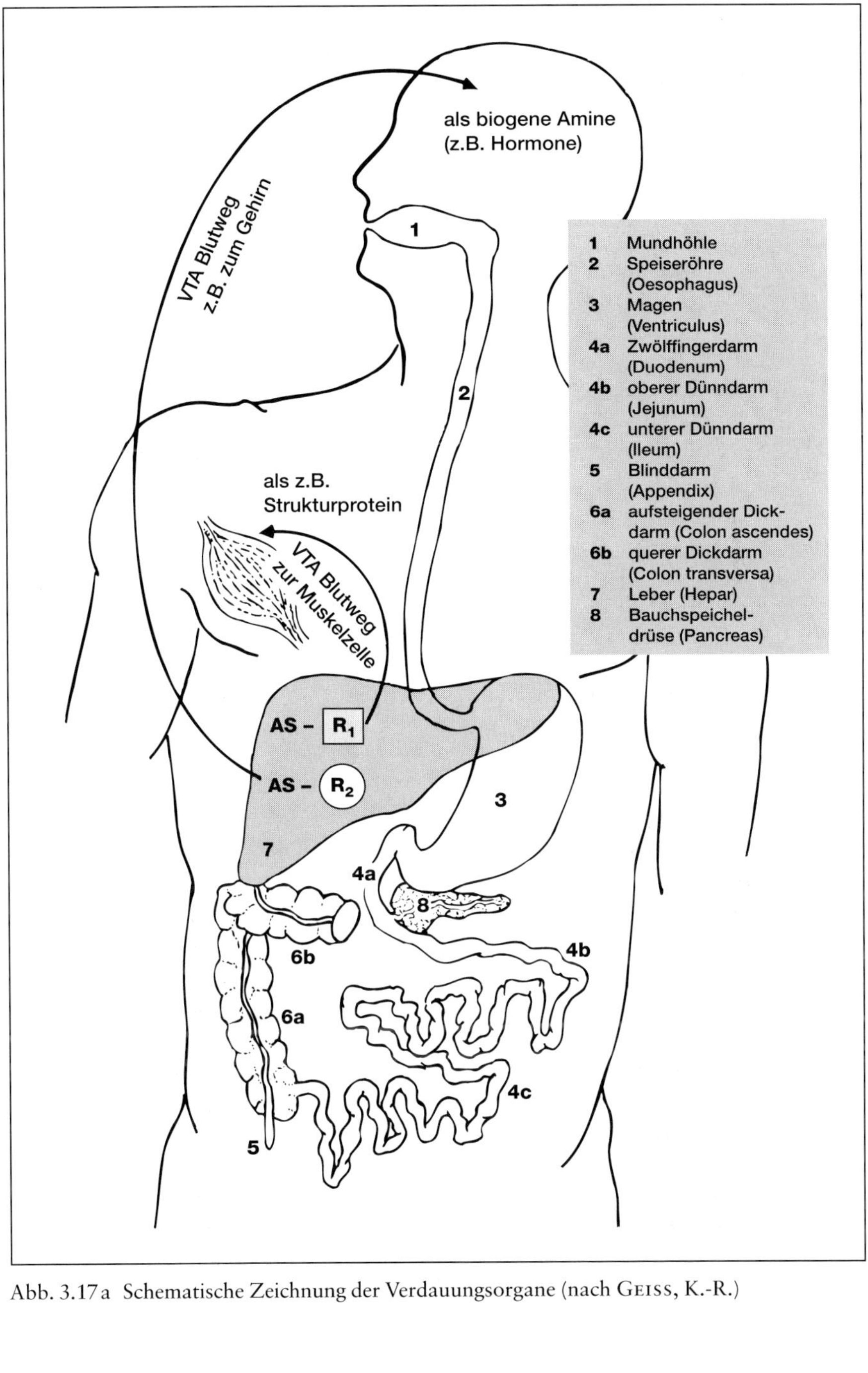

Abb. 3.17 a Schematische Zeichnung der Verdauungsorgane (nach GEISS, K.-R.)

1 und 2 Mund und Speiseröhre
Keine Verdauung der Eiweiße; Proteine verbleiben daher in der Quartär- bzw. Tertiärstruktur.

3 Magen
Hier werden vor allem die Proteine hydrolysiert (Wasserhülle), aber beginnend auch schon zu Polypeptidketten gespalten (Sekundärstruktur).

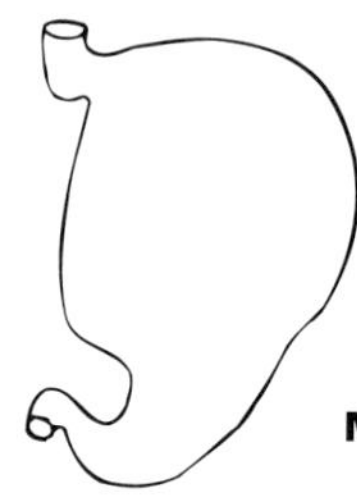

4a Zwölffingerdarm
Weitere Aufspaltung der Proteine in Polypeptidketten.

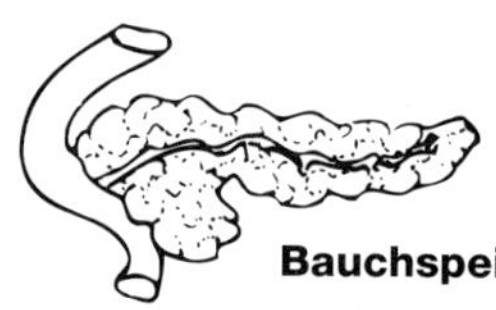

4b Oberer Dünndarm
Aufspaltung der Polypeptidketten zu Dipeptiden und weiter zu einzelnen Aminosäuren.

7 Leber
Weitere Verarbeitung, z.B. zu biogenen Aminen oder Transport zur Muskulatur.

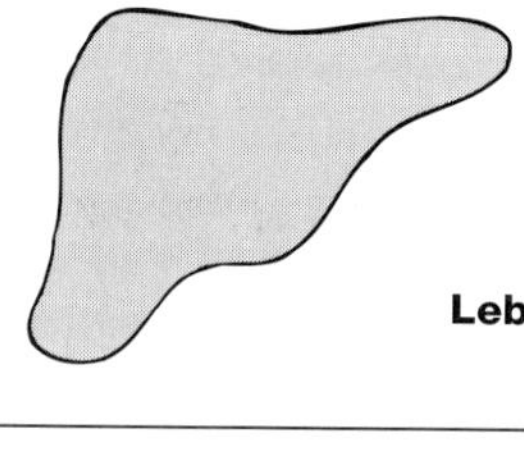

Abb. 3.17b Abbau bzw. Verdauung von Proteinen (nach Geiss, K.-R.)

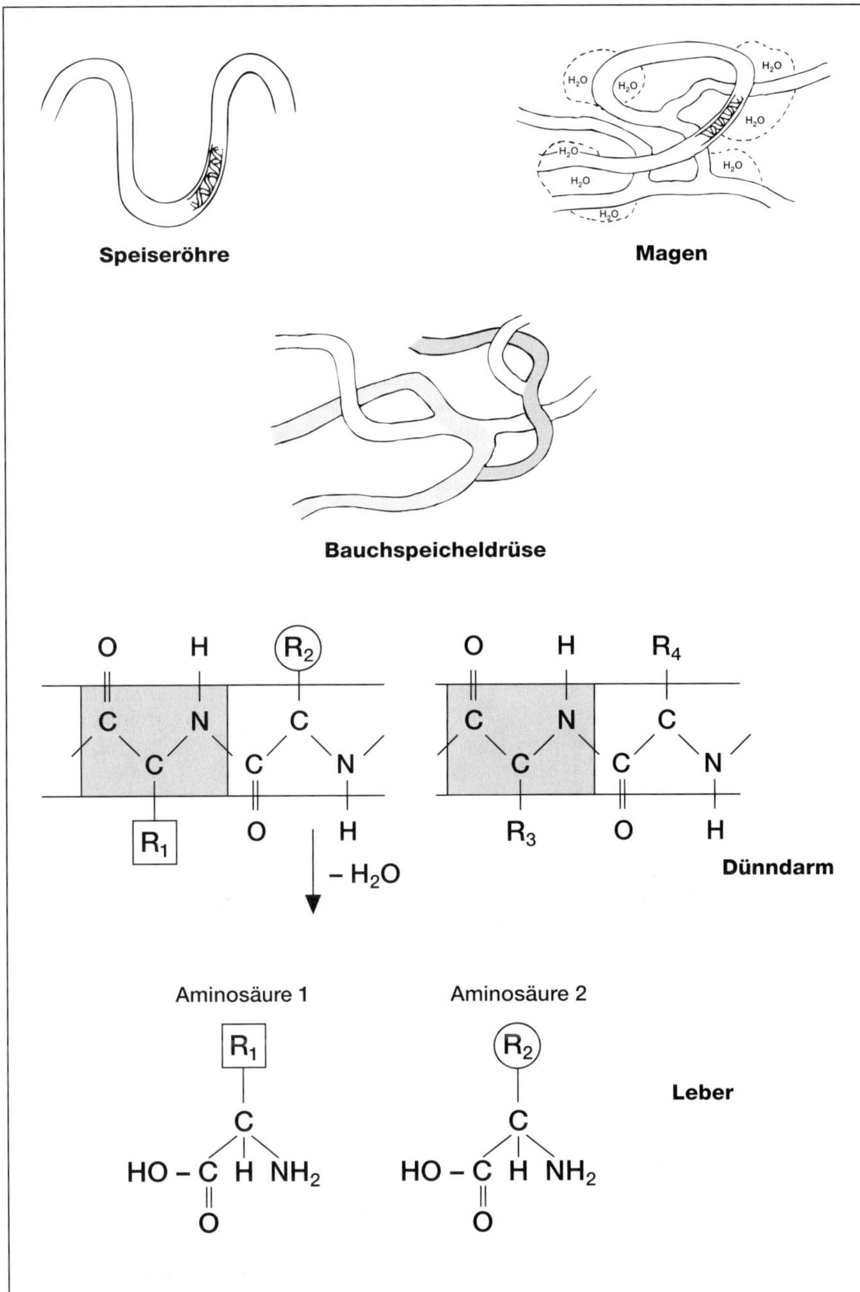
Speiseröhre
Magen
H2O
Bauchspeicheldrüse
– H2O
Dünndarm
Aminosäure 1
Aminosäure 2
Leber

Unter verschiedenen thermischen Bedingungen können als Reaktion zwischen Aminosäuren und Zuckern unverdauliche Bräunungsprodukte (*Maillard-Reaktion*) entstehen. Damit wird die Ausnutzbarkeit und die Biologische Wertigkeit eines Proteins gemindert. Sensorisch erwünscht ist diese Reaktion im Bereich der Oberflächenbräunung von Brot (Kruste) und Fleisch (gebräunter Braten). Negativ wirkt sich diese nichtenzymatische Bräunungsreaktion bei der Herstellung von Milchpulver und kohlenhydrathaltigen Eiweißkonzentraten aus. Hier ist auf eine sachgerechte Prozeßtechnologie zu achten, ebenfalls auch im Hinblick auf die Unterdrückung der Lysinoalanin-Bildung, die die Verfügbarkeit der Aminosäure Lysin und damit die Eiweißqualität beeinträchtigt.

Unter normalen Ernährungsbedingungen sind Nahrungsproteine die Quelle für die vom Körper benötigten Aminosäuren. Der Vorgang der Eiweißverdauung kann – nicht zuletzt durch die unterschiedliche Verweildauer eiweißhaltiger Speisen im Magen bedingt – eine bis mehrere Stunden (mit zunehmendem Fettgehalt der Mahlzeit steigend) dauern.

Im Bereich des Bodybuildings und Krafttrainings werden unter den nachfolgend beschriebenen Zielsetzungen auch Eiweißhydrolysate bzw. Peptide und freie Aminosäuren verwendet. Peptide gelten als vorverdautes Eiweiß und sollen durch ihre leichte Verdaulichkeit die Eiweißernährung wirkungsvoll ergänzen. Peptide und Aminosäuren in Hydrolysaten sollen bereits nach 10–30 Minuten zur Verfügung stehen. Aminosäuren haben isoliert und in höheren Dosierungen verabreicht pharmakodynamische Effekte und können aufgrund unterschiedlicher Resorptionsmechanismen parallel zu den Peptiden ohne gegenseitige Behinderung verabreicht werden. Es ist richtig, daß peptidgebundene Aminosäuren und freie Aminosäuren schneller verfügbar sind als Proteine. In der Praxis spielt jedoch die unterschiedliche Resorptionsgeschwindigkeit von Peptiden, Aminosäuren und Proteinen keine Rolle. Man kann ein *zeitgerechtes* Aminosäurenangebot auch durch richtiges *timing* der Mahlzeitenaufnahme – also verteiltes Angebot kleiner proteinhaltiger Snacks – erreichen (nibbling-Effekt). Darüber hinaus ist der Fettgehalt eiweißreicher Mahlzeiten bzw. Snacks zu beachten, d. h. gering zu halten.

Die als Aminosäuren/Peptidgemische pro Tag zugeführten Mengen (wenige Gramm) sind im Vergleich zu eiweißhaltigen Lebensmitteln relativ gering. Die Dosierungsfrage ist auch bei den diskutierten pharmakologischen Wirkungen von Aminosäuren zu stellen (vgl. S. 267). So soll ein wachstumshormonstimulierender Effekt – also eine spezielle anabole Wirkung – von Arginin erst bei Dosen von 10–30 g und dies wahrscheinlich sogar nur bei i. v. Infusion erzielt werden. Verzweigtkettige Aminosäuren haben dagegen keine anabole Wirkung im Kraftsport. Sie werden vielmehr unter der Zielsetzung *Katabolieschutz* bei Ausdauerbelastung diskutiert (vgl. S. 107).

Der ebenfalls diskutierte Kollagenzusatz zu Sportlernahrungen ist eher eine Frage eines preiswerten Rohstoffes und keine ernährungsphysiologische Notwendigkeit. Es ist allerdings zu überlegen, ob bei bestimmten Erkrankungen – eventuell auch Höchstbelastungen – die damit verbundene Zufuhr bindegewebsspezifischer Aminosäuren (*Prolin, Hydroxiprolin*) auch in Form von Gelatine von Vorteil sein kann.

Exkurs: Eiweißresorption

Die Eiweißverdauung beginnt im Darm. Dort werden die Proteine hydrolisiert, d. h., mit einer Wasserhülle umgeben. Die wesentlichen Enzyme des Magens sind die Proteasen, vor allem das Pepsin: es spaltet Proteine zu Peptiden (*Polypeptide*).

Im oberen Dünndarmabschnitt (beginnend mit dem Zwölffingerdarm) wird der Mageninhalt mit dem Saft der Bauchspeicheldrüse (*Pankreassekret*) vermischt. Dieses Sekret ist reich an Enzymen, die das Eiweiß zu Polypeptiden spalten; die wichtigsten Enzyme sind das Trypsin und das Chymotrypsin. Zu einem geringen Teil fallen bei dieser Spaltung auch schon einzelne Aminosäuren an. Des weiteren sind in dem Pankreassekret die sogenannten Caboxypeptidasen enthalten; sie bewirken die weitere Aufspaltung der Polypeptide zu Dipeptiden und zu den einzelnen Aminosäuren.

Zusammengefaßt bedeutet dies, daß der wesentliche Teil der Eiweißstoffe im Dünndarm in die resorbierbaren Endstufen gespalten wird, um dann in der Dünndarmschleimhaut aufgenommen zu werden. Dies geschieht im wesentlichen im oberen Dünndarmabschnitt.

Die Aufnahme der Aminosäuren in die Darmwand ist ein aktiver Prozeß (d. h. aktiver Transport gegenüber der Diffusion).

Hierbei ist jedoch rein wissenschaftlich zu erwähnen, daß L-Aminosäuren gegen einen Konzentrationsgradienten transportiert werden, D-Aminosäuren nicht.

Die Dünndarmwand ist äußerst gut durchblutet, die Aminosäuren gelangen so auf dem Blutweg über die Pfortader in die Leber. Hier geschieht die weitere Verstoffwechslung der Aminosäuren: Zum einen können aus den Aminosäuren wichtige biologische Bausteine gebildet werden (siehe S. 130 ff, *Decarboxylierung* zu biogenen Aminen); zum anderen können die verschiedenen Aminosäuren aus der Leber heraus via Blutweg in die Muskulatur gebracht werden, um dort als Strukturproteine oder kontraktile Proteine in die Muskelfaser eingebaut zu werden.

3.3.3 Proteinbedarf und -zufuhrempfehlungen

Überschwellige Trainingsreize und ausreichendes Eiweißangebot mit der Nahrung sind wesentliche Voraussetzungen für den Erfolg im Krafttraining. Bei optimaler Eiweißversorgung sind Muskel- und Bindegewebe weniger verletzungsanfällig und heilen schneller im Falle eines Sportunfalls. Ein erhöhter Eiweißbedarf besteht ferner in der Aufbauphase nach überstandenen Erkrankungen (zum Beispiel Muskelschwund nach verletzungsbedingter Trainingspause). Aber Eiweiße sind auch zum Aufbau von Enzymen notwendig, die die im Sport vermehrt beanspruchten Energiegewinnungsprozesse und Vorgänge im Baustoffwechsel steuern.

Während man für die tägliche Ernährung des Erwachsenen Zufuhrempfehlungen zwischen 0,8–1,0 g Eiweiß je kg Körpergewicht ausspricht, gelten für den Sportler höhere Werte.

Sportartenspezifische Eiweißzufuhrempfehlungen (pro kg Körpergewicht)	
Ausdauersportler	1,2–1,5 g
Schnellkraftsportler	1,5–1,7 g
Kraftsportler	1,5–2,0 g

Tabelle 3.16 Geschätzte Eiweißzufuhrempfehlungen im Sport

- **Der Aufbau von Muskulatur im Krafttraining erfordert ein entsprechendes Nahrungseiweißangebot.**
- **Ausdauerbelastungen höherer Intensität führen zu einem Verschleiß an Muskelfasern, zu strukturellen Veränderungen an den Zellmembranen und zu einem Mehrumsatz an Enzymen und Hormonen im Stoffwechsel.**
- **Bei hohen Leistungsintensitäten schützt ein ausreichendes Nahrungsaminosäurenangebot vor Muskelproteinabbau zwecks Energiegewinnung.**

Tabelle 3.17 Gründe für die höheren Proteinzufuhrempfehlungen bei Sportlern

In der Literatur finden sich teilweise noch höhere Zufuhrempfehlungen und zwar bis zu 3 g, teilweise sogar 4 g Protein. In diesem Zusammenhang darf nicht übersehen werden, daß relativ schwere Kraftsportler aufgrund der gewichtsbezogenen Angaben dann doch sehr hohe Eiweißmengen aufnehmen. Zufuhrempfehlungen, die über 1,5–2 g hinausgehen, sind daher in Frage zu stellen. Selbst unter dem Aspekt eines erhöhten Proteinbedarfs zur Erhaltung einer vermehrten Muskelmasse reichen Empfehlungen in diesem Größenordnungsbereich aus, denn die vermehrte Muskelmasse wirkt sich ja auf das Körpergewicht als Bezugsbasis für die Proteinzufuhrempfehlung aus.

Insbesondere muß diskutiert werden, ob der Proteinbedarf im Sport überproportional erhöht ist. Im Durchschnitt sollen 12 Prozent der Energieaufnahme aus Proteinen stammen. Bei einem Energieumsatz von 2000 kcal (8360 kJ) bedeutet dies: 240 kcal (1003 kJ) aus Proteinen = 60 g Eiweiß. Verdoppelt sich der Energieumsatz durch sportliche Aktivität auf 4000 kcal (16 720 kJ), so entspricht dies 480 kcal (2006 kJ) aus Proteinen = 120 g Eiweiß.
Angenommen, der Sportler ist 80 kg schwer, so nimmt er dann 1,5 g Eiweiß/kg Körpergewicht auf.
Die Tatsache, daß die tägliche durchschnittliche Eiweißzufuhr gegenwärtig schon ca. 1,5 g Protein/kg Körpergewicht entspricht, kann einerseits für die Argumentation herangezogen werden, daß zusätzliche Eiweißkonzentratgaben auch für Sportler – bis auf wenige Ausnahmesituationen – nicht notwendig sind. Andererseits darf aber nicht übersehen werden, daß die aktuelle hohe Proteinaufnahme von einer hohen Fettaufnahme begleitet ist. Der Sportler benötigt daher in erster Linie Informationen über die Fettgehalte proteinhaltiger Lebensmittel, über fettsparende Zubereitungsmöglichkeiten sowie über die sinnvolle Kombination pflanzlicher und tierischer Proteinträger.
Falls aus convenience-Gründen auf Proteinkonzentrate zurückgegriffen wird, sollten sie in jedem Fall nur als Ergänzung der insgesamt bewußt zusammengestellten Sportlerernährung dienen. Eiweißzufuhrempfehlungen, die über 1,5 g Protein/Körpergewicht hinausgehen, können durch ein Konzentrat gedeckt werden, um den Gehalt der Ernährung an Fett, Cholesterin und Purinen einzuschränken. Proteinkonzentrate sollten also nicht zusätzlich zur eiweißhaltigen Kost, sondern eher im Austausch einzelner fetthaltiger Mahlzeiten vor dem Training verzehrt werden.

3.3.4 Risiken einer zu hohen Proteinzufuhr

Ernährungsphysiologische Vorteile einer ständig über den Bedarf hinausgehenden Proteinzufuhr sind nicht nachweisbar. Proteine können jedoch nicht isoliert, d. h. unabhängig von den sie begleitenden Nahrungssubstanzen, betrachtet werden. So stammen circa zwei Drittel der derzeitigen Eiweißaufnahme aus tierischen Quellen – insbesondere Fleisch und Fleischwaren, Milch und Milchprodukte sowie Eier. Damit verbunden ist eine hohe Zufuhr an gesättigten Fettsäuren, Cholesterin und Purinkörpern. Diese Auswirkungen auf die Gesamternährung dürfen bei der Beurteilung der Höhe der Proteinaufnahme nicht unberücksichtigt bleiben. Ansonsten wird ein Überschuß von Nahrungseiweiß – abgesehen von Nierenerkrankungen – als nicht schädlich beurteilt. Die für Proteinbiosynthesen nicht benötigten Aminosäuren werden desaminiert und zur Energiegewinnung oder zur Bildung von Fettenergiereserven genutzt.

Getreide mit Milch

Reis, Weizen, Buchweizen Hafer, Gerste, Roggen, Hirse	**mit:**	Milch, Käse, Quark, Joghurt, Dickmilch

z. B.: Vollkorn- oder Buchweizenpfannkuchen mit Trinkmilch, Müsli mit Milch oder Joghurt, Vollkornnudeln mit Käse, Vollkornbrot mit Käse, Joghurt und Weizenkeime u. a.

Getreide mit Hülsenfrüchten

Reis, Weizen, Buchweizen Hafer, Gerste, Roggen, Hirse	**mit:**	Bohnen, Sojabohnen, Kichererbsen, Erbsen, Linsen

z. B.: Bohnensuppe mit Reis, Hirse mit Kichererbsen, Erbsensuppe mit Vollkornbrötchen u. a.

Getreide mit Eiern

Reis, Weizen, Buchweizen Hafer, Gerste, Roggen, Hirse	**mit:**	Ei

z. B.: Buchweizenpfannkuchen mit Ei, Rührei mit Brot u. a.

Kartoffeln mit Ei oder Milch

Kartoffeln	**mit:**	Ei, Milch, Quark, Joghurt, Dickmilch, Käse

z. B.: Pellkartoffeln mit Quark, Bratkartoffeln mit Spiegelei, Kartoffeln mit Käse überbacken u. a.

Hinweis: Die Ergänzungswertung der Aminosäuren reicht über 4–6 Stunden, so daß man günstige Eiweißkombinationen nicht gleichzeitig zu sich nehmen muß, sondern über diesen Zeitraum verteilen kann.

Tabelle 3.18 Günstige Lebensmittelkombinationen mit Ergänzungswert für Eiweiß

Im Tierversuch konnte als Folge einer ständig erhöhten Proteinzufuhr eine Erhöhung der Nierengewichte als kompensatorische Hypertrophie beobachtet werden.

Bei einem Prozentanteil über 50 Prozent der Nahrungsenergiezufuhr kommt es zusätzlich zu histologischen Veränderungen wie Hämorrhagien und Degeneration der Nierentubuli.

Beim Menschen sollen infolge einer ständig hohen Proteinzufuhr die Nierendurchblutung und die glomeruläre Filtrationsrate ansteigen. Ebenso werden die *Reserveglomeruli* der äußeren Rinde vermehrt in Anspruch genommen. Bei den ersten Anzeichen einer Nierenerkrankung ist daher eine proteinärmere Ernährung geboten (Brod und Menden, 1984, S. 9/10).

Ebenfalls wird eine proteininduzierte Hypercalciurie diskutiert. Überhöhte Proteinzufuhr soll den Bedarf an Calcium und Phosphat steigern.

Lebensmittel	Fettanteil in g
fettreich	
Bratwurst	2,77
Hühnereigelb	1,98
Trinkmilch (3,5 % Fett)	1,09
Speisequark (40 % Fett i. Tr.)	1,05
Hühnerei (Vollei)	0,87
relativ fettarm	
Schweinefleisch (Mittelwert)	0,5
Rindfleisch (Mittelwert)	0,4
Speisequark (20 % Fett i. Tr.)	0,41
Teigwaren	0,22
fettarm	
Brot	0,16
Hülsenfrüchte (Erbsen, Bohnen, Linsen)	0,06
Kartoffel	0,05
Magermilch (0,3 % Fett)	0,03
Speisequark, mager	0,02
Hühnereiweiß	0,018

Tabelle 3.19 Eiweiß-Fett-Verhältnis in Lebensmitteln (pro Gramm Eiweiß mitgelieferte Menge an Fett) (Werte modifiziert nach KONOPKA: Sporternährung, BLV Verlagsgesellschaft, München)

Werden bei höheren Proteinzufuhrempfehlungen neben einer stärkeren Verwendung pflanzlicher Proteinträger vermehrt fettarme Milchprodukte verzehrt, so ergeben sich daraus keine gesundheitlichen Bedenken. Milchprodukte sind eiweißreich und stellen ein vorteilhaftes Calcium- und Phosphatangebot dar. Sie bilden im Stoffwechsel keine oder nur geringe Mengen an Harnsäure.

Bei einer proteinreichen Ernährung muß auf eine letzte, wichtige ernährungsphysiologische Anforderung hingewiesen werden. Pro Tag sollten mindestens 1,5 Liter Harn produziert werden. Es muß also genug getrunken werden.

3.3.5 Nahrungsvorkommen und Präparate

Ohne Kenntnisse über die Eigenschaften von Lebensmitteln ist eine proteinhochwertige und fettkontrollierte Ernährung im Sport nicht möglich. In der täglichen Ernährung sind vor allem zwei Gesichtspunkte zu beachten:

1. die Ergänzungswirkung von Proteinkombinationen (Tabelle 3.18)
2. das Eiweiß-Fett-Verhältnis in Lebensmitteln (Tabelle 3.19 und Tabelle 3.20).

Lebensmittel
Magerquark, fettarme Trink- und Sauermilch, Buttermilch,
körniger Frischkäse, Schichtkäse, fettarmer Käse (unter 30 Prozent Fett in der Trockensubstanz),
Kabeljau, Schellfisch, Rotbarsch, Scholle, Seezunge, Steinbeißer,
Seeteufel, Thunfisch (frisch oder in Wasser konserviert),
Geflügelfleisch,
fettarme Teilstücke von Rind, Lamm, Wild und Schwein,
Eiklar,
Hülsenfrüchte,
Brot, Getreideflocken,
Reis, (Eier-)Teigwaren
.
.
.
oder eventuell

Nahrungsergänzungen und Präparate
Proteinkonzentrate (vorzugsweise Milch- und Eiprotein, Molkeneiweiß),
Hydrolysate, Peptide und Aminosäuren

Tabelle 3.20 Empfehlenswerte (fettarme) Eiweißträger

3.4 Vitamine

Vitamine sind organische, nicht energieliefernde essentielle Nährstoffe mit vielfältiger Beteiligung an intermediären Stoffwechselprozessen. Gerade bei dieser Nährstoffgruppe ergibt sich ein großer Spielraum für Hoffnungen und Spekulationen bezüglich der individuellen Leistungssteigerung durch entsprechende Vitaminpräparate. So ergab eine Befragung der Sportler aus aller Welt bei den Olympischen Spielen 1984 in Los Angeles, daß circa 90 Prozent aller Sportler zusätzlich zur Ernährung Vitaminpräparate einnehmen (Rokitzki, Keul, 1988, S. 44).

Ein pharmakologischer Effekt hoher Vitamingaben im Sinne einer Steigerung der Leistung ist jedoch nach bisher vorliegenden Untersuchungen keineswegs gesichert, vorausgesetzt, daß kein Vitamindefizit vorgelegen hat. Bei Megadosierungen an Vitaminen muß auch mit der Gefahr von Nebenwirkungen (*Hypervitaminosen*) gerechnet werden.

3.4.1 Allgemeine Bedeutung für die Ernährung

Die verschiedenen Vitamine – insbesondere die Faktoren des Vitamin-B-Komplexes – sind einmal an verschiedenen Coenzymreaktionen im Kohlenhydrat-, Fett- und Eiweißstoffwechsel beteiligt, zum anderen wirken sie antioxidativ (wie Vitamin E) und als Redoxsystem (Vitamin C). Vitamin A ist als Bestandteil des Sehpurpurs am Sehvorgang (Hell-Dunkel-Adaptation) beteiligt und zur Erhaltung von Struktur und Funktion der Schleimhautepithelien erforderlich. Vitamin D bzw. seine Metaboliten fördern die intestinale Resorption von Calcium und Phosphat und die Mineralisation des Knochens. Folsäure und Vitamin B_{12} spielen bei Zellaufbau, Zellteilung und Blutbildung (*Hämatopoese*) eine wichtige Aufgabe.

Eine gewisse Sonderstellung nimmt das für den Calciumstoffwechsel wichtige Vitamin D ein, das unter Einwirkung des Sonnenlichtes in der Haut aus Vorstufen gebildet werden kann. Dennoch muß Vitamin D zusätzlich mit der Nahrung aufgenommen werden. Der Körper besitzt auch gewisse Speichermöglichkeiten für Vitamine. Für die fettlöslichen Verbindungen und Vitamin B_{12} sind sie größer, für alle anderen wasserlöslichen Vitamine geringer.

«Täglich Vitamine!» heißt es in der Praxis, zumindest sollte die Wochenbilanz stimmen. Allgemein kritisch ist die Versorgung mit Vitaminen des B-Komplexes, beispielsweise Vitamin B_1 und Folsäure.

Vitamine werden nach ihren physiologisch-chemischen Eigenschaften in wasserlösliche und fettlösliche Verbindungen eingeteilt (Tabelle 3.21).

Vitamine			
fettlöslich		**wasserlöslich**	
Retinol (Vorstufe Carotin)	A	Thiamin	B_1
Calciferol	D	Riboflavin	B_2
Tocopherol	E	Niacin	
Phyllochinon	K	Pyridoxin	B_6
		Pantothensäure	
		Biotin	
		Folsäure	
		Cobalamin	B_{12}
		Ascorbinsäure	C

Tabelle 3.21 Einteilung der Vitamine

Vitamine sind bei der Lagerung und Nahrungsmittelzubereitung empfindlich gegenüber Luft, Licht und Wärme. Die wasserlöslichen Vitamine können durch Wasser ausgelaugt werden.

3.4.2 Vitaminbedarf und Empfehlungen für die Vitaminzufuhr

Die Vitamine – und hier insbesondere die Faktoren des B-Komplexes – sind in vielfältiger Weise mit der Steuerung von Prozessen im Energie- und Baustoffwechsel verknüpft. Zwei Beispiele machen dies deutlich:
Ein vermehrter Energie(-Kohlenhydrat)umsatz (zum Beispiel in ausdauerbetonten Sportdisziplinen) soll den Vitamin-B_1-Bedarf erhöhen, eine gesteigerte Proteinzufuhr (zum Beispiel während der Krafttrainingsphase) den Vitamin-B_6-Bedarf. Vitamin B_1 wirkt als Coenzym bei wichtigen Reaktionen im Energiestoffwechsel (vgl. Abbildung 3.19), während Vitamin B_6 als Coenzym im Stoffwechsel der Aminosäuren bekannt ist. Daraus wird ersichtlich, wie wichtig Vitamine schließlich wieder für den Umsatz anderer Nährstoffe sind (vgl. Abbildung 3.18).
Die teilweise in der Sporternährungsliteratur vorgegebenen hohen geschätzten Zufuhrempfehlungen – beispielsweise für Vitamin B_1 zwischen 4 mg und 10 mg pro Tag – können nicht mehr ohne weiteres mit einer «normalen» gemischten Ernährung realisiert werden. In den Nährstoffzufuhrempfehlungen der Deutschen Gesellschaft für Ernährung (1985) wird der zusätzliche Bedarf an Vitamin B_1 bei vermehrtem Energieumsatz mit 0,4 mg Vitamin B_1/1000 kcal/

Im Durchschnitt muß bei der haushaltsüblichen Zubereitung mit folgenden Verlusten gerechnet werden:			
Vitamin A	20 %	Vitamin B_6	20 %
Vitamin E	10 %	Pantothensäure	30 %
Vitamin B_1	30 %	Folsäure	50 %
Vitamin B_2	20 %	Vitamin C	30 %

Tabelle 3.22 Vitaminverluste bei der Nahrungszubereitung im Haushalt

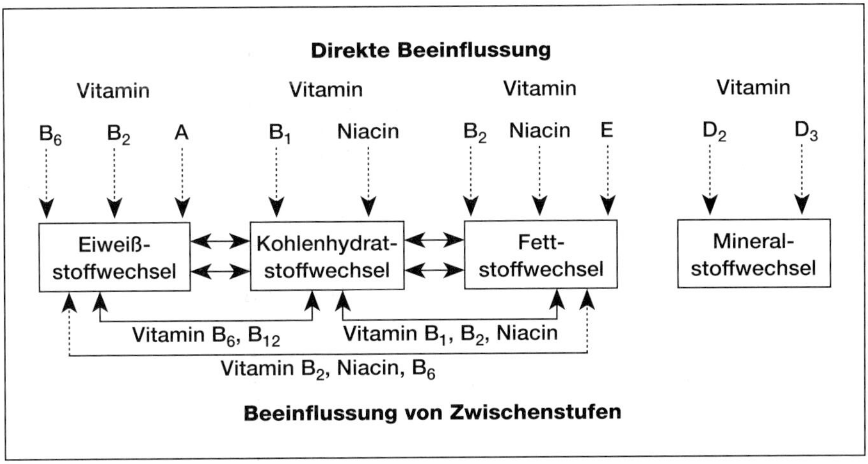

Abb. 3.18 Der direkte und komplexe Einfluß lebenswichtiger Vitamine auf den Stoffwechsel (Quelle: KETZ: Die Ernährung des Menschen, VEB Verlag Volk und Gesundheit, Berlin[4] 1980, S. 59)

4180 kJ veranschlagt. Die empfohlene Nährstoffdichte für Vitamin B_1 bei leichter körperlicher Arbeit beträgt 0,5 mg Vitamin B_1 / 1000 kcal / 4180 kJ. Ein Ausdauersportler mit einem Gesamtenergieumsatz von 4000 kcal / 16 720 kJ benötigt demnach 3,6 mg Vitamin B_1 am Tag. Für Vitamin B_6 gilt die Empfehlung, pro Gramm aufgenommenes Eiweiß 0,02 mg Vitamin B_6 zuzuführen. In der Ernährungsberatung von Sportlern sollte unter Berücksichtigung dieser Berechnungsgrundlage zunächst an die Empfehlung entsprechender Lebensmittel mit einer hohen Vitamin B_1-Dichte gedacht werden. Erst an zweiter Stelle sollten Überlegungen zur (kurzfristigen) Nährstoffsupplementation in Form von Präparaten stehen. Im Falle eines vorhandenen definierten Nährstoffmangels ist ein entsprechend sicherer und schneller Ausgleich möglich. Eine kritische Analyse des jeweils leistungsabhängigen Bedarfs (*Ernährungsstatus*) sollte jedoch vorausgehen. Höhere Mengen als das 2- bis 3fache der Vitaminzufuhrempfehlungen der Deutschen Gesellschaft für Ernährung (vgl. Tabelle 3.23) sind auch für Leistungssportler weder sinnvoll noch notwendig.

Exkurs: Wirkungsweise eines Vitamins am Beispiel von Vitamin B_6

Vitamin B_6 (*Pyridoxol*) steht in naher Beziehung zum Pyridoxalphosphat, das für den Stoffwechsel der Aminosäuren ein wichtiges Coenzym ist.

Definition Vitamin: Vitamine sind essentielle Nahrungsbestandteile, d. h., sie können im Körper nicht selbst aufgebaut werden und müssen deshalb mit der Nahrung zugeführt werden. Für die meisten Vitamine ist ihre Funktion bekannt: Fast alle biochemischen Stoffwechselvorgänge werden von sogenannten Enzymen katalysiert; d. h., diese Stoffe ermöglichen den Ablauf einer biochemischen Reaktion, indem sie die Aktivierungsenergie herabsetzen.

Für die verschiedenen Reaktionsschritte stehen den Enzymen sogenannte Hilfskatalysatoren bzw. Coenzyme zur Verfügung; viele dieser Coenzyme stehen in naher Beziehung zu den Vitaminen, d. h., für zahlreiche Vitamine ist die biokatalytische Funktion bekannt, sie besteht nämlich darin, daß das Vitamin Bestandteil eines Coenzyms ist. Daraus ist die Bedeutung der Vitamine leicht zu erkennen: Bei einem Vitaminmangel können nicht genügend Coenzyme gebildet werden, so daß deshalb bestimmte biochemische Reaktionen im Körper nicht mehr ablaufen können, was gegebenenfalls zu einer Erkrankung führen kann.

Wie bereits erwähnt ist das Vitamin B_6 Bestandteil des Coenzyms Pyridoxalphosphat; dieses Coenzym greift in den Stoffwechsel der Aminosäuren ein und katalysiert hierbei die verschiedensten Reaktionen: z. B. die Decarboxylierung oder die Transaminierung der Aminosäuren. Abbildung 3.19 stellt diese Wirkungsweise zum einem halbschematisch, zum anderen eher wissenschaftlich dar. Aus beiden Abbildungen wird deutlich, daß durch diese Reaktionen dem Körper wichtige Stoffe geliefert werden: in unserem Beispiel die sogenannten biogenen Amine, die zum einen eine stark pharmakologische Wirkung aufweisen oder als Vorstufen bzw. Bausteine von Hormonen eine biologisch wichtige Rolle spielen. Einige biogene Amine sind nachfolgend aufgeführt.

Aminosäure	Decarboxylierungsprodukt	Bedeutung
Histidin	Histamin	Blutdruckwirksam
3.4-Dihydroxyphenyl-alanin	Dopamin (Adrenalin)	Gewebshormon (Hormon)
5-Hydroxytryptophan	Serotonin (Melatonin)	Gewebshormon (Hormon)

	Vitamin	Funktion/Wirkung	Besonders ergiebige Vitaminquellen	Empfohlene Zufuhr/Tag
fettlöslich	**A (Retinol)**	Beteiligung am Sehvorgang. Greift in Aufbau und Funktionserhaltung von Haut und Schleimhäuten ein	Leber, grünes und gelbes Gemüse, Milch, Margarine, Butter	**0,8–1,1 mg RÄ***
	D (Calciferol)	Wichtig im Calcium- und Phosphorstoffwechsel, beeinflußt die Mineralisierung der Knochen	Hering, Lachs, Aal, Makrelen, Leber	**5–10 µg**
	E (Tocopherol)	Schützt ungesättigte Fettsäuren und Vitamin A im Körper vor Oxidation (natürliches Antioxydans)	Pflanzliche Öle und Fette (z. B. Weizenkeim- und Sonnenblumenöl), Erbsen, Grünkohl	**12 mg TÄ****
	K	Wichtig für das Blutgerinnungs-System	Leber, Milch, Kopfsalat, Blumenkohl, Tomaten	**Bedarf z. Z. nicht bekannt**
wasserlöslich	**B_1 (Thiamin)**	Wichtig im Kohlenhydratstoffwechsel, für das Nervensystem	Vollkornbrot, Kartoffeln, Hülsenfrüchte, Schweine- und Geflügelfleisch, Leber	**1,1–1,5 mg**
	B_2 (Riboflavin)	Beteiligt am Fett-, Kohlenhydrat-, Proteinstoffwechsel	Milch, Käse, Schweine-, Rind-, Geflügelfleisch, Leber, Vollkornbrot	**1,5–1,8 mg**
	Niacin	Wichtig für am Energieumsatz beteiligte Enzyme in den Zellen, für Herzfunktion und zentrales Nervensystem	Vollkornbrot, Erbsen, Rind-, Schweine-, Geflügelfleisch, Seefisch, Lachs	**15–20 mg NÄ*****
	B_6 (Pyridoxin)	Wichtig im Proteinstoffwechsel und für das Nervensystem	Leber, Sardinen, Makrelen, Weizenkeime, Sojabohnen, Geflügel-, Rind-, Kalb-, Schweinefleisch, Kartoffeln, Vollkornbrot	**1,6–2,1 mg**
	Folsäure	Wichtig für die Zellteilung und Zellneubildung, besonders rote und weiße Blutzellen	Weizenkeime, Sojabohnen, Geflügel-, Schweineleber, Weißkohl, Rosenkohl, Blumenkohl, Wirsingkohl, Kartoffeln, Vollkornbrot	**400 µg******
	Pantothensäure	Wichtig beim Abbau von Fetten, Kohlenhydraten und Aminosäuren sowie beim Abbau von Fettsäuren und bestimmten Hormonen	Leber, Broccoli, Blumenkohl, Kalb-, Rindfleisch, Truthahn, Milch, Vollkornbrot, Wassermelone	**8 mg**
	Biotin	Wichtig bei der Synthese von Kohlenhydraten und Fettsäuren	Milch, Innereien (Schweineleber, -nieren), Sojabohnen	**Bedarf z. Z. nicht bekannt**
	B_{12} (Cobalamine)	Verhindert bestimmte Formen der Anämie	Leber, Hering, Seelachs, Rindfleisch, Eier, Milch, Speisequark	**5 µg**
	C (Ascorbinsäure)	Verbessert die Eisenaufnahme aus der Nahrung, wichtig für die Bildung und Funktionserhaltung von Bindegewebe und Knochen, stimuliert die körpereigenen Abwehrkräfte	Kartoffeln, Paprika, Blumenkohl, Tomaten, Broccoli, Zitrusfrüchte, schwarze Johannisbeeren, Erdbeeren	**75 mg**

* RÄ = Retinol-Äquivalent
** TÄ = D-α-Tocopherol-Äquivalent
*** NÄ = Niacin-Äquivalent
**** Gesamtfolsäure

Tabelle 3.23 Vitaminzufuhrempfehlungen der Deutschen Gesellschaft für Ernährung (DGE), Frankfurt/M. 1985. Die angegebenen Werte gelten für Jugendliche und Erwachsene. Für werdende und stillende Mütter werden höhere Zufuhrempfehlungen gegeben (© EVI Frankfurt)

a) halbschematisch

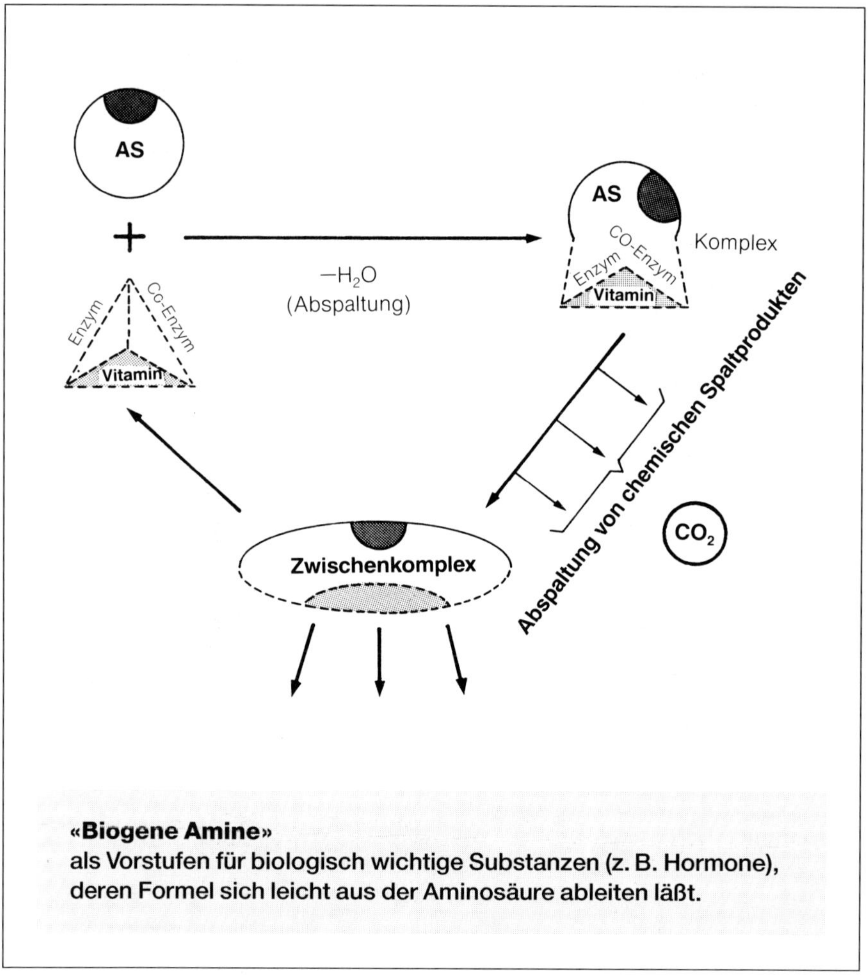

Abb. 3.19 Darstellung der Wirkungsweise von Vitamin B_6, a) halbschematisch und b) wissenschaftlich

b) wissenschaftlich

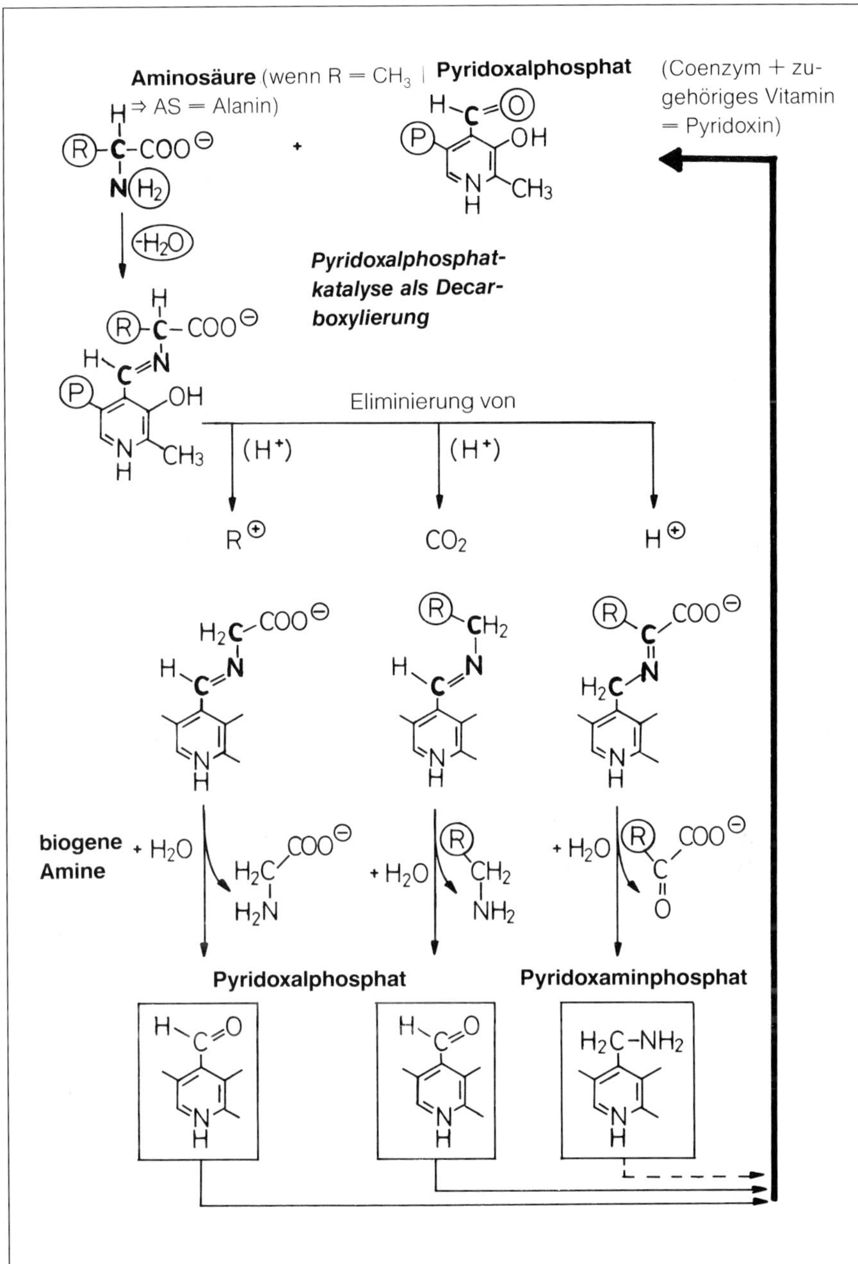

3.4.3 Kritische Vitaminversorgung und Vitaminsubstitution

Die Diskussion um den Sinn oder Unsinn von Vitaminsubstitutionen bei Sportlern wird kontrovers geführt. So ist bei Studien, in denen eine Leistungssteigerung nach Vitaminsubstitution beschrieben worden ist, zu fragen, ob
- die Leistungsverbesserung ein Trainingseffekt war,
- eine Mangelversorgung an Vitaminen vorlag oder
- auf pharmakologische Wirkungen der Vitamine zurückzuführen war.

ROKITZKI et al. (1989, S. 1) schlagen deshalb zur objektiven Beurteilung von Vitaminwirkungen im Sport folgende Vorgehensweise vor:
«1. Die mit der Nahrung zugeführten wasser- und fettlöslichen Vitamine sollten aus einem 7- bzw. 14tägigen Ernährungsprotokoll berechnet werden.
2. Die Serum-, Blut- und Urinkonzentration verschiedener wasser- und fettlöslicher Vitamine sollten bestimmt werden.
3. Leistungsveränderungen müssen anhand von spiroergometrischen und biochemischen Parametern auf der Grundlage eines standardisierten Leistungstests überprüft werden.»

Diese Bedingungen sollten eingehalten werden, wenn man die leistungssteigernde Wirkung von zusätzlichen Vitamingaben prüfen will. Eine über den Bedarf (der ja im Leistungssport durchaus erhöht sein kann) hinausgehende Vitaminzufuhr hat vermutlich weniger leistungssteigernde Effekte als spezifische pharmakologische Wirkungen zur Folge wie die diskutierte Antioxidantienwirkung von Vitamin E beim sogenannten oxidativen Streß (vgl. S. 268). Anstatt von Leistungssteigerung müßte man in diesem Fall eher von Schutz vor Belastungsfolgen bei hoher körperlicher Leistung sprechen.
Eine unzureichende Vitaminaufnahme beeinträchtigt dagegen in jedem Fall die körperliche und geistig-nervliche Leistungsfähigkeit. Dies zeigt sich bei Leistungssportlern entsprechend schneller bzw. wirkt sich besonders nachhaltig aus. Auf keinen Fall sollten im Sport die entsprechenden Empfehlungen für die Vitaminzufuhr der Deutschen Gesellschaft für Ernährung unterschritten werden. Diese Empfehlungen sind so ausgerichtet, daß sie gesunde Menschen vor ernährungsbedingten Gesundheitsschäden schützen können. Ein Mehrbedarf durch Arzneimitteleinnahme, Genußmittelkonsum (Rauchen erhöht den Vitamin-C-Bedarf), Stoffwechselbelastungen und Erkrankungen sowie besondere Leistungsanforderungen (zum Beispiel Leistungssport) wird in den Basisempfehlungen nicht berücksichtigt.
Bei einseitiger Ernährung, unregelmäßigem und häufigem Außerhaus-Essen kann insbesondere bei Unsicherheit über Qualität der Zusammensetzung und Zubereitung der Speisen auf eine Multivitaminkombination zurückgegriffen

werden, die auf die Deckung des empfohlenen Tagesbedarfs (gemäß den Zufuhrempfehlungen der Deutschen Gesellschaft für Ernährung) abgestellt ist.
Deutlich (mehr als das 2- bis 3fache) über die täglichen Zufuhrempfehlungen hinausgehende Vitamingaben sollten mit dem Arzt abgestimmt werden. Bei den fettlöslichen Vitaminen A und D sind Überdosierungen (Hypervitaminosen) möglich und bekannt geworden. Krasse Mangelerscheinungen und -erkrankungen, wie die Avitaminose Skorbut, sind bei den gegenwärtigen Verzehrgewohnheiten so gut wie ausgeschlossen. Leichte Unterversorgungen (Hypovitaminosen) kommen jedoch bei einseitiger und ungünstiger Lebensmittelauswahl vor. Sie können zu Beeinträchtigungen von Leistung und Gesundheit führen. Die verschiedenen Stadien der Vitaminverarmung sind in Abbildung 3.20 aufgeführt.
Allgemein kritisch ist laut Ernährungsbericht 1988 die Versorung mit Vitamin B_1 und Folsäure.
Je mehr Nahrungsenergie umgesetzt und aufgenommen wird, desto sicherer wird die Versorgung mit essentiellen Nährstoffen. Die Vitamin- und Mineralstoffversorgung im Sport dürfte ausreichend sein, wenn die Energieaufnahme zwischen 2400–4800 kcal (10000–20000 kJ)/Tag liegt (v. ERP-BAART, 1989, S. 11).

Abb. 3.20 Stadien der Vitaminverarmung. (Quelle: BRUBACHER, in: Vitamine und Leistung, hrsg. von KEUL, J., Editions Roches, Basel 1988, S. 19)

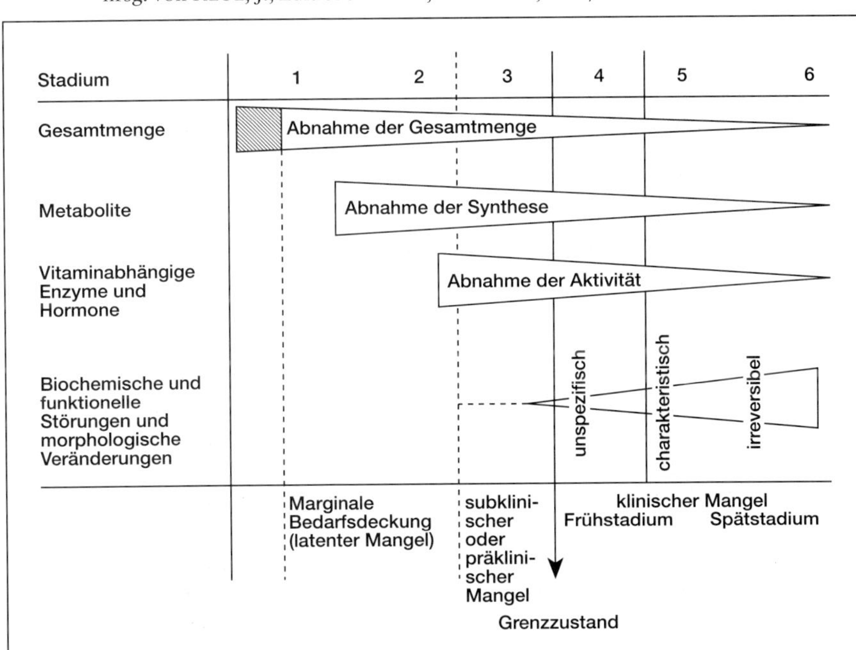

Sportler, die ein niedriges Körpergewicht anstreben (zum Beispiel Ballett-Tänzerinnen und Turnerinnen sowie Jockeys), ernähren sich oft so knapp, daß die Vitamin- (und Mineralstoff-)Versorgung gefährdet ist. Dies gilt auch während einer Gewichtsreduktion mit einer Energieaufnahme von weniger als 6000 kJ. In diesen Fällen empfiehlt sich eine Vitaminsubstitution in Form eines Multivitaminpräparates.

3.4.4 Mangelerscheinungen und Überdosierungsfolgen

Aus den Funktionen der einzelnen Vitamine lassen sich die Mangelerscheinungen bei einer unzureichenden Zufuhr ableiten. Die nachfolgende Tabelle 3.24 stellt eine Übersicht über die wichtigsten Erscheinungsbilder eines Vitaminmangels dar.
Neben physiologischen Vitamindosierungen werden im Sport jedoch auch Megadosen eingesetzt. Statt 3000–5000 Internationale Einheiten (I.E.) von Vitamin A werden in Einzelfällen 60 000–100 000 I.E. eingenommen. Bei Langzeiteinnahmen können Kopfschmerzen, Hautveränderungen, Haarausfall, Erbrechen, Lebervergrößerung und schmerzhafte Skelettveränderungen auftreten. Bei Erwachsenen sollten Tagesdosen von 5 mg (15 000 I.E.) nur aufgrund einer ärztlichen Verordnung über längere Zeit gegeben werden. Das Provitamin A (β-Carotin) kann allerdings keine Hypervitaminose auslösen.

Auch beim fettlöslichen Vitamin D sind Überdosierungserscheinungen bekannt. Kalkablagerungen in den Organen und bleibende Nierenschäden können die Folge sein. Überdosierungserscheinungen beim Erwachsenen werden bei chronisch verabfolgten Dosen von mehr als 500 μg täglich beobachtet. Lange Zeit hatte man angenommen, daß Überdosierungserscheinungen nur bei den fettlöslichen Vitaminen auftreten könnten. Durch die Verfügbarkeit sehr hoher Einzeldosen (*Megadosen*) bei den wasserlöslichen Vitaminen des B-Komplexes und Vitamin C muß aber auch bei diesen bislang als harmlos geltenden Vitaminfaktoren mit Nebenwirkungen und nicht nur mit einer vermehrten Harnausscheidung der über den Bedarf zugeführten Vitamine gerechnet werden. Megadosen bedeuten in diesem Zusammenhang mehrere tausend mg Vitamin C statt 100 mg oder mehrere hundert mg einzelner B-Vitamine statt weniger. So können Megadosen an B-Vitaminen bei Langzeitverabreichung Juckreiz, Empfindungsstörungen der Haut, allergische Symptome bis zu Akneerscheinungen verursachen. Insbesondere sollten die Vitamine B_6 und Niacin auf Dauer nicht zu hoch dosiert werden. In extremer Einzeldosierung löst Vitamin C kurzdauernde Durchfälle aus. Bei Neigung zur Harnsteinbildung sollte eine hochdosierte Vitamin-C-Zufuhr vermieden werden.

Fettlösliche Vitamine	**Mangelerscheinungen**
A (Retinol)	Nachtblindheit, Wachstumsstörungen, Hautveränderungen
D (Calciferol)	Wachstumsstörungen, Knochenentkalkung, Rachitis
E (Tocopherol)	Nur bei krankhaften Störungen der Fettverdauung, sonst nicht nachgewiesen
K (Phyllochinon)	Verzögerung der Blutgerinnung
Wasserlösliche Vitamine	**Mangelerscheinungen**
$\mathbf{B_1}$ (Thiamin)	Müdigkeit, Verdauungsstörungen, Appetitlosigkeit, schwerer Mangel: Beriberi
$\mathbf{B_2}$ (Riboflavin)	Wachstumsstörungen, Schädigungen an Augen und Haut, Mundwinkelrisse
Niacin (Nicotinsäureamid)	Rauhe Haut, Durchfälle, Schädigung des Zentralnervensystems
$\mathbf{B_6}$ (Pyridoxin)	Störungen des Nervensystems, Hautschäden
Folsäure	Anämie, Schleimhautveränderungen, Magen-Darm-Störungen
Pantothensäure	Äußerst selten
Biotin	Äußerst selten (trockene Haut)
$\mathbf{B_{12}}$ (Cobalamin)	Anämie
C (Ascorbinsäure)	Anfälligkeit für Infektionen, verzögerte Wundheilung, schwerer Mangel: Skorbut

Tabelle 3.24 Vitaminmangelerscheinungen

Man sollte

- sich möglichst abwechslungsreich ernähren,
- täglich Vollkornprodukte verzehren,
- täglich frisches Obst und Gemüse (auch tiefgefroren) genießen,
- täglich Milch oder ein Milchprodukt verwenden,
- den wöchentlichen Speiseplan mit Fleisch, Fisch und Ei ergänzen,
- vitaminbewußt bei der Nahrungszubereitung sein (zum Beispiel dünsten bzw. mit möglichst wenig Wasser garen),
- nach dem Garen frische Küchenkräuter oder zum gekochten Gemüse einen Teil Rohkost zugeben,
- frischgepreßte oder Multivitaminsäfte mit Mineralwasser verdünnt als Getränk genießen.

Tabelle 3.25 Empfehlungen für eine sichere Vitaminversorgung

3.4.5 Nahrungsvorkommen und Präparate

Vitamine sind enthalten in Obst und Gemüse (immer einen Teil als Frischkost verzehren), in Milchprodukten und Vollkorngetreideerzeugnissen. Diese Lebensmittel stellen aufgrund ihrer hohen Nährstoffdichte (vgl. S. 232) gleichzeitig auch den größten Teil der täglich benötigten Mineralstoffe bereit.
Vitaminpräparate gibt es als Monopräparate (z. B. Vitamin C), als Kombinationspräparate (Vitamin-B-Komplex oder Vitamine A und E) oder als Multivitaminpräparate. Zusätzlich gibt es Vitamine in Kombination mit Mineralstoffen, zum Beispiel mit Magnesium oder Eisen. Darreichungsformen sind Kapseln, Dragees, Brausetabletten oder Multivitaminsäfte. Die Produkte können vitaminisierte Lebensmittel, diätetische Lebensmittel oder Arzneimittel darstellen.
Sofern es sich um exakt gleiche Verbindungen handelt, ist es unerheblich, ob das betreffende Vitamin in einem Präparat natürlich oder synthetisch ist. Das natürliche Vitamin E-D-alpha Tocopherol ist allerdings wirksamer als das synthetische D-L-alpha Tocopherol, also das Racemat, d. h. 0,67 mg D-alpha-Tocopherol entspricht der Wirkung von 1 mg D-L-alpha Tocopherol.

Übringens ist es bei Vitamin C – und vermutlich auch bei Vitamin E – von Vorteil, anstatt einer großen, pharmakologisch wirksamen Einzeldosis (z. B. 1000 mg Vitamin C und mehr, 200 mg Vitamin E und mehr) die Zufuhr auf mehrere kleine Portionen über den Tag zu verteilen, beispielsweise zu den Mahlzeiten. Die Aufnahme in den Organismus wird dann verbessert. Diese Überlegung spielt bei Multivitamin-Präparaten, die im Bereich der DGE-Zufuhrempfehlungen liegen, allerdings noch keine Rolle.

3.5 Wasser- und Elektrolythaushalt

Für die menschliche Leistungsfähigkeit ist der Wasser- und Elektrolythaushalt zweifellos von besonderer Bedeutung. Dies wird verständlich, wenn man um die vielfältigen Funktionen von Wasser und Mineralstoffen im Stoffwechsel weiß. Wasser- und Elektrolythaushalt sind eng miteinander verbunden. Der Organismus kann die ihm zugeführten Mineralsalze nur verwerten, wenn genügend Wasser mit verabreicht wird, und umgekehrt das Wasser nur binden, wenn Mineralsalze vorhanden sind. Natrium, Chlorid und Kalium sind die wichtigsten Elektrolyte der extra- und intrazellulären Körperflüssigkeit. Diese Elemente sind für die Erhaltung des osmotischen Druckes erforderlich.

Bei intensiver körperlicher Arbeit erfordert der Wasser- und Elektrolythaushalt besondere Beachtung. Nicht ergänzte Wasser- und Mineralstoffverluste wirken sich nachteilig auf die körperliche und mentale Leistungsfähigkeit sowie auf das Gesamtbefinden aus. Im Extremfall kann ein solches Defizit zu einem schweren Zusammenbruch führen.

3.5.1 Bedeutung von Wasser und Vorkommen im Körper

Ohne Wasser ist kein Leben möglich. Wasser zählt zu den essentiellen Nährstoffen, die täglich mit der Nahrung aufgenommen werden müssen. Nicht zuletzt ist es Hauptbestandteil des menschlichen Organismus. Der Wassergehalt beträgt je nach Lebensalter und Körperzusammensetzung ungefähr zwischen 70 Prozent und 50 Prozent des jeweiligen Körpergewichtes (mit zunehmendem Lebensalter und Fettanteil abnehmend).
Es ist bekannt, daß fast die Hälfte des gesamten Wasserbestandes in der Muskulatur vorliegt. Je höher die Stoffwechselleistung einer Zelle (Muskelzelle), desto höher ist ihr Wassergehalt (-bedarf). Wasserverluste in Höhe von 2 Prozent des jeweiligen Gesamtkörpergewichtes – das sind bei 70 kg Körpergewicht circa 1,4 Liter – können sich bereits leistungsmindernd auswirken, wobei der individuelle Gesundheits- und Leistungszustand einen gewissen Toleranzbereich zuläßt.
Wasser hat weitere lebenswichtige Aufgaben. Es ist vor allem Lösungsmittel, wodurch Stofftransport und Stoffwechselreaktionen im Körper erst möglich werden. Wasser dient ferner als wirksames Hilfsmittel der Temperaturregulierung, denn durch Wasserverdunstung (Schweißsekretion) wird Wärme nach au-

1–5	6–10	11–12
Durst Einschränkung der Bewegungen Müdigkeit Schwäche Übelkeit	Schwindelgefühl Kopfschmerzen Atemnot vermindertes Blutvolumen Gehunfähigkeit	Krämpfe Delirium

Tabelle 3.26 Symptome bei einem Wassermangel (in % des Körpergewichtes)

ßen abgeführt. So soll einer leistungsmindernden oder gar lebensgefährlichen Erhöhung der normalen Körperinnentemperatur (etwa 37 °C) vorgebeugt werden.
Wasser kommt im Körper in verschiedenen Bereichen vor, einmal im intrazellulären Raum, zum anderen außerhalb der Zellen, d. h. extrazellulär. Zu letzterem zählen Blut- und Zwischengewebsflüssigkeiten. Nicht zu vergessen ist, daß mit den Verdauungssekreten täglich mehrere Liter Wasser in den Magen-Darm-Trakt abgesondert werden, die dann im unteren Dünndarm und im Dickdarm wieder weitgehend resorbiert werden. Zwischen den Flüssigkeitsbereichen finden also ständig entsprechende Austauschprozesse statt.

Der Wasserbedarf eines Menschen ergibt sich im wesentlichen als Summe der für die Wärmeregulation und die Ausscheidung von Stoffwechselendprodukten und Salzen, die nur in einer bestimmten Konzentration über die Niere ausgeschieden werden können, erforderlichen Wassermengen. Und so könnte eine ausgeglichene Wasserbilanz über einen Tag aussehen:

Tabelle 3.27 Beispiel einer ausgeglichenen Wasserbilanz

Wasseraufnahme		Wasserabgabe	
Trinkflüssigkeit	1500 ml	Harn	1300 ml
Wasseranteil in Speisen	700 ml	Stuhl	200 ml
Oxidationswasser (entsteht im Intermediärstoffwechsel bei der Oxidation von Nährstoffen)	300 ml	Haut und Lungen (Schwitzen und Abatmen)	1000 ml
Summe	2500 ml	Summe	2500 ml

3.5.2 Folgen von Wasser- und Elektrolytverlusten

Ein im Sport, in Abhängigkeit von Dauer und Intensität der Belastung sowie den klimatischen Bedingungen, sehr variabler Bereich ist die Flüssigkeitsabgabe in Form von wärmeregulierenden Schweißverlusten. Allgemein ist bei intensiver körperlicher Arbeit im gemäßigten Klima ein diesbezüglicher Wasserverlust von 1–1 1/2 Liter pro Stunde anzunehmen.
Bei körperlichen Belastungen wird entsprechend der gesteigerten Atmung auch vermehrt Wasser über die Lungen verdampft. Die vermehrte Wasserabgabe über die Atemluft (an kalten Tagen deutlich erkennbar) ist in Höhenlagen und somit beim Skisport und Bergsteigen besonders zu berücksichtigen.
Der Wasserverlust bei verschiedenen sportlichen Aktivitäten läßt sich auf einfache Weise ermitteln. Man stellt sich (unmittelbar) vor und nach dem Sport auf die Waage. Die dann festgestellten Gewichtsverluste sind hauptsächlich Wasserverluste.
Nicht rechtzeitig aufgefüllte Flüssigkeitsverluste bergen relativ schnell die Gefahr einer Bluteindickung (Volumenverminderung) mit verschlechtertem Nährstoff- und Sauerstofftransport zu den Zellen sowie ebenfalls beeinträchtigtem Abtransport von Stoffwechselendprodukten (zum Beispiel Milchsäure) und Wärmeenergie in sich. Der Muskel reagiert im wahrsten Sinne des Wortes «sauer» und wird leistungsunfähiger. Überwärmung, Hitzestau bis zum Kollaps können die Folge sein (vgl. Abbildung 3.21). Eine (schleichende) Wasserverarmung, die nicht genügend kompensiert wird, beeinträchtigt schließlich die Nierenfunktion. Daran ist auch bei Saunaanwendungen und Diäten zur Gewichtsreduktion zu denken. Unmittelbare kurzfristige Gewichtsverluste sind hauptsächlich Wasserverluste, die ja aus o. g. Gründen wieder aufgefüllt werden sollen. Sie zählen demnach nicht beim angestrebten Ziel: allmählicher Abbau von Übergewicht in Form von Fettdepots. Ein diesbezügliches Nichtwissen bzw. Fehlverhalten, d. h. zu wenig zu trinken, kann dann eher schädigen.
Schwitzen bedeutet zwar zunächst Wasserverlust, aber das Thema «Wasserhaushalt» kann nicht losgelöst von der Bedeutung der Elektrolyte (= in Körperflüssigkeiten gelöste Mineralstoffe) betrachtet werden. Wir verlieren den Schweiß nie als «reines» Wasser, sondern ebenfalls die darin gelösten Mineralstoffe Natrium (Na), Chlorid (Cl), Kalium (K), Magnesium (Mg) und Calcium (Ca) (vgl. Abbildung 3.22).
Diese Elemente sind entscheidend an der Regulation des Flüssigkeitshaushaltes und unter anderem am ordnungsgemäßen Ablauf der Muskelfunktion beteiligt. Im Mangel wird der betreffende Muskel störanfällig, erhöhte Krampfbereitschaft kann die Folge sein.
Sportler müssen in diesem Zusammenhang besonders auf das Magnesium achten, während das zweite Leistungselement Kalium auch wichtig für die Glyko-

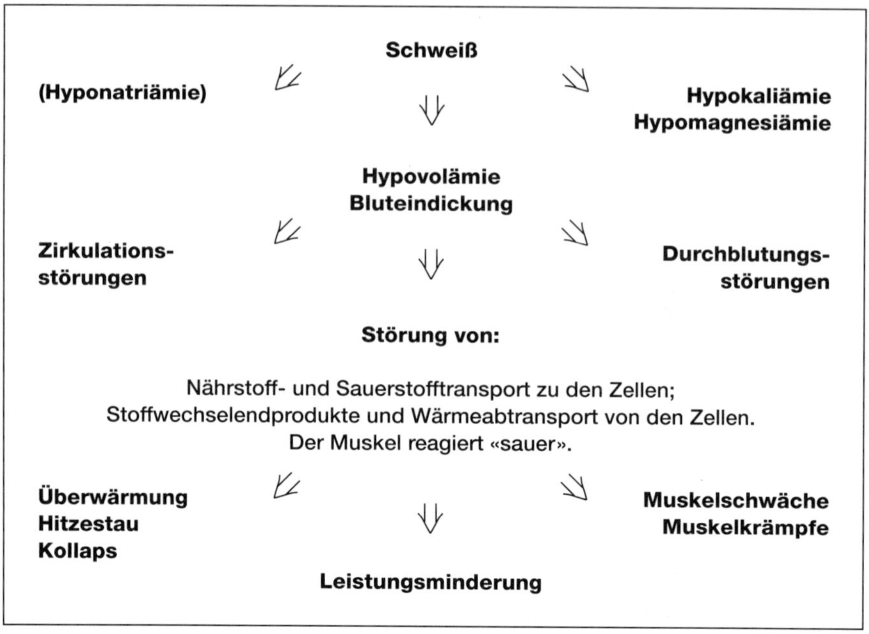

Abb. 3.21 Folgen des Schweißverlustes

genspeicherung ist. Bei beiden Mineralstoffen können marginale Versorgungszustände vorliegen.

Die Konzentration von Magnesium, Eisen, Zink und in geringem Maße auch Kalium ist im Schweiß höher als im Blutplasma, so daß bei starken Schweißverlusten auch diese Substanzen in höherem Maße verlorengehen (vgl. Tab. 3.28).

Tabelle 3.28 Konzentration der Elektrolyte und Spurenelemente im Schweiß und Blutplasma (Quelle: Keul, J., Witzigmann, E.: Die Olympia-Diät, München: Heyne 1988, S. 82)

	Schweiß	**Plasma (Blut)**	
Natrium	50	140	mMol/l
Chlor	40	100	mMol/l
Kalium	5	4	mMol/l
Magnesium	0,7	2,5	mMol/l
Eisen	2	1	mg/l
Zink	2	1	mg/l

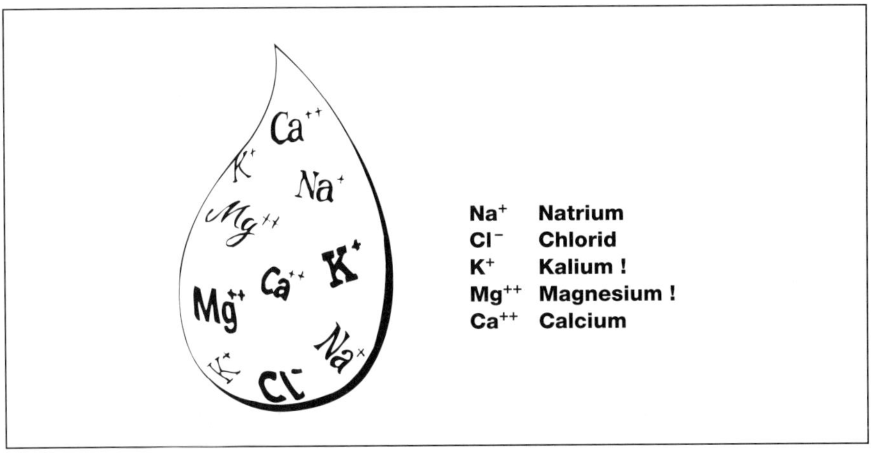

Abb. 3.22 Elektrolytverlust durch den Schweiß

3.5.3 Allgemeine Bedeutung der Mengen- und Spurenelemente

Mineralstoffe (Oberbegriff für Mengen- und Spurenelemente) sind chemische Elemente und ihre anorganischen Verbindungen. Sie stellen Bau- und Reglersubstanzen für den menschlichen Organismus dar und kommen in harten und weichen Körpergeweben sowie Körperflüssigkeiten vor. Sie sind beteiligt an der Reizbildung, Reizbeantwortung und an der Muskelkontraktion. Die lebensnotwendigen Mengen- und Spurenelemente müssen mit der Nahrung aufgenommen werden. Calcium (Ca), Phosphor (P), Natrium (Na), Chlorid (Cl), Kalium (K), Magnesium (Mg) und Schwefel (S – aus schwefelhaltigen Aminosäuren stammend) sind für den Menschen essentiell. Bei den Mineralstoffen unterscheidet man nach ihrem Gehalt zwischen Mengenelementen, deren Konzentration mehr als 50 mg/kg Körpergewicht (= 0,005 Prozent) beträgt, und Spurenelementen, deren Gehalt im Körper unterhalb dieser Grenze liegt. Eisen liegt mit 0,007 Prozent nach dieser Definition im Grenzbereich zwischen Mengen- und Spurenelement, wird aber heute überwiegend den Spurenelementen zugeordnet. Entsprechende Unterschiede ergeben sich auch im Bedarf an Mengen- und Spurenelementen. Während die erste Gruppe im Mehrere-hundert-Milligramm-Bereich bis Mehrere-Gramm-Bereich liegt, benötigen wir von den Spurenelementen nur wenige Milligramm- beziehungsweise Mikrogramm-Mengen.
Spurenelemente werden in drei Gruppen eingeteilt: essentielle mit bekannter physiologischer Funktion, solche mit noch unbekannter Funktion und schließlich toxische Spurenelemente.

Lebensnotwenige, mit der Nahrung aufzunehmende Spurenelemente sind: Eisen (Fe), Jod (J), Zink (Zn), Fluorid (F), Selen (Se), Kupfer (Cu), Mangan (Mn), Chrom (Cr), Molybdän (Mo), Kobalt (Co).

Über die Funktionen von anderen Spurenelementen wie Cäsium, Aluminium und Lithium im Sinne eines möglichen essentiellen Nährstoffes ist noch nichts Genaues bekannt, während Blei, Quecksilber, Cadmium und Arsen akute und chronische Giftwirkungen zeigen.

3.5.3.1 Natrium(chlorid)

Schweiß schmeckt bekanntlich salzig. Schwitzen führt zu Wasser- und Mineralsalzverlusten. Das Trinken salzhaltiger Flüssigkeiten oder der Gebrauch von Salztabletten gilt daher in der Sportlerernährung als bewährtes Mittel, um die Leistungsfähigkeit zu erhalten bzw. wiederherzustellen. Aufgrund der Kenntnisse der Schweißzusammensetzung und unter Berücksichtigung der gegenwärtigen Ernährungsgewohnheiten ist jedoch Kochsalz (NaCl) keineswegs mehr *das* Salz im Sportlergetränk.

Der wesentliche Teil des Natriumbestandes unseres Organismus (circa 100 g) entfällt auf den Extrazellulärraum, also den Flüssigkeitsraum zwischen den Zellen, und auf das Blut. Die Natriumkonzentration im Körper wird über die Nierenfunktion hormonell gesteuert.

Es ist interessant, daß entwicklungsgeschichtlich die Fähigkeit, Natrium zu konservieren, wesentlich besser ausgeprägt ist, als das Vermögen, einen Natriumüberschuß über die Nieren auszuscheiden (Deutsche Gesellschaft für Ernährung, 1985, S. 26).

Die Natriumverteilung auf die extrazellulären Flüssigkeitsräume wird durch die sogenannte energieverbrauchende Natriumpumpe bewirkt. Die akzeptable Höhe der Natriumchloridaufnahme liegt unter üblichen Lebens- und Arbeitsbedingungen bei 5–7 Gramm täglich.

1 Gramm Kochsalz enthält 0,4 g Natrium und 0,6 Gramm Chlorid. 1 mmol Natrium entspricht 23,0 mg und 1 mmol Chlorid 35,5 mg.

Natriumempfindliche Menschen reagieren bei einer in westlichen Industrieländern hohen Kochsalzaufnahme (über 10 g/Tag) mit Bluthochdruck.

Bei körperlichen Belastungen werden größere Mengen an Natrium(-chlorid) auch über den Schweiß abgegeben.

Auf keinen Fall darf jedoch bei den heutigen Ernährungsgewohnheiten mehr allein auf den Natriumchlorid-Ersatz Wert gelegt werden. Kochsalz kommt in der täglichen Ernährung in ausreichenden, vielfach sogar in deutlich den Bedarf überschreitenden Mengen vor.

Bei einer Mineralstoffsubstitution sind neben der Kenntnis der entsprechenden Kostzusammensetzung auch die unterschiedlichen Konzentrationen von Mineralstoffen in Schweißflüssigkeit und Blut zu berücksichtigen.

«Der Schweiß enthält Kochsalz in geringerer Konzentration als das Blut (ca. 1:2), so daß mit dem Schweiß mehr Wasser als Kochsalz, bezogen auf den Bestand im Organismus, verlorengeht. Eine zu geringe Kochsalzzufuhr, auch bei Sportlern, ist außergewöhnlich selten, da die Zufuhr mit der Nahrung stets über dem Bedarf liegt. Ein Kochsalzmangel wird lediglich bei langwährenden, wiederholten körperlichen Belastungen in heißen Klimazonen beobachtet, wenn mit der Nahrung zuwenig Kochsalz zugeführt wird. Erkennbar wird eine zu geringe Kochsalzzufuhr am Abfall des Natriumspiegels im Blut, klinisch werden Muskelkrämpfe beobachtet» (KEUL, 1988, S. 74).

Zudem ist der Körper in der Lage, die Natriumausscheidung im Schweiß den Belastungs- und Außenbedingungen anzupassen und sich durch die Bildung eines natriumarmen Schweißes gegen einen übermäßigen Kochsalzverlust zu schützen. Dieser Trainingseffekt der Schweißdrüse ist für die Einsparung von Kalium und Magnesium nicht bekannt.

Chlorid ist das wichtige Anion des Extrazellulärraumes. Das Chloridion Cl^- dient dem elektrischen Ladungsausgleich mit den Kationen Na^+ und K^+. Chlorid findet sich in hoher Konzentration im Magen-Darm-Trakt. Die Magensalzsäure HCL ist das Clorid Cl^- des Wasserstoffs H^+ Ein ausreichender Kochsalzgehalt der Nahrung bei hohen Belastungen und Temperaturen ist daher zur Bildung von genügend Magensalzsäure (Schutz vor Lebensmittelinfektionen) wichtig.

3.5.3.2 Kalium

Im Gegensatz zum Natrium findet sich Kalium hauptsächlich in den Zellen. Als Gegenspieler von Natrium wirkt Kalium entwässernd und ist an der Blutdruckregulation sowie am bioelektrischen Potential der Nerven beteiligt. Ebenfalls spielt Kalium bei der Glykogenspeicherung in der Muskulatur eine Rolle. Die täglich empfohlene Kaliummenge für Jugendliche und Erwachsene beträgt 3,0–4,0 g. 1 mmol Kalium entspricht 39,1 mg. Pflanzliche Lebensmittel sind kaliumreich. Zubereitungsverluste durch Auslaugen des wasserlöslichen Elementes sind möglich. Besonders kaliumreich sind Trockenfrüchte, frisches Obst, Fruchtsäfte, mit wenig Wasser gegarte Kartoffeln und Gemüse.

Ein Kaliummangel verursacht in erster Linie neuromuskuläre Symptome, wie Schwäche der Skelettmuskulatur bis zu Funktionsstörungen des Herzens.

«Kalium ist im Schweiß in derselben Konzentration wie im Blut enthalten, so daß größere Kaliumverluste eintreten können, wenn im Training und Wettkampf große Flüssigkeitsmengen mit dem Schweiß verlorengehen. Nicht selten werden bei Spitzensportlern zu niedrige Kaliumwerte im Blut beobachtet» (KEUL, 1988, S. 75).

Eine erniedrigte Kaliumkonzentration im Blut führt in der Nachbelastungsphase zur verzögerten Wiederauffüllung der Glykogendepots und damit der Regeneration.

3.5.3.3 Calcium

Calcium ist mit circa 1000 Gramm der mengenmäßig wichtigste Mineralbestandteil des Körpers. Calciumsalze geben Knochen und Zähnen ihre Festigkeit, circa 99 Prozent des Körperbestandes liegen dort vor. Weitere Aufgaben von Calcium-Ionen sind: Stabilisierung der Zellmembranen, Aktivierung von Enzymen, Beteiligung an der Blutgerinnung und Reizleitung im Nervensystem sowie der elektromechanischen Koppelung im Muskel. Bei Mangel an Calcium kommt es zu Störungen der neuromuskulären Erregbarkeit und Muskelkrämpfen.
Während des Wachstums ist eine ausreichende Calciumzufuhr wichtig für die Ausbildung einer optimalen Knochendichte, d. h. Knochenfestigkeit, und dient somit als Osteoporose-Schutz. Kinder und Jugendliche sollten täglich 1000–1200 mg und Erwachsene 900–1000 mg Calcium mit der Nahrung aufnehmen. Ohne Milchprodukte in der Ernährung ist eine ausreichende Calciumzufuhr kaum zu gewährleisten. Über die Calciumdichte tierischer und pflanzlicher Lebensmittel gibt die Tab. 7.2 auf S. 234 ff Auskunft.
Die Calciumresorption wird durch Vitamin D und Milchzucker positiv und durch Phytat und Oxalat negativ beeinflußt. Phytinsäure kommt hauptsächlich in den Kleiebestandteilen der Getreidekörner vor. Oxalsäurereich sind Rhabarber, Spinat und Kakaopulver. Ein Calcium-Phosphat-Verhältnis von 1:1 bis 1:1,2 ist wünschenswert. Bei sehr geringer Calciumaufnahme (Ernährung ohne Milchprodukte) und zugleich überhöhter Phosphatzufuhr (durch phosphorsäurehaltige Getränke, wie Cola-Limonaden, sowie durch Wurst- und Fleischwaren, Schmelzkäse) sind Störungen des Calciumstoffwechsels möglich.

3.5.3.4 Phosphor (Phosphat)

Der Phosphorbestand des menschlichen Organismus (circa 600–700 g) liegt überwiegend in anorganischen Verbindungen mit Calcium im Skelett vor. Phosphor hat aber über seine Aufgabe als Baustoff hinaus weitreichende Funktionen im Organismus, wie die Atmungskettenphosphorylierung, den Energieumsatz im Muskel, den Stoffwechsel von Kohlenhydraten, Fetten und Proteinen sowie den Transportmechanismus von Fettsäuren. Phospholipide sind an Grenzflächenstrukturen und -reaktionen beteiligt. Phosphor ist Bestandteil von Enzymen und Bausteinen der Nucleinsäuren (Jekat, 1986, S. 180).
In Form der energiereichen Phosphate ist Phosphor von ganz entscheidender Bedeutung für die Energiegewinnung und -verwertung. Nur über diese Phosphatverbindungen kann die beim Abbau der Nährstoffe in chemischen Reaktionen frei werdende Energie in der Muskelzelle genutzt werden. Adenosintriphosphat-(ATP)Bildung und ATP-Verbrauch stehen im Mittelpunkt des Energiestoffwechsels.
Die tägliche Zufuhrempfehlung für Erwachsene beträgt 800 mg Phosphor. Die tatsächliche Aufnahme aus Lebensmitteln, unter anderem über Milchprodukte und Fleisch, ist aber höher.

3.5.3.5 Magnesium

Magnesium wird populärwissenschaftlich als «Hochleistungselement des Stoffwechsels» bezeichnet. Verständlicherweise konzentriert sich das Interesse des Sportlers besonders auf diesen Mineralstoff.

Ähnlich wie das Kalium findet sich auch das Magnesium vorwiegend im intrazellulären Raum und lediglich zu etwa 1 Prozent in der extrazellulären Flüssigkeit. Diese Tatsache muß auch bei der Bestimmung der Magnesiumversorgung von Sportlern berücksichtigt werden.

Die Hauptaufgabe von Magnesium ist die Aktivierung nahezu aller Enzyme, die im Energiestoffwechsel Bedeutung haben. Es sind über 300 Enzyme des Kohlenhydrat-, Fett- und Eiweißstoffwechsels bekannt, die Magnesium als Aktivator (Coenzym oder Cofaktor) benötigen, so zum Beispiel Phosphatasen, Kinasen, Peptidasen, Mutasen und Enolasen. Darüber hinaus ist Magnesium an der Aufrechterhaltung der Permeabilität und Stabilität von Zellmembranen beteiligt. Herauszustellen ist seine Rolle im neuromuskulären System, d. h. bei der Erregungsübertragung vom Nerv auf den Muskel und der Muskelkontraktion. In diesem Zusammenhang muß darauf hingewiesen werden, daß gerade ein Magnesiummangel erhöhte Gefahr für eine Störung der neuromuskulären Funktion und für das Auftreten von Muskelkrämpfen bedeutet.

Das wasserlösliche Mineralelement, das bekanntlich ebenfalls mit der Schweißflüssigkeit verlorengeht, wird in erster Linie durch vollwertige kohlenhydratreiche Kost bereitgestellt. Magnesium kommt vor allem vor in Vollkornprodukten, Weizenkeimen, Hülsenfrüchten, Kartoffeln, grünen Gemüsen (Magnesium ist Zentralatom des Chlorophylls). Weitere Magnesiumquellen im Sinne einer abwechslungsreichen Ernährung sind Milch, Käse, Fleisch, Fisch, Bananen und Beerenfrüchte. Über die Magnesiumdichte verschiedener pflanzlicher und tierischer Lebensmittel informiert die Tabelle 7.2 auf S. 234 ff. Bei Mineralwasser weisen entsprechend günstige Quellen Magnesiumgehalte von circa 100 mg und mehr pro Liter aus.

Der Umfang der Magnesiumresorption wird mit 35–55 Prozent des zugeführten Magnesiums angegeben, wobei leicht lösliche Magnesiumsalze gut resorbiert werden. Die Höhe der Resorptionsquote ist abhängig vom Angebot und seiner zeitlichen Verteilung, der Verweildauer und Durchmischung der Speisen im Magen, der Beschaffenheit der Darmschleimhaut und dem im Darm vorliegenden pH-Wert. Die Magnesiumresorption wird beeinträchtigt durch hohe Aufnahme von Calcium, Phosphor, Fett, Protein, Alkohol und Ballaststoffen – insbesondere Phytat in den Kleiebestandteilen – sowie Mangel an Vitamin B_1 und Vitamin B_6. Gefördert wird die Magnesiumausnutzung offenbar durch Vitamin D und Parathormon.

Spezifische Ernährungsformen, wie eiweißreiche Diäten zur Gewichtsreduktion oder in der Trainingsaufbauphase von Kraftsportarten, können den Magnesiumbedarf erhöhen. Bei unzureichendem Angebot kohlenhydratreicher pflanz-

licher Lebensmittel ist eine adäquate Magnesiumversorgung dann oft nicht sichergestellt. Die Zufuhrempfehlung für Magnesium beträgt für Frauen 300 mg und für Männer 350 mg Magnesium pro Tag. Für Leistungssportler werden höhere Zufuhrempfehlungen angenommen. Ein Mehrbedarf (bis zur Verdoppelung der DGE-Empfehlung) wird aufgrund des erhöhten Energieumsatzes und durch den Verlust mit dem Schweiß begründet. Die Magnesiumkonzentration im Schweiß kann bis zum Fünffachen höher als im Blut sein (Keul, 1988, S. 77).
Bei einem Magnesiummangel stellen sich neben den bereits erwähnten Störungen im neuromuskulären Bereich mit Neigung zu Muskelkrämpfen auch Herzrhythmusstörungen – vor allen unter Belastung – ein. Diuretika und chronischer Alkoholmißbrauch erhöhen die Magnesiumausscheidung über die Niere. Dies kann ebenfalls ursächlich für einen Magnesiummangel sein.
Magnesium bewirkt eine physiologische Entspannung unter gleichzeitiger Dämpfung vegetativer Erregungszustände. Es führt jedoch bei normaler Dosierung zu keiner Tagesmüdigkeit. Etwaige Durchfälle sind harmlos und können durch eine Senkung der zugeführten Magnesiummenge beherrscht werden. Es wird zum Teil die Empfehlung ausgesprochen, Magnesium wegen dieser möglichen dämpfenden und laxierenden Wirkung an Wettkampftagen nicht zusätzlich zur Nahrung einzunehmen. Besser geeignet für eine Magnesiumsubstitution ist die Vorbereitungsphase.
Eine bewußte Auswahl magnesiumreicher Lebensmittel stellt die Basisversorgung mit diesem vielseitigen Mineralstoff sicher. Dem Nahrungsangebot stehen – eine ärztliche Empfehlung berücksichtigend – verschiedene im Handel befindliche Magnesiumpräparate zur Seite, teilweise in sinnvoller Kombination mit anderen Nährstoffen, zum Beispiel Vitamin B_6 oder Vitamin E.
Magnesium als Aspartat, Chelat, Citrat oder Hydrochlorid wird besser aufgenommen als Magnesiumkarbonat oder Magnesiumoxid. Eine Kombination von Kalium und Magnesium erscheint sinnvoll, da die relativ häufige Hypokaliämie ein Nebeneffekt der Hypomagnesiämie sein kann.
Die verringerte Kaliumkonzentration im Blut ist erst aufhebbar, wenn die Unterversorgung mit Magnesium beseitigt ist. Magnesium und Vitamin B_6 greifen beispielsweise in den Eiweißstoffwechsel ein (sinnvolle Ergänzung für Sportler im Krafttraining), während Magnesium und Vitamin E protektive Effekte im Bereich von Herz und Kreislauf sowie Gefäßstoffwechsel aufweisen.

Spurenelemente
Alle Spurenelemente sind Bestandteile von Enzymen oder anderen Wirkstoffen. Sie greifen somit regulierend in die verschiedensten Bereiche des Stoffwechsels ein. Aus sporternährungswissenschaftlicher Sicht soll hier besonders die Bedeutung von Eisen, Zink, Selen und Chrom erörtert werden. Dabei darf nicht vergessen werden, daß die Versorgung mit Jod allgemein oft kritisch ist. Für den Sport-

ler gelten 200 μg täglich als wünschenswerte Höhe der Jodzufuhr. Jodreich sind Seefische. Daher werden 1–2 Seefischmahlzeiten pro Woche empfohlen. Einen sicheren Beitrag zur Jodversorgung leistet «jodiertes» Speisesalz als diätetisches Lebensmittel.

3.5.3.6 Eisen

Eisen erfüllt im Stoffwechsel vielfältige Funktionen, insbesondere als Bestandteil sauerstoffübertragender Wirkgruppe (*Hämoglobin, Myoglobin, Cytochrome*). Eisen ist ebenfalls in den Enzymen des oxidativen Stoffwechsels der Atmungskette enthalten.

Der Bestand des Körpers ist mit 4–5 g Eisen von allen Spurenelementen am höchsten. Beim Erwachsenen muß ein täglicher Eisenverlust von 1,0 mg ersetzt werden. Für Frauen ergibt sich während der Menstruation ein zusätzlicher Verlust von 15 mg Eisen pro Monat. Geht man davon aus, daß nur etwa 10 Prozent des mit Lebensmitteln aufgenommenen Eisens resorbiert werden, so ergeben sich tägliche Eisenzufuhrempfehlungen im Bereich von 10 mg pro Tag für Männer und 15 mg für Frauen. Eisen ist für Frauen allgemein, für Leistungssportlerinnen insbesondere und teilweise auch für Leistungssportler, ein kritischer Nährstoff. Eisenmangelerscheinungen zählen weltweit zu den meistverbreiteten Nährstoffmangelsituationen. Es kommt zur Eisenmangelanämie. Für Sportler ist eine ausreichende Eisenversorgung deswegen so wichtig, da der Sauerstofftransport im Blut vermehrt beansprucht wird und der Organismus eine größere Blutmenge bildet. Werden im Eisenmangel nicht genügend rote Blutkörperchen gebildet, ist die Sauerstofftransportfähigkeit des Blutes eingeschränkt.

«Ist als Folge des Eisenmangels bereits eine Blutarmut eingetreten, ist mit Sicher-

Tabelle 3.29 Ursachen des Eisenmangels bei Sportlern
(Quelle: Keul, J., Witzigmann, E.: Die Olympia-Diät, München: Heyne 1988, S. 83)

verminderte Zufuhr **erhöhter Verlust**	**Bedarf**
1. unzureichende Ernährung	1. größere Blutmenge
2. verminderte Aufnahme	2. Muskelzunahme
3. erhöhter Verlust	3. Zunahme Atmungskette
3.1 Schweiß	
3.2 Urin	
3.3 Darm	
3.4 Haut	
4. gesteigerter Blutabbau	

heit auch mit einer Einschränkung der Leistungsfähigkeit zu rechnen. Hinzu kommen Abgeschlagenheit, Müdigkeit, Konzentrationsschwäche, frühzeitige Übersäuerung der Muskulatur, Schlaflosigkeit und Kreislaufstörungen... Beim Sportler müssen belastungsbedingte Faktoren für das häufige Eisendefizit angeführt werden. Wiederholt wurde gezeigt, daß sich bei Ausdauersportlern durch eine vorzeitige Zerstörung der roten Blutkörperchen eine erhöhte Eisenausscheidung im Urin (Hämoglobinurie) findet, wodurch der Eisenbedarf erhöht wird; bei Läufern wird der vorzeitige Abbau der roten Blutkörperchen durch eine Kompression in den Fußkapillaren erklärt. Ferner wird ein vorzeitiger Abbau der roten Blutkörperchen durch traumatische Ereignisse im Sport, erhöhte Körpertemperatur, den Druck in den Gefäßen durch die Muskeln und die arbeitsbedingte Übersäuerung begründet. Obwohl beim Gesunden die Eisenaufnahme bei unzureichend aufgefüllten Eisenspeichern nicht gestört ist, wurde bei Läufern eine um die Hälfte verminderte Eisenresorption gefunden. Körperliche Aktivität kann somit die Eisenaufnahme stören» (KEUL, 1988, S. 81/82).

Auch bei Fleischessern ist die Eisenversorgung nicht immer zufriedenstellend. Hämeisen (aus Fleisch und Fleischwaren stammend) wird mit circa 23 Prozent besser resorbiert als Eisen aus pflanzlichen Quellen (3–8 Prozent bei nicht entleerten Eisenspeichern). Die Kombination von Hämeisenquellen mit pflanzlichen Eisenlieferanten fördert die Eisenresorption. Vitamin C erhöht die Eisenaufnahme ebenfalls.

Folgende Lebensmittelzusammenstellungen verbessern die Eisenresorption untereinander:

Rindfleisch mit frischem Salat
Fleisch mit Broccoli
Gulasch mit Paprika
Linsen mit rohem Gemüse
Vollkornhaferflocken mit frischem Obst
Vollkornbrot mit Orangensaft
gekochtes Ei und Orangensaft
Sprossen (Keimlinge) mit Blattsalat
Sonnenblumenkerne oder Sesamsaat zum Obstsalat.

In Tabelle 7.2 auf S. 234 ff finden sich Angaben über die Eisendichte verschiedener Lebensmittel. Tannine (Gerbstoff aus schwarzem Tee), Calcium und Phosphatsalze sowie Phytat können die Eisenresorption hemmen.

Bei Leistungssportlerinnen und teilweise auch Leistungssportlern wird aufgrund einer ärztlichen Untersuchung (*Ernährungsstatus*) bzw. einer Verordnung ein- bis zweimal jährlich eine Eisensubstitution mit einem eisenhaltigen Medikament bzw. diätetischen Lebensmittel vorgenommen. Es empfehlen sich Präparate mit Eisen-II-Verbindungen in Kombination mit Vitamin C. Falls Magenunverträg-

Sportart	Geschlecht	Eisenaufnahme (mg) Gesamt	Häm-Eisen	Nicht-Häm-Eisen	Ergänzung
Ausdauersport					
1 Tour de France	M	353,0	5,3	24,9	324,0
2 Tour de l'Avenir	M	151,8	9,0	9,4	123,4
3 Triathlon	M	26,2	1,3	24,9	0
4 Radfahren (Amateure)	M	37,0	2,2	25,4	9,4
5 Marathon-Eislauf	M	38,0	4,0	20,7	13,3
6 Schwimmen	M	24,2	4,9	14,4	4,9
7 Rudern	M	18,5	3,0	15,5	0
8 Laufen	M	17,8	2,5	15,3	0
9 Rudern	F	16,2	2,0	14,2	0
10 Radfahren (Amateure)	F	48,0	2,7	22,0	22,3
11 Laufen	F	22,5	1,6	14,2	6,7
12 Schwimmen (Leistungssport)	F	9,5	1,9	7,6	0
Kraftsport					
1 Bodybuilding	M	20,7	4,5	16,2	0
2 Judo	M	16,1	5,4	10,4	0
3 Gewichtheben	M	14,2	4,2	10,0	0
4 Judo	F	13,1	3,0	10,1	0
5 Gymnastik (Spitzensport)	F	9,9	2,3	7,6	0
6 Gymnastik (Leistungssport)	F	14,8	4,8	6,7	3,3
7 Bodybuilding	F	11,3	2,3	9,0	0
Mannschaftssport					
1 Wasserball	M	30,7	5,1	15,6	0
2 Fußball	M	14,0	4,3	9,7	0
3 Hockey	M	15,5	4,6	10,9	0
4 Volleyball	F	12,3	2,5	9,8	0
5 Hockey	F	52,4	3,1	8,4	40,9
6 Handball	F	12,0	3,2	8,8	0

Tabelle 3.30 Eisenversorgung bei verschiedenen Sportlern aus den Bereichen Ausdauer-, Kraft- und Mannschafts-(Spiel-)Sportarten (nach v. ERP-BAART 1989, S. 12)

lichkeit besteht, ist die verteilte Gabe kleinerer Eisendosen der hochdotierten Einzelgabe vorzuziehen. Dies verbessert auch die Resorption.

Tabelle 3.30 zeigt die Eisenversorgung bei verschiedenen Leistungssportlern. Es wird ersichtlich, wieviel Hämeisen, Nicht-Hämeisen und Eisen aus Supplementen jeweils aufgenommen wird.

3.5.3.7 Zink

Zink ist ein essentielles Spurenelement und für Wachstum und regelrechte Funktion des Stoffwechsels unentbehrlich. Die biologische Bedeutung von Zink dürfte vor allem im Vorkommen von Zink-Metallcoenzymen liegen. Es ist Bestandteil oder Aktivator von circa 100 verschiedenen Enzymen des Intermediärstoffwechsels (*Carboanhydrase, DNA-Polymerase, alkalische Phosphatase, Laktatdehydrogenase u. a.*). Es spielt eine Rolle bei der Insulinspeicherung, bei der Proteinsynthese und im Immunsystem. Zink kann als Bestandteil antioxidativer Enzyme auch als zellulärer Oxidationsschutz bezeichnet werden.
Als tägliche Zufuhr werden circa 15 mg Zink empfohlen. Diese Menge gilt in etwa auch für eine Dauersupplementierung in Form von Glukonat, Orotat, Aspartat oder Chelat. Die therapeutischen Zinkdosierungen liegen höher und sollten mit dem Arzt abgestimmt werden. Körperliche Mehrbelastungen und Streß sollen den Bedarf an Zink erhöhen. Zinkmangel führt zu Wachstumsstörungen, Appetitlosigkeit, Verzögerung in der Wundheilung und erhöhter Infektionsanfälligkeit. Die Beziehung von Zink zum Immunsystem und die Vermeidung eines Zinkmangels ist gerade für Leistungssportler wichtig, da oft eine erhöhte Infektionsanfälligkeit besteht. Auch ohne klinisch signifikante Zeichen des Zinkmangels kann eine marginale (grenzwertige) Zinkversorgung zur Leistungs-, Gesundheits- und Befindensbeeinträchtigung führen.
Zinkreiche Lebensmittel sind in Tab. 7.3 auf S. 238 ff ausgewiesen. Gute Nahrungsquellen sind Fleisch, Fisch, Meeresfrüchte, Innereien, Milchprodukte und Vollkornerzeugnisse.

3.5.3.8 Selen

Selen – ebenfalls ein essentielles Spurenelement – ist integraler Bestandteil der Glutathionperoxidase, die als intrazelluläres Antioxidans eine ähnlich wichtige Rolle wie das alpha-Tocopherol spielt. Daraus erklärt sich auch der Vitamin-E-sparende Effekt von Selen. Selen kann man als wasserlösliches Antioxidans bezeichnen. Die Glutathionperoxidase bietet einen natürlichen Schutz der Membranlipide und bewahrt damit die Integrität der Zelle. Der Tagesbedarf des Menschen wird auf 50–200 Mikrogramm pro Tag geschätzt.
Selen und Vitamin E stehen in Beziehung zum Prostaglandinstoffwechsel und zu immunologischen Mechanismen. Selen trägt daher auch zur Steigerung der körpereigenen Abwehr bei. Es wird empfohlen, eine eventuelle Selensupplementation vorsichtig zu handhaben und in jedem Fall einen ärztlichen Rat einzuholen. Die in Lebensmitteln organisch gebundenen Selenverbindungen scheinen weniger toxisch zu sein als anorganische. Da mit der Nahrung schätzungsweise 50–100 Mikrogramm Selen aufgenommen werden, könnte man diese Menge bei einer Supplementierung um circa 100 Mikrogramm erhöhen. Ein therapeutischer Einsatz von Selen ist einer ärztlichen Behandlung vorbehalten.
Selengehalte verschiedener Lebensmittel sind in Tabelle 7.3, S. 238 ff zu finden.

3.5.3.9 Chrom

Chrom gilt als das essentielle Spurenelement des Kohlenhydratstoffwechsels. Es steigert die Glukosetoleranz, d.h. die Wirkung des Insulins auf die Zellpermeabilität kann durch Spuren von Chrom gesteigert werden. Dieser Effekt kommt vermutlich durch die Fähigkeit des Chroms zustande, die Komplexbildung zwischen Insulin und Zellmembran zu vermitteln (BUDDECKE, 1985, S. 315). Demzufolge treten bei Chrommangel folgende Symptome auf:

- Verminderte Glukosetoleranz
- Glukosurie
- Erhöhtes zirkulierendes Insulin
- Verminderte Insulinbindung
- Herabgesetzte Insulinrezeptorenzahl.

Die Chromversorgung mit der Nahrung schwankt zwischen 50 und 200 Mikrogramm pro Tag. Tabelle 7.3 auf S. 238 ff enthält Angaben über den Chromgehalt verschiedener Lebensmittel.

Empfehlungen für die tägliche Chromzufuhr sind zur Zeit nicht bekannt, liegen aber vermutlich im oben genannten Zufuhrbereich. In diesem Zusammenhang weist ANDERSON (1989) darauf hin, daß intensive körperliche Beanspruchungen den Chromhaushalt beeinflussen. Es kommt zu einer erhöhten Chromausscheidung im Urin.

«Faktoren, die den Glukosestoffwechsel verändern, verändern oft auch den Chromstoffwechsel. Intensives körperliches Training, bei welchem der Glukoseverbrauch um ein Vielfaches ansteigt, erhöht auch die Chromausscheidung mit dem Urin um einen mehrfachen Betrag zwei Stunden nach Trainingsende. Die Gesamtausscheidung an Chrom ist an einem Trainingstag mehr als doppelt so hoch wie an einem Ruhetag. Die körperliche Leistungsfähigkeit, gemessen am maximalen Sauerstoffverbrauch, hat ebenfalls einen Einfluß auf den Chromstoffwechsel. Basale Chromverluste mit dem Urin sind bei gut trainierten Läufern nur etwa halb so groß wie bei nicht körperlich trainierten Personen im Ruhezustand. Ob die verminderte Chromausscheidung bei trainierten Läufern ein erstes Anzeichen eines marginalen Chrommangels oder einer erhöhten Chromablagerung im Gewebe als Ausdruck eines Anpassungsmechanismus ist, der sich beim Training entwickelt, bleibt dahingestellt. Eine direkte Auswirkung von Chrom auf die Leistungsfähigkeit ist nicht nachgewiesen worden. Mit der Nahrung aufgenommenes Chrom schützt jedoch gegen den rapiden Glykogenverlust der Muskulatur beim akuten Training. Da die Glykogenkonzentration mit der körperlichen Leistungsfähigkeit zusammenhängt und die Abnahme des Glykogengehalts der Muskulatur während des Trainings einen Einfluß auf die Muskelermüdung hat, kann eine Schutzwirkung des Chroms auf das im Muskel enthaltene Glykogen auch eine Auswirkung auf die körperliche Leistungsfähigkeit haben» (ANDERSON, 1989, S. 14).

Konkrete Aussagen zu einem Mehrbedarf an Chrom bei Sportlern können aus diesen Ausführungen noch nicht abgeleitet werden. Es ist aber sicherlich richtig, wenn man neben Eisen, Selen und Zink der Chromversorgung des Sportlers zukünftig mehr Aufmerksamkeit widmet.

3.5.4 Getränke und Empfehlungen zum Trinkverhalten

Der situationsgerechte Ausgleich von Wasser- und Elektrolytverlusten ist bei länger andauernden Belastungen sicherlich eine der vordringlichsten Ernährungsaufgaben. Kein anderer Nährstoff wirkt sich im akuten Mangel so schnell leistungsmindernd und gesundheitsgefährdend aus wie Wasser. Wer hat nicht das Bild der völlig dehydrierten Schweizer Langläuferin bei den 23. Olympischen Spielen in Los Angeles vor Augen, die dem Zusammenbruch nahe dem Ziel entgegentorkelte.

Wasser ist lebensnotwendig, um die durch Schwitzen verursachten Wasserverluste in der Blutflüssigkeit zu ersetzen und damit einer Bluteindickung vorzubeugen. Der Wasserersatz sorgt für die normale Fließfähigkeit des Blutes und eine gute Durchblutung der peripheren Gewebe. Damit verbunden ist wiederum eine einwandfrei funktionierende Kühlung des Organismus. Die ausreichende Wasserzufuhr ist für den Sportler deshalb Gesundheitsschutzmaßnahme Nr. 1.

Mit der Trinkflüssigkeit verabreichte Kohlenhydrate und Mineralstoffe dienen bei längerdauernden Belastungen, zum Beispiel Radrennen und Tennisspielen, der Aufrechterhaltung der körperlich-muskulären sowie neuromuskulären und mentalen Leistungsfähigkeit. Kleine Kohlenhydratgaben (bis circa fünf Prozent) tragen zur Aufrechterhaltung der Glukose-Homöostase bei, fördern die Mineralstoffaufnahme und dienen dazu, ein Getränk «isoton» zu machen. Isotonische Getränke entsprechen in ihrer Teilchenkonzentration der körpereigenen Flüssigkeit und sollen deshalb schneller aufgenommen werden als stärker konzentrierte Lösungen (wie Fruchtsäfte und Limonaden). Sie sollen außerdem besonders gut verträglich sein (Kritische Betrachtung der Isotonie vgl. S. 267 f).

Wenn auch aus verschiedenen Gründen (Ernährungssituation, Bedeutung für den Muskelstoffwechsel) heute den beiden Mineralstoffen Kalium und Magnesium im Sportlergetränk der Vorzug gegeben wird, so darf nicht übersehen werden, daß ein gewisser Natriumanteil an der Mineralstoffzusammensetzung eine erwünschte wasserbindende Wirkung ausübt. Reines Wasser (teilweise wieder als Sportlergetränk für Marathonläufer propagiert) wird zwar besonders rasch resorbiert, aber auch schnell wieder ausgeschwitzt, da die wasserbindenden Mineralsalze fehlen. Der damit bei längerdauerndem Einsatz verbundene bessere Kühleffekt wird aber letztlich durch vermehrte Mineralsalzverluste erkauft, da

das ausgeschwitzte Wasser wiederum Mineralstoffe enthält. Gänzlich abzulehnen sind Salztabletten. Sie können Schleimhautreizungen verursachen und ohne Wasserzufuhr Wasser im Magen binden und es dem Körper entziehen.
Die Frage nach dem richtigen Durstlöscher muß also situationsgerecht und leistungsadäquat beantwortet werden. Zur Orientierung für die richtige Getränkeauswahl – die persönliche Verträglichkeit muß jeweils individuell geprüft werden – können in etwa folgende Empfehlungen gegeben werden:

In der Basisernährung (gilt auch an Trainingstagen) empfehlenswert:
- Frisch gepreßter Fruchtsaft
- Reine Fruchtsäfte (mineralstoff- und vitaminreicher als Fruchtsaftgetränke)
- Multivitamin-Säfte
- Gemüsesäfte
- Magnesiumreiches Mineralwasser
- Milchmixgetränke mit frischen Früchten, Buttermilch, Kefir
- Kakao aus Trinkmilch mit 1,5 % Fett (Milch und Milchgetränke circa 1 ½ Stunden vor dem Training)
- Molkengetränke
- Brottrunk
- Teegetränke mit frisch gepreßtem Orangen- oder Zitronensaft, leicht gesüßt
- Malzbier
- Fettarme Gemüsebrühen auf Hefebasis
- Schorlen = Mischgetränk aus kaliumreichem Fruchtsaft (zum Beispiel Apfel) und magnesiumreichem Mineralwasser
- Kalium- und magnesiumbetonte Elektrolytgetränke

An Wettkampf-/Turniertagen vor der Aktion und in längeren Pausenphasen empfehlenswert:
- Reine Fruchtsäfte (evtl. mit einem Teelöffel Instant-Haferflocken zum Abpuffern der Fruchtsäuren)
- Magnesiumhaltige Elektrolytprodukte
- Teegetränke mit frisch gepreßtem Saft, leicht gesüßt
- Fettarme Gemüsebrühen auf Hefebasis

An Wettkampf-/Turniertagen weniger bzw. nicht geeeignet:
- Limonadengetränke (niedrige Nährstoffdichte, hoher Zuckergehalt)
- (Voll-)Milch

An Wettkampftagen während einer Ausdaueraktion empfehlenswert:
- Hypo- bis isotonische Sportlergetränke mit geringem Mineralsalz- und Kohlenhydratgehalt
- Stark verdünnte Säfte mit kohlensäurearmem, aber natrium- und magnesiumhaltigem Mineralwasser (etwa 1 : 2 bis 1 : 3)
- Tee, leicht gesüßt, mit Zitronensaft und geringem Zusatz einer Mineralstoffmischung

An Wettkampftagen während einer Ausdaueraktion weniger geeignet bzw. nicht geeignet:
- Alle Getränke mit einem hohen Zuckergehalt. Ein hoher Zuckergehalt (mehr als 5–6 Prozent) wirkt sich verzögernd auf die Flüssigkeitsweitergabe, d. h. die Magenentleerung, aus.
- Reines Leitungswasser bei sehr langer Wettkampfdauer

Nach dem Wettkampf sind alle Getränke der Basisernährung geeignet, besonders empfehlenswert aber kalium- und magnesiumhaltige sowie kohlenhydratreiche Getränke. Glukoseliefernde Kohlenhydrate im Getränk sind in der Regenerationsphase eine gute Möglichkeit, die Wiederauffüllung der entleerten Glykogenspeicher einzuleiten.
Zur Frage eines möglichen Vorteils der Fruktose in Sportlergetränken nimmt KEUL (1988, S. 106) wie folgt Stellung:
«In letzter Zeit wurde wiederholt hervorgehoben, daß für Energiegetränke der Fruchtzucker (Fruktose) Vorzüge bietet, da er schneller resorbiert werde und über die Leber verzögert, aber gleichmäßig zu Traubenzucker umgewandelt und ins Blut abgegeben werde. Dadurch würden Muskulatur, Herz- und Nervensystem sowie die anderen Organe gleichmäßig mit Traubenzucker versorgt. Ein weiterer Vorteil bestünde darin, daß bei der Einnahme von Fruchtzucker eine weniger starke Insulinausschüttung erfolge. Vor dem Wettkampf kann eine niedrigere Insulinfreisetzung als günstig angesehen werden, da weniger Zucker in Speicherform abgelagert wird. Nach körperlichen Belastungen kann die Insulinerniedrigung jedoch nicht als vorteilhaft bezeichnet werden, da mittels des Insulins der Zucker jetzt schneller in die Zellen eingeschleust wird und Glykogen schneller regeniert werden kann. Ferner wird die gute Verträglichkeit des Fruchtzuckers hervorgehoben; dies kann aber nur dann angenommen werden, wenn wenig Fruchtzucker (bis zu 6 g/100 ml) in den Getränken enthalten ist. Aus eigenen Versuchen ist bekannt, daß bei höherem Fruchtzuckeranteil in den Getränken durch die hohe, osmotische Wirkung die Bekömmlichkeit gestört wird. Hinweise, daß Fruchtzucker eine bessere Wirkung auf die Leistungsfähigkeit haben als andere Kohlenhydrate, sind bisher nicht belegt.»
Zur Frage der Magnesiumzufuhr durch Mineralwasser kann auf einen Bericht von DREWS (1989, S. 130) verwiesen werden.
«Auf dem Wissenschaftlichen DGE-Kongreß April 1989 in Bonn berichtete DR. ANDREA WEBER, Urologische Universitätsklinik Bonn, über Möglichkeiten der Magnesiumsupplementation mit Mineralwasser. Nach Untersuchungen von A. WEBER und A. HESSE kann die Aufnahme eines magnesiumreichen Mineralwassers in erheblichem Maß zur Versorgung mit Magnesium beitragen. Nach Aufnahme von Mineralwasser (1,4 Liter täglich mit einem relativ hohen Magne-

siumgehalt von 337 mg/kg) unter standardisierten Bedingungen stieg die Magnesiumausscheidung stark an. Die Steigerung der Magnesiumausscheidung macht deutlich, daß Magnesium aus Mineralwasser einen hohen Ausnutzungsgrad aufweist. Bei einer Ergänzung der Magnesiumversorgung durch Mineralwasser ist auch von Vorteil, daß bei einem über den Tag verteilten Trinken eine gleichmäßige Versorgung gewährleistet werden kann. Gegenüber anderen Lebensmitteln ist der Magnesiumgehalt eines Mineralwassers, das zudem kalorienfrei ist, genau bekannt und unterliegt nur geringen Schwankungen.»
Eiskalte, stark kohlensäurehaltige und/oder zuckerreiche Getränke – während eines Wettkampfes getrunken – führen zu einer verzögerten Magenentleerung, d.h. einer Art Scheinsättigung, so daß der Flüssigkeitsersatz nicht bedarfs- und situationsgerecht erfolgen kann. Kohlensäurereiche Getränke werden oft als belastend (*Zwerchfellhochstand*) empfunden, vor allem wenn sie zu schnell getrunken werden.

Empfehlungen zum Trinkverhalten

Abschließend kann festgestellt werden, daß es vorteilhaft ist:

- nicht schon zu Beginn einer körperlichen Belastung mit einem Flüssigkeitsdefizit zu starten,
- bei Ausdaueraktivitäten, die länger als 45 Minuten dauern, öfters zwischendurch kleine Flüssigkeitsmengen (ca. 150 ml) aufzunehmen,
- stets langsam, d.h. schluckweise trinken.

Die Frage nach der richtigen Getränketemperatur läßt sich wie folgt beantworten:

- im Sommer nicht eiskalt, aber erfrischend kühl zwischen 12 °C und 20 °C
- in der kalten Jahreszeit leicht erwärmt.

3.6 Wirkstoffe

Körpereigene Wirkstoffe, wie Enzyme, Hormone, Prostaglandine, Phospholipide und Carnitin sind lebenswichtige Stoffwechselregulatoren und Funktionsbestandteile im Organismus. Sie sind aber keine essentiellen Nährstoffe, werden allerdings aus Nährstoffen, wie Aminosäuren und Fettsäuren, im Körper synthetisiert. Eine vollwertige Ernährung ist deshalb auch Voraussetzung für die ausreichende Bildung von Wirkstoffen und damit ein einwandfreies Funktionieren aller Stoffwechselabläufe.
Oft wird argumentiert, daß durch den erhöhten Energieumsatz im Sport und die vermehrten Beanspruchungen ein besonderer Bedarf an diesen Substanzen entsteht, der eine direkte Zufuhr einzelner der genannten Substanzen notwendig mache. Auch soll eine besondere Leistungssteigerung mit deren Einnahme verbunden sein.
Enzyme und Carnitin sind Arzneisubstanzen, während Hormone nur aufgrund einer ärztlichen Verordnung verabreicht werden dürfen. Lediglich Phospholipide (*Lecithin*) sind sowohl als Zusatzstoffe als auch zu diätetischen Zwecken in Lebensmitteln zugelassen.
In Kapitel 8 wird eine kritische Diskussion der einzelnen Wirkstoffe und leistungssteigernden Maßnahmen im Sport vorgenommen. Nachfolgend werden die einzelnen Substanzen beschrieben.

3.6.1 Enzyme und Coenzyme

Die im lebenden Organismus ablaufenden Stoffwechselprozesse würden sich in Abwesenheit von Enzymen nur mit unmeßbar geringer Geschwindigkeit vollziehen. Enzyme gelten als *Stoffwechselkatalysatoren* und bewirken eine Reaktionsgeschwindigkeit in einer für den Stoffwechsel und die laufende Energiegewinnung erforderlichen Größenordnung. Alle bisher bekannten Enzyme gehören in die Stoffklasse der Proteine.
Eine enzymatische Reaktion verläuft in verschiedenen Teilschritten: Substrat und Enzym bilden einen Enzymsubstratkomplex, der schließlich in das Enzym und Reaktionsprodukt zerfällt. Auffallend ist die Eigenschaft der Enzyme, nur mit einem bestimmten Substrat zu reagieren (*Substratspezifität*).
«Regulationen im Stoffwechsel sind nur möglich, wenn die Aktivität einzelner Enzyme passager gesteigert oder gehemmt wird. Es hat sich gezeigt, daß in vielen Fällen Zwischenprodukte des Stoffwechsels, Coenzyme oder Metalle die Rolle physiologischer ‹Aktivatoren› oder ‹Inhibitoren› übernehmen» (BUDDECKE, 1985, S. 25).

Enzyme werden in sechs Hauptklassen eingeteilt:
Bei der enzymatischen Katalyse sind häufig Enzyme beteiligt, die aus einem Apo- und **Coenzym** zusammengesetzt sind und zusammen das Holoenzym bilden. Das Coenzym ist dann das aktive Zentrum des Enzyms und wird im Fall einer festen Bindung an das Enzymprotein auch als prosthetische Gruppe des Enzyms bezeichnet. Coenzyme stehen in enger Beziehung zu den Vitaminen. Viele Vitamine werden im Organismus in Coenzyme eingebaut oder zu Coenzymen umgewandelt (vgl. Tabelle 3.32). Der Vitaminbestandteil der Coenzyme ist essentiell.

Tabelle 3.31 Klassifikation der Enzyme
(Quelle: BUDDECKE: Grundriß der Biochemie, De Gruyter[8], Berlin)

Oxidoreduktasen	Enzyme, welche die Oxidoreduktion zwischen einem Substratpaar katalysieren. Diese Klasse wurde früher als Dehydrogenasen oder als Oxidasen bezeichnet.
Transferasen	Enzyme, die eine Gruppe (die kein Wasserstoff ist) zwischen einem Substratpaar transferieren.
Hydrolasen	Enzyme, welche Ester-, Äther-, Peptid-, Glykosid-, Säureanhydrid-, C–C- oder P–N-Bindungen hydrolytisch spalten.
Lyasen	Enzyme, die vom Substrat Gruppen über einen nichthydrolytischen Mechanismus abspalten und dabei eine Doppelbindung hinterlassen oder die Anlagerung einer Gruppe an eine Doppelbindung katalysieren.
Isomerasen	Enzyme, welche die Umwandlung optischer, geometrischer oder sonstiger isomerer Verbindungen katalysieren.
Ligasen	Enzyme, welche die Bindung zwischen zwei Substraten katalysieren, wobei die Reaktion mit dem Lösen einer Pyrophosphatbindung im ATP oder eines anderen energiereichen Phosphates verbunden ist.
Anstelle der systematischen Namen sind auch Trivialnamen im Gebrauch. Sie bezeichnen die Enzyme nach ihren Substraten durch Anhängen der Nachsilbe «ase»: Stärke (Amylum)spaltende Enzyme werden Amylasen, Fette (Lipos)spaltende Enzyme Lipasen und Eiweiß (Protein)spaltende Enzyme Proteasen genannt.	

Coenzym bzw. prosthetische Gruppe	Funktion	Vitamin (essentieller Nahrungsfaktor)
1. Energiereiche Nucleosidtriphosphate		
Adenosintriphosphat (ATP)	Transphosphorylierung, Gruppentransfer	kein Bedarf
Uridintriphosphat (UTP)	Monosaccharidtransfer	kein Bedarf
Cytidintriphosphat (CTP)	Gruppen(Sialinsäure-)transfer	kein Bedarf
Guanosintriphosphat (GTP)	Transphosphorylierung, Monosaccharidtransfer	kein Bedarf
2. Gruppenübertragende Coenzyme		
Pyridoxalphosphat	Transaminierung, Decarboxylierung, Racemisierung	Pyridoxin
Thiaminpyrophosphat	Oxidative Decarboxylierung, Aldehydtransfer	Thiamin
Coenzym A	Acetyl- bzw. Acylgruppentransfer, Synthese und Oxidation von Fettsäuren	Pantothensäure
Tetrahydrofolsäure	Ein-Kohlenstofftransfer	Folsäure
Biotin	CO_2-Transfer	Biotin
Desoxyadenosyl-/Methylcobalamin	Gruppentransfer, Isomerisierung	Cobalamin
6,8-Dithio-n-octansäure (Liponsäure)	Acyltransfer bei oxidativer Decarboxylierung	kein Bedarf
Dolicholphosphat	Monosaccharid- bzw. Oligosaccharidtransfer	kein Bedarf
Reduziertes Phyllochinon	Spezifischer Carboxyltransfer	Phyllochinon
Retinylphosphat	Monosaccharidtransfer	Retinol
3. Wasserstoff-, Elektronen- und Sauerstoff-übertragende Coenzyme		
Nicotinamid-Adenin-dinucleotid (NAD)	Wasserstofftransfer	Nicotinsäure
Nicotinamid-Adenin-dinucleotidphosphat (NADP)	Wasserstofftransfer	Nicotinsäure
Flavin-Mononucleotid (FMN)	Wasserstofftransfer	Riboflavin
Flavin-Adenindinucleotid (FAD)	Wasserstofftransfer	Riboflavin
Ubichinon	Wasserstoff- bzw. Elektronentransfer	kein Bedarf
Eisenporphyrine und Protein-gebundenes Eisen	Sauerstoff- bzw. Elektronentransfer	Eisen
Protein-gebundenes Kupfer	Sauerstofftransfer	Kupfer

Tabelle 3.32 Coenzyme und prosthetische Gruppen von Enzymen
(Quelle: BUDDECKE: Grundriß der Biochemie, De Gruyter[8], Berlin)

3.6.2 Coenzym Q_{10}

Der amerikanische Sporternährungsspezialist HAAS prophezeit, daß Coenzym Q_{10} eines Tages zum allgemeinen Nahrungssupplement werde. Er stellt die positive Wirkung auf die Herzfunktion und den Energiestoffwechsel sowie die Schutzwirkung gegenüber Schädigungen durch freie Radikale heraus.
Coenzym Q_{10} gehört zu den Ubichinonen. Die isoprenoide Seitenkette umfaßt zumeist 35–50 C-Atome (Ubichinon-35 = Coenzym Q_7, bis Ubichinon-50 = Coenzym Q_{10} / vgl. Abbildung 3.23). Ubichinone haben keinen Vitamincharakter, da sie im Organismus in ausreichender Menge synthetisiert werden.

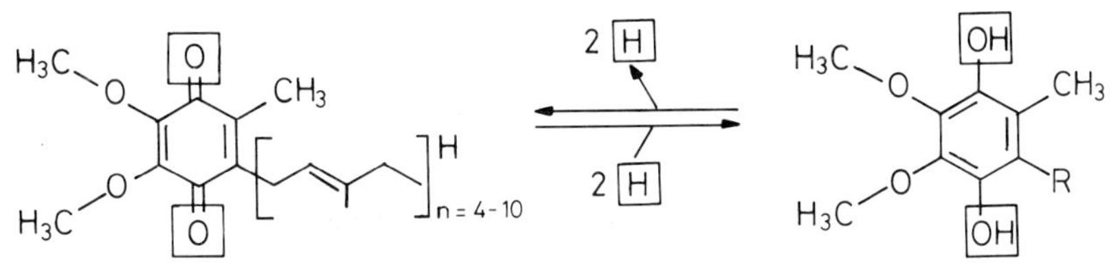

Abb. 3.23 Coenzym Q_{10}
(Quelle: BUDDECKE: Grundriß der Biochemie, De Gruyter[8], Berlin)

«Möglicherweise könnte ein Mangel durch eine hochgradige Zerstörung der Ubichinone im Organismus durch gesteigerte Lipidperoxidation entstehen oder vielleicht auch bei einem schweren Mangel an Phenylalanin... Der Gesamtbestand des Menschen an Ubichinonen beträgt 0,5–1,5 g, die Zufuhr mit der Nahrung 5–10 mg/Tag» (BÄSSLER, FEKL, LANG, 1987, S. 121).
Coenzym Q_{10} ist am Elektronentransportierenden System der Atmungskette beteiligt.

3.6.3 Phospholipide

Wird auf ein im Intermediärstoffwechsel entstehendes Diglycerid nicht ein dritter Acylrest, sondern ein Phophorylcholin übertragen, so entsteht ein Glycerinphosphatid (*Lecithin*). Lecithin ist ein Vertreter der Glycerinphosphatide, die reichlich im Nervengewebe vorkommen und am Aufbau der Zellmembranen

beteiligt sind. Die Variation der Glycerinphosphatide ergibt sich aus den unterschiedlichen Fettsäuren, wobei die β-Fettsäure fast immer ungesättigt ist, oder durch Ersatz des Cholins durch andere Verbindungen, zum Beispiel beim Phosphatidylinosit. Phospholipide sind keine essentiellen Nährstoffe. Die Cholinsynthese in der Leber setzt das Vorhandensein von Methionin, einer schwefelhaltigen Aminosäure, voraus. Die Nahrungsaufnahme an Cholin wird auf etwa 0,4–0,9 g/Tag geschätzt. Zufuhrempfehlungen sind nicht bekannt. Dies gilt auch für das gelegentlich als vitaminähnlicher Wirkstoff bezeichnete Inosit. Die im Herz- und Skelettmuskel vorliegende biologisch aktive Verbindung heißt myo-Inosit. Die Nahrungsaufnahme an Inosit wird auf circa 0,9 g/Tag geschätzt.
Phosphatide, Cholin und Inosit sind teilweise Bestandteile von Nahrungssupplementen für Sportler. Ernährungsphysiologisch gesehen sind Nahrungsphosphatide Lieferanten von mehrfach ungesättigten Fettsäuren, Cholin und Inosit. Interessant ist der mögliche diätetische Einfluß auf die sogenannte Membranfluidität, d. h. ihre Durchlässigkeit (Lyte, Shinitzky, 1985). Die Zellmembranen bestehen zum größten Teil aus Phospholipiden. Die Fluidisierung der Zellmembran durch Lipide, die reich an mehrfach ungesättigten Fettsäuren sind, kann die zellulären Transportvorgänge positiv beeinflussen (Berdanier, 1988).

3.6.4 Carnitin

In enger Beziehung zum Fettstoffwechsel steht auch das gelegentlich als vitaminähnlicher Faktor (frühere Bezeichnung Vitamin T) bezeichnete Carnitin.
Carnitin ist allerdings kein essentieller Nährstoff. Es wird in der Leber aus Aminosäuren (*Lysin* und *Methionin*) synthetisiert. Carnitin kommt reichlich in Muskelfleisch und in geringen Mengen auch in pflanzlichen Lebensmitteln vor.
Carnitin ist am Fettsäuretransport in die Mitochondrien, den Ort der Energiegewinnung aus Fettsäuren, beteiligt. Langkettige Fettsäuren können die innere Mitochondrienmembran nur in Form von Acylcarnitinestern passieren. Es schafft also die Voraussetzung für die β-Oxidation, d. h. die Fettsäurenoxidation. Die folgende Übersicht (Abbildung 3.24, S. 164) verdeutlicht den Fettsäurestoffwechsel.
Carnitin wird therapeutisch bei Herz-Kreis-Erkrankungen und Fettstoffwechselstörungen angewendet. In den USA ist es als Supplement mit der Aussage *fatburner* (vgl. Kapitel 8) im Handel.

Rindfleisch	Filetsteak	59,80–88,66	Avocado	1,25
	Schulter, roh	67,40	Möhren	0
	Rumpsteak, roh	61,60	Grüne Bohnen	0,81
	Herz, roh	19,30	Erbsen	1,16
	Leber, roh	2,60	Spinat	0
	Nieren, roh	1,80	Tomaten	2,93
Schwein	Leber	4,92	Weißkohl	0
Lamm	Skelettmuskeln	77,97	Blumenkohl	0,13
	Leber, roh	2,64	Kartoffeln	0
Schaf	Skelettmuskeln	209,26	Spargel	1,29
	Herz, roh	59,05	Pfirsiche	1,61
	Leber, roh	2,17	Birnen	2,74
Widder	Lendenstück, roh	162,80	Ananas	1,05
	Rumpsteak, roh	168,50	Apfelmus	3,14
	Herz, roh	59,50	Orangensaft	0–1,77
	Leber, roh	2,60	Apfelsaft	1,29
Kaninchen	Muskeln, roh	21,00	Beerenfrüchte	0
	Leber, roh	11,10	Mais	0
Hähnchen	Muskeln, roh	4,55–9,67	Cornflakes	9,51
	Leber, roh	0,61	Weizen, Samen	0,35–1,22
	Hühnereier	0–0,81	Weizenkeime	1,06
Kuhmilch	flüssig	0,53–3,91	Knäckebrot	0,24
	Magermilchpulver	15,00	Brot	0,81
	Vollmilch (per 100 ml)	0,63–1,02	Bierhefe	1,60–3,29
Margarine		1,05	Reis	1,77

Tabelle 3.33 Carnitingehalt von Lebensmitteln in mg/100 g frischer eßbarer Anteil (nach BACH, 1982, S. 258)

3.6.5 Weitere als Wirkstoffe diskutierte Substanzen

Die Gruppe der **Flavonoide** (früher als Vitamin P bezeichnet) sind im Pflanzenreich weitverbreitet. Sie kommen reichlich in Zitrusfrüchten vor. Die bekanntesten Vertreter der Bioflavonoide sind Hesperidin, Quercetin und Rutin. Sie beeinflussen zum Teil die Permeabilität der Kapillaren (Vitamin P = Permeabilitätsvitamin) und den Oxidationsstoffwechsel der Zelle. Sie sollen das Zusammenkleben der Blutzellen und Blutplättchen verhindern und entzündungshemmende Eigenschaften sowie eine synergistische Wirkung zum Vitamin C haben. Es wird aber übereinstimmend festgestellt, daß Bioflavonoide keine essentiellen Nährstoffe sind, sondern eher als pharmakologisch wirksame Substanzen zu betrachten sind.

Pangaminsäure wird in Aprikosenkernen, Reiskleie, Hefe und Leber gefunden und soll einen sauerstoffsparenden Effekt zeigen. Aufgrund dieser Wirkung hat diese Substanz in amerikanischen Sportlerkreisen eine gewisse Popularität er-

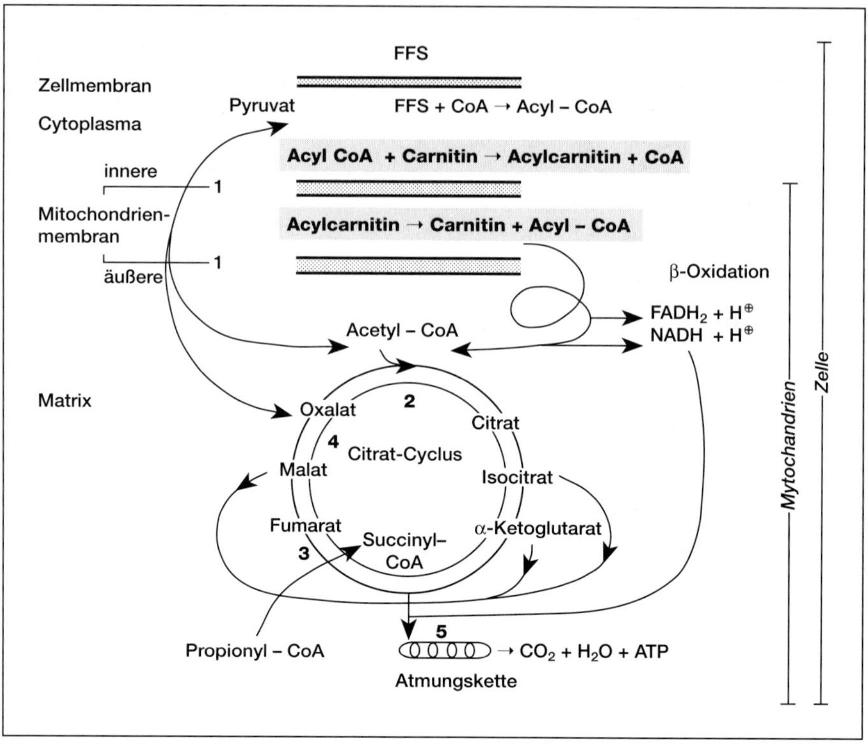

Abb. 3.24 Vereinfachte Darstellung des Fettsäuretransportes und der Energiegewinnung aus Fettsäuren

langt. Da Pangaminsäure gemeinsam mit den B-Vitaminen vorkommt, wurde es als Vitamin B_{15} bezeichnet. Es ist aber kein essentieller Nährstoff und auch kein Vitamin. Die pharmakologisch wirksame Komponente von Pangaminsäurepräparaten heißt N,N-Diisopropylammoniumdichloracetat. Ihr therapeutischer Nutzen ist allerdings umstritten. Nebenwirkung sind nicht ausgeschlossen (vgl. MACHLIN, 1984, S. 82).

Orotsäure wurde früher als Vitamin B_{13} bezeichnet. Sie ist als Vorstufe der Pyrimidinnukleotide von großer biochemischer Bedeutung (*Precursor-Funktion* der Orotsäure für Nukleine). Wegen ihres Vorkommens wurde sie auch als Molkenfaktor bezeichnet. Orotsäure entsteht allerdings im Intermediärstoffwechsel. Ihr kommen keine Vitamineigenschaften zu. Ein therapeutischer Effekt wird diskutiert; vor allem gelten die komplexen Salze der Orotsäure mit Mineralstoffen, wie Kalium-, Magnesium- und Zinkorotate, als ideale *Elektrolytschlepper* durch die Zellmembran in die Zelle.

Die **alpha-Liponsäure** (6,8-Dithiooctansäure) ist Teil eines Multienzymkomplexes, der oxidative Decarboxylierungen (zum Beispiel Pyruvat → Acetyl CoA) katalysiert und an dem auch Vitamin B_1 als Coenzym beteiligt ist. Für die Liponsäure, die beim Menschen in allen Organen nachweisbar ist, besteht kein Nahrungsbedarf im Sinne eines essentiellen Nährstoffes.

Inosin gehört zu der Gruppe der 5'-Nukleotide bzw. 5'-Ribonukleotide. Sie sind in Lebensmitteln weitverbreitet, wobei in Fleisch und Fisch Inosin-5'-monophosphat, das aus dem ATP-Abbau resultiert, den Hauptanteil ausmacht. Es wird über das Inosin zu *Hypoxanthin* abgebaut. Es kann durch Hydrolyse von Ribonukleinsäure aus Hefe oder mikrobielle Synthese gewonnen werden. Inosin kommt in der Transfer-RNS vor. Eine mögliche leistungssteigernde Wirkung wird in Kapitel 8 diskutiert.

Taurin ist ein schwefelhaltiges Amin und wird ebenfalls als Zusatz zu Sportlernahrungen diskutiert. In den USA und Japan wird diese Substanz sogar Erfrischungsgetränken zugesetzt. Für die frühkindliche Entwicklung scheint Taurin von besonderer Bedeutung zu sein, während der Nutzen für den Sportler möglicherweise in einer *Zellmembran-stabilisierenden Wirkung* und in einer *Radikalfänger-Funktion* bestehen könnte (vgl. Reuss, F., 1989, Fitness-News 1/89).

Kapitel 4

Sportartenspezifische Ernährung

4.1 Spezifische Bedeutung der Nährstoffe im Sport

Die vorausgegangenen Kapitel verdeutlichten bereits, daß unser Organismus für die zu vollbringende Leistung bei sportlichen Aktivitäten verschiedene Energieträger heranzieht. Stark verallgemeinert gilt dabei folgender Merksatz:

Je kürzer und intensiver eine Aktivität ausgeführt wird, um so höher ist der Anteil der Kohlenhydrate an der Energiegewinnung; bei länger anhaltenden Belastungen, die auf einer niedrigeren Intensitätsstufe ausgeführt werden, gewinnt die Energiebereitstellung aus Fett immer mehr an Bedeutung. Bei Belastungen, die über eine Stunde dauern, wird dann der notwendige Energiebedarf durch die Oxidation der Kohlenhydrate und Fette zu annähernd gleichen Teilen abgedeckt (vgl. Kapitel 2.4.1.4, S. 66).

Die Kohlenhydrate
Die Kohlenhydrate sind im wesentlichen die aktuellen und ökonomischen Energieträger; sie weisen jedoch eine Besonderheit auf, die gerade für den Sportler von Bedeutung ist:
Je nach Aufbau und Molekülstruktur werden die verschiedenen Kohlenhydrate unterschiedlich schnell im Darm resorbiert; die eher langsam aufgenommenen Zuckerverbindungen (komplexe Kohlenhydrate) weisen daher eine Langzeitwirkung auf, Glukose (z. B. als Traubenzucker oder in gesüßten Getränken) kann demgegenüber nur sehr kurzfristig Energie liefern.

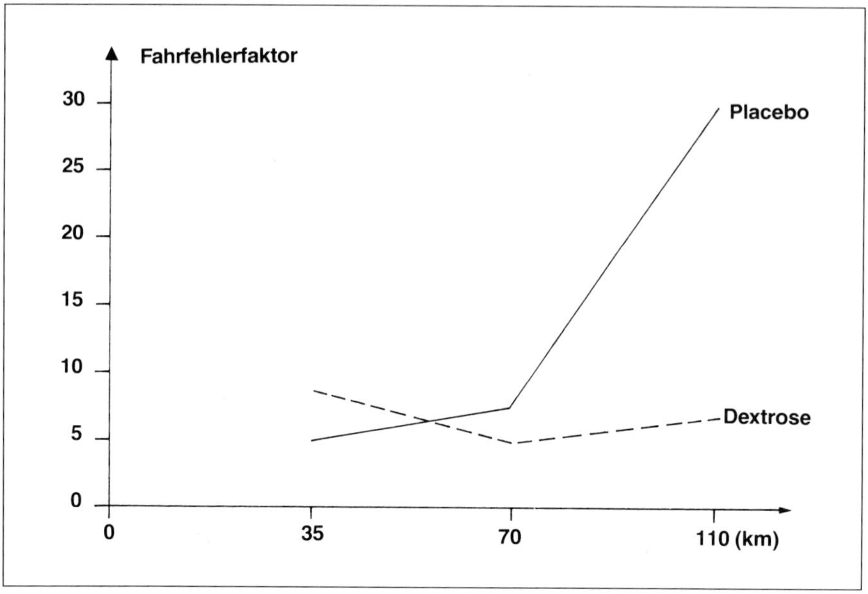

Abb. 4.1 Zusammenhang zwischen kohlenhydratreicher Ernährung und Konzentrationsfähigkeit. Nach Gaben von Kohlenhydraten (Dextrose) wird die Fahrfehlerquote (ermittelt bei einer 90 Minuten währenden Autofahrt in einem Kraftfahrzeugsimulator über 110 km), die nach 45 Minuten Fahrzeit deutlich ansteigt, signifikant gesenkt. Ferner zeigte sich die Konzentrations- und Koordinationsfähigkeit durch Einnahme von Kohlenhydraten verbessert. (Placebo: Leerversuch, Untersuchungen an 15 Versuchspersonen.)

Zahlreichen Athleten sind diese Zusammenhänge jedoch nicht bekannt; bei der Kohlenhydrataufnahme finden sich daher häufig folgenschwere Fehler:

1. Zunächst wird im Glauben an die «schnell verfügbare Energie» unmittelbar vor der Belastung im Übermaß Glukose zugeführt; dies bewirkt zwar zunächst einen raschen Anstieg des Blutzuckerspiegels, löst aber kurze Zeit danach eine starke hormonelle Gegenregulation (*Insulin*) aus. Die mögliche insulinbedingte Unterzuckerung (*Hypoglykämie*) ist deutlich leistungsmindernd und führt in der Regel zur Aufgabe der Belastung.
2. Aufgrund dieser negativen Erfahrung verzichten die Sportler dann auf die Zufuhr von Kohlenhydraten; aber auch dieses Verhalten ist falsch, da der Energiebedarf bei länger anhaltenden Belastungen bis auf weit über 6000 kcal ansteigt. Auch ein gut trainierter Körper kann nicht mehr als circa 750 g Glykogen speichern (etwa 500 g in der Muskulatur und 250 g in anderen Organen, wie z. B. der Leber); dies entspricht einer Energiemenge von ca. 3000 kcal (12 540 kJ).

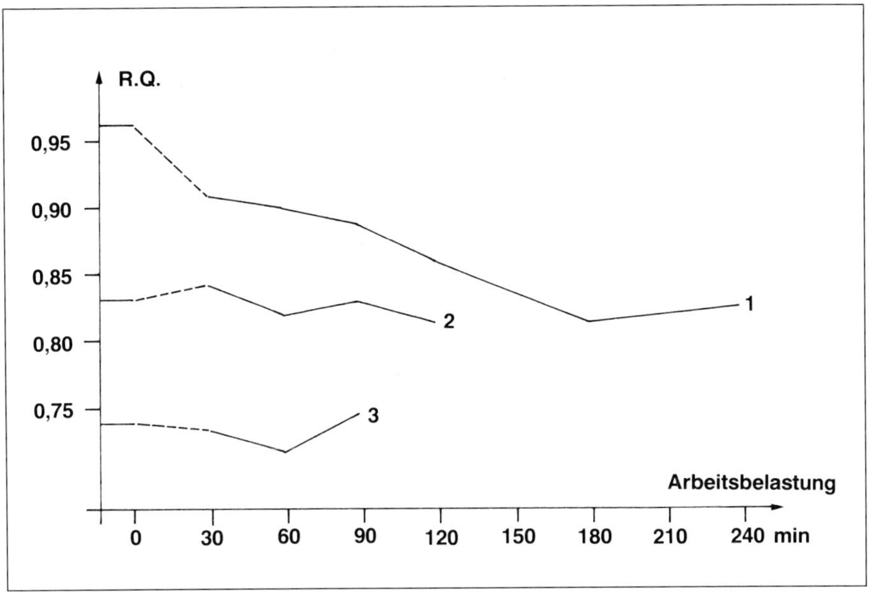

Abb. 4.2 Einfluß der Ernährung auf die körperliche Leistungsfähigkeit
Gruppe 1 wurde kohlenhydratreich ernährt und kann eine festgelegte Arbeit über 240 Minuten halten.
Gruppe 2 erhielt eine eiweißreiche Kost und kann die geforderte Arbeit nur über 120 Minuten halten.
Gruppe 3 erhielt fettreiche, kohlenhydratarme Kost und muß die geforderte Arbeit bereits nach 20 Minuten beenden. Nicht nur bei kurz währenden, sondern auch bei lang währenden Belastungen wird das Leistungsverhalten durch eine ausreichende Zufuhr von Kohlenhydraten positiv beeinflußt.

Die Kohlenhydratreserven unseres Körpers reichen also nicht aus, um den Energiebedarf bei Ausdauerleistung abzudecken. Obwohl der Organismus dann zunehmend Fett als Energieträger heranzieht, kommt es während der Belastung zu einem völligen Abbau der Glykogenreserven und so zum drastischen Abfall der Leistungsfähigkeit: Müdigkeit, Schwindel, Konzentrationsverlust, Kraftlosigkeit und Heißhungergefühl sind typische Zeichen des Zustandes, der bei den Athleten als *Hungerast* bekannt ist.
Abbildungen 4.1 und 4.2 stellen den Zusammenhang zwischen kohlenhydratreicher Ernährung und Konzentrationsfähigkeit sowie «Durchhaltevermögen» bei Ausdauerbelastungen dar. Die Kohlenhydrate sollten vorwiegend als Oligosaccharid- oder Polysaccharidverbindungen in kleineren Portionen vor und während der Belastungsphase aufgenommen werden. Nur die gleichmäßige Zufuhr ermöglicht dem Organismus eine konstante, optimale Leistungsbereitschaft.

Die Fette

Fette sind hochkalorische Energieträger und werden, wie bereits erwähnt, bei Langzeitbelastungen mit zunehmender Dauer als Energielieferant benötigt, da die erforderliche Energie nicht durch die Kohlenhydrate allein abgedeckt werden kann. Für den Stoffwechsel ist die Energiegewinnung aus Fett gegenüber Kohlenhydraten jedoch schwieriger, da bei der Fettverbrennung mehr Sauerstoffmoleküle verbraucht werden, als dies bei der Oxidation von Sacchariden der Fall ist. Der Sportler verspürt dies, sobald ab einer gewissen Belastungsdauer das Atmen plötzlich schwerfällt und er die Leistungsintensität nicht mehr auf dem anfangs höheren Niveau halten kann.

Den Fetten kommt also bei Ausdauerbelastungen eine größere Bedeutung zu als bei allen anderen Sportarten. Dies ist aber keineswegs so zu verstehen, daß sich z. B. Radrennfahrer oder Triathlonsportler besonders fettreich ernähren sollten. Neben den bereits erwähnten Nachteilen einer fetthaltigen Kost (schwer verdaulich, stoffwechselbelastend, leistungslimitierend, vergleiche hierzu auch Kapitel 3.2, S. 96 f) soll ein einfaches Rechenbeispiel dies belegen:
Bei einer sehr schlanken Testperon (180 cm, 70 kg) beträgt der prozentuale Körperfettanteil 12 %, also 8,4 kg Gesamtkörperfettmenge entsprechend. Etwa 80 %, mithin circa 6,7 kg, können zur Energiegewinnung mobilisiert werden; die Testperson verfügt somit über 62 000 kcal (250 000 kJ) Energie, theoretisch ausreichend, um 6 Tagesetappen der «Tour de France» an einem Stück zu bewältigen.
Auch auf die Auswahl der Fette ist zu achten. Pflanzliche Fette enthalten mehrfach ungesättigte Fettsäuren und sind frei von Cholesterin und Purinen; gleich, welche Sportart ausgeführt wird, sind pflanzliche Fette gegenüber den tierischen zu bevorzugen. An Sporttagen gilt auch das Milchfett als leicht verdaulich.

Die Proteine

Die zahlreichen Eiweißverbindungen, die durch die tägliche Nahrungsaufnahme in den Organismus gelangen, sind nur mit circa 3–5 % am Energiestoffwechsel beteiligt. Allein in extremen Situationen, wie z. B. längeres Fasten, verwendet der Körper vermehrt Muskeleiweiß zur Energiegewinnung. Unter ernährungsphysiologischen Aspekten spielen die Proteine vor allem bei den mehr kraftbetonten Sportarten eine wichtige Rolle: Zum optimalen Aufbau der Muskulatur benötigt der Körper mehr Eiweiß. Mit der Quantität der Proteinzufuhr ist der sportartspezifischen Ernährung allein nicht Genüge getan, kommt es doch vielmehr auf die richtigen Bausteine der aufgenommenen Eiweiße, also Aminosäuren, an. Diese bestimmen nämlich die biologische Wertigkeit der Proteinkomplexe. Tierische Eiweißstoffe sind aufgrund eines hohen Gehaltes an essentiellen Aminosäuren und der damit verbundenen hohen biologischen Wertigkeit den pflanzlichen Proteinen überlegen.

Es sei an dieser Stelle jedoch nochmals darauf hingewiesen, daß eine übermäßige Zufuhr fetthaltiger tierischer Nahrungsmittel den Anteil an gesättigten Fettsäuren, Cholesterin und auch Purinen deutlich über das Maß des gesundheitlich Vertretbaren hebt.
Schnellkraft-, Kraftausdauer- und Kraftsportler müssen unbedingt auf eine quantitativ und qualitativ optimale Eiweißversorgung achten.

Die Vitamine
Durch eine vermehrte körperliche Aktivität und die hierdurch hervorgerufene Steigerung des Stoffwechsels benötigt der Organismus mehr Vitamine. Diese Annahme erscheint durchaus sinnvoll und richtig; es liegen aber leider nur wenige wissenschaftliche Arbeiten vor, die Auskunft geben, welche Vitamine und in welchem Umfang sie vermehrt zugeführt werden sollen. Gesichert erscheint nur, daß eine ausreichende Vitaminzufuhr durch frische und richtig zubereitete Nahrungsmittel gewährleistet ist.
Darüber hinaus aufgenommene Vitamine, z. B. durch Substitutionspräparate, bringen keine weitere Steigerung der Leistungsfähigkeit. In diesem Zusammenhang muß sogar vor einer übermäßigen Aufnahme fettlöslicher Vitamine gewarnt werden, da diese zu gefährlichen Hypervitaminosen führen können (vgl. hierzu Kapitel 3.4.4, S. 136 f).

Die Mineralstoffe und der Wasserhaushalt
Bei körperlichen Belastungen verliert der Organismus durch die vermehrte Schweißabgabe wichtige Mineralstoffe und z. T. auch Spurenelemente. Die Substanzen müssen daher bei Aktivitäten, die länger als 30 Minuten dauern, kontinuierlich ersetzt werden. Hierbei sind zwei Aspekte besonders zu berücksichtigen:

1. Eine regelmäßige Flüssigkeitszufuhr sollte bereits beginnen, bevor ein Durstgefühl verspürt wird. Das Bedürfnis zu trinken setzt beim Menschen nämlich erst zu einem Zeitpunkt ein, an dem der Flüssigkeitsverlust zu einer spürbaren Beeinträchtigung der Leistungsfähigkeit geführt hat.
2. Der Mineralstoffgehalt der Flüssigkeit: Dieses Thema erfuhr ja durch das Aufkommen der *isotonischen Getränke* eine brisante Aktualisierung. Eine Reihe wissenschaftlicher Studien belegt, daß in den mitteleuropäischen Breiten die Zufuhr von Mineralwasser, gegebenenfalls gemischt mit einem säurearmen ungesüßten Fruchtsaft, den Bedarf an Mineralstoffen auch bei Ausdauerbelastungen bis zu drei Stunden in der Regel abdeckt. Der Zusatz eines Fruchtsaftes ist neben geschmacklichen Gründen zu empfehlen, da durch die darin enthaltenen Kohlenhydrate die Resorption der Mineralstoffe im Darmbereich beschleunigt wird. Es kann somit davon ausgegangen werden, daß die Zufuhr eines Substitutionspräparates auch bei vermehrter Schweißabsonderung nicht als zwingend erforderlich angesehen werden muß.

Exkurs: Elektrolytverteilung (im intra- und extrazellulären Raum)
Der Wassergehalt des menschlichen Organismus beträgt etwa 55–70% des Körpergewichtes (wobei allgemein davon ausgegangen werden kann, daß er um so niedriger ist, je größer der Fettanteil im Körper ist). Das Gesamtkörperwasser wird in einzelne Räume unterteilt, und zwar zunächst in einen Intrazellular- und Extrazellularraum. Der Extrazellularraum wiederum unterteilt sich in einen interstitiellen Raum, Plasmawasser, transzelluläres Wasser.
Die osmotischen Druckverhältnisse sind in beiden Räumen gleich groß (circa 320 mosmol/l), obwohl die ionale Zusammensetzung weit voneinander abweicht: Im extrazellularen Raum machen die Natriumionen den Hauptbestandteil der Kationen aus, demgegenüber sind es in den Zellen vorwiegend die Kaliumionen und zu einem geringen Teil auch Magnesiumionen. Auf der Anionenseite haben wir in der extrazellulären Flüssigkeit vorwiegend Chlorid- und Bikarbonationen, in der intrazellulären Flüssigkeit vorwiegend die Phosphationen und die Eiweißkörper. In letzter Zeit neigen zahlreiche Sportler dazu, Multimineralstoffpräparate, allgemein als «Salztabletten» bekannt, in zum Teil erschreckend hoher Dosierung einzunehmen. Hiervor muß unbedingt gewarnt werden. Die vermehrte Zufuhr der Mineralstoffe, vor allem Natrium und Chlorid (das sich im Körper zu Kochsalz [NaCl] verbindet) führt zu einer erheblichen Elektrolytverschiebung im extra- und intrazellulären Flüssigkeitsmilieu und dadurch zu einer Abnahme des freien Wassers in der Zelle. Einfach ausgedrückt: Ähnlich wie beim Trinken von Meerwasser beginnt der Körper allmählich «innerlich» zu verdursten, der Leistungsverlust ist vorprogrammiert.
Zusammengefaßt läßt sich folgendes ableiten: Bei länger anhaltenden Belastungsformen sollte mit der regelmäßigen Zufuhr von Flüssigkeit bereits vor dem

Tabelle 4.1 Elektrolytverteilung im intra- und extrazellulären Raum

		Plasma	**Interstitielle Flüssigkeit**	**Intrazelluläre Flüssigkeit**
Kationen mval/l	Na	142	144	10
	K	4	4	155
	Ca	5	2,5	>1
	Mg	3	1,5	32
Anionen mval/l	Cl	103	114	3
	HCO_3	27	30	8
	PO_4	2	2	100
	SO_4	1	1	20
	Proteine	16	>1	65
	organische Säuren	5	5	>1

Auftreten des Durstgefühls begonnen werden; ungesüßte Fruchtsäfte, gemischt mit Mineralwasser, sind in der Regel ausreichend, um den Bedarf abzudecken. Die Notwendigkeit einer Mineralstoffsubstitution ist kritisch zu überprüfen.

Bevor nun auf die sportartspezifische Ernährung eingegangen werden kann, müssen zunächst einmal der tägliche Kalorienbedarf und die ideale Nährstoffverteilung an einem Tag mit Arbeit, aber ohne Sport aufgezeigt werden: Die gewählte Testperson ist 31 Jahre alt, männlich, 180 cm groß und wiegt 72 kg; er arbeitet als Pädagoge 8 Stunden täglich, eine Tätigkeit, die als leichte Arbeit einzustufen ist. Die nachfolgende Analyse (nach dem *Calorymetic-System*) zeigt die Kalorien-

Testperson 31 Jahre, 180 cm, 72 kg

Kalorienbedarf ohne Sport und ohne Arbeit

Kalorienbedarf:		
2350 kcal/9846 kJ		(2325–2375 kcal/9719–9928 kJ)
Nährstoffverteilung:		
332 g Kohlenhydrate		(327–337)
69 g Fett		(67– 71)
81 g Eiweiß		(79– 83)
Die Nährstoffe sind normal verteilt.		
Empfohlene Kalorienverteilung für:		
Frühstück	600 kcal/2508 kJ	(575–625 kcal/2404–2613 kJ)
Zwischenmahlzeit	225 kcal/ 941 kJ	(200–250 kcal/ 836–1045 kJ)
Mittagessen	950 kcal/3970 kJ	(925–975 kcal/3867–4076 kJ)
Zwischenmahlzeit	100 kcal/ 418 kJ	(75–125 kcal/ 314– 523 kJ)
Abendessen	475 kcal/1986 kJ	(450–500 kcal/1880–2090 kJ)

Kalorienbedarf ohne Sport und mit leichter Arbeit

Kalorienbedarf:		
2500 kcal/10475 kJ		(2475–2525 kcal/10346–10555 kJ)
Nährstoffverteilung:		
355 g Kohlenhydrate		(350–360)
73 g Fett		(71– 75)
86 g Eiweiß		(84– 88)
Die Nährstoffe sind normal verteilt.		
Empfohlene Kalorienverteilung für:		
Frühstück	625 kcal/2613 kJ	(600– 650 kcal/2508–2717 kJ)
Zwischenmahlzeit	250 kcal/1045 kJ	(225– 275 kcal/ 941–1150 kJ)
Mittagessen	1000 kcal/4180 kJ	(975–1025 kcal/4076–4285 kJ)
Zwischenmahlzeit	125 kcal/ 523 kJ	(100– 150 kcal/ 418– 627 kJ)
Abendessen	500 kcal/2090 kJ	(475– 525 kcal/1986–2195 kJ)

(nach dem *Calorymetic-System*)

und Nährstoffverteilung an einem Tag mit und ohne Arbeit auf; darüber hinaus ist die ideale Kalorienverteilung auf verschiedene Mahlzeiten angegeben. (Das *Calorymetic-System* wurde von der spo-med AG, Ch. entwickelt und gibt bei insgesamt 77 Sportarten den individuellen Kalorienbedarf, sowie die entsprechend sportartspezifische Nährstoffverteilung in den Trainings-, Vorwettkampf- und Regenerationsphasen an. Diese Daten wurden durch die indirekte und direkte Kaloriemetrie ermittelt.)
Anhand dieser Ausführung läßt sich folgende Nährstoffverteilung für den Tagesbasisbedarf ohne Sport ableiten. Es handelt sich um eine ausgewogene, geringfügig fettreduzierte Mischkost

- mit etwa 55–58 % Energieanteil Kohlenhydraten (vorwiegend als Polysaccharide aufgenommen),
- circa 28–30 % Fett (wobei ⅓ der Menge als gesättigte Fettsäuren, ⅓ als einfach ungesättigte Fettsäuren und ⅓ als mehrfach ungesättigte Fettsäuren enthalten sein sollten; die tägliche Cholesterinaufnahme liegt bei 250–300 mg)
- und etwa 12–15 % Eiweiß (in Form von tierischen und pflanzlichen Proteinen, um die biologische Wertigkeit zu sichern).

Dies entspricht einer normalen Nährstoffverteilung; die sportartspezifische Nährstoffverteilung wird nur für den Kalorienumsatz durch sportliche Aktivitäten angerechnet (vgl. Kapitel 4, S. 182 f, 185, 187, 189, 191 ff).

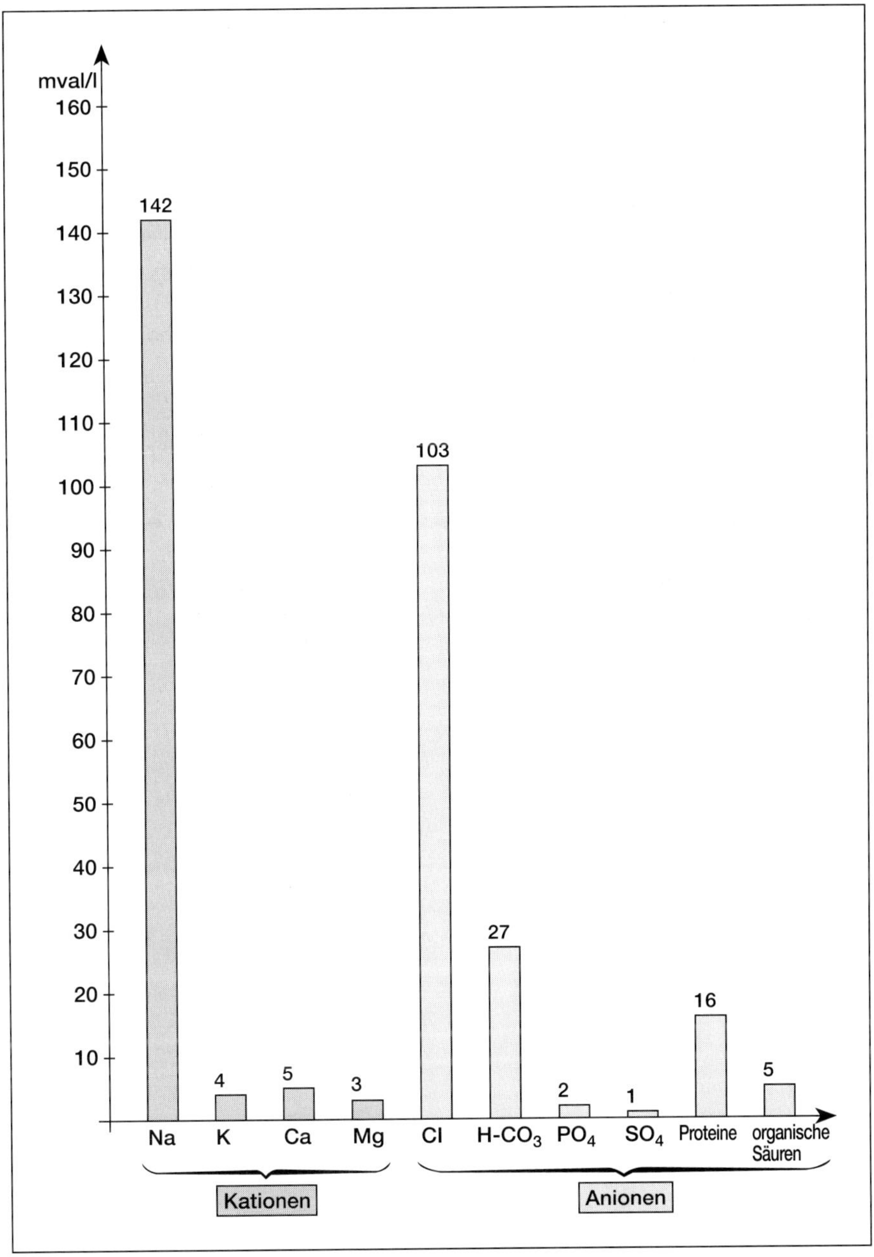

Abb. 4.3 Ionale Zusammensetzung von Plasma (Blutplasma = extrazelluläre Flüssigkeit (nach GEISS, K.-R.)

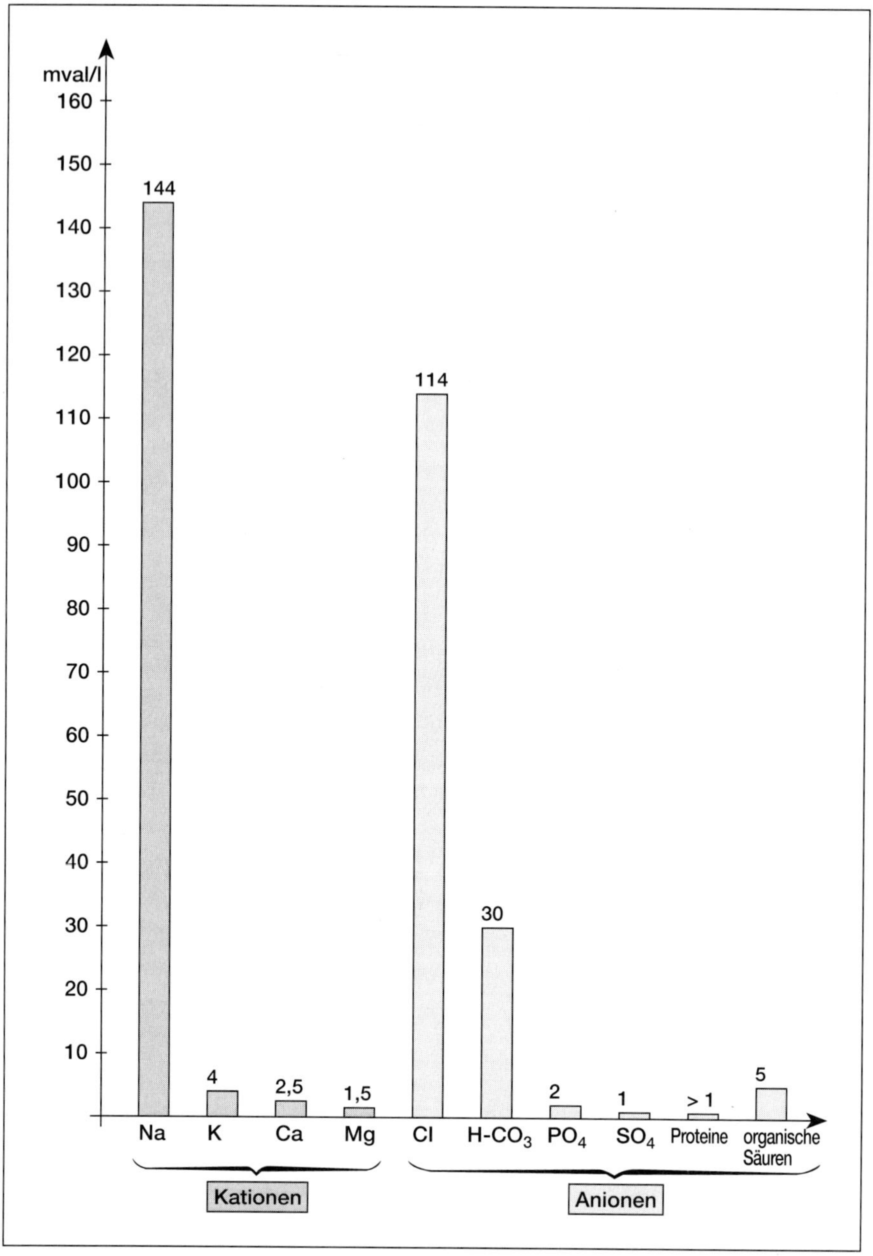

Abb. 4.4 Ionale Zusammensetzung von interstitieller (extrazellulärer) Flüssigkeit (nach GEISS, K.-R.)

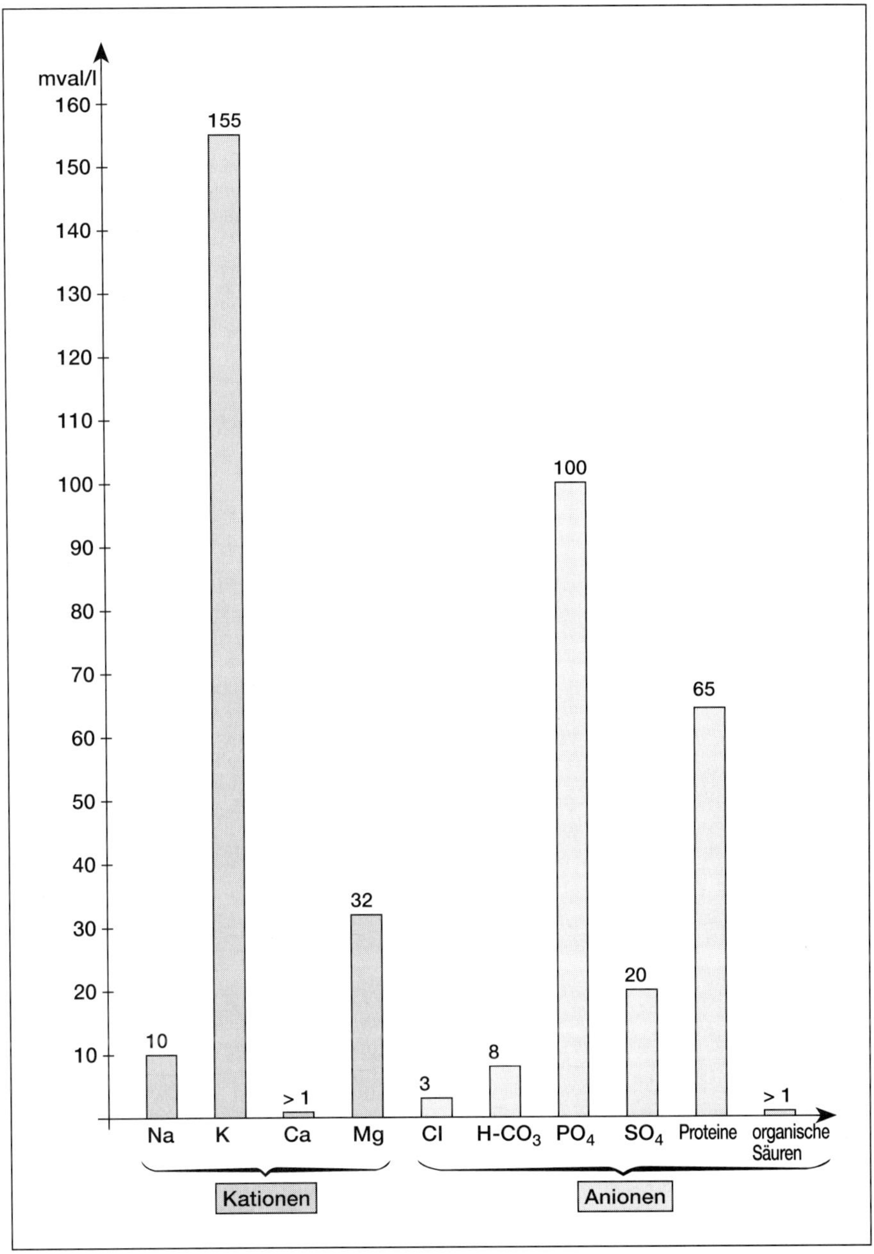

Abb. 4.5 Ionale Zusammensetzung der intrazellulären Flüssigkeit (nach GEISS, K.-R.)

4.2 Sportartenspezifische Anforderungen

Jede Sportart stellt an den Organismus eine charakteristische Leistungsanforderung, die eine spezielle Ernährung, das heißt, eine unterschiedliche Verteilung der Nährstoffe in Abhängigkeit der Dauer und Belastungsintensität, notwendig macht.

Wir unterscheiden im Sport:

1. Kraftsportarten: z. B. Gewichtheben, Bodybuilding
2. Kraftausdauersportarten: z. B. Rudern
3. Schnellkraftsportarten: z. B. Kurzstreckensprints, Karate
4. Spielsportarten: z. B. Fußball, Tennis, Handball
5. Ausdauersportarten: z. B. Laufen, Schwimmen, Radfahren

Man sollte hierbei daran denken, daß es sich bei dieser Einteilung nur um eine grobe Orientierung handeln kann, da die Grenzen und Übergänge bereits in den verschiedenen Disziplinen einer Sportart fließend sind: So ist z. B. die 100-m-Distanz im Schwimmen dem Schnellkraftbereich, die 800-m-Distanz wohl eher der Sparte Ausdauer zuzuordnen; generell liegt der Kraftaufwand beim Schwimmen jedoch höher als z. B. beim Laufen.
Wie sich in der Praxis gezeigt hat, reicht es nicht aus, nur die verschiedenen Sportarten bei der Nährstoffverteilung zu berücksichtigen, sondern es ist auch erforderlich, die unterschiedlichen Sportphasen mit einzubeziehen. Wir unterscheiden hierbei prinzipiell die *Aufbau-* beziehungsweise *Trainingsphase*, die unmittelbare *Vorwettkampfphase*, den oder die *Wettkampftage* sowie die *Erholungs-* beziehungsweise *Regenerationsperiode*.

4.2.1 Kraftsportarten

Charakteristika: Aufbau der Muskulatur und Entwicklung von Maximalkraft stellen die Haupttrainingsziele der beiden wichtigsten Sportarten Gewichtheben und Bodybuilding in dieser Sparte dar; als häufigste Trainingsform wird daher die Wiederholungsmethode angewandt. Hierbei ist die Reizstärke der einzelnen Übungen sehr hoch, es werden circa 85–100 % des maximalen Leistungsvermögens eingesetzt. Hieraus resultiert in aller Regel eine sehr kurze Reizdauer, die in der Regel nur wenige Sekunden beträgt. Der Reizumfang der Übungen mit hoher Reizstärke und kurzer Dauer ist daher gering, so daß viele Wiederholungen, das heißt bis zu acht Serien, notwendig sind.

Aufgrund der hohen Beanspruchung ist jedoch eine relativ lange Erholungspause zwischen den einzelnen Serien notwendig.
Durch den Einfluß des Trainings findet man im Muskel eine Erhöhung von ATP, KP, Glykogen sowie eine gesteigerte Aktivität der glykolytischen Enzyme, vor allem im Cytoplasma. (Aufgrund der sehr kurzen, aber intensiven Belastungsform deckt die Zelle ihren Energiebedarf über den Weg der anaeroben Oxidation ab.) Darüber hinaus kommt es zu einem vermehrten Proteineinbau in die kontraktiven Elemente und so zu einer Vergrößerung der Muskulatur (*Muskelhypertrophie*).
Eine Anpassung des Herz-Kreislauf-Systems im Sinne einer Schlagvolumensteigerung wird bei den reinen Kraftsportarten nicht vorgefunden.

Nährstoffverteilung in der Trainingsphase: Geht es um den Aufbau der Muskulatur, ist biologisch hochwertiges Eiweiß unbedingt notwendig. Kraftsportler sollten in dieser Phase circa 2 g Eiweiß/kg Körpergewicht aufnehmen, das gleiche gilt auch für die Phasen intensiver Kraftbelastung. Die durch das Training verbrauchte Energie, d.h. der zusätzliche Bedarf durch Sport, sollte deshalb zu 30 % mit Eiweiß abgedeckt sein. Aufgrund der hohen und relativ kurzen Belastungsintensität deckt der Körper den benötigten Energiebedarf vorwiegend durch ATP und KP sowie die anaerobe Glykolyse ab; deshalb ist auch bei den Kraftsportarten auf eine ausreichende Zufuhr von leicht verdaulichen Kohlenhydraten zu achten. In der Trainingsphase darf der Kohlenhydratanteil in der Nahrung daher nicht unter 55 % liegen.
Vorwettkampfphase (1–2 Tage vor dem Wettkampf): Hier sollten kohlenhydratreiche Mahlzeiten eingelegt werden, damit der Muskel genügend Glykogen zur optimalen Kraftentfaltung hat, 60–64 % der täglichen Energiemenge sollten durch Kohlenhydrate abgedeckt sein. Die Eiweißzufuhr kann dabei auf etwa 1,5–2,0 g/kg Körpergewicht zurückgenommen werden.
Wettkampfphase Ähnlich wie im Training finden sich extrem kurze, jedoch intensive Belastungsspitzen, so daß der Organismus gezwungen ist, die benötigte Energie über ATP und KP sowie die anaerobe Glykolyse bereitzustellen. Der Kohlenhydratanteil der Nahrung sollte deshalb zwischen 55 und 60 %, der Fettanteil kann um 20 % und der Eiweißanteil ebenfalls um 20 % liegen.
In der **Regenerationsphase** ist es wichtig, zunächst den Flüssigkeits- und Mineralbedarf zu decken; eine fettreduzierte und kohlenhydrat- sowie eiweißangereicherte Kost reicht aus, um möglichst wenig Bausubstanz in der Muskulatur zu verlieren und die Glykogendepots aufzufüllen, so daß das Training relativ rasch wieder aufgenommen werden kann.

Charakteristisch für die Kraftsportarten ist also die Aufnahme von leicht verdaulichen Kohlenhydraten und die Zufuhr bedarfsgerechter Mengen biologisch hochwertiger Proteine, die ebenfalls möglichst in Form leicht verdaulicher Polypeptidverbindungen erfolgen sollte. Erfahrungsgemäß bereitet die Zufuhr dieser großen Eiweißmengen bei Kraftsportlern Schwierigkeiten, wenn sie ganz durch Fleischkost abgedeckt werden soll, zum anderen ist die Menge an gesättigten Fettsäuren und Cholesterin dann deutlich zu hoch. Eine ergänzende Zufuhr von Eiweißkonzentraten, die annähernd fett- und völlig cholesterinfrei sind, ist daher möglich.

Für den Bereich Bodybuilding kennen wir in der Vorwettkampfphase die sogenannte *Definitionsphase*. Hier empfiehlt sich neben der kaliumreichen, natriumarmen Ernährung folgende Verteilung der Nährstoffe: Die bereits kalorisch erheblich reduzierte Kost sollte zu 60–65 % aus Kohlenhydraten, mindestens 10–15 % Fetten und 25 % Proteinen bestehen.

Eine extreme Kalorienreduktion bei dieser Nährstoffverteilung ist jedoch bei einer Dauer von mehr als 2–3 Wochen als gesundheitsgefährdend anzusehen. Auf jeden Fall müssen die essentiellen Nährstoffe in der Nahrung unbedingt enthalten sein. Des weiteren ist auf eine ausreichende Vitaminzufuhr zu achten, die sich dann oft nur durch die Einnahme von Substitutionspräparaten ausgleichen läßt. Eine Gewichtsreduktion in dieser Phase von mehr als 4–5 kg setzt die Leistungsfähigkeit des Körpers drastisch herab und führt überdies unweigerlich zu einem Abbau der Muskelmasse, da der Organismus unter diesen Bedingungen das Eiweiß zur Energiegewinnung heranzieht.

In den Kraftsportarten, vor allem beim Gewichtheben, erfolgt die Startnominierung in Gewichtsklassen, so daß das rasche Abnehmen von durchschnittlich 4–6 kg in 2 Tagen ein schon routinemäßig durchgeführtes Verfahren ist. Bei den Bodybuildern wird durch Manipulation am Elektrolyt- und Wasserhaushalt versucht, eine größtmögliche Plastizität der Muskulatur zu erzielen.

In der Praxis werden daher je nach Ambition und Leistungsebene in diesen beiden Sportarten zum Teil extrem gefährliche und medizinisch nicht vertretbare Methoden angewandt: Hierunter fallen das Trinken von destilliertem Wasser, exzessive Saunagänge und vor allem die Einnahme von wassertreibenden Medikamenten, die sogenannten *Diuretika*. Bei Gewichthebern finden wir häufig darüber hinaus noch striktes Einhalten einer Nulldiät.

Gefahren bei der Einnahme von wassertreibenden Medikamenten (Diuretika): Medizinisch werden kaliumausscheidende und kaliumsparende Diuretika unterschieden; da eine Natrium- und damit verbundene Wasserausscheidung bei gleichzeitiger Erhöhung des Kaliumspiegels gewünscht sind, beobachtet man in letzter Zeit zunehmend einen Mißbrauch der sogenannten *kaliumsparenden Entwässerungsmittel*. Es muß an dieser Stelle unbedingt darauf hingewiesen werden, daß der therapeutische Bereich der Kaliumkonzentration nur sehr eng ist und bei einer gesunden Nierenfunktion die Einnahme der kaliumsparenden Diuretika rasch zu einer Erhöhung des Blutkaliumspiegels führt. Der physiologische Normbereich des Kaliumspiegels wird mit 3,8–5,3 mMol/l angegeben; ein

Anstieg der Konzentration zwischen 7 bis 8 mMol/l (dies kann bereits durch die Einnahme von 3–5 Tabletten geschehen) führt dann schon zur Störung des Reizleitungssystems am Herzen, was mit einer einfachen EKG-Untersuchung nachweisbar ist. Eine weitere Erhöhung des Kaliumspiegels kann dann mit Kammerflimmern und Herzstillstand einhergehen.

Gefahren bei einer Nulldiät: Hier wird die rasche Gewichtsabnahme durch eine annähernd komplette Entleerung der Glykogenreserven in der Muskulatur und in der Leber und einer damit verbundenen erhöhten Wasserausscheidung herbeigeführt. Gerade aber die aufgefüllten Glykogenreserven stellen bei den genannten Kraftsportarten die wichtigsten Voraussetzungen zur optimalen Kraftentfaltung innerhalb einer kurzen Zeiteinheit dar. Fehlende Glykogenreserven bedingen jedoch dann eine reduzierte Kraftentfaltung und, da ATP und KP nicht in vollem Umfange wieder aufgebaut werden können, bei mehreren Wiederholungen sogar den Leistungseinbruch. Es ist aufgrund dieser Aspekte daher nicht verwunderlich, daß bei den Gewichthebern nur in den seltensten Fällen im Wettkampf die gleiche Leistung wie in der Trainingsphase erbracht werden kann.

Bei Bodybuildern zeigt sich häufig erst 3–4 Tage nach dem Wettkampf die optimale Plastizität der Muskulatur (die sogenannte *Definition*). Auch in dieser Sportart wird in der Vorwettkampfphase radikal gehungert, um das Gesamtkörperfett auf ein Minimum zu reduzieren. Glykogenspeicherentleerung und Wasserverlust lassen die Zellen dann jedoch schrumpfen, die Kontur beziehungsweise Plastizität der Muskulatur verschwindet. Sie kehrt erst nach dem Wettkampf aufgrund einer normalen Nahrungsaufnahme zurück.

Aus sportmedizinischer Sicht lassen sich deshalb in der Definitionsphase eines Bodybuilders und in der Vorwettkampfphase eines Gewichthebers unter Berücksichtigung der oben genannten Punkte nun folgende Empfehlungen ableiten:

- **Der Verzicht auf das Trinken von destilliertem Wasser, exzessive Saunagänge und die Einnahme von Diuretika.**
- **Eine natriumarme Kost, wobei die Aufnahme naturbelassener und daher eher kaliumüberschüssiger Nahrungsmittel zu bevorzugen ist.**
- **Keine Einschränkung der Flüssigkeitszufuhr, jedoch der Verzicht auf salzhaltige und gesüßte Getränke.**
- **Ausreichende Zufuhr der restlichen Mineralstoffe, insbesondere des Magnesiums.**
- **Eine kalorien- und fettreduzierte Mischkost, wobei 55 % der Energieanteile in Kohlenhydraten und 20 % der Energieanteile durch Proteine abgedeckt sein sollten.**

	Training	Vorwettkampf Definitionsphase	Wettkampf	Regeneration
Kohlenhydrate	55	65	60	55
Fett	15	15	20	20
Eiweiß	30	20	20	25

Die nachfolgende Analyse ist auf einen 31jährigen männlichen Bodybuilder berechnet; Körpergröße 185 cm, Körpergewicht 105 kg, an einem Tag ohne Sport und ohne Arbeit.

Kalorienbedarf:
2800 kcal/11732 kJ (2775–2825 kcal/11600–11800 kJ)

Nährstoffverteilung:
398 g Kohlenhydrate (393–403)
82 g Fett (80– 84)
97 g Eiweiß (95– 99)

Die Nährstoffe sind normal verteilt.

Empfohlene Kalorienverteilung für:

Frühstück	700 kcal/2926 kJ	(675– 725 kcal/2822–3031 kJ)
Zwischenmahlzeit	275 kcal/1150 kJ	(250– 300 kcal/1045–1254 kJ)
Mittagessen	1125 kcal/4700 kJ	(1100–1150 kcal/4600–4807 kJ)
Zwischenmahlzeit	150 kcal/ 627 kJ	(125– 175 kcal/ 523– 732 kJ)
Abendessen	550 kcal/2299 kJ	(525– 575 kcal/2195–2404 kJ)

Kalorienbedarf und Nährstoffverteilung an einem Trainingstag ohne Arbeit; Trainingsumfang an diesm Tag: 50000 kg bewegtes Gewicht in 4 Stunden

Kalorienbedarf:
6425 kcal/26920 kJ (6400–6450 kcal/26752–26961 kJ)

Nährstoffverteilung:
885 g Kohlenhydrate (880–890)
143 g Fett (141–145)
354 g Eiweiß (352–356)

Die Nährstoffe sind leicht kohlenhydrat- und betont eiweißreich verteilt.

Empfohlene Kalorienverteilung für:

Frühstück	1600 kcal/ 6688 kJ	(1575–1625 kcal/ 6584– 6793 kJ)
Zwischenmahlzeit	650 kcal/ 2717 kJ	(625– 675 kcal/ 2613– 2822 kJ)
Mittagessen	2575 kcal/10764 kJ	(2550–2600 kcal/10660–10868 kJ)
Zwischenmahlzeit	325 kcal/ 1359 kJ	(300– 350 kcal/ 1254– 1463 kJ)
Abendessen	1275 kcal/ 5748 kJ	(1250–1300 kcal/ 5225– 5434 kJ)

Kalorien- und Nährstoffanalyse in der Definitionsphase an einem Tag ohne Training und ohne Arbeit

Kalorienbedarf:

2800 kcal / 11732 kJ		(2775–2825 kcal / 9510–11809 kJ)
Nährstoffverteilung:		
444 g Kohlenhydrate		(439–449)
45 g Fett		(43– 47)
136 g Eiweiß		(134–136)

Die Nährstoffe sind betont kohlenhydrat- und leicht eiweißreich verteilt.

Empfohlene Kalorienverteilung für:

Frühstück	700 kcal / 2926 kJ	(675– 725 kcal / 2822–3031 kJ)
Zwischenmahlzeit	275 kcal / 1150 kJ	(250– 300 kcal / 1045–1254 kJ)
Mittagessen	1125 kcal / 4700 kJ	(1100–1150 kcal / 4598–4807 kJ)
Zwischenmahlzeit	150 kcal / 627 kJ	(125– 175 kcal / 523– 732 kJ)
Abendessen	550 kcal / 2299 kJ	(525– 575 kcal / 2195–2404 kJ)

kohlenhydratreich: zum Aufbau und Erhalten der Glykogenspeicher
eiweißreich: um einem Verlust bzw. Abbau der Muskulatur zu verhindern

Tabelle 4.2 Sportartspezifische Nährstoffverteilung in Prozent im Kraftsport (nur auf den vermehrten Kalorienverbrauch durch Sport bezogen) (nach dem *Calorymetic-System*)

Alle prozentualen Angaben in der Tabelle 4.2 zur sportspezifischen Nährstoffverteilung sind ausschließlich auf den gesteigerten Kalorienbedarf durch Sport und nicht auf den Gesamttagesbedarf bezogen; dies unterscheidet die Berechnung des Calorymetic-Systems von den üblichen Angaben in der Sporternährungsliteratur.

4.2.2 Kraftausdauersportarten

Hier handelt es sich um Sportarten, in denen Kraft und Ausdauer gleichermaßen von Bedeutung sind. Dies spiegelt sich auch in den Trainingsmethoden wider, wobei an dieser Stelle vordergründig zwei Übungsformen genannt werden sollen: die Intervall- und die Dauermethode. Zur Entwicklung einer verbesserten Kraftausdauer durch die Intervallmethode wird in der Regel eine Reizintensität zwischen 60 und 80 % des maximalen Leistungsvermögens gewählt; dies wiederum bedingt einen relativ hohen Reizumfang mit bis zu 20 Wiederholungen, wobei die Reizdauer durch Anzahl der Wiederholungen mit einer halben bis zu 1½ min relativ lang ist. Bei der Dauermethode liegt die Reizintensität zwischen

50 und 70 % des maximalen Leistungsvermögens und ist gegenüber der Intervallmethode durch eine kontinuierliche Ausübung der Bewegungsabläufe ohne Pause und sehr lange Reizdauer gekennzeichnet.
Zur Abdeckung des Energiebedarfs überwiegt somit in der Intervallmethode die Bereitstellung durch ATP, KP und anaerobe sowie aerobe Glykolyse, demgegenüber bei der Dauermethode überwiegend die aerobe Glykolyse.
Dementsprechend finden sich in der Muskelzelle vermehrt Glykogendepots; die Aktivität der glykolytischen Enzyme ist gesteigert, wobei sich im Rahmen des Ausdauertrainings auch die Enzymsysteme der Atmungskette der Beanspruchungsform angepaßt haben. Das Kraft-Ausdauer-Training (z. B. beim Rudern) führt zu einer maximalen Adaptation der Herz-Kreislauf-Leistung: Sehr gut trainierte Athleten dieser Sportart weisen das größte Schlagvolumen und damit die höchste maximale Sauerstoffaufnahme auf (bis zu circa 6 l/min).
Trainingsphase: In der Aufbauphase wird in aller Regel das Krafttraining verstärkt, hier ist dann, wie bei den reinen Kraftsportarten, eine Zufuhr von biologisch hochwertigem Eiweiß (circa 15 % der Kalorien) notwendig. Der Anteil der Kohlenhydrate darf hierbei jedoch nicht unter 55 % liegen, der Fettanteil sollte zwischen 20 und 25 % betragen. Wird der Schwerpunkt zunehmend in den Bereich Ausdauertraining verlegt, genügen in aller Regel etwa 10–15 % Eiweiß, es ist dann jedoch eine Erhöhung der Kohlenhydratzufuhr notwendig: Etwa 60 % des täglichen Energiebedarfs sollten durch Kohlenhydrate abgedeckt werden, der Fettanteil beträgt zwischen 20 und 25 %.
Vorwettkampfphase: In den letzten Tagen vor dem Wettkampf empfiehlt sich eine fettreduzierte (20–22,5 %), kohlenhydratreiche Kost mit 60–65 % Energieträger durch Kohlenhydrate und einem Eiweißbedarf von circa 2 g/kg Körpergewicht/Tag.
Am **Wettkampftag** kann in Abhängigkeit von der Dauer der Belastung eine laufende Ergänzung in Form von leichtverdaulichen, kohlenhydratangereicherten Getränken erforderlich werden. Der Gesamtenergiebedarf sollte zu 60 % durch Kohlenhydrate, zu 20–25 % durch Fette und etwa 15 % durch Eiweiße abgedeckt werden.
Nachwettkampfphase: Eine ausgewogene, etwas fettreduzierte Mischkost mit einer Eiweißmenge von circa 1,5 g/kg Körpergewicht/Tag reicht in der Regenerationsphase aus, um dem Körper die verlorenen Bau- und Energiestoffe zu ersetzen.

	Training	Vorwettkampf	Wettkampf	Regeneration
Kohlenhydrate	62,5	60	60	57,5
Fett	22,5	25	22,5	25
Eiweiß	17,5	15	17,5	17,5

Beispielhafte Berechnung eines Rudersportathleten: 30 Jahre, 180 cm groß, Gewicht: 85 kg, an einem Tag ohne Sport und ohne Arbeit.

Kalorienbedarf:
2525 kcal/10579 kJ (2500–2550 kcal/10450–10659 kJ)

Nährstoffverteilung:
357 g Kohlenhydrate (352–362)
74 g Fett (72– 77)
87 g Eiweiß (85– 89)
Die Nährstoffe sind normal verteilt.

Empfohlene Kalorienverteilung für:

Frühstück	625 kcal/2613 kJ	(600– 650 kcal/2508–2717 kJ)
Zwischenmahlzeit	275 kcal/1150 kJ	(250– 300 kcal/1045–1254 kJ)
Mittagessen	1000 kcal/4180 kJ	(975–1025 kcal/4076–4285 kJ)
Zwischenmahlzeit	125 kcal/ 523 kJ	(100– 150 kcal/ 418– 627 kJ)
Abendessen	500 kcal/2090 kJ	(475– 525 kcal/1986–2195 kJ)

Analyse für dieselbe Person an einem Trainingstag ohne Arbeit; Trainingsumfang 2 Stunden Rudern.

Kalorienbedarf:
3775 kcal/15817 kJ (3750–3800 kcal/15675–15884 kJ)

Nährstoffverteilung:
540 g Kohlenhydrate (535–545)
111 g Fett (109–113)
125 g Eiweiß (123–127)
Die Nährstoffe sind normal bis kohlenhydratreich verteilt.

Empfohlene Kalorienverteilung für:

Frühstück	950 kcal/3971 kJ	(925– 975 kcal/3867–4076 kJ)
Zwischenmahlzeit	375 kcal/1568 kJ	(350– 400 kcal/1463–1672 kJ)
Mittagessen	1500 kcal/6270 kJ	(1475–1525 kcal/6166–6375 kJ)
Zwischenmahlzeit	200 kcal/ 836 kJ	(175– 225 kcal/ 732– 941 kJ)
Abendessen	750 kcal/3135 kJ	(725– 775 kcal/3031–3240 kJ)

Tabelle 4.3 Sportartspezifische Nährstoffverteilung in Prozent im Kraftausdauerbereich (nur bezogen auf den vermehrten Kalorienverbrauch durch Sport) (nach dem *Calorymetic-System*)

4.2.3 Schnellkraft- und Kampfsportarten

Trainingsziel hier ist die Entwicklung von Schnellkraft durch eine Verbesserung der Geschwindigkeit der Muskelkontraktion bei gleichzeitiger Verbesserung der Koordinationsfähigkeit der Bewegungsabläufe. Die intensive Intervallmethode steht dabei im Vordergrund der Trainingsarbeit: sie weist eine hohe Reizintensität (circa 80–90 % des maximalen Leistungsvolumens) auf; die Reizdauer beträgt in der Regel zwischen 30 und 60 sec., wobei hier etwa 10 Wiederholungen durchgeführt werden. Aufgrund dieser Gegebenheiten stehen die Energieträger ATP, KP sowie die Energiestoffwechselprozesse der anaeroben Glykolyse im Vordergrund.

Der Trainingseffekt wirkt sich in den Schnellkraftsportarten somit mehr auf die anaeroben Enzymsysteme als auf die maximale Sauerstoffaufnahme aus; er liegt z. B. auch bei gut trainierten Judokämpfern durchschnittlich nicht höher als 4 l/min.

Trainingsphase: Wenigstens 60 % der durch die Ausübung des Trainings umgesetzten Energie sind als Kohlenhydrate zuzuführen; die optimale Eiweißmenge liegt dann bei circa 15–18 %, das heißt, circa 2 g biologisch hochwertiges Eiweiß/kg Körpergewicht/Tag sind notwendig.

Vorwettkampf- und Wettkampfphase: Hier genügt eine Proteinzufuhr von circa 1,5 g/kg Körpergewicht/Tag, was etwa 10–15 % des täglichen Gesamtenergiebedarfs entspricht. Da sich die Schnellkraftsportarten, wie bereits erwähnt, durch eine hohe Belastungsintensität bei relativ kurzer Dauer auszeichnen, kommt sowohl in der Vorwettkampf- als auch in der Wettkampfphase den Kohlenhydraten eine größere Bedeutung zu. In beiden Phasen wird eine Abdeckung des täglichen Energiebedarfs durch Kohlenhydrate zu 60–65 % notwendig, damit die Muskeldepots genügend mit Glykogen gefüllt sind. Bei öfteren Wiederholungen, wie sie insbesondere in der Wettkampfphase (z. B. bei einem Vor-, Zwischen- und Endlauf) vorkommen können, sollte man deshalb zwischendurch vor allem kohlenhydratangereicherte Getränke zuführen. Hierbei ist gleichsam auf einen ausgeglichenen Flüssigkeitshaushalt mit entsprechender Mineralmenge zu achten.

Regenerationsphase: In der Nachwettkampfperiode ist eine kohlenhydratreiche, fettreduzierte Mischkost zu empfehlen, wobei der Eiweißgehalt die Empfehlung von 1,5 g/kg Körpergewicht/Tag nicht unterschreiten sollte. Prozentual wäre somit der tägliche Energiebedarf durch 55–60 % Kohlenhydrate, etwa 25 % Fett und 15 % Eiweiß aufzuteilen. Durch eine adäquate Flüssigkeits- und Mineralzufuhr ist eine Verkürzung der Erholungszeit gewährt, so daß das Training dann rasch wieder aufgenommen werden kann.

	Training	Vorwettkampf	Wettkampf	Regeneration
Kohlenhydrate	60	60	60	57,5
Fett	22,5–25	22,5–25	25	25
Eiweiß	15–17,5	10–12,5	10	17,5

Beispielhafte Kalorien- und Nährstoffanalyse einer 24jährigen Judokämpferin, Größe 170 cm, Gewicht: 64 kg, an einem Tag ohne Sport und mit Arbeit (leichte Tätigkeit).

Kalorienbedarf:
2175 kcal/9113 kJ (2150–2220 kcal/8987–9280 kJ)

Nährstoffverteilung:
308 g Kohlenhydrate (303–313)
64 g Fett (62– 66)
75 g Eiweiß (73– 77)

Die Nährstoffe sind normal bis leicht kohlenhydratreich verteilt.

Empfohlene Kalorienverteilung für:

Frühstück	550 kcal/2299 kJ	(525–575 kcal/2195–2404 kJ)
Zwischenmahlzeit	225 kcal/ 941 kJ	(200–250 kcal/ 836–1045 kJ)
Mittagessen	875 kcal/3658 kJ	(850–900 kcal/3553–3762 kJ)
Zwischenmahlzeit	100 kcal/ 418 kJ	(75–125 kcal/ 314– 523 kJ)
Abendessen	425 kcal/1777 kJ	(400–450 kcal/1672–1881 kJ)

Analyse derselben Sportlerin an einem Tag mit Sport und mit Arbeit; Trainingsumfang an diesem Tag: 2 Stunden Judo; regelmäßiger Trainingsumfang pro Woche: 5 Stunden.

Kalorienbedarf:
2700 kcal/11313 kJ (2675–2725 kcal/11182–11391 kJ)

Nährstoffverteilung:
384 g Kohlenhydrate (379–389)
76 g Fett (74– 78)
97 g Eiweiß (95– 99)

Die Nährstoffe sind normal bis kohlenhydratreich verteilt.

Empfohlene Kalorienverteilung für:

Frühstück	675 kcal/2822 kJ	(650– 700 kcal/2717–2926 kJ)
Zwischenmahlzeit	275 kcal/1150 kJ	(250– 300 kcal/1045–1254 kJ)
Mittagessen	1075 kcal/4494 kJ	(1050–1100 kcal/4389–4598 kJ)
Zwischenmahlzeit	125 kcal/ 523 kJ	(100– 150 kcal/ 418– 627 kJ)
Abendessen	550 kcal/2299 kJ	(525– 575 kcal/2195–2404 kJ)

Tabelle 4.4 Sportartspezifische Nährstoffverteilung in Prozent für die Schnellkraft- und Kampfsportarten (nur bezogen auf den vermehrten Kalorienverbrauch im Sport) (nach dem *Calorymetic-System*)

4.2.4 Spielsportarten

Hierunter fallen unter anderem alle Ballsportarten, weil hier nicht eine kontinuierliche Dauerbelastung, sondern eine kurzleistungsintensive Phase mit kurzer Ruhepause abwechselt.
Ähnlich wie bei den Schnellkraft- und Kraftausdauersportarten finden wir im Spielsport ein Komponententraining, wobei in der Aufbauphase das reine Krafttraining und später, in der technischen Phase, die eher kürzeren dynamischen Schnellkraftkomponenten überwiegen beziehungsweise miteinander kombiniert werden.
Entsprechend der Charakteristik der Sportarten zeigt sich die Strukturverteilung in der Muskelzelle: Es finden sich vermehrt Glykogenspeicher, darüber hinaus ist die Aktivität der anaeroben und auch der aeroben Enzymsysteme gesteigert. Da die Spieldauer bei Ballsportarten häufig relativ lang ist, kommt es auch zu einem Anstieg der maximalen Sauerstoffaufnahme auf etwa 4,3–4,8 l/min.
Trainingsphase: Bei der eher kraftorientierten Trainingsperiode zum Anfang sollte der tägliche Eiweißbedarf durch circa 2 g Protein/kg Körpergewicht/Tag abgedeckt werden, in der technisch-dynamischen Phase genügt dann die Menge von circa 1,5 g/kg Körpergewicht/Tag. Die Kohlenhydratzufuhr sollte in beiden Trainingsperioden jeweils 55–60 % zur Deckung des täglichen Energiebedarfs betragen. Der Fettanteil bleibt jeweils auf circa 25 % reduziert.
In der **Vorwettkampfphase** erhöhen dann reichliche Kohlenhydratmengen (bis zu 65 % des täglichen Energiebedarfs) die Glykogenreserven, wobei 1,5 g biologisch hochwertiger Proteine/kg Körpergewicht/Tag ausreichend erscheinen; der Fettbedarf bleibt auf zwischen 25 und 28 % Energieanteile reduziert.
Am **Wettkampftag** bestehen die Mahlzeiten vorwiegend aus leicht verdaulichen Kohlenhydraten, wobei die Gesamttagesenergiemenge zu etwa 62,6 % durch diese abgedeckt werden sollte. Die bei den Ballsportarten regulär vorkommenden Pausen sollten dann genutzt werden, um kohlenhydrat- und mineralstoffangereicherte Getränke zuzuführen, damit der Energie-, Elektrolyt- und Wasserverlust ausgeglichen wird. Dies ist bei länger anhaltenden Belastungsformen außerordentlich wichtig, denn es verhindert den ansonsten sicher zu erwartenden Leistungsabfall.
Nach dem Wettkampf beschleunigt die baldige Kohlenhydrat- und Elektrolytzufuhr die **Regenerationsperiode**, als ideale Nährstoffverteilung können die Kohlenhydrate mit 55–60 %, der Fettanteil mit 25 % und das Eiweiß mit 15 % angegeben werden.

	Training	Vorwettkampf	Wettkampf	Regeneration
Kohlenhydrate	60	60	60	57,5
Fett	22,5–25	22,5–25	25	25
Eiweiß	15–17,5	10–12,5	10	17,5

Beispielanalyse eines 28jährigen Fußballspielers an einem Tag ohne Sport und ohne Arbeit; Größe 178 cm, Gewicht: 72 kg.

Kalorienbedarf:
2350 kcal/9846 kJ (2325–2375 kcal/9719–9928 kJ)

Nährstoffverteilung:

335 g Kohlenhydrate	(330–340)
69 g Fett	(67– 71)
82 g Eiweiß	(80– 84)

Die Nährstoffe sind normal verteilt.

Empfohlene Kalorienverteilung für:

Frühstück	600 kcal/2508 kJ	(575–625 kcal/2404–2613 kJ)
Zwischenmahlzeit	225 kcal/ 941 kJ	(200–250 kcal/ 836–1045 kJ)
Mittagessen	950 kcal/3971 kJ	(925–975 kcal/3867–4076 kJ)
Zwischenmahlzeit	100 kcal/ 418 kJ	(75–125 kcal/ 314– 523 kJ)
Abendessen	475 kcal/1986 kJ	(450–500 kcal/1881–2090 kJ)

Derselbe Sportler an einem Wettkampftag; er spielt 90 Minuten Fußball.

Kalorienbedarf:
3300 kcal/13827 kJ (3275–3325 kcal/13690–13899 kJ)

Nährstoffverteilung:

472 g Kohlenhydrate	(467–477)
94 g Fett	(92– 96)
116 g Eiweiß	(114–118)

Die Nährstoffe sind normal bis kohlenhydratreich verteilt.

Empfohlene Kalorienverteilung für:

Frühstück	825 kcal/3449 kJ	(800– 850 kcal/3344–3553 kJ)
Zwischenmahlzeit	325 kcal/1359 kJ	(300– 350 kcal/1254–1463 kJ)
Mittagessen	1325 kcal/5539 kJ	(1300–1350 kcal/5434–5643 kJ)
Zwischenmahlzeit	175 kcal/ 732 kJ	(150– 200 kcal/ 627– 836 kJ)
Abendessen	650 kcal/2717 kJ	(625– 675 kcal/2613–2822 kJ)

Tabelle 4.5 Sportartspezifische Nährstoffverteilung in Prozent für die Intervall- und Spielsportarten (nur bezogen auf den vermehrten Kalorienverbrauch im Sport) (nach dem *Calorymetic-System*)

4.2.5 Ausdauersportarten

Bei den reinen Ausdauersportarten ist die Ernährung erfahrungsgemäß von besonderer Bedeutung; dies wird um so verständlicher, wenn man bedenkt, daß z. B. bei einer Tour-de-France-Etappe eine circa 50–70 %ige Belastungsintensität bis zu annähernd 6 Stunden kontinuierlich aufrechterhalten werden muß. Dies führt zu einem Gesamttagesenergiebedarf von bis zu 10 000 kcal.

Trainings- und Wettkampfphase zeigen von seiten der Reizintensität, der Dauer und des Umfangs in der Regel das gleiche Bild: Eine relativ niedrige Reizintensität wird kontinuierlich mit einer Dauer über Stunden ohne Pause ausgeführt. Folgende Adaptationsmechanismen laufen dabei im Organismus ab: Die Muskelzelle lagert vermehrt Glykogen ein; es kommt zu einer Zunahme der Mitochondrien, die Aktivität der Enzymsysteme in der Atmungskette (aerobe Oxidation) steigt mehr als in anderen Sportarten (ausgenommen die Kraftausdauersportarten) an. Der erhebliche Trainingsumfang führt auch zu Veränderungen im Kreislauf: Steigerung des Schlagvolumens und der maximalen Sauerstoffaufnahme, die bei guten Läufern zwischen 5 und 6 l/min betragen kann.

Wie bereits erwähnt deckt der Körper bei derart langanhaltenden Belastungen den Energiebedarf zu annähernd gleichen Teilen aus der Oxidation von Kohlenhydraten und Fett ab. Da durch die Fettdepots im Unterhautfettgewebe genügend Reserven für die Energiegewinnung aus Fett zur Verfügung stehen, reicht die tägliche Zufuhr von etwa 28 % Energieanteilen aus. Beim Ausdauersport ist somit in allen Phasen die hohe Kohlenhydratzufuhr mit Energieanteilen von 60–67,5 % von größter Bedeutung, ohne die Eiweißaufnahme unter 1,5 g/kg Körpergewicht/Tag (entsprechend einem Energieanteil zwischen 10 und 15 %) sinken zu lassen. Diese Eiweißmenge reicht bei den Ausdauersportarten aus, um die Muskulatur zu erhalten; hier werden die Eiweiße eher für den Aufbau von Enzymen benötigt, die diese umfangreichen Stoffwechselprozesse steuern.

Vorwettkampfphase: Bei den Ausdauersportarten ist die Vorwettkampfphase (in der Regel 5 bis 7 Tage vor dem Wettkampf) von besonderer Bedeutung, da hier durch den Vorgang der sogenannten *Superkompensation* eine natürliche Überladung der Glykogendepots erzielt werden kann (vergleiche Kapitel 3.1.3.1, S. 78 ff). Der Gesamtenergiebedarf liegt in dieser Periode jedoch deutlich niedriger als in der Trainingsphase, da bei gleichbleibender Belastungsintensität vor allem Umfang und Dauer deutlich gedrosselt werden. Der Vorgang der Superkompensation läßt sich folgendermaßen erklären: Etwa eine Woche vor dem Wettkampf wird an 3–4 Tagen ein kurzes Training mit sehr hohen Belastungsintensitäten absolviert, was zu einer annähernd völligen Entleerung der Glykogenreserven im Körper führt; die täglich aufgenommene Nahrungsmenge enthält dann ausreichend Kohlenhydrate, um den Energiebedarf zu 65–70 % abzudekken. Verursacht durch den extrem ungewohnten Trainingsreiz, füllen sich in der anschließenden unmittelbaren Vorwettkampfphase dann die Depots der Muskulatur mit mehr als 50 % über dem Normalwert mit Glykogen auf, was zu einer deutlichen Verbesserung der Leistungsfähigkeit führt.

Wettkampftag: Etwa 60–62,5 % des Energiebedarfs am Wettkampftag sind durch Kohlenhydrate abzudecken; um dies zu gewährleisten, müssen in etwa ½- bis ¾stündigem Abstand kohlenhydratreiche Getränke als laufende Ergänzung aufgenommen werden; es empfehlen sich hierbei die industriell vorgefertigten Präparate, die gleichzeitig mit Vitaminen und Mineralien kombiniert sind. Die Energiegewinnung durch Fett, das im Unterhautfettgewebe genügend zur Verfügung steht, bedingt dann am Wettkampftag eine Aufnahme von 27,5–30 % als ausreichend; etwa 1,5 g biologisch hochwertiges Eiweiß, das entspricht etwa 12 % des Tagesgesamtbedarfs, erscheinen genügend.

Regenerationsphase: In der Regenerationsphase ist die Kohlenhydratzufuhr möglichst bald nach dem Wettkampf dringend erforderlich, um die Glykogendepots wieder zu füllen und damit die Regenerationsphase zu beschleunigen. Eventuell verlorengegangenes Muskeleiweiß, vor allem aber die Veränderung der Enzymsysteme, kann durch etwa 1,5 g Eiweiß/kg Körpergewicht/Tag schnell wieder regenerieren.

	Training	**Vorwettkampf**	**Wettkampf**	**Regeneration**
Kohlenhydrate	62	70	62	57,5
Fett	25,5	20	25,5	27,5
Eiweiß	12,5	10	12,5	15

Stammdaten: weiblich, Alter: 33 Jahre, Größe 170 cm, Gewicht: 58 kg; regelmäßiger Trainingsumfang pro Woche: 14 Stunden.
Kalorienbedarf an einem Tag ohne Training und ohne Arbeit.

Kalorienbedarf:

1950 kcal/8170 kJ		(1925–1975 kcal/8050–8250 kJ)

Nährstoffverteilung:

277 g Kohlenhydrate		(272–282)
57 g Fett		(55– 59)
67 g Eiweiß		(65– 69)

Die Nährstoffe sind normal verteilt.

Empfohlene Kalorienverteilung für:

Frühstück	500 kcal/2090 kJ	(475–525 kcal/1986–2195 kJ)
Zwischenmahlzeit	175 kcal/ 732 kJ	(150–200 kcal/ 627– 836 kJ)
Mittagessen	775 kcal/3240 kJ	(750–800 kcal/3135–3344 kJ)
Zwischenmahlzeit	100 kcal/ 418 kJ	(75–125 kcal/ 314– 523 kJ)
Abendessen	400 kcal/1672 kJ	(375–425 kcal/1568–1777 kJ)

Analyse an einem Trainingstag (Laufen 18 km, 90 min).

Kalorienbedarf:

2975 kcal/12465 kJ (2950–3000 kcal/12331–12540 kJ)

Nährstoffverteilung:

425 g	Kohlenhydrate	(420–430)
87 g	Fett	(85– 89)
98 g	Eiweiß	(96–100)

Die Nährstoffe sind normal bis leicht kohlenhydratreich verteilt.

Empfohlene Kalorienverteilung für:

Frühstück	750 kcal/3135 kJ	(725– 775 kcal/3031–3240 kJ)
Zwischenmahlzeit	275 kcal/1150 kJ	(250– 300 kcal/1045–1254 kJ)
Mittagessen	1200 kcal/5016 kJ	(1175–1225 kcal/4912–5121 kJ)
Zwischenmahlzeit	150 kcal/ 627 kJ	(125– 175 kcal/ 523– 732 kJ)
Abendessen	600 kcal/2508 kJ	(575– 625 kcal/2404–2613 kJ)

Vorwettkampftag: Kalorienbedarf ohne Sport und ohne Arbeit.

Kalorienbedarf:

1950 kcal/8170 kJ (1925–1975 kcal/8047–8256 kJ)

Nährstoffverteilung:

333 g	Kohlenhydrate	(328–338)
41 g	Fett	(39– 43)
47 g	Eiweiß	(45– 49)

Die Nährstoffe sind kohlenhydratreich verteilt.

Empfohlene Kalorienverteilung für:

Frühstück	500 kcal/2090 kJ	(475–525 kcal/1986–2195 kJ)
Zwischenmahlzeit	175 kcal/ 732 kJ	(150–200 kcal/ 627– 836 kJ)
Mittagessen	775 kcal/3240 kJ	(750–800 kcal/3135–3344 kJ)
Zwischenmahlzeit	100 kcal/ 418 kJ	(75–125 kcal/ 314– 523 kJ)
Abendessen	400 kcal/1672 kJ	(375–425 kcal/1568–1777 kJ)

Wettkampftag: Die Sportlerin läuft die Marathondistanz in 3 Stunden, 45 Minuten.

Kalorienbedarf:

3800 kcal/15922 kJ		(3775–3825 kcal/15780–15989 kJ)

Nährstoffverteilung:

549 g Kohlenhydrate	(540–554)
112 g Fett	(110–114)
124 g Eiweiß	(122–126)

Die Nährstoffe sind normal bis leicht kohlenhydratreich verteilt.

Empfohlene Kalorienverteilung für:

Frühstück	950 kcal/3971 kJ	(925– 975 kcal/3867–4076 kJ)
Zwischenmahlzeit	375 kcal/1568 kJ	(350– 400 kcal/1463–1672 kJ)
Mittagessen	1525 kcal/6375 kJ	(1500–1550 kcal/6270–6479 kJ)
Zwischenmahlzeit	200 kcal/ 836 kJ	(175– 225 kcal/ 732– 941 kJ)
Abendessen	750 kcal/3135 kJ	(725– 775 kcal/3031–3240 kJ)

Regenerationstag: Kalorienbedarf ohne Sport und ohne Arbeit.

Kalorienbedarf:

1950 kcal/8170 kJ		(1925–1975 kcal/8047–8256 kJ)

Nährstoffverteilung:

273 g Kohlenhydrate	(268–278)
57 g Fett	(55– 59)
71 g Eiweiß	(69– 73)

Die Nährstoffe sind normal bis leicht eiweißreich verteilt.

Empfohlene Kalorienverteilung für:

Frühstück	500 kcal/2090 kJ	(475–525 kcal/1986–2195 kJ)
Zwischenmahlzeit	175 kcal/ 732 kJ	(150–200 kcal/ 627– 836 kJ)
Mittagessen	775 kcal/3240 kJ	(750–800 kcal/3135–3344 kJ)
Zwischenmahlzeit	100 kcal/ 418 kJ	(75–125 kcal/ 314– 523 kJ)
Abendessen	400 kcal/1672 kJ	(375–425 kcal/1568–1777 kJ)

Tabelle 4.6 Sportartspezifische Nährstoffverteilung in Prozent im Ausdauersport (nur bezogen auf den vermehrten Kalorienverbrauch im Sport) (nach dem *Calorymetic-System*)

Kapitel 5

Zur Gewichtsfrage im Sport

In der Praxis gilt ein stabiles Körpergewicht als Indiz für einen guten Trainingszustand. Die regelmäßige Gewichtskontrolle unter jeweils gleichen Bedingungen, d. h. morgens nüchtern wiegen, ist die einfachste Methode, um die Energiebilanz zu überwachen.

Gewichtstabellen geben Anhaltspunkte bezüglich eines wünschenswerten Gewichtes. Übergewicht in Form von Fettdepots als Folge einer zu hohen Fettaufnahme und eines übermäßigen Verzehrs von Süßigkeiten sowie hochkalorischen Getränken ist für die sportliche Leistung sicherlich hinderlich. Vielfach ist aber das Gewicht erstrebenswert, bei dem der Sportler physisch und psychisch seine besten Leistungen erbringt (*Formgewicht*).

Welche Methoden gibt es, um das Körpergewicht zu beurteilen? Einfacher Orientierungsmaßstab für Erwachsene ist nach wie vor das sogenannte Normalgewicht nach Broca, einem französischen Arzt. Es wird nach der bekannten Formel errechnet: *Körpergröße in Zentimetern minus 100.*

Abb. 5.1 Bestimmung des Broca-Index

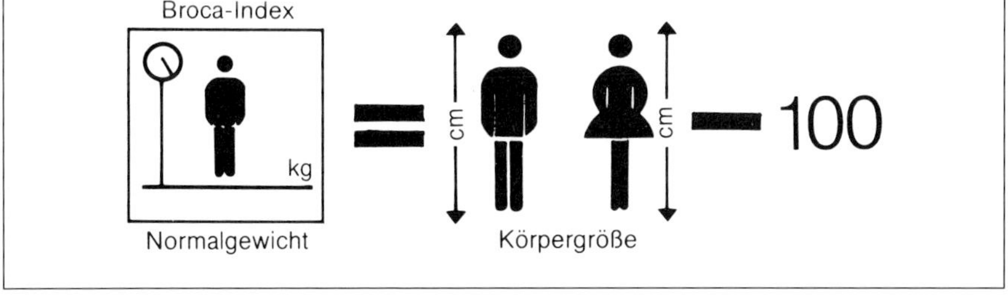

Weitere Meßmethoden und Formeln wurden entwickelt, um Körpermaße und Körpermasse zu beurteilen. Kritik kommt aus unterschiedlichen Richtungen. Wissenschaftler bemängeln, daß mit der einfachen Broca-Formel nicht das eigentliche Ausmaß des Körperfetts ermittelt werden kann. So können beispielsweise Leistungssportler aufgrund ihrer durch Krafttraining vermehrten Muskelmassen übergewichtig sein, ohne daß sie zuviel Depotfett speichern.

Exkurs zur Feststellung der Fettspeicherung

Was Wissenschaftler mit einem exakten Meßgerät, dem sogenannten *skinfold-caliper*, erfassen, kann man zur ersten Einschätzung durch einen einfachen Kneiftest ermitteln. Wenn man die Haut so zwischen die Finger nimmt, daß man sie leicht von der darunterliegenden Muskelschicht abhebt, erfaßt man das, was die Hautfalte genannt wird. Sie ist um so dicker, je mehr Fett unter der Haut gespeichert ist. Das Unterhautfettgewebe zeigt also an, ob Übergewicht tatsächlich durch Zunahme des Fettgewebes hervorgerufen ist.

Der einfache Broca-Index hat ferner seine Schwächen bei relativ kleinen und sehr großen Menschen. Wer als Erwachsener kleiner als 150 Zentimeter ist, sollte sich eher am Broca-Idealgewicht orientieren. Bei größerer Körperlänge erfolgt leicht eine Unterschätzung des Übergewichts, da sehr große Menschen, beispielsweise über 190 Zentimeter, nach Broca-Normalgewicht relativ schwer sein dürften. Auch hier empfiehlt sich eher ein geringfügiger Abzug um fünf bis zehn Prozent vom Broca-Normalgewicht. Viele relativ große, jüngere Frauen würden sich mit dem Broca-Normalgewicht sicherlich ebenfalls nicht wohl fühlen. Größenunabhängige Aussagen erlaubt der sogenannte BMI (= *body mass index*). Er wird wie folgt berechnet:

$$\text{BMI} = \frac{\text{Körpergewicht in kg}}{\text{Körpergröße in m}^2}$$

Beispiel: Eine Frau ist 1,72 Meter groß und wiegt 63 Kilogramm. Dann errechnet sich ihr BMI wie folgt:

$$\text{BMI} = \frac{63}{1{,}72 \times 1{,}72} = 21{,}29$$

Die nachfolgende BMI-Tabelle (body mass index) berücksichtigt die Größe und das Gewicht und ermöglicht für Erwachsene bessere Aussagen, unabhängig von Alter und Geschlecht. Was so kompliziert aussieht, ist sehr leicht zu handhaben. Man benötigt ein Lineal oder ein Stück Papier, das in der Tabelle links an der entsprechenden Größe und gleichzeitig rechts am aktuellen Gewicht angelegt wird. In der Mitte kann man dann den BMI-Wert ablesen.

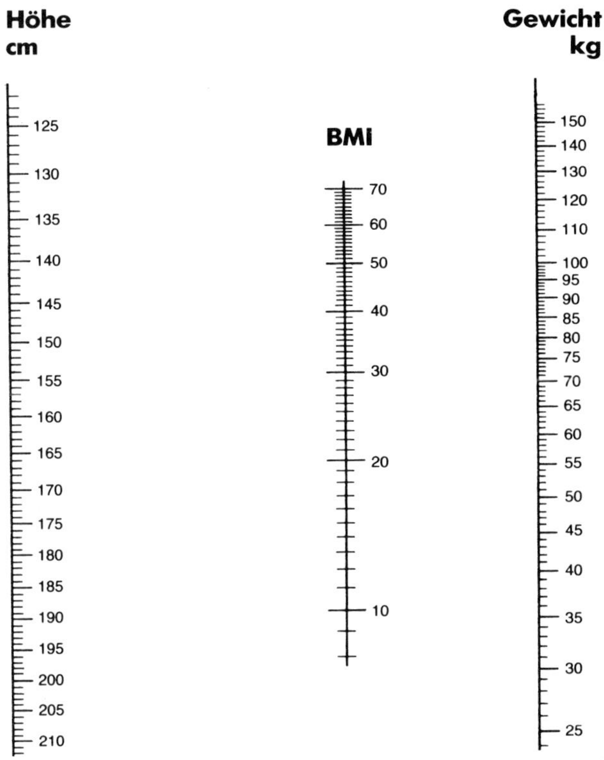

Werte

unter 18
Sind sind untergewichtig; empfehlenswert ist eine Gewichtszunahme, mit der das Wohlbefinden und die Leistungsfähigkeit verbessert werden.

18–25
Sind sind normalgewichtig.

26–30
Sie sind leicht übergewichtig und sollten Ihr Gewicht reduzieren, wenn bei Ihnen bereits eine Krankheit vorliegt, z. B. Diabetes, Bluthochdruck, Gicht, Fettstoffwechselstörung.

über 30
Eine Gewichtsabnahme ist dringend anzuraten.

Tabelle 5.1 BMI-Tabelle

Referenzgewichte für Kinder und Jugendliche

Bei Kindern und Jugendlichen, die sich noch im Wachstum befinden, kann man das für Erwachsene beschriebene Normalgewicht nicht als Norm ansetzen. Man beurteilt deren Gewicht, indem man es mit einem sogenannten Referenzgewicht vergleicht (Tab. 5.2, S. 198). Es handelt sich dabei um das Körpergewicht, das die meisten Kinder (circa 80 Prozent) eines gemeinsamen Jahrgangs, gleichen Geschlechts und gleicher Körpergröße aufweisen. Ein gewisser Toleranzbereich ist zulässig; Unter- wie Überschreitungen dieses Bereichs sollten Anlaß geben, die Gewichtsfrage abzuklären und die Ernährung entsprechend anzupassen.

Körpergröße in cm	**Toleranzbereich Körpergewicht in kg** von	bis	**Körpergröße** in cm	**Toleranzbereich Körpergewicht in kg** von	bis
80	11	13	136	26	37
82	11	13	138	27	38
84	11	14	140	28	39
86	11	14	142	29	41
88	11	15	144	30	42
90	12	15	146	31	44
92	12	16	148	33	45
94	12	17	150	34	47
96	12	17	152	35	48
98	13	18	154	37	50
100	13	19	156	38	52
102	14	19	158	39	54
104	14	20	160	41	55
106	15	21	162	42	57
108	15	22	164	44	59
110	16	23	166	46	61
112	16	23	168	47	63
114	17	24	170	49	65
116	17	25	172	51	67
118	18	26	174	52	69
120	19	27	176	54	72
122	20	28	178	56	74
124	20	29	180	58	76
126	21	30	182	60	78
128	22	32	184	62	81
130	23	33	186	64	83
132	24	34	188	66	86
134	25	35	190	69	88

Tabelle 5.2 Toleranzbereich um das Referenz-Körpergewicht, in dem 80 Prozent aller Kinder und Jugendliche liegen.
Quelle: Ernährungsbericht 1984 der Deutschen Gesellschaft für Ernährung, S. 106)

5.1 Körpergewicht und Körperfettanteil im Sport

Es wurde bereits dargestellt, daß die alleinige Körpergewichtsmessung im Sport nicht ausreichend ist, um den Ernährungs- und Trainingszustand zu erfassen. Die zusätzliche Bestimmung des Körperfettanteils erlaubt in diesem Zusammenhang wichtige Rückschlüsse; darum gewinnt diese Untersuchung immer mehr an Bedeutung.

Die sogenannte *Holtain-caliper-Methode* nach DURNIN und WORMERSLY mißt an vier verschiedenen Stellen die Hautfaltendicke, von der tabellarisch der Gesamtkörperfettanteil abgeleitet wird. Bei umfassenden Untersuchungen der holländischen Arbeitsgruppe um VAN ERP-BAART (1989) zeigten sich neben den ernährungsabhängigen Faktoren auch sportartspezifische charakteristische Einflüsse auf den Körperfettanteil: So lagen in den Ausdauersportarten die Mittelwerte der Männer tendenziell niedriger als in den Kraft- und Schnellkraftsportarten (Männer: Ausdauer 10,9 Prozent Körperfettanteil, Kraft- und Schnellkraft 12,2 Prozent). Umgekehrt verhält sich der prozentuale Körperfettanteil bei den Frauen: So lag der Mittelwert in den kraftbetonten Disziplinen niedriger als in den Ausdauersportarten (Frauen: Ausdauer 23,7 Prozent Körperfettanteil; Kraft- und Schnellkraft 20,2 Prozent).

Die Entwicklung der Untersuchungsmethoden zur Bestimmung des Körperfettanteils muß jedoch trotz wichtiger sportmedizinischer Erkenntnisse kritisch betrachtet werden, da zahlreiche Störfaktoren die Messungen beeinflussen: So führen beispielsweise Manipulationen des Wasserhaushaltes (*Diuretikaeinnahme*) zu einer Ergebnisverfälschung. Interindividuelle Vergleiche können daher nur begrenzt aussagekräftig sein; intraindividuelle Serienuntersuchungen erscheinen demgegenüber jedoch als geeignete Methode, um die jeweilige Ernährungssituation und den Trainungszustand zu kontrollieren.

5.2 Gewichtsreduktion

Im Sport kann eine Gewichtsabnahme oder ein niedriges Körpergewicht aus verschiedenen Gründen wichtig sein:

«1. Bei Sportarten mit Gewichtsklassen möchte man durch die Gewichtsabnahme einen Vorteil erzielen, indem man das Recht erwirbt, in der nächst niedrigeren Gewichtsklasse gegen relativ schwächere Gegner kämpfen zu können.
2. Bei Ausdauersportlern bedeutet ein niedrigeres Körpergewicht indirekt eine Verbesserung der maximalen Ausdauerleistungsfähigkeit; denn je geringer das Körpergewicht wird, desto höher wird die maximale relative Sauerstoffaufnahme pro Kilogramm Körpergewicht, so daß allein durch den Abbau von Fettgewebe die Ausdauerleistungsfähigkeit ansteigt – ohne zusätzliches Training.
3. In einigen Sportarten ist ein niedriges Körpergewicht für den Bewegungsablauf günstiger (z. B. Turner, Ballettänzer[innen], Tanzsportler), oder es verbessert von sich aus die Wettkampfleistung (Leichtgewichtsruderer, Jokkeys).

Eine kurzfristige Reduktion des Gewichtes ist nur durch Verminderung des Flüssigkeitsanteiles im Körper zu erreichen. Diese Maßnahmen werden meistens in den Sportarten mit Gewichtsklassen (Kampfsportarten, Gewichtheben) mittels «Gewichtmachen» oder «Abkochen» durchgeführt. Da ein bestimmter physiologischer Flüssigkeitsgehalt des Körpers eine wichtige Voraussetzung für gute Leistungsfähigkeit ist, führt eine künstliche Entwässerung zwangsläufig zu Störungen, besonders des osmotischen Druckes in Gewebe und Körperflüssigkeiten sowie in deren Mineralstoffgehalt. Neben einer teilweise vollständigen Flüssigkeitsenthaltung sind extreme Saunaanwendungen, die Einnahme von Abführmitteln und wassertreibenden Substanzen (Diuretika) die gebräuchlichsten Methoden. Durch die Verminderung des Plasmavolumens und der zirkulierenden Blutmenge kommt es oft zu einem Blutdruckabfall, zu reaktiver Ausschüttung von Kreislaufhormonen (Adrenalin, Noradrenalin), Engstellung der Muskelgefäße und damit Drosselung der Muskeldurchblutung und zu einer unökonomischen Herzarbeit. Durch Einsatz von wassertreibenden Substanzen kann ein bedrohlicher Abfall des Serum-Kaliums und -Magnesiums eintreten mit entsprechenden Verlusten auch in den Zellen, besonders in den Herzmuskelzellen, was Extraschläge des Herzens und andere Rhythmusstörungen auslösen kann. Besonders problematisch ist die Kombination eines Diuretikums mit einem Abführmittel.

Nach dem Wiegen versucht man dann in den genannten Sportarten durch schnelle Zufuhr von Mineralstoffgetränken die physiologischen Bedingungen innerhalb weniger Stunden wiederherzustellen. Diese Maßnahme reicht erfahrungsgemäß nicht aus, um alle Regulationssysteme zu regenerieren und damit die volle Leistungsfähigkeit wiederzuerlangen. Eine solche Prozedur des «Gewichtmachens» ist zu eingreifend für den menschlichen Organismus, noch dazu wenn man anschließend besonders leistungsfähig sein möchte.» (KONOPKA, S. 159 und 161)

Langfristig erfolgreich läßt sich überflüssiges Fettgewebe zur Erhöhung der fettfreien Körpermasse nur durch entsprechendes Training und gezielte Ernährungsumstellung abbauen. Neben dem körperlichen Training ist also eine bedarfsangepaßte und vollwertige Ernährung die wichtigste Grundbedingung für Gesundheit, Leistung und Wohlbefinden. Rigorose (Schlankheits-)Diäten versprechen dagegen keinen Erfolg. Der Körper reagiert auf die Kalorieneinschränkung mit einer sparsameren Haushaltsführung, d. h. einer Drosselung seines Stoffwechsels. Je länger und je strenger sich der Organismus auf eine geringere Nahrungsenergiezufuhr einstellen mußte, desto schneller nimmt man nach Beendigung der Diät bei normaler Kost wieder zu. Außerdem hat man während der Diät meist auch nicht gelernt, seine Ernährungsgewohnheiten zu ändern. Hinzu kommt, daß einseitige Diäten schnell zu Mangelerscheinungen führen können. Oft entsteht ein regelrechter Heißhunger auf alle Lebensmittel und Speisen, die man während der Diät nicht essen durfte.
Eine rigorose Reduzierung der Kalorienzufuhr ist jedoch nicht nur wenig zweckmäßig, sie birgt auch ein hohes gesundheitliches Risiko. Aus diesem Grund sah sich das *American Collge of Sports Medicine* veranlaßt, Empfehlungen für eine sinnvolle Gewichtsreduzierung herauszugeben:
Stellungnahme zu geeigneten und ungeeigneten Gewichtsreduzierungsprogrammen (übersetzt aus: Sports Medicine, herausgegeben von R. H. STRAUSS, Philadelphia, London, Toronto, Rio de Janeiro, Sydney, Tokyo 1984)

«1. Anhaltendes Fasten und Diätprogramme, die die Kalorienzufuhr strikt einschränken, sind vom wissenschaftlichen Standpunkt her nicht empfehlenswert und können der Gesundheit schaden.
2. Fasten und Diätprogramme, die die Kalorienzufuhr strikt einschränken, bewirken einen hohen Verlust an Wasser, Elektrolyten, Mineralien, Glykogen (einschließlich Muskeleiweiß) mit einem minimalen Anteil an Fettverlust.
3. Leichte Kalorieneinschränkungen (500–1000 kcal weniger als die übliche Zufuhr pro Tag) bewirken einen geringeren Verlust an Wasser, Elektrolyten, Mineralien sowie anderem fettfreien Gewebe und führen damit nicht so schnell in den Zustand der Mangelernährung.
4. Dynamisches Training großer Muskelgruppen hilft, das fettfreie Gewebe zu erhalten, einschließlich Muskelmasse sowie Knochenfestigkeit, und bewirkt

eine Gewichtsreduzierung. Gewichtsverluste, die durch eine Erhöhung des Energieumsatzes erreicht werden, sind in erster Linie auf eine Reduzierung des Körperfettes zurückzuführen.

5. Zur Gewichtsreduktion wird eine vom ernährungswissenschaftlichen Standpunkt her ausgewogene Diät empfohlen, die sich ausdrückt in einer leichten Kalorieneinschränkung verbunden mit einem ausdauerbetonten Trainingsprogramm und einer Umstellung der bestehenden Essensgewohnheiten. Der Gewichtsverlust sollte nicht mehr als ein Kilo pro Woche betragen.
6. Zur Gewichtskontrolle und für einen optimalen Körperfettgehalt sind eine lebenslange Beibehaltung geeigneter Essensgewohnheiten und regelmäßige körperliche Betätigung erforderlich.»

Wenn man auf der einen Seite herausstellt, daß kurzfristiges Gewichtmachen mit den Folgeproblemen des besonders «anfälligen» Wasser- und Elektrolythaushaltes belastet ist, muß man andererseits darauf hinweisen, daß längerfristige Programme, die auf eine Verringerung der Nahrungszufuhr abzielen, auch zu Nachteilen führen können, vor allem wenn die Reduktionskost unzweckmäßig zusammengestellt ist. Dies mag dazu beitragen, daß Sportler wie Trainer hier noch zu wenig überzeugende Erfahrungen sammeln konnten und die vorgeschlagenen Diätmaßnahmen oft ablehnen, weil sie sich nur schwer in den täglichen Trainingsrhythmus oder in bestehende Ernährungsgewohnheiten integrieren lassen und man lieber den «Maßnahmen in letzter Minute» den Vorzug gibt.

Unzweckmäßige Zusammenstellungen von Abnahmediäten können insbesondere zu Substanzeinbußen im Bereich der Proteine und der Energievorräte (*Glykogen*) führen. Sinnvollerweise steht daher bei einer eingeschränkten Energiezufuhr die Reduktion der Nahrungsfette im Vordergrund. Daher müssen auch in der Reduktionskost beim Kraftsportler noch circa 1,5 g Eiweiß pro kg Körpergewicht enthalten sein.

Leider haben viele populäre Schlankheitsdiäten (unter anderem Atkins) ihren Ansatz in einer pauschalen Verurteilung der Nahrungskohlenhydrate als Dickmacher. Die moderne Ernährungswissenschaft distanziert sich von dieser Auffassung und fordert eine differenzierte Sicht: Kohlenhydrate machen auch während einer Gewichtsreduktion den Hauptanteil an der täglichen Energiebereitstellung aus, nämlich mindestens 50 Prozent. Innerhalb dieser täglichen Kohlenhydratmenge sollte aber weniger an Zuckern und dafür mehr an stärkereichen Kohlenhydratträgern – also an (Vollkorn-)Brot, Getreideflocken, Reis, Nudeln und Kartoffeln verzehrt werden.

Aufgrund verschiedener Untersuchungen geht die leistungssteigernde Wirkung der kohlenhydratreichen Kost bei langdauernden Maximalbelastungen eindeutig hervor. Am ungünstigsten wirkt sich dagegen eine fettreiche Kost aus. Besonders der Vorrat an körpereigenen Kohlenhydraten in Form des Muskelglykogens spielt eine große Rolle für alle Dauerleister.

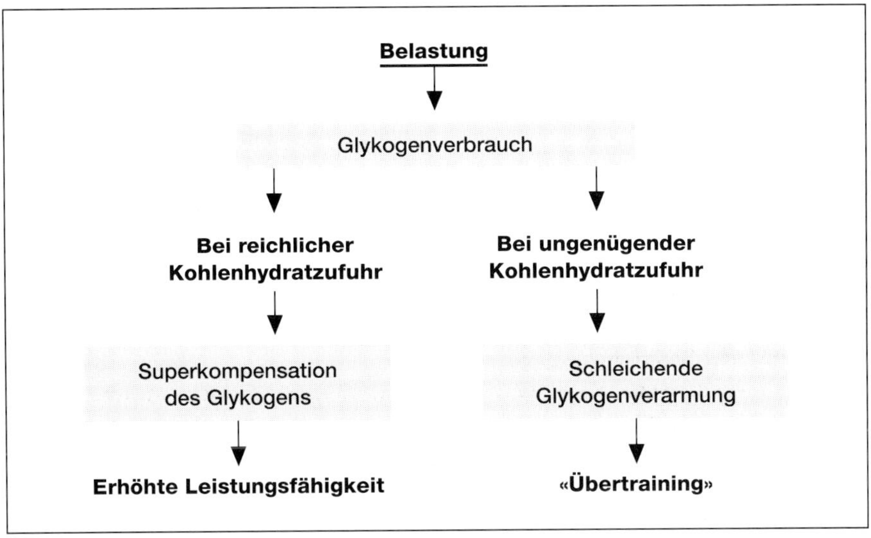

Abb. 5.2 Bedeutung der Kohlenhydratzufuhr für die Leistungsfähigkeit. (Quelle: DONATH, SCHÜLER, S. 53, 1979[2])

Durch fettreiche Kost und wenig Nahrungskohlenhydrate kann der Glykogenspiegel unterhalb des Normalbereichs gesenkt werden, was zwangsläufig eine Leistungsminderung hervorruft. Ähnliches ist zu erwarten bei kohlenhydratarmer bzw. sogar -freier Reduktionskost. Andererseits droht bei fortgesetzter Belastung, die zum Glykogenabbau führt und bei der nur ungenügende Kohlenhydratzufuhr erfolgt, eine schleichende Verarmung an dieser wichtigen körpereigenen Energiespeichersubstanz, deren Mangel letztlich einen Übertrainingszustand provoziert (Abbildung 5.2).
Aus den Forschungsergebnissen schwedischer Wissenschaftler – wie ÅSTRAND, BERGSTRØM, HULTMANN und SALTIN – geht hervor, daß unter vielen Bedingungen die Leistungsfähigkeit eines Muskels mit der Menge der vorhandenen Glykogenreserven weitgehend parallel geht. Andererseits gilt zu bedenken: Wird mehr Glykogen im Muskel angereichert, als tatsächlich im Wettkampf benötigt wird, kann sich dies durch die damit verbundene Gewichtszunahme ungünstig auswirken. Denn bei der Glykogenspeicherung kommt es zu einer Gewichtszunahme, da pro Gramm Glykogen zusätzlich 2,7 g Wasser gebunden werden.
Im Zusammenhang mit der angestrebten Gewichtsreduktion beim Gewichtmachen kann man den Superkompensationseffekt sicherlich außer acht lassen, andererseits sollte aber peinlichst der Zustand der schleichenden Glykogenverarmung vermieden werden. Daher muß ein genügend hoher Kohlenhydratanteil in der Reduktionskost vorhanden sein.

Kurzfristiges Gewichtmachen (durch Veränderungen des Wasser- und Elektrolythaushaltes) birgt rasch das Risiko von Gesundheits- und Leistungsbeeinträchtigungen. Die Toleranzgrenzen sind individuell – aber insgesamt eng – bemessen.

Längerfristige Gewichtsabnahmen durch Weniger-Essen und besondere Kostzusammenstellung (zum Beispiel Betonung des Eiweißanteils bei ausreichender Kohlenhydratzufuhr) dürfen allerdings keinesfalls – was jeder Arzt bei einer Schlankheitsdiät streng verbieten muß – von Wasserenthaltung begleitet sein. Nur eine extrem salzarme und proteinarme Ernährung kann die Ausscheidungsrate «nierenpflichtiger» Substanzen einschränken. Werden Eiweiße und Salze verzehrt, muß auch genügend getrunken werden, d. h. mindestens 1,5 Liter Trinkflüssigkeit pro Tag. Allerdings empfiehlt es sich, während einer Gewichtsreduktion – insbesondere auch während der Definitionsphase im Bodybuilding – auf kaliumreiche und natriumarme Lebensmittel (Tab. 5.3) zu achten. Dann sind Einschränkungen in der Flüssigkeitsaufnahme nicht notwendig.

Anschließend erfolgt eine Bewertung verschiedener Maßnahmen zur Gewichtsreduktion (Tabelle 5.4). – Das Erlernen eines auf Dauer zufriedenstellenden Ernährungsverhaltens basiert auf Trainings- und Lernprozessen und wird meistens in Gruppen durchgeführt (Tabelle 5.5).

Energiereduzierte Mischkost zur Gewichtsreduktion und als Lernmodell für auf Dauer richtiges Ernährungsverhalten

Energiesparmaßnahmen setzen bei leeren konzentrierten Energieträgern an: Zucker, Fett und Alkohol. Vorteil: Man lernt schon während des Abnehmens, was später gegessen werden kann, um das Gewicht zu halten. Die Vielfalt im Lebensmittelangebot beugt Mangelerscheinungen vor, und die Kombination aus wertvollen Kohlenhydraten und Eiweißträgern sättigt ausreichend und stärkt das Durchhaltevermögen. Folgende Lebensmittelgruppen sind während der Gewichtsreduktion – und auch später! – wichtig (Tabelle 5.6).

Das richtige Gespür für das favorisierte Grundmodell der energiereduzierten bzw. kontrollierten Mischkost entwickelt man durch Anwendung des folgenden Schemas (Tabelle 5.7). Die Lebensmittelempfehlungen entsprechen circa 1000–1200 kcal (4180–5000 kJ). Leistungsstabilisierende Kohlenhydrate sowie Eiweiß, mehrfach ungesättigte Fettsäuren, Vitamine, Mineral- und Ballaststoffe sind in genügendem Maße vorhanden. Etwa zwei Liter energiefreie Flüssigkeit muß zusätzlich getrunken werden.

Dieses Schema ermöglicht im Gegensatz zu mengenmäßig vorgegebenen Rezepten und kompletten Tagesplänen einen größeren individuellen Spielraum bei der Auswahl innerhalb vergleichbarer Lebensmittelgruppen, beispielsweise nach Jahreszeit und Geschmack. Aufstocken kann man später vorzugsweise mit (Vollkorn-)Brot, Kartoffeln und fettarmen Milchprodukten. Die Fleischportionen fallen nach den aktuellen Ernährungsempfehlungen ohnehin kleiner aus.

	Lebensmittel (je 100 g)	Kohlenhydrate in mg	Natrium in mg	Kalium in mg	Magnesium in mg
Getreide	Vollkorn-Haferflocken	66,0	6	360	80
	Mais-Grieß (gelb)	78,0	1	80	20
	Reis, poliert	80,0	6	92	28
	Nudeln	72,0	7	155	–
Gemüse	Erbsen, grün, roh	12,4	2	316	33
	aber: Erbsen in Dosen	9,4	236	99	20
	Süßkartoffel (Batate), roh	21,0	4	400	25
Obst und Obstprodukte	Ananas	13,5	2	172	17
	Apfel, ungeschält	13,5	1	110	–
	Apfel, getrocknet	66,8	5	596	–
	Aprikosen	12,3	2	280	9
	Aprikosen, getrocknet	66,9	19	1175	50
	Banane	22,5	1	382	36
	Banane, getrocknet	86,6	4	1477	–
	Pfirsich	9,8	1	204	9
	Pfirsich, getrocknet	65,6	13	1145	–
	Pflaumen	16,0	2	260	10
	Pflaumen, getrocknet	69,4	8	824	–
	Lebensmittel (je 100 g)	**Eiweiß**	**Natrium**	**Kalium**	**Magnesium**
Ei	Hühnerei (Gesamtinhalt)	12,8	135	138	13
	Eigelb	16,1	50	123	16
	aber: Eiklar	10,9	192	148	11
Fisch	Flußbarsch	18,4	47	330	–
	Bachforelle	19,5	40	465	27
	Karpfen	18,0	46	306	15
Geflügel	Hühnchenbrust	22,8	66	264	–
	Hühnchenkeule	20,6	95	250	–
	Truthahnbrust	24,1	46	333	20
Fleisch	Hammelfilet	20,4	94	289	–
	Kalbsfilet	20,6	95	348	–
	Rinderfilet	19,2	51	340	–
	Schweinefilet	18,6	74	348	22
	Kaninchen	20,8	47	382	29

– = keine Daten

Tabelle 5.3 Kaliumüberschüssige Lebensmittel
(Quelle: Prof. Dr. I. ELMADFA u. a.: Die große GU-Nährwerttabelle, Neuausgabe 1990/91, © Gräfe und Unzer Verlag, München)

Maßnahme zur Gewichtsreduktion	**Prinzip**	**Beurteilung**
FdH («Friß die Hälfte»)	In der Praxis immer noch verbreitet. Oft wird einfach eine Mahlzeit gestrichen, z. B. das Mittagessen, oder die Portion halbiert.	Planlos, unsicher. Gefahr von Mangelerscheinungen; meist schnelle Aufgabe, kein Lern- und Dauererfolg.
Einseitige Diäten	Fast jedes Lebensmittel wurde schon einmal in den Mittelpunkt einer Schlankheitsdiät gestellt: Eier, Steaks, Fisch, Zitronensaft, Bananen, Kartoffeln oder Körner.	Je einseitiger die Lebensmittelauswahl, desto größer ist die Gefahr von Mangelerscheinungen und letztlich auch von Diätabbrüchen. Einzelne «schlankmachende» Lebensmittel gibt es nicht.
Diäten mit extremer Nährstoffrelation	Oft werden Kohlenhydrate pauschal als Dickmacher verbannt. Man darf dann hauptsächlich nur eiweiß- und fetthaltige Lebensmittel essen.	Wenn ein Erfolg eintritt, dann meist nur dadurch, daß man durch die ungewohnte Speisenzusammenstellung weniger ißt. Bei Daueranwendung Gefahr von Mangelerscheinungen und Stoffwechselbelastungen durch zuviel Fett, Cholesterin und Purine (= Harnsäurebildner). Für Sportler abzulehnen.
Trennkost **Fit for life**	Zeitliche Trennung von Kohlenhydraten und Eiweißen bei den Mahlzeiten. Grundlage Trennkost, morgens nur Obst.	Praktisch schwer durchführbar. Stoffwechselphysiologisch nicht sinnvoll. Abnahmeerfolg nur bei Kalorieneinschränkung. Wenn auf Milch verzichtet und wenig Fleisch gegessen wird, Gefahr von Calcium-, Eisen-, Zink- und Selen- sowie B-Vitamin-Mangel. Wenig Stärketräger wie Brot.
Intervall-Methode	Nicht konstant weniger essen wie bei den üblichen Diäten, sondern zwischen Tagen mit einer Kalorieneinschränkung einen Tag mit normalem bis höherem Kaloriengehalt einschieben.	Falls insgesamt ausgewogen gegessen wird, keine Gefahr von Mangelerscheinungen. Diese Methode soll dem diätbedingten Stoffwechsel-Sparmechanismus entgegenwirken.
Fasten (Null-Diät, Saft-Fasten, proteinergänztes Fasten)	Geringe bis keine Energiezufuhr, aber reichlich Trinkflüssigkeit. Am besten Tee, Mineralwasser, Gemüsebrühen und -säfte, Trinkmolke. Fasten ist mehr als eine Schlankheitsmaßnahme.	Gewichtsverluste beim strengen Fasten beruhen zum großen Teil auf Wasserverlusten und Abbau von Muskeleiweiß. Diesen kann man geringer halten, falls Buttermilch oder Molke getrunken wird und man körperlich aktiv ist.

Maßnahme zur Gewichtsreduktion	Prinzip	Beurteilung
Schalttage	Einzelne Tage im Wochenverlauf, an denen man bewußt anders ißt, z. B. Safttage, Obsttage, Reisetage, um kleinere «Kaloriensünden» rechtzeitig auszugleichen.	Kaliumreiche und natriumarme Schalttage mit Säften, ungesalzenem Reis und Gemüse wirken entlastend und entwässernd.
Diätetische Lebensmittel und Schlankheitsmahlzeiten	Nach Diät-Verordnung standardisierte Produkte (z. B. Pulver oder Fertigmahlzeiten). Hoher convenience-Grad = Bequemlichkeit	Helfen Diätfehler vermeiden, beugen gezielt Mangelerscheinungen vor, insbesondere bei einer Niedrig-Kalorien-Diät. Aber keine Dauerlösung! Letztendlich zählt nur die erfolgreiche Änderung der ungünstigen Eßgewohnheiten.
Schlankheitsmittel von Appetitzüglern bis zum Pektin	Chemische Appetitzügler, Füll- und Quellstoffe mit Sättigungswirkung, z. B. Pektin und andere Ballaststoffe, Abführmittel (Laxantien), Entwässerungstabletten (Diuretika), Enzyme (Spargel- und Kohltabletten)	Chemische Appetitzügler bergen erhebliche Nebenwirkungsgefahr. Die besten Sättigungstips sind: Ballaststoffreich essen, dazu viel kalorienfreie Flüssigkeit. Langsam essen, d. h. gut kauen. Abführmittel, Enzyme und Entwässerungstabletten (dazu zählen auch Spargel- und Kohlpräparate) helfen nicht beim Fettabbau. Der wirksamste Fettverbrenner ist die eigene Muskulatur! Also körperlich aktiv werden und weniger (Fett, Alkohol und Zucker) essen.
Energiereduzierte Mischkost	Ausgewogene Ernährung. «Von allem etwas, von keinem zuviel!» Etwa 500–1000 kcal weniger essen, als man gewöhnt ist.	Dauerhafter Lern- und Gewichtserfolg durch bewußtes Ernährungslernen und langsames Abnehmen. Man gewöhnt sich schon während der Diät an die Lebensmittel und Zubereitungen, die man auf Dauer beibehalten kann.
IDR und TDR (individuell reduzierte Mischkost und Ausdaueraktivitäten und Figurtraining)	«Iß das Richtige» und «Trimm Dich richtig». Erlernen eines auf Dauer persönlich zufriedenstellenden Eß- und Bewegungsverhalten.	Gute Aussicht auf Langzeiterfolg. Keine Mangelerscheinungen. Steigerung von Fitneß und Wohlbefinden.

Tabelle 5.4 Maßnahmen zur Gewichtsreduktion

- Selbstbeobachtung des Eßverhaltens (Protokollführung und -auswertung der verzehrten Lebensmittel)
- Feststellung der Eßanlässe (Außenreize), Essenszeiten und -situationen
- Änderung des eigentlichen Eßverhaltens (Portionsgrößen, Mahlzeitenrhythmus, Eßgeschwindigkeit)
- Motivation, Selbstverstärkung
- Problemsituationen meistern (Einladungen, Restaurantbesuche, Kantine, Einkauf)

Tabelle 5.5 Charakteristische Inhalte von Trainings- bzw. Lernprogrammen

Tabelle 5.6 Unverzichtbare Lebensmittelgruppen während einer Gewichtsreduktion

Kohlenhydratträger

Vollkornbrot, Vollkorn- oder Parboiled-Reis, Vollkornflocken und -teigwaren, Kartoffeln, Süßes vorzugsweise in Form von frischem Obst und reinen Fruchtsäften (evtl. mit Mineralwasser gemischt) genießen.

Eiweißlieferanten

Fettarme Milch und Milcherzeugnisse, Fisch, mageres Fleisch und magerer Aufschnitt, ein- bis zweimal in der Woche ein Ei.

Vitamine und Mineralstoffe

Frisches Obst, knackige Salate und schonend zubereitetes Gemüse (dünsten!) liefern neben Milcherzeugnissen und Vollkornprodukten diese lebensnotwendigen Gesundheitsbausteine.

Fette

Etwas Öl und Streichfett sind erlaubt.

Flüssigkeit

Wasser ist lebensnotwendig. Während der Diät fördert es die Nierenfunktion. Am besten löschen Sie Ihren Durst mit ungesüßten Tees, Mineralwasser und verdünnten Fruchtsäften.

1. Frühstück

Variante I

1 Scheibe Brot (z.B. Roggenvollkorn-, Weizenvollkorn-, Grahambrot) oder 1 Vollkornbrötchen oder 2 Scheiben Knäckebrot, 5 g Streichfett, 20–30 g fettarmer, relativ eiweißreicher Aufschnitt (z.B. Kalbfleisch- oder Geflügelsülze, deutsches Corned beef, Lachsschinken, Käse (bis 30% F.i.Tr.)

Variante II

Müsli aus: 20 g Vollkornflocken, 100–150 ml fettarmer Milch oder anderen fettarmen Milchprodukten, 100–150 g Obst der Jahreszeit oder Tiefkühlware

2. Frühstück

Variante I

100–150 ml fettarme Milch oder andere fettarme Milchprodukte, 100–150 g Obst oder Gemüse (z.B. Frucht-Mix-Milch, Gemüsekefir oder Obst- bzw. Gemüsequark oder Obst/Gemüse mit Dip)

Variante II

1 Scheibe Knäckebrot, 3 g Streichfett, 10–20 g fettarmer, relativ eiweißreicher Belag (siehe 1. Frühstück Variante I)

Mittagessen

100–120 g fettarmes Fleisch oder Geflügel oder Fisch oder 150 g Magerquark + 5 g Öl oder 2 Eier (einmal wöchentlich), 120 g Kartoffeln oder 30 g Vollkorn- bzw. Parboiled-Reis oder 30 g Vollkornnudeln, 200 g Gemüse bzw. Salat, 5 g Öl

Nachmittagsmahlzeit

Variante I

1 Scheibe Knäckebrot, 3 g Streichfett, 10–20 fettarmer, relativ einweißreicher Belag (Beispiele siehe 1. Frühstück Variante I)

Variante II

100–150 ml fettarme Milch oder andere Milchprodukte, 100–150 g Obst oder Gemüse der Jahreszeit

Abendessen

1 Scheibe Vollkornbrot oder 1 Vollkornbrötchen oder 2 Scheiben Knäckebrot, 5 g Streichfett, 20–30 g fettarmer, relativ eiweißreicher Belag, Salat aus: 100–150 g Gemüse oder Obst der Jahreszeit bzw. Tiefkühlware; 5 g Öl

Tabelle 5.7 Grundmodell energiereduzierte Mischkost (ca. 1000 bis 1200 Kilokalorien)
Varianten I oder II sind an den jeweiligen Tagen durchgängig zu wählen

5.3 Eßstörungen bei Sportlern

Eine Information des Olympischen Komitees der Vereinigten Staaten (aus dem Amerikanischen übersetzt und bearbeitet von M. HAMM):

Sporternährung
Gestörtes Eßverhalten
Diätstreß

- Dieser Text wendet sich in besonderem Maße an Sporttrainer, Sportlehrer und Übungsleiter sowie in Fitneß-Studios Tätige.

In vielen Sportarten, beispielsweise Gymnastik, Turnen, Ballett, Eiskunstlauf und Ringen, werden an den Athleten besondere Anforderungen und Erwartungen im Hinblick auf das Körpergewicht bzw. die Körperzusammensetzung (Fettanteil) gestellt. In der Gymnastik hat sich das ideale Körperbild von der kräftigen zur mädchenhaften Gestalt gewandelt. Das gertenschlanke Aussehen soll Punkte von der Jury sichern. Im Durchschnitt haben junge Frauen einen Fettanteil von 20–22 Prozent, angestrebt werden von Sportlerinnen ungefähr 10 Prozent. Die jungen männlichen Athleten möchten einen Anteil von 5–7 Prozent Körperfett erreichen. Die Norm bei jungen Männern liegt bei 14–16 Prozent.
Ein besonderes Problem ist das kurzfristige *Gewichtmachen* im Sport. Eine rapide Gewichtsabnahme, um in einer niedrigen Gewichtsklasse kämpfen zu können, ist bei Sportarten wie Ringen, Boxen, Judo und Gewichtheben weitverbreitet. Viele Trainer und Athleten glauben, daß ein Training mit einem höheren Körpergewicht und einer Gewichtsreduzierung kurz vor dem Wettkampf dem Sportler einen Vorteil bringt. Tatsächlich gefährden aber die damit verbundenen Veränderungen im Glykogen-, Wasser- und Elektrolythaushalt den Erfolg einer anstrengenden Trainingsvorbereitung in der Wettkampfsituation.
Techniken für eine schnelle Gewichtsabnahme sind Fasten, Crash-Diäten, Abführmittel, Entwässerungstabletten und selbst herbeigeführtes Erbrechen. Alle Maßnahmen sind gesundheitsschädlich und mit sportlicher Leistungsfähigkeit unvereinbar.

«Am Anfang hatte ich nur erbrochen oder Entwässerungstabletten genommen, wenn ich ‹Gewicht machen› wollte. Dann machte ich es immer öfter, weil ich zwischendurch wieder zugenommen hatte. Es schien der einzige Weg zu sein.»

Die unter Bulimie Leidende bei der Genesung

Gewichtsabnahme kann für den Athleten *nur* von Vorteil sein, wenn das zu erreichende Gewicht und die Gewichtsabnahmerate realistisch sind und die kalorienreduzierte Ernährung ausgewogen ist. Die Abnahmerate muß den persönlichen Voraussetzungen und Bedingungen (Konstitution, Stoffwechselrate und Trainingsniveau) angepaßt sein; 2 Pfund pro Woche sollten in der Regel nicht überschritten werden. Gegebenenfalls sind die Gewichtsziele nach einiger Zeit neu zu überdenken. Dem wird natürlich nur selten entsprochen, wenn man eine Diät macht. Es ist ganz wichtig, den Sportler anzuleiten, sich sein Eßverhalten durch Protokollführung bewußt zu machen. In der Ernährungsberatung sollten dann nur solche Änderungen angeregt werden, die zum langsamen, gesundheitlich sicheren und auf Dauer erfolgreichen Abnehmen beitragen, wie Bevorzugung von Getränken mit geringem Zuckergehalt, Anwendung fettsparender Gartechniken, vermehrter Verzehr komplexer Kohlenhydrate. Strenge Verbote und starre Diätvorschriften sind abzulehnen. Eine längerfristige Kalorienrestriktion (die untere Grenze sind 1500 kcal/6270 kJ) gefährdet die Versorgung mit lebensnotwendigen Vitaminen und Mineralstoffen. Ein zu niedriges Körpergewicht im Wettkampf beeinträchtigt die Leistungsfähigkeit.

Bei einigen Sportlern wird das Abnehmen zur fixen Idee. Kurzfristige Zu- oder Abnahmen des Körpergewichtes sind durch Veränderungen im Wasserhaushalt bedingt und normal. Wer diese Gewichtszunahme durch Veränderungen im Wasserhaushalt mit einer Fettspeicherung verwechselt, läuft Gefahr, schädliche Reduktionsmaßnahmen anzuwenden. Es muß nochmals deutlich betont werden, Gewichtmachen durch Hungern, einseitige Diäten, Medikamente und Erbrechen sind für alle Sportler abzulehnen. Sie gefährden die Gesundheit, das Wohlbefinden und die Leistung. Schließlich läuft der gewichts- bzw. diätbesessene Athlet Gefahr, an ernsthaften Eßstörungen zu erkranken.

5.3.1 Anorexia nervosa und Bulimia nervosa

Immer mehr Menschen leiden heutzutage unter einem gestörten Eßverhalten, das die Gesundheit gefährdet und bei manchen sogar lebensbedrohend sein kann. Circa 10 Prozent aller Teenager und jungen weiblichen Erwachsenen haben entweder Bulimia oder leiden unter Anorexia nervosa. Im allgemeinen sind es neunmal so viele Frauen wie Männer, die ein gestörtes Eßverhalten haben. Diese gestörten Eßverhaltensweisen können überhandnehmen, wenn die Ernährung außer Kontrolle gerät.

> *«Ich dachte, bei mehr als 500 Kalorien pro Tag platze ich aus den Nähten. Ich bemerkte nicht, wie meine Leistung und Spannkraft abnahm. Als man mir sagte, daß ich meinen Körper aushungere, dachte ich, die sind verrückt!»*
>
> *Der Magersüchtige bei der Genesung*

Anorexia nervosa ist selbstauferlegter Hunger mit dem zwanghaften Verlangen, abzunehmen und sehr dünn zu werden. Es kommt vor, daß die magersüchtige Person wirklich so dünn aussieht, daß man denkt, sie sei unterernährt. Aber, wenn sie in den Spiegel schaut, sieht sie sich selbst als dick. Die Angst zuzunehmen verursacht bei dieser Person, daß sie fast unentwegt ans Essen, an Diät und an die Gewichtskontrolle denkt.

> *«Essen erschien mir wie eine Schwäche. Ich war sicher, ich brauchte es nicht, und es tat gut, verzichten zu können, wenn andere es nicht konnten. Dies waren die einzigen Male, in denen ich das Gefühl hatte, mich unter Kontrolle zu haben.»*
>
> *Der Magersüchtige bei der Genesung*

Um weiter abzunehmen, zeigen Magersüchtige oft übertriebene körperliche Aktivitäten. Ein Sportler mit Anorexia nervosa fängt beispielsweise damit an, seine Übungen weit über das vorgeschriebene Trainingspensum hinaus zu erhöhen. Empfehlungen für die Behandlung oder zur Vorbeugung von Verletzungen werden ignoriert, wenn sie weniger Training bedeuten. Magersüchtige geben im allgemeinen nicht zu, daß sie ein Problem haben. Bei fortschreitender Gewichtsabnahme werden sie häufig depressiv, abwesend, gereizt und ziehen sich zunehmend von gemeinsamen Aktivitäten zurück.

> *«Als ich mein Knie verletzt hatte, sagte mir der Trainer, ich solle für 1–2 Wochen nicht trainieren. Das konnte ich nicht. Ich war sicher, ich würde zunehmen und nie wieder gut sein. Er brachte mich dazu, daß ich einen Wettkampf verpaßte, aber ich machte weiter und lief für mich allein.»*
>
> *Die Magersüchtige bei der Genesung*

Bulimia ist eine regelmäßig wiederkehrende Freßsucht, der ein «Entleeren» nachfolgt. Erbrechen, mißbräuchliches Abführen und intensives Training sind Methoden, die häufig benutzt werden, um sich nicht schuldig zu fühlen und um zu vermeiden, daß man zunimmt. Zunächst können Freßanfälle nur gelegentlich auftreten, um einem seelischen Streß standzuhalten bzw. auszuweichen. Häufig versucht der unter Freßsucht Leidende zu fasten oder seine Nahrungsaufnahme drastisch einzuschränken, um Gewicht zu verlieren. Wenn Hunger oder das Verlangen nach bestimmten – meist sich selbst verbotenen – Nahrungsmitteln überwältigend wird, tritt ein Freßanfall auf. Die Freßattacken können immer häufiger werden. Im Gegensatz zum Anorektiker kann die an Bulimie leidende Person mit ihrem Körpergewicht innerhalb eines normalen Gewichtsbereichs liegen. Es sind aber aufgrund der Freß- und Fastenphasen auch Gewichtsschwankungen von mehreren Pfunden möglich. Geht dieser Kreislauf weiter, häufen sich Depressionen und geringe Selbstachtung.

> *«Ich habe den Anschluß verloren. Ich hatte nicht soviel abgenommen, wie der Trainer geraten hatte. Ich fühlte mich so disziplinlos. Das war die Zeit, als ich mit Abführmitteln begann.»*

Es ist nicht ungewöhnlich für jemanden mit Anorexia nervosa, daß er auch mit gelegentlichen Freßattacken konfrontiert wird. Eine Kombination beider Eßstörungen wird mit «Bulimarexia» bezeichnet.

Folgen der Anorexia und Bulimia nervosa für den Sportler

Beide Eßstörungen verursachen eine für den Körper gefährliche Austrocknung und Aushungerung. Damit verbunden sind

- Kraftverluste
- Verminderte Ausdauerfähigkeit
- Unzureichende Glykogenbevorratung (körpereigene Kohlenhydratenergiespeicher)
- Verminderte Schnellkraft
- Schlechtere Sauerstoffausnutzung
- Reduziertes Blutvolumen (Hypovolämie)
- Schlechtere Durchblutung
- Herabsetzung der mentalen Leistungsfähigkeit (zum Beispiel Koordination, Urteilsvermögen)
- Elektrolytverluste
- Beeinträchtigung der Herzkreislauf-Funktion
- Störung bzw. Gefährdung der Körpertemperatur-Regulation.

Bereits geringfügige Wasserverluste wirken sich schnell leistungsmindernd aus. Hungern kann *Amenorrhoe* (Ausbleiben der Menstruation) verursachen. Es kann auch Verlust der Knochenmasse während des Wachstums bewirken. Dauerndes Hungern und Austrocknen des Körpers führt zu verschlechterter Gehirnfunktion, Reizbarkeit, Konzentrationsschwäche, Depression und Teilnahmslosigkeit.

Durch selbst herbeigeführtes Erbrechen bei Bulimie werden Zähne und Rachen der Magensalzsäure ausgesetzt. Diese Säure verletzt den Magen normalerweise nicht, denn er hat eine schützende Schleimhautschicht. Sie reizen aber die Schleimhaut im Hals und zerstören nach und nach den Zahnschmelz. Erbrechen und die mißbräuchliche Einnahme von Abführ- und Entwässerungsmitteln rufen Störungen im Elektrolyt- bzw. Mineralstoffhaushalt hervor, die zu Herzrhythmusstörungen und Herzstillstand führen können. Man schätzt, daß 2–9 Prozent der Magersüchtigen sterben, wobei die Todesursache meist Selbstmord oder plötzlicher Tod durch Herzstillstand ist. Auch bei Bulimie sind dies die häufigsten Todesursachen.

Woran erkennt man einen Sportler mit Anorexia oder Bulimia nervosa?
Sehr schlank zu sein bedeutet nicht zwangsläufig Anorexia nervosa, und umgekehrt, ein Idealgewicht zu haben bedeutet nicht gleichzeitig, daß man auch gesund ist. Diäthalten, Gewichtsreduktion und sogenannte wettkampfvorbereitende Diätmaßnahmen müssen nicht zwangsläufig bedeuten, daß ein Athlet unter Eßstörungen leidet.
Ein Athlet mit Anorexie oder Bulimie kann aber auch über einen längeren als erwarteten Zeitraum gute Leistungen erbringen, wenn er die Willenskraft dazu besitzt, verbunden mit einer bemerkenswerten körperlichen Fähigkeit, sich an die widrigen Umstände anzupassen.

Wenn die folgenden Erscheinungen und Verhaltensweisen auftreten, sollte man aufmerksam werden und an Eßstörungen denken:

- Wiederholte Bemerkungen über Fettsein oder sich zu dick fühlen und Fragen wie: «Findest du, ich bin dick?»
- Gewichtsabnahmen unterhalb des idealen Wettkampfgewichtes, das für Athleten angesetzt wird, und wenn dies noch weiter nach Ende der Saison fortgesetzt wird.

> *«Die anderen haben sich nach der Saison zurückgelehnt und erholt. Wenn ich ausging, ohne mein Pensum im Rennen zu schaffen, dann merkte ich, daß ich total abwesend war. Ich wurde überempfindlich und gereizt, und die Angst überkam mich, daß ich zunehmen und mein Trainingsziel nicht erreichen würde. Ich war in Gedanken so damit beschäftigt, nicht gelaufen zu sein, und hatte Angst, was passieren würde (Gewichtszunahme), daß selbst Tätigkeiten wie das Studium immer schwieriger wurden. Meine Konzentrationsfähigkeit litt erheblich.»*
>
> *Die Magersüchtige bei der Genesung*

- Heimliches Essen, beispielsweise in Schlafräumen oder aus Schränken, Naschen aus der Küche.
- Wiederholtes Verschwinden kurz nach dem Essen, insbesondere, wenn sehr viel gegessen wurde.
- Offensichtliche Nervosität oder Aggressivität, falls irgend etwas die Möglichkeit des Alleinseins nach dem Essen verhindern sollte.

«Ich konnte so hungrig werden – manchmal vergaß ich mich und aß mit den anderen. Danach fühlte ich mich so schuldig. Wenn ich erst angefangen hatte zu essen, mußte ich mich von den anderen entfernen, damit ich mit der Freßsucht fertig wurde und mich davon befreien konnte. Ich hatte Angst, daß mich jemand finden könnte.»

Der unter Freßsucht Leidende bei der Genesung

- Blutunterlaufene Augen, besonders nachdem er/sie aus dem Badezimmer oder von irgendeinem anderen Ort kommt, an dem ein Erbrechen möglich ist.
- Erbrechen oder Geruch von Erbrochenem in Toiletten, Ausgüssen, Duschen oder Papierkörben.
- Häufige und deutliche Gewichtsschwankungen.
- Beschwerden oder Beweise über Wassereinlagerungen bzw. -ansammlungen, die nicht durch ein prämenstruelles Ödem bei Frauen oder einen anderen bekannten medizinischen Befund erklärt werden können.
- Häufige Obstipation (Verstopfung).
- Schwindelgefühl, Gleichgewichtsstörungen und Stimmungsschwankungen (Launen), die man keiner anderen medizinischen Ursache zuordnen kann.
- Wenn der Athlet Situationen ausweicht, bei denen man ihn beim Essen beobachten könnte, zum Beispiel Termine für andere Aktivitäten während der Essenszeiten vorgeben, Verweigerung, in der Kantine oder mit den Mannschaftskameraden gemeinsam bei Ausflügen zu essen. Dieses Verhalten kann durch ein außergewöhnliches Interesse an den Eßgewohnheiten der anderen verborgen werden.

«Vor dem Wettkampf hat jeder sein eigenes Trainingsritual und Kniffe. Deshalb fiel es nicht auf, wenn man an gemeinsamen Mahlzeiten nicht teilnahm. Nach dem Wettkampf hielten wir an, um uns Burgers und Pommes frites zu holen, was mich vor Schreck erstarren ließ! Ich nahm immer nur einen Diätsprudel und beobachtete die anderen beim Essen, indem ich sagte ‹Ich kann so schnell nach dem Wettkampf nicht essen. Ich esse etwas, wenn ich zu Hause bin.› Aber ich tat es nie.»

Die Magersüchtige bei der Genesung

- Unnütze, übermäßige physische Aktivitäten, die nicht Teil des Trainingsprogramms sind.

5.3.2 Merkmale zur Diagnostik

Anorexia nervosa

1. Die Ablehnung, ein Körpergewicht über dem normalen Mindestgewicht zu halten, das dem Alter und der Größe entspricht.
2. Die übermäßige Angst, dick zu werden, selbst bei Untergewicht.
3. Unfähig zu sein, sein Körpergewicht, seine Größe oder Figur richtig einzuschätzen. Anders ausgedrückt, sich dauernd zu beschweren, «dick zu sein», auch, wenn man abgemagert ist. Zu glauben, daß gewisse Körperteile «zu dick» sind, selbst bei offensichtlichem Untergewicht.
4. Bei Frauen das Ausbleiben von mindestens drei aufeinanderfolgenden Menstruationen.

Bulimia nervosa

1. Freßattacken. Bei der Freßsucht handelt es sich um hastige Mahlzeiten, bei denen große Mengen verspeist werden, normalerweise in weniger als zwei Stunden.
2. Während des Freßanfalls besteht die Furcht, nicht aufhören zu können.
3. Regelmäßiges Durchführen von selbstauferlegtem Erbrechen, Einnahme von Abführmitteln oder rigorosen Diäten oder Fasten, um die Nahrung oder die Kalorien der Nahrungsmittel, die man während der Freßattacke aufgenommen hat, loszuwerden.
4. Auftreten von mindestens zwei Freßanfällen pro Woche über einen Zeitraum von mindestens drei Monaten.

Sind die Trainer für Eßstörungen mitverantwortlich?

Ein Athlet mit gestörter Eßweise hat nur ein geringes Selbstwertgefühl und Schwierigkeiten, Probleme adäquat lösen zu können und mit dem Streß umzugehen.

Gestörtes Eßverhalten kann durch einen einzigen Vorfall oder durch eine Bemerkung von einer Person, die für den Athleten sehr wichtig ist, ausgelöst werden. Eine Bemerkung nebenbei, die sich darauf bezieht, der Athlet sei «plump» oder hätte «pralle Schenkel», kann sich bei einer stark gefährdeten Person für Anorexia nervosa oder Bulimia tief einprägen. Solche Bemerkungen sind sehr leichtsinnig unter den gegebenen Umständen. Sie erzeugen eine indirekte Erwartung ohne irgendeine weitere Führung bzw. Hilfestellung. Dies ist eine unverantwortliche Haltung gegenüber dem hochmotivierten, unwissenden Sportler, der dem Trainer mehr als jedem anderen gefallen möchte.

«Das Erntedankfest-Wochenende war das schlimmste in meinem Leben – überall gab es zu essen, und ich geriet außer Kontrolle. Die Woche darauf nannte der Trainer mich «Tonne». Ich schwor, daß ich nichts mehr essen würde, bis ich 10 Pfund runter habe, aber ich schaffte es nicht. Ich konnte dem Trainer nie gefallen...»

Der unter Freßsucht Leidende bei der Genesung

Die Trainer können einen enormen Einfluß auf die Athleten haben. Es ist deshalb notwendig, daß sie ihren Athleten gerade auch beim Ernährungsverhalten und der Gewichtsfrage zur Seite stehen. Das Risiko im Hinblick auf Eßstörungen kann durch die Beachtung folgender Richtlinien verringert werden:

1. Bewerten Sie den Einfluß des niedrigen Gewichts bei der Leistung des Athleten nicht über.
2. Unterstützen Sie die Durchführung einer langfristig ausgewogenen Ernährung und regelmäßigen Gewichtskontrolle, um die athletischen Leistungen zu optimieren.
3. Setzen Sie realistische Ziele in bezug auf die Methode der Gewichtskontrolle, die Abnahmerate und das zu erreichende Gewicht.
4. Unter keinen Umständen dürfen Maßnahmen wie Abführen, Entwässern oder Erbrechen vorgeschlagen oder dazu ermutigt werden.

Alles, was man über die Ausnahme von gestörtem Eßverhalten weiß – selbst für einen kurzen Zeitraum – zeigt, daß *es die Leistung beeinträchtigt.* Erbrechen, Einschränkungen bei der Einnahme von Flüssigkeit, mißbräuchliche Benutzung von Abführ- und harntreibenden Mitteln tragen zu einer Austrocknung bei. Die kontinuierliche, rapide Gewichtsabnahme durch Hungern oder einseitige Diäten verursacht Muskelschwäche und verminderte Konzentration sowie Koordination. *So wird kein Sportler zum Sieger.*

Wie helfen Sie einem Athleten mit Anorexia nervosa oder Bulimia?

Identifizieren Sie die Verhaltensweisen bei möglicher gestörter Essensweise eines Athleten. Halten Sie den Weg zu den Mannschaftskameraden offen, die besorgt sein könnten, und suchen Sie einen Weg, um zu helfen. Vermeiden Sie, den Athleten als Mager- oder Freßsüchtigen abzustempeln.

Unternehmen Sie keinen Versuch, eine Diagnose zu stellen oder eine Behandlung für Anorexia nervosa oder Bulimia einzuleiten. Gestörtes Eßverhalten ist ein sehr komplexes Problem. Helfen Sie dem Athleten, dies herauszufinden und einen Facharzt aufzusuchen, der auf gestörte Eßverhaltensweisen spezialisiert ist, um eine ärztliche Untersuchung durchführen zu lassen. Sollte der Athlet sein Problem verleugnen, der Beweis dafür aber auf der Hand liegen, konsultieren Sie einen Arzt und erläutern Sie die Situation.

Wenn Sie der Meinung sind, daß der Athlet ein gestörtes Eßverhalten hat, müssen Sie ihn damit konfrontieren. Sammeln Sie Beweise, und hören Sie auf das, was der Sportler Ihnen erzählt in bezug auf seine oder ihre Gefühle. Reden Sie über die Ängste, die der Athlet haben könnte, wie zum Beispiel, daß er eventuell vom Team ausgeschlossen wird oder eine Förderung verliert.

Ein gestörtes Eßverhalten ist sowohl ein psychologisches als auch physiologisches Problem. Es ist wichtig, daß für die Person mit gestörtem Eßverhalten eine genaue Diagnose von einem Spezialisten der Medizin, Psychologie und Ernährung gestellt wird und diese auch bei der Behandlung zusammenarbeiten.

Erstellt vom Olympischen Komitee für Sportmedizin, Swanson Centrum für Ernährung und der Universität von Nebraska – Medizinische Abteilung zum Programm über gestörtes Eßverhalten.

Kapitel 6

Praxis der Ernährungsberatung

Ernährungserziehung und Ernährungsberatung sind mehr als Aufklärung und Informationsvermittlung.
Ernährungsgewohnheiten zählen zu den stabilsten Verhaltensbereichen des Menschen. Sie werden bereits in der Kindheit erlernt und festigen sich mit zunehmendem Alter. Unter Berücksichtigung der Entstehungsbedingungen des persönlichen Ernährungsverhaltens muß daher vor allem die Zielgruppe der Kinder und Jugendlichen verstärkt angesprochen werden (Deutsche Gesellschaft für Ernährung, 1984, S. 103).
Der Ernährungserziehung kommt die Aufgabe zu, ein günstiges Ernährungsverhalten von Anfang an zu entwickeln und zu stabilisieren.
Strategien zur Änderung des Ernährungsverhaltens richten sich überwiegend an Erwachsene. Jahrelang versuchte die Ernährungsaufklärung dabei, die Lücke zwischen dem Ziel einer bedarfsangepaßten und vollwertigen Ernährung und dem tatsächlichen Ernährungsverhalten durch Vermittlung von mehr Wissen über richtige Ernährung zu schließen. Ernährungsaufklärung und -information beschränken sich auf die kognitive und argumentative Ebene. Sie transferieren Wissen, Kenntnisse und Informationen über Ernährung (Pudel, 1985).
Ernährungsaufklärung soll das Ernährungsbewußtsein wecken. Ernährungsinformationen – beispielsweise in Form von Broschüren – geben Antworten auf vorhandene bzw. entstandene Fragen. Beide tragen somit zur Klärung der Voraussetzungen für ein persönlich richtiges Ernährungsverhalten bei.

6.1 Abgrenzung von Ernährungsberatung, Ernährungsaufklärung und -information

Neben einer zielgruppengerechten Aufbereitung der Ernährungsinformationen verspricht vor allem die Einbeziehung von psychologischen Bestimmungsfaktoren und sozialen Bedingungen des menschlichen Ernährungsverhaltens mehr Erfolg bei einer angestrebten Verhaltensänderung. Die Persönlichkeit und die jeweilige Lebenssituation müssen berücksichtigt werden. Ernährungsberatung bezieht sich in diesem Sinne auf die Ernährung bzw. das konkrete Ernährungsproblem eines individuellen Klienten. Ernährungsberatung will bei Entscheidungskonflikten und Verhaltensproblemen «*Hilfe zur Selbsthilfe*» bieten. Sie stellt die Eigenverantwortlichkeit des Klienten und seine kompetente Selbstentscheidung in den Vordergrund. Dabei gehören die informationsbezogenen Beratungsprobleme zu den einfachen Aufgaben der Ernährgungsberatung (PUDEL, 1985).
Die Empfehlungen für die Ernährung des Sportlers sind gemessen an Umfang und Kompliziertheitsgrad relativ gering:

- **Kohlenhydratbetonung bei gleichzeitiger Fettkontrolle**
- **Ausgewogenes Angebot pflanzlicher und tierischer Eiweißträger**
- **Bevorzugung von Lebensmitteln mit einer hohen Nährstoffdichte**
- **Leistungsadäquate Flüssigkeitszufuhr**
- **Anpassung von Essen und Trinken an die Trainings- und Wettkampfbedingungen.**

Die Aufklärung über grundlegende und generelle Fakten – beispielsweise die Zusammenhänge von kohlenhydratreicher Ernährung und sportlicher Leistung – sowie Informationen über die Eigenschaften von Lebensmitteln sind nicht die eigentliche Aufgabe der Ernährungsberatung. Dieses Wissen kann durch Vorträge und/oder schriftliche Ernährungsinformationen vermittelt werden. Natürlich wird in der Praxis der Ernährungsberatung auch – allerdings dann auf die individuelle Situation abgestimmt – Informationsvermittlung stattfinden. Im Vordergrund steht aber die Hilfestellung zur Umsetzung und Anwendung des Ernährungswissens im Alltag.
Wichtiger als die genannten Zielvorgaben für die Ernährung des Sportlers ist in der Praxis der Ernährungsberatung die Vermittlung konkreter Maßnahmen, mit denen der Klient diese Ziele erreichen kann. Es geht in der Ernährungsberatung darum, dem Klienten vor dem Hintergrund seiner persönlichen Ernährungssi-

tuation, konkrete handlungsbezogene Vorschläge anzubieten. Dies setzt die Definition von überprüfbaren Maßnahmen – gegebenenfalls Zwischenzielen – voraus, die persönlich realistisch in kurzer Zeit erreichbar sind. Eine gezielte und langfristig erfolgreiche Änderung des Ernährungsverhaltens muß nach dem Prinzip der kleinen Schritte erfolgen. Empfehlungen für die Lebensmittelauswahl und die Nahrungszubereitung sind wichtiger als theoretisches «Nährstoffwissen». Alle Ernährungsempfehlungen müssen Lebensmittelempfehlungen sein.

6.2 Ernährungsprotokolle

Das Führen eines Ernährungstagebuches gilt als unverzichtbarer Einstieg bzw. als unverzichtbares Instrument der Ernährungsberatung. Der Sportler und der Ernährungsberater erhalten zunächst ein Bild über das tatsächliche Ernährungsverhalten. Man muß nicht über «theoretische» Ernährungsprobleme im Sport sprechen. Es geht um die eigene Ernährung. Anhand des Ernährungsprotokolls können dann gegebenenfalls Änderungsvorschläge und Austauschmöglichkeiten für Lebensmittel konkret erörtert werden.

Die Selbstbeobachtung des eigenen Verhaltens führt zu einer bewußteren Ernährung. Beim Ernährungsprotokoll werden die zu den Mahlzeiten verzehrten Lebensmittel nach Art und Menge aufgeschrieben. Es ist darauf zu achten, daß der Zwischendurchverzehr und auch die Getränke nicht vergessen werden (vgl. Formblatt Ernährungsprotokoll).

Die Ernährungsprotokollführung hat also ein diagnostisches und therapeutisches Ziel. Sie ermöglicht die Durchführung und Überprüfung einer langfristigen Verhaltensänderung.

Diese Überlegungen machen deutlich, daß eine einmalige Beratung die eigentliche Aufgabenstellung der Ernährungsberatung nicht erfüllen kann. Ernährungsberatung muß im Sinne eines Feed-back-Systems wiederholt stattfinden.

Die Ernährungsberatung kann als Einzelberatung (z. B. bei Hochleistungssportlern) oder in Gruppen stattfinden. Gruppen haben sich als besonders günstig erwiesen, um einzelne an den Entscheidungsprozessen zu beteiligen. Lernprogramme für die Gruppenarbeit mit bestimmten Zielgruppen, beispielsweise mit Übergewichtigen, liegen bereits vor (Deutsche Gesellschaft für Ernährung: Ich nehme ab. Ein Programm zur Gewichtsabnahme durch Änderung der Ernährungsgewohnheiten, Frankfurt 1987 und Bundeszentrale für Gesundheitliche Aufklärung: Abnehmen – aber mit Vernunft, Köln).

Muster für ein Ernährungsprotokoll

Mahlzeit	**Lebenmittel** (Getränke nicht vergessen! Bitte möglichst genaue Angaben z. B. Fettangabe bei Milch und Käse, Brotsorte, z. B. Vollkornbrot)	**Menge** (z. B. Stück, Scheibe, Tasse, Glas, Portion – klein, groß –, Eßlöffel, Teelöffel, Gramm)
Frühstück		
Zwischendurch (2. Frühstück)		
Mittagessen		
Zwischendurch (Nachmittagsimbiß)		
Abendbrot		
Spätimbiß		
Sonstiges, auch Nährstoffpräparate, z. B. Vitamine, Eiweiß usw. mit Namen		

6.3 EDV-Einsatz in der Ernährungsberatung

Darüber hinaus gibt es Software-Programme für die Nährwertberechnung und Speisenplanung (z. B. «Prodi», Wissenschaftliche Verlagsgesellschaft, Stuttgart, und «Menüplanung», Deutsche Gesellschaft für Ernährung auf Basis der «Kleinen Nährwerttabelle»).
Für Sportler entwickelte computergestützte Ernährungsprogramme sind das *Calorymetic-Sportsystem* (GEISS, NÖCKER, KASPER, WAAG, QUEENEY), das unter Berücksichtigung von Alter, Geschlecht, Größe und Gewicht, sowie von Sportart, Trainings- und Wettkampfphasen, Dauer und Intensität der körperlichen Belastung den individuellen Energie- und Nährstoffbedarf ermittelt.
Eine Ergänzung im Sinne einer kontinuierlichen Ernährungsberatung ist das Führen von Ernährungsprotokollen (Food-Control). Hier werden die persönlichen Ernährungsgewohnheiten analysiert und Lernhilfen für das Ernährungsverhalten gegeben. Wichtig ist, daß im Gegensatz zu starren Kalorienvorgaben und pauschalen Rezeptplänen individuelle Empfehlungen für die Energie- und Nährstoffzufuhr, Rezept- und Lebensmittelvorschläge im Baukastensystem und individuell handhabbare Empfehlungen für den Ernährungsalltag gegeben werden.
Für die Durchführung von Ernährungsberatungsprogrammen bei zwei ganz unterschiedlichen Zielgruppen aus dem Sportbereich bieten sich Koronarsportgruppen (Herzgruppen) und die Olympiastützpunkte an. Im folgenden werden zwei Pilotprojekte aus diesen Bereichen vorgestellt und die Realisierungsmöglichkeiten einer handlungsorientierten Ernährungsberatung aufgezeigt.

6.4 Ernährungsberatung in Koronarsportgruppen

Die Herz-Kreislauf-Erkrankungen sind in ihrer Entstehung ganz entscheidend durch Fehlernährung ebenso wie durch Bewegungsmangel mitbestimmt. Neben der Anleitung zu einem persönlich richtigen Bewegungsverhalten sind praktische Ernährungslernkurse für diese Zielgruppe daher besonders wichtig.
Da die Bedeutung der Risikofaktoren und die Diätprinzipien meistens bekannt sind, wird der Schwerpunkt des Ernährungsseminars, das zunächst fünf Seminar-

termine (einmal wöchentlich) umfaßt, auf die Vermittlung von Lebensmittel-Warenkunde-Kenntnissen anhand des Lebensmittel-Kreises und die praktische Arbeit in der Küche, d. h. die Nahrungszubereitung, gelegt.
Einstieg in den Ernährungslernkurs ist die bereits beschriebene Selbstbeobachtung des Ernährungsverhaltens. Nach Auswertung der Ernährungsprotokolle wird jedem Teilnehmer eine individuelle Ernährungsberatung angeboten.
In den gemeinsamen Praxisveranstaltungen werden Lebensmittel-Warenkörbe «analysiert» und gewohnte Rezepte im Hinblick auf die diätetischen Erfordernisse abgewandelt sowie neue Rezepte (z. B. laktovegetabile Ernährung, Asiatische Küche, Küche der Mittelmeerländer) zubereitet und gemeinsam verkostet. Im Rahmen der Ernährungserfordernisse dieser Zielgruppe stehen insbesondere fettarme Zubereitungsverfahren und das Würzen mit Küchenkräutern im Vordergrund. Zur Stabilisierung des wünschenswerten Ernährungsverhaltens benötigen die Teilnehmer eine längerfristige Beratung bzw. eine Gruppe. Diese Möglichkeit könnten «Herzgruppen-Kochkurse» leisten, die einmal im Monat stattfinden. Der an der Fachhochschule Hamburg entwickelte Ernährungslernkurs (HAMM, 1989) wird bereits erfolgreich von Oecotrophologinnen durchgeführt und über den Arzt und/oder die Organisation der Herzgruppe interessierten Patienten angeboten. Durch die Zusammenarbeit mit dem Arzt ist es möglich, den Erfolg einer Ernährungsumstellung auch anhand von Laborwerten festzustellen.
Bei der praktischen Arbeit in Lehrküchen von Schulen und Beratungsstellen der Energieversorgungsunternehmen oder Krankenkassen können Betroffene, Übungsleiter und für die Ernährung des Klienten verantwortliche Personen (z. B. Ehepartner) gemeinsam einbezogen werden. Dort können prinzipiell auch Praxisveranstaltungen für Sportler und deren Betreuer durchgeführt werden.

(Dieser Teil bezieht sich auf einen Vortrag von M. HAMM, gehalten auf dem Symposium «Sport – Ernährung – Gesundheit», 8.–10. September 1989 in Bremen, veranstaltet von: Universität Bremen, GeSpuEr, Deutscher Turnerbund, Deutscher Leichtathletik-Verband, Deutscher Tennis Bund und Deutsche Gesellschaft für Ernährung).

6.5 Ernährungsberatung am Olympiastützpunkt Hamburg/Kiel

Vor einigen Jahren wurde ein Projekt zur Einrichtung einer Ernährungsberatungsstelle für Leistungssportler am Olympiastützpunkt Hamburg in Zusammenarbeit mit dem Fachbereich Ökotrophologie an der Fachhochschule Hamburg begonnen. Der Beratungsbedarf seitens der Sportler und Trainer ist außerordentlich hoch. Obwohl zu Beginn des Projektes mehr Interesse an Ernährungsinformationen bestand – so wurden anstatt persönlicher Beratungsgespräche zunächst Vorträge und Broschüren erwartet –, nutzten die meisten Sportler im Laufe der Zeit das Angebot zur Vereinbarung von Wiederholungsterminen, also eine kontinuierliche persönliche Ernährungsberatung. Einstieg in die Ernährungsberatung ist auch hier das Ernährungsprotokoll oder der Einsatz eines EDV-gestützten Ernährungsberatungsprogrammes. Das Ernährungsberatungsangebot wird in Abstimmung mit der Sportmedizinischen Untersuchung an die Sportler und Trainer herangetragen.
Die kontinuierliche und persönliche Beratung wird von Oecotrophologen durchgeführt, die sich speziell mit den Sachinhalten (Sporternährungswissenschaft, Beanspruchungen und Erfordernisse der einzelnen Sportarten) und den Methoden der Ernährungsberatung (Kommunikationstraining, Gesprächsführung) als unerläßliche Voraussetzungen für eine individuelle Ernährungsberatung, die über den Stand der Informationsvermittlung hinauskommen möchte, auseinandergesetzt haben.
Die Beratungen werden als Einzelgespräche oder in Gruppen (z. B. bei Mannschaftssportarten) durchgeführt. Die Gruppe eignet sich auch für Fachvorträge und Demonstrationen (z. B. Lebensmittel-Warenkunde). Die Einzelgespräche beim Hochleistungssportler sind deshalb notwendig, da aufgrund des Trainingsumfanges und der ständig wechselnden Intensität in den Trainingseinheiten letztendlich nur so alle individuellen Gegebenheiten erfaßbar sind. Im Breitensportbereich werden selten mehr als sieben Trainingseinheiten pro Woche absolviert, so daß hier eine Erfassung der persönlichen Daten durch einen Fragebogen vorgenommen werden kann. Die Ernährungsberatung und weiterführende Betreuung kann schriftlich erfolgen.
Die Beratung wird mit Hilfe von Fragebogen sowohl für den Klienten als auch die Berater sowie die Ernährungsprotokolle dokumentiert. Neben den «Ernährungssprechstunden» werden auch Betreuungen vor Ort, z. B. Trainingslager – auch zur Abstimmung der Gemeinschaftsverpflegung –, realisiert.

Es hat sich als besonders vorteilhaft erwiesen, daß über die ärztliche Untersuchung einerseits die Möglichkeit bestand, Leistungssportler gezielt auf das Ernährungsangebot anzusprechen. Andererseits können die Beratungsinhalte gezielt auf die Ergebnisse der sportmedizinischen Untersuchung (u.a. Ernährungsstatus) abgestimmt werden.
Die positiven Erfahrungen aus diesem Projekt haben die Ernährungsberatung zu einer festen Einrichtung werden lassen und gezeigt, daß Ökotrophologen zum Beratungteam von Leistungssportlern dazugehören. Wichtig ist in diesem Zusammenhang, daß die Ernährungsberatung neutral, d.h. firmenunabhängig, durchgeführt werden muß. Auch im Leistungssport stehen Lebensmittelempfehlungen gemäß dem nachfolgend beschriebenen Lebensmittelkreis an erster Stelle.

Kapitel 7

Lebensmittelwissenschaftliche Grundlagen, Warenkunde und spezielle Kostformen

Um den Energie- und Nährstoffbedarf des Körpers zu decken, verzehren wir Lebensmittel, deren Inhaltsstoffe zum größten Teil Nährstoffe sind. Ohne Kenntnisse über die Eigenschaften der verschiedenen Lebensmittel und deren richtige Zubereitung ist eine bedarfsangepaßte und vollwertige Ernährung des Sportlers nicht möglich.

7.1 Der Lebensmittelkreis

Eine erste Orientierungsmöglichkeit über die Zusammenhänge zwischen Nährstoffgruppen und Lebensmittelgruppen stellt der folgende Lebensmittelkreis (Abbildung 7.1) dar.
Je abwechslungsreicher die Lebensmittelauswahl ist, desto besser ist die Versorgung mit allen essentiellen Nährstoffen. Nur zur Orientierung sollen auch die Grundmengen verschiedener Lebensmittel aus den vier Gruppen genannt werden, die zur Deckung des Energie- und Nährstoffbedarfs eines Erwachsenen mit leichter körperlicher Arbeit benötigt werden.

Kartoffeln und Getreide
täglich 5–7 Scheiben (circa 200–350 g)
täglich 4–5 mittelgroße Kartoffeln (250–300 g)
oder 1 Portion Reis oder Nudeln (Trockengewicht 70–90 g)
1 Scheibe Brot kann gegen 30 g Getreideflocken (2 Eßlöffel) ausgetauscht werden.

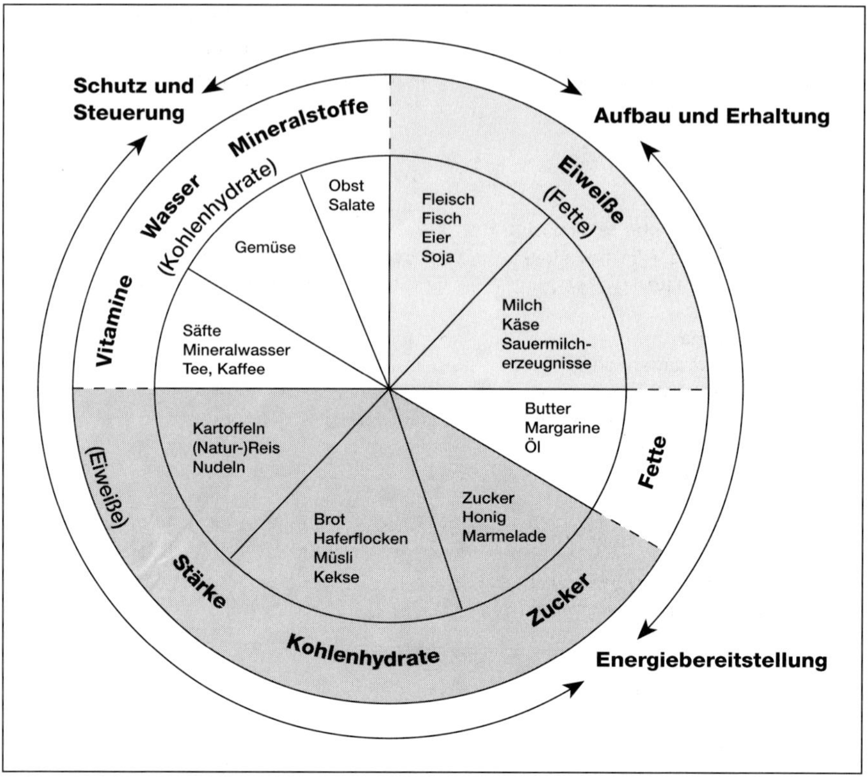

Abb. 7.1 Lebensmittelkreis: Zusammenhang zwischen Nährstoffgruppe und Lebensmittelgruppe

Fleisch, Fisch, Milch und Ei
wöchentlich 3–4 Fleischportionen à 120 g
wöchentlich 1–2 Portionen Seefisch à 150 g
täglich ¼ Liter Milch oder Sauermilch, täglich 2 Scheiben Käse
selten 1 Portion Wurst, wöchentlich 3–4 Eier

Fette
täglich höchstens 40 g Streich- oder Zubereitungsfett (ein Eßlöffel Öl entspricht circa 15 g).

Obst und Gemüse sowie Getränke
täglich 150 g frisches Obst
täglich 200 g Gemüse und 1 Portion (circa 75 g) Salat
täglich mindestens 1,5 Liter kalorienarme Flüssigkeit

Beispiele für verschiedene empfehlenswerte Lebensmittel in den vier Gruppen (1. Kohlenhydratreiche Lebensmittel; 2. Eiweißreiche Lebensmittel; 3. Hochwertige Fette; 4. Vitamin- und mineralstoffreiche Lebensmittel) sind nach KONOPKA (1985, S. 119–123):

1. Gruppe

Kohlenhydratreiche, stärkehaltige Nahrungsmittel
- Getreidekörner (Weizen, Roggen, Hafer, Buchweizen, Gerste, Hirse, Naturreis)
- Volkornprodukte (Vollkornbrot, Vollkornkekse, Haferkekse, Vollkornpfannkuchen u. a.)
- Weizenkeime
- Frühstücksflocken (ohne Zucker und Salz)
- Haferflocken, Weizenflocken, Müsli, Cornflakes u. a.
- Teigwaren (Spaghetti, Makkaroni, andere Nudeln)
- Kartoffeln
- Hülsenfrüchte (Erbsen, Bohnen, Linsen)

2. Gruppe

Eiweißreiche, fettarme Nahrungsmittel
- Fettarme Milch und fettarme Milchprodukte
- Magermilch, fettarme Milch
- Joghurt, fettarm
- Käse, fettarm (Harzer, Limburger, Romadur u. a.)
- Speisequark, mager
- Hüttenkäse
- Mageres Fleisch (Kalb, Rind, Schwein), Wild (Hase, Reh u. a.)
- Geflügel (Huhn, Truthahn)
- Fisch (Kabeljau, Flunder, Scholle, Seezunge, Forelle; außerdem die EPS-reichen Makrelen und Lachs)
- Schalentiere (Hummer, Krabben, Austern, Muscheln)
- Hühnereiklar (Flüssigeiweiß – nicht das fett- und cholesterinreiche Eigelb)
- Hülsenfrüchte (Erbsen, Bohnen, Linsen; Sojabohnen)
- Bierhefe
- Nüsse (Cashewnüsse, Erdnüsse, Haselnüsse, Kokosnüsse, Mandeln, Paranüsse, Pistazien, Walnüsse) und Samen (Kürbiskerne, Sesamkerne, Sonnenblumenkerne) – in geringen Mengen, ca. 30–50 g, da relativ fettreich

3. Gruppe

Hochwertige Fette
Pflanzliche Fette mit hohem Anteil mehrfach ungesättigter Fettsäuren:
- Distelöl (Safloröl)
- Leinöl
- Sonnenblumenöl
- Sojaöl
- Maiskeimöl
- Diät-Margarine
- An Sporttagen ist das Milchfett (Butter) besonders leicht verdaulich

Tierische Fette mit einem hohen Anteil an mehrfach ungesättigten Fettsäuren:
- Makrelen, Hering und Lachs (enthalten die gegen Arteriosklerose wirksame mehrfach ungesättigte Eikosapentaensäure [EPS]

4. Gruppe

Gemüse
- Artischocken
- Auberginen
- Blattgemüse (Salat, Spinat, Kohl)
- Blumenkohl
- Broccoli
- Chicorée
- Chinakohl
- Endivien
- Feldsalat
- Fenchelknollen
- Petersilie
- Hülsenfrüchte (Erbsen, Bohnen, Linsen)
- Kürbis
- Rosenkohl
- Sellerie
- Spargel
- Tomaten
- Tomatenmark (sehr reich an Kalium!)
- Zucchini
- Zwiebeln
- Koblauch
- Schnittlauch
- Brunnen- und Gartenkresse
- Meerettich
- Möhren (Karotten)
- Paprikafrüchte u. a.

Obst
- Äpfel
- Aprikosen
- Birnen
- Citrusfrüchte (Orangen, Mandarinen, Zitronen, Grapefruits)
- Kirschen
- Pfirsiche
- Pflaumen
- Beerenobst (Brombeeren, Erdbeeren, Heidelbeeren, Himbeeren, rote und schwarze Johannisbeeren, Preiselbeeren, Stachelbeeren, Weintrauben)
- Ananas
- Bananen
- Kaki
- Kiwi
- Melonen
- Papaya u. a.

Trockenobst (sehr reich an Kalium und Magnesium!)
- Rosinen
- Aprikosen
- Feigen
- Pflaumen u. a.

Obstsäfte
- Apfelsaft
- Orangensaft
- Traubensaft
- Grapefruitsaft
- Schwarzer Johannisbeersaft u. a.

Gemüsesäfte
- Möhre (Karotte)
- Tomate
- Rote Bete
- Gemüsesaftmischungen
- milchsauer vergorene Gemüsesäfte (Most)

Qualitätsbewußte Nahrungszubereitung

Lebensmittel, die qualitätsbewußt ausgewählt worden sind, bedürfen auch einer entsprechenden Zubereitung. Unser Essen soll gut schmecken, und gleichzeitig möchten wir auch, daß es möglichst reich an wichtigen Nährstoffen ist. Eine gemischte Kost, nährwertschonend zubereitet und mit einem genügend hohen Frischkostanteil, ist nach wie vor die beste Voraussetzung für gesunderhaltende und genußvolle Ernährung. *«Laßt die Nahrung so natürlich wie möglich!»* Darin sind sich Befürworter der Vollwert-Ernährung und Feinschmecker einig. So frisch und so naturbelassen wie möglich, heißt die Devise der modernen leichten Küche, denn Lebensmittelinhaltsstoffe sind unterschiedlich «verarbeitungsempfindlich». Wertvolle Nährstoffe gehen bei der Zubereitung verloren: Wasser, Sauerstoff, Licht und Wärme entziehen oder zerstören Vitamine und Mineralstoffe. Das Dünsten bzw. Garen mit wenig Flüssigkeit oder Fett, das Garen von Speisen im eigenen Saft – in der Folie oder im Tontopf – sind ebenso wie das Backen und Grillen von Lebensmitteln empfehlenswerte Gartechniken in der qualitätsbewußten Küche. Frische Produkte werden durch Tiefgefrieren am schonendsten haltbar gemacht. Übrigens läßt sich auch mal ein Fertiggericht aus der Dose mit rohem Gemüse oder frischen Küchenkräutern bezüglich Nährwert und Geschmack abwechslungsreich aufwerten.

Was KOLLATH (1948, S. 152), der Begründer der Vollwert-Ernährung, zum Zubereiten der Speisen sagte, gilt genauso für die moderne Küche:

«1. Was du erhitzen mußt, erhitze so kurz wie möglich.
2. Sei in der Anwendung von Wasser so sparsam wie möglich.
3. Alle gekochte Nahrung bedarf der Ergänzung durch Frischkost.
4. Jedes Warmhalten der Speisen ist schädlich, Aufwärmen ist besser; beides sind Notbehelfe.»

7.2 Nährstoffdichte

Die Nährstoffdichte ist der neue Qualitätsmaßstab für die Bewertung von Lebensmitteln. Sie bezieht den Gehalt eines essentiellen Nährstoffes auf den Energiegehalt des Lebensmittels.

Nährstoffdichte-Berechnungsformel

$$\textbf{Nährstoffdichte} = \frac{\textbf{Gehalt an einem lebensnotwendigen Nährstoff}}{\textbf{Energiegehalt des Lebensmittels}}$$

Man vergleicht die Ist-Nährstoffdichte des Lebensmittels mit der Soll-Nährstoffdichte, die den Bedarf des Körpers bezogen auf 1 MJ = 1000 kJ wiedergibt.

Tabelle 7.1 Empfehlungen für die Nährstoffzufuhr (Soll-Nährstoffdichte)
Für Leistungssportler gelten teilweise höhere Soll-Nährstoffdichten als die der entsprechenden Vergleichsgruppen (Jugendliche und Erwachsene). Daher sind die Lebensmittel mit hoher Nährstoffdichte (fettgedruckte Zahlen) im wöchentlichen Speiseplan zu bevorzugen.
(Quelle: KÜBLER, W.: Nährstoffdichte – Grundlagen und Anwendung in der Ernährungspraxis, © AID Verbraucherdienst 31 [1986] Heft 3)

Empfehlungen DGE 1985	**Calcium (mg/MJ)**	**Magnesium (mg/MJ)**	**Eisen (mg/MJ)**	**Vit. A (mg-Äq./MJ)**	**Vit. E (mg-Äq./MJ)**
Jugendliche männl.	72	32	1,0	0,09	1,0
Jugendliche weibl.	80	35	1,8	0,09	1,2
Erwachsene männl.	73	32	1,1	0,09	1,1
Erwachsene weibl.	89	33	2,0	0,09	1,3
	Thiamin (mg/MJ)	**Riboflavin (mg/MJ)**	**Vit. B_6 (mg/MJ)**	**Folsäure (μg-Äq./MJ)**	**Vit. C (mg/MJ)**
Jugendliche männl.	0,12	0,14	0,17	13	6
Jugendliche weibl.	0,13	0,17	0,18	16	7
Erwachsene männl.	0,13	0,15	0,16	15	7
Erwachsene weibl.	0,13	0,17	0,18	18	8

7.3 Lebensmitteltabellen

In der Sportlerernährung besteht oft besonderes Interesse am Spurenelementgehalt der pflanzlichen und tierischen Lebensmittel. Angaben über den Eisengehalt bzw. die Eisendichte verschiedener Lebensmittel finden sich in Tabelle 7.2. Häufig wird auch nach den Nährstoffgehalten von Sprossen (Keimlingen) gefragt (vgl. Tabelle 7.4 und 7.5, S. 247).
In Tabelle 7.3 sind die Spurenelementgehalte ausgewählter Lebensmittel aufgeführt (Quelle: Elmadfa et al. 1989, S. 63–67).
Selbstgezogene Sprossen (Keimlinge) sind Frischkost während des ganzen Jahres. Sie eignen sich zur Nährstoffaufwertung vieler Gerichte und sind sehr schmackhaft.
Bei Keimlingen wurde pro 100 g Frischsubstanz ein mittlerer Gehalt von 5,6 g Ballaststoffen ermittelt.

Tabelle 7.2 Nährstoffdichte ausgewählter Lebensmittel (Ist-Nährstoffdichte)
Kritische Nährstoffe in Milligramm = mg, bezogen auf MJ = Megajoule = 1000 Kilojoule; **Fettdruck**: Günstige Nährstoffquellen

Lebensmittel	**Calcium** (mg/MJ)	**Magnesium** (mg/MJ)	**Eisen** (mg/MJ)	**Vit. A** (mg-Äq./MJ)*	**Vit. E** (mg-Äq./MJ)**	**Thiamin** (mg/MJ)	**Riboflavin** (mg/MJ)	**Vit. B_6** (mg/MJ)	**Folsäure** (µg-Äq./MJ)***	**Vit. C** (mg/MJ)
Weizenvollkornbrot	71	**103**	2,2	0	2,8	0,28	0,17	0,40	38	0
Brötchen	25	27	1,1	0	0,4	0,09	0,03	0,12	14	0
Weißmehl (Type 550)	11	(6)	0,7	0	1,3	0,07	0,05	0,07	6	0
Haferflocken	34	**88**	2,9	0	2,3	**0,37**	0,09	0,10	9	0
Cornflakes	8	9	1,3	0	2,3	**0,89**[1]	**1,25**[1]	**0,97**[1]	**275**[1]	0
Eierteigwaren	17	43	1,0	0,04	0,2	0,11	0,05	0,04	4	0
Kartoffeln, gekocht	28	74	2,4	0	0,3	0,19	0,11	**0,49**	9	**20**
Pommes frites	29	36	1,3	0,01	–	0,11	0,05	–	–	4
weiße Bohnen, gekocht	78	**97**	4,5	0,05	1,7	0,26	0,10	0,18	23	2
Schnittbohnen, gekocht	**439**	**193**	**6,4**	**0,40**	2,0	**0,37**	**0,69**	**1,62**	**141**	**62**[3]
Blumenkohl, gekocht	**214**	**182**	**6,7**	0,04	0,9	**0,71**	**0,80**	**1,61**	**173**	**298**[3]
Grünkohl, gekocht	**1399**	**205**	**12,5**	**3,61**	**26,4**	**0,40**	**1,24**	**1,24**	**92**	**277**[3]
Spinat, gekocht	1441[2]	663[2]	46,9[2]	**6,81**	**28,6**	**0,76**	**1,97**	**1,89**	**336**	**238**[3]
Weißkohl, gekocht	**546**	**273**	**5,9**	0,08	0,3	**0,34**	**0,38**	**0,98**	**124**	**217**[3]
Sauerkraut, gekocht	**559**	**(181)**	**7,0**	0	(0,3)	0,19	**0,44**	**1,84**	**111**	**163**
Kopfsalat	**700**	**208**	**20,8**	**2,49**	**7,4**	**1,77**	**1,48**	**1,04**	**529**	**246**[3]
Feldsalat	**473**	**176**	**27,0**	**8,79**	**(8,1)**	**0,88**	**1,08**	**(3,38)**	–	**473**[3]
Rhabarber, gekocht	862[2]	216[2]	8,8[2]	0,15	3,3	**0,35**	**0,45**	**0,52**	14	**149**
Rote Bete, gekocht	203	10	**6,5**	0,01	0,5	0,11	0,25	0,30	**227**	**28**
Rettich	**416**	**189**	**10,1**	0,01	0	**0,38**	**0,38**	**0,76**	**202**	0
Möhren, roh	**259**	**114**	**4,2**	12,63[5]	4,4	**0,44**	0,33	**0,59**	50	**45**
Tomaten	212	**303**	**7,6**	**2,07**	**7,4**	**0,86**	**0,62**	**1,51**	**251**	**366**

Lebensmittel	Calcium (mg/MJ)	Magnesium (mg/MJ)	Eisen (mg/MJ)	Vit. A (mg-Äq./MJ)*	Vit. E (mg-Äq./MJ)**	Thiamin (mg/MJ)	Riboflavin (mg/MJ)	Vit. B_6 (mg/MJ)	Folsäure (µg-Äq./MJ)***	Vit. C (mg/MJ)
Spargel, gekocht	**286**	**272**	**13,6**	0,07	–	**0,90**	**1,22**	**0,62**	**195**	**114**
Zwiebeln	175	51	2,8	0,03	1,1	0,19	0,16	**0,76**	24	**48**
Knoblauch	80	–	2,9	0	0,2	**0,42**	0,17	–	–	**29**
Walnußkerne	33	49	0,9	0	**9,4**	0,13	0,05	0,33	15	1
Haselnußkerne	87	60	1,5	0	**10,8**	0,15	0,08	0,17	16	1
Erdnußkerne	25	70	0,9	0	**8,6**	**0,38**	0,06	0,13	14	0
Bierhefe, getrocknet	(39)	–	**15,2**	0	–	**10,40**[4]	**3,27**[4]	**3,82**[4]	**1650**[4]	0
Äpfel	34	31	2,3	0,04	2,7	0,17	0,15	0,22	16	**57**
Birnen	48	37	1,2	0,03	2,0	0,16	0,18	0,07	26	**22**
Bananen	23	96	1,4	0,10	1,2	0,12	0,15	**0,99**	45	**33**
Sauerkirschen	(35)	35	2,7	0,22	1,1	0,22	0,27	0,18	26	**53**
Erdbeeren	188	**109**	**6,9**	0,06	1,6	0,22	0,39	0,43	**122**	**463**
Himbeeren	**266**	**200**	**6,7**	0,09	**9,3**	0,15	0,33	**0,50**	–	**166**
Johannisbeeren, schwarz	194	72	**5,5**	0,10	4,2	0,22	0,19	0,34	–	**748**
Aprikosen	79	45	3,2	**1,47**	2,5	0,20	0,26	0,35	11	**46**
Grapefruits	115	64	2,2	0,02	1,7	0,31	0,15	0,18	**85**	**281**
Apfelsinen	208	69	2,0	0,07	1,2	**0,39**	0,21	0,25	**160**	**248**
Kiwi	184	**115**	3,9	**0,30**	–	0,08	0,24	–	–	**524**
Cola-Getränke	22	6	–	0	0	0	0	0	0	0
Apfelsaft, Handelsware	39	24	1,5	0,04	0,1	0,11	0,14	0,28	16	8
Orangensaft, frisch	63	69	1,1	0,07	–	**0,54**	0,17	0,29	**140**	**308**
Johannisbeersaft, Handelsware	74	–	1,5	0,02	–	0,02	0,01	0	0	**149**

Tabelle 7.2 Nährstoffdichte (Fortsetzung)

Tabelle 7.2 Nährstoffdichte (Fortsetzung)

Lebensmittel	**Calcium** (mg/MJ)	**Magnesium** (mg/MJ)	**Eisen** (mg/MJ)	**Vit. A** (mg-Äq./MJ)*	**Vit. E** (mg-Äq./MJ)**	**Thiamin** (mg/MJ)	**Riboflavin** (mg/MJ)	**Vit. B_6** (mg/MJ)	**Folsäure** (µg-Äq./MJ)***	**Vit. C** (mg/MJ)
Traubensaft	48	33	1,6	0	–	0,12	0,06	0,08	5	6
Vollbier, hell	21	37	0,1	0	0	0,02	0,16	0,27	20	0
pasteuris. Trinkmilch	**450**	45	0,2	0,12	0,2	0,14	**0,67**	0,17	(10)	6
Joghurt, 3,5 % Fett	**425**	43	0,2	0,11	0,3	0,13	**0,64**	0,16	17	4
Buttermilch	**746**	**110**	0,7	0,04	0,3	0,23	**1,09**	0,27	17	4
Kakaogetränk auf Magermilchbasis	507	**58**	0,7	0	0,1	0,16	**0,70**	0,21	12	5
Quark, Magerstufe	**291**	38	1,3	0,01	0	0,14	**0,95**	0,32	29	0
Camembert, 50 % Fett i. Tr.	**389**	11	0,1	**0,32**	0,4	0,03	**0,43**	0,18	22	0
Limburgerkäse, 20 % Fett i. Tr.	**648**	50	0,5	0,06	–	0,04	**0,44**	0,11	37	0
Roquefortkäse	**439**	20	0,4	0,21	–	0,03	**0,39**	0,08	32	0
Eiscreme	169	8	0,2	0,16	–	0,05	0,30	–	–	0
Schokolade, milchfrei	32	51	1,6	–	1,5	0,04	0,04	0,01	0	0
Vollmilchschokolade	104	50	1,5	0,01	1,4	0,04	0,19	0,02	0	0
Milchschnitte	54	13	0,5	0,02	–	0,48[1]	0,86[1]	0,50[1]	–	–
Nuß-Nougat-Creme	60	–	1,4	–	3,7	–	0,09	0,06	–	–
Blütenhonig	4	4	1,0	0	0	0	0,04	–	–	2
Zucker	0	0	0,2	0	0	0	0	0	0	0
Zucker, braun	35	9	(2,8)	0	–	0,01	0,01	–	–	1
Hühnerei	84	18	3,1	0,33	1,5	0,15	0,46	0,18	52	0
Schweinekotelett, gebr.	11	23	**1,7**[6]	0	0,7	**0,60**	0,18	0,44	2	0

Lebensmittel	Calcium (mg/MJ)	Magnesium (mg/MJ)	Eisen (mg/MJ)	Vit. A (mg-Äq./MJ)*	Vit. E (mg-Äq./MJ)**	Thiamin (mg/MJ)	Riboflavin (mg/MJ)	Vit. B_6 (mg/MJ)	Folsäure (µg-Äq./MJ)***	Vit. C (mg/MJ)
Rinderfilet, gebraten	5	27	**5,9**[6]	0	1,4	0,15	0,24	**0,88**	**19**	0
Rinderleber, gebraten[7]	12	30	**12,5**[6]	**11,70**	1,2	**0,39**	**4,80**	**1,12**	**260**	**45**
Kalbsniere, gebacken[7]	18	33	**20,8**[6]	**0,38**	0,4	**0,50**	**4,27**	**0,82**	**73**	17
Frankfurter Würstchen	7	–	**1,6**[6]	0	–	0,16	0,17	0,13	–	0
Blutwurst	4	4	**3,8**[6]	0	–	0,04	0,07	–	–	0
Schweineschinken, gek.	17	28	**2,7**[6]	0	–	**0,70**	0,24	0,42	6	0
Brathuhn	21	64	**3,1**[6]	0,02	0,2	0,14	0,28	**0,86**	10	0
Hering, geräuchert	36	33	**1,1**[6]	0,03	1,7	0,04	0,26	**0,52**	3	0
Heilbutt, Filet, gekocht	31	63	**1,2**[6]	0,07	1,9	0,13	0,14	**0,75**	17	0
Schellfisch, geräuchert	48	61	**2,4**	0	–	0,12	0,24	–	–	0
Brathering	38	–	**1,2**	0,02	–	0,01	0,14	–	–	0
Ölsardinen	**345**	–	**2,8**	0,06	1,8	0,04	0,31	0,23	17	0
Butter	4	1	0	0,21	0,7	0	0,01	0	0	0
Margarine	3	0	0	0,20	**6,8**	0	0	0	0	0
Olivenöl	0	1	0	0,03	3,7	0	0	0	0	0
Weizenkeimöl	0	0	0	0	**40,6**	0	0	0	0	0
Kokosfett	0	0	0	0	1,5	0	0	0	0	0

* 1 µg-Retinol-Äquivalent = 6 µg β-Carotin = 12 µg andere Provitamin A-Carotinoide – ** 1 mg D-α-Tocopheroläquivalent = 2,0 mg β-Tocopherol = 4,0 mg γ-Tocopherol = 1,49 mg D,L-α Tocopherylacetat (1 I.E.) – *** 1 µg-freie Folsäure-Äquivalent = 5 µg konjugierte Folsäure

– = keine Analysenwerte

[1] Mit Zusätzen von Thiamin, Riboflavin, Vitamin B_6 und Folsäure – [2] Calcium und Eisen schwer resorbierbar durch hohen Oxalsäuregehalt – [3] Frischwaren und Konserven – hohe Verluste beim Lagern von unbehandelten Grüngemüsen – [4] Besonders große Schwankungsbreiten – [5] Carotin nur bei Homogenisieren verwertbar – [6] Eisen besonders gut resorbierbar – [7] Innereien sollten aufgrund der Schadstoffbelastung nur noch 1–2mal im Monat verzehrt werden

(Quelle: KÜBLER, W.: Nährstoffdichte – Grundlagen und Anwendung in der Ernährungspraxis, © AID-Verbraucherdienst 31 (1986) Heft 3, S. 47–53)

Lebensmittel	Jod	Zink	Kupfer	Mangan	Chrom	Selen
Milch						
Frauenmilch	6	220	35	3	67	3
Kuhmilch, Rohmilch	11	380	10	9	3	9
– Trinkmilch, 3,5 % Fett	11	380	17	*	2	*
– Trinkmilch, 1,5 % Fett	11	370	10	*	*	*
– Trinkmilch, entrahmt	2	400	2	5	1	5
Schafmilch	*	470	88	*	*	*
Stutenmilch	*	150	30	*	*	*
Ziegenmilch	4	260	18	*	13	*
Milchprodukte						
Buttermilch	2	370	20	*	*	*
Joghurt, 3,5 % Fett	4	380	10	3	4	+
– 1,5 % Fett	4	360	9	2	*	*
– 0,3 % Fett	4	450	12	3	*	*
Kondensmagermilch	*	1200	30	*	*	*
Kondensmilch,						
– 7,5 % Fett	8	780	21	5	*	1
– 10 % Fett	10	1000	27	7	*	1
– gezuckert, 8 % Fett	*	1000	40	*	*	*
Molkenpulver	680	2100	300	*	*	7
Sahne, 10 % Fett	10	300	22	3	*	*
– 30 % Fett	3	260	6	2	*	1
Trockenmagermilch	*	4100	29	5–700	13	5
Trockenvollmilch	32	2100	160	70	36	14
Käse						
Camembert						
– 30 % Fett i. Tr.	*	3400	80	*	*	6
– 45 % Fett i. Tr.	*	3100	70	*	*	6
– 60 % Fett i. Tr.	*	2700	*	*	*	6
Chester (Cheddar),						
50 % Fett i. Tr.	*	3900	80	17	12	11
Edamer, 30 % Fett i. Tr.	5	1–11 mg	780	180	95	*
– 45 % Fett i. Tr.	4	1– 9 mg	650	150	95	*
Edelpilzkäse,						
50 % Fett i. Tr.	*	3100	140	190	1	2
Emmentaler,						
45 % Fett i. Tr.	*	4630	1170	27	5	11
Gouda, 45 % Fett i. Tr.	*	3900	70	*	95	*

Tabelle 7.3 Spurenelementgehalte ausgewählter Lebensmittel (in µg/100 g Ware)

+ = in Spuren * = keine Daten a = Gesamtinhalt b = abgetropft

Lebensmittel	Jod	Zink	Kupfer	Mangan	Chrom	Selen
Limburger, 40 % Fett i. Tr.	*	2100	110	*	*	*
Parmesan	*	3000	360	*	*	*
Sauermilchkäse	*	2000	80	*	*	*
Speisequark, mager	4	570	15	70	*	*
– 20 % Fett i. Tr.	4	500	14	60	1	5
– 40 % Fett i. Tr.	3	500	13	60	5–13	*
Tilsiter, 45 % Fett i. Tr.	*	3500	70	*	*	*
Ei						
Hühnerei (Gesamtinhalt)	10	1350	50–230	30	5–50	10
– Eigelb	8–16	3800	350	50–200	20	30
– Eiklar	7	20	130	40	*	4–10
Hühnervollei, getrocknet	*	5000	*	*	*	100
– Eigelb, getrocknet	*	6150	*	*	*	*
– Eiklar, getrocknet	*	150	*	*	*	*
Fette und Öle						
Baumwollsamenöl	*	*	5	13	*	*
Butter	4	230	2–15	3–40	6	+
Erdnußöl	*	*	3	2	*	*
Halbfettmargarine	*	*	3	+	*	*
Rindertalg	*	*	80	1	*	*
Schweineschmalz	10	*	0–20	*	*	*
Fisch						
Aal, Flußaal	4	1200	80	25	14	47
Aal, geräuchert	5	*	90	28	*	*
Austern	58	7–160 mg	2500	600	9	60
Barsch	4	*	*	*	*	24
Bückling	53	*	330	*	*	140
Felchen (Renke)	*	1200	50	49	1	37
Flunder	29	500	47	39	2	28
Forelle	3	480	150	30	1	20–140
Garnele	130	2310	240	30	*	41
Hecht	*	1100	47	35	6	13
Heilbutt	52	*	200	12	1	*
Hering	52	*	320	20–120	*	140
– Ostseehering	50	*	300	20	*	*
Heringsfilet in Tomatensauce	*	*	100	100	*	*

Tabelle 7.3 Spurenelementgehalte (Fortsetzung)

Lebensmittel	Jod	Zink	Kupfer	Mangan	Chrom	Selen
Hummer	*	1600	700	*	*	130
Kabeljau	120	500	230	17	1	27
Karpfen	2	*	*	*	*	7–130
Kaviar, echt	*	950	100	50	*	*
Lachs	34	800	200	14	*	26
Makrele	74	*	160	37	*	35
Miesmuschel	130	*	*	*	*	48
Rotbarsch	99	*	*	*	*	44
Sardinen	32	*	170	*	*	85
Sardinen in Öl	24	*	40	*	*	*
Schellfisch	243	300	230	20	*	20
Scholle	190	*	140–550	30	*	65
Seelachs (Köhler)	200	*	*	*	*	*
Seezunge	17	*	*	*	*	24
Sprotte	*	1500	80	140	*	*
Steckmuschel	120	*	*	*	11	*
Thunfisch	50	*	*	*	*	130
Geflügel						
Ente	*	2700	450	30	*	*
Gans	4	*	330	50	*	*
Huhn, Brathuhn	*	850	300	20	*	*
– Leber	*	3200	300	77	*	66
Truthahn, ausgewachsene Tiere	*	2000	100	35	*	*
– Jungtiere	*	2100	110	37	*	*
– Brust	*	1800	130	30	*	*
– Keule	*	2400	160	50	*	*
Hammel- und Lammfleisch						
– Muskelfleisch ohne Fett	*	2900	170	*	*	*
– Filet	*	2300	90	13	4	1
– Keule	2	3700	100	15	5	2
– Herz	*	2120	450	50	1	3
– Leber	3	4350	7640	330	*	*
Kalbfleisch						
– Muskelfleisch ohne Fett	3	3000	160	30	*	*
– Bauch; Bug; Hals; Keule	3	*	250	30	*	*

Tabelle 7.3 Spurenelementgehalte (Fortsetzung)

Lebensmittel	Jod	Zink	Kupfer	Mangan	Chrom	Selen
– Kotelett	3	2300	250	30	*	*
– Herz	*	200	320	30	*	*
– Hirn	*	1280	140	40	*	*
– Leber	*	8400	5500	280	*	40
– Niere	*	1800	+	50	*	260
Rindfleisch						
– Muskelfleisch ohne Fett	*	4200	65	22	14	*
– Filet	*	5700	70	20	*	35
– Hochrippe	*	2700	42	20	*	*
– Keule	*	3300	68	18	*	*
– Lende	*	2500	40	*	*	*
– Herz	30	2000	410	59	*	47
– Leber	14	5100	3600	250	bis 100	35
– Niere	*	1900	390	110	3	160–550
Schweinefleisch						
– Muskelfleisch ohne Fett	*	1900	50	80	*	*
– Kamm	*	1390	*	50–200	*	*
– Kotelett	*	1900	*	60	10	20–30
– Keule	*	2600	310	40	*	*
– Herz	3	2200	410	24	1	88
– Hirn	*	1600	540	48	*	17
– Leber	14	5900	5480	360	bis 10	58
– Niere	*	370	170	60	*	190–420
Leberpastete	*	*	400	120	*	*
Luncheon meat	*	*	50	70	*	*
Getreide und Getreideprodukte						
Gerste, Korn	7	3100	300	1650	13	bis 2000
Hafer, Korn	6	4500	470	3700	13	bis 5
– Flocken	4	4400	530	4900	*	8–11
– Mehl	4	*	*	*	6	*
Hirse, geschält	3	1800	850	1900	*	*
Mais, Korn	3	2500	70–250	480	32	bis 9
– Corn Flakes	*	300	200	50	*	3
Reis, Korn, Naturreis	2	800–2000	240	1100	*	40
– halbpoliert	3	*	*	1000–3000	*	10–70
Reis, Korn, poliert	2	500	130	2000	*	40

Tabelle 7.3 Spurenelementgehalte (Fortsetzung)

Lebensmittel	Jod	Zink	Kupfer	Mangan	Chrom	Selen
Roggen, Korn	7	1300	500	2400	25	bis 8
– Mehl, Type 815	*	770	200	*	*	*
Tapioka	*	*	200–1000	50–200	*	*
Weizen, Korn	1	4100	630	3400	3	1–130
– Mehl, Type 405	*	1100	290	740	*	19
– Mehl, Type 1700	3–14	1300	400	*	*	*
– Mehl, Type 2000	*	3400	630	780	*	55
– Keime	*	12000	950	9300	*	110
– Kleie	*	13300	1550	3700	5	60–130
Back- und Teigwaren						
Brötchen	*	1100	890	260	*	*
Eierteigwaren	*	1600	730	150	*	65
– mit erhöhtem Eigehalt	*	1700	790	160	*	*
Knäckebrot	*	3100	*	400	*	*
Kommißbrot	*	*	2300	*	*	*
Roggenbrot	9	860	920	270	9	*
Weizenbrot	6	500	600	220	37	28
Weizenvollkornbrot	*	2100	2300	420	49	55
Weizenmischbrot	*	3500	*	180	*	*
Gemüse und Hülsenfrüchte						
Artischocke	*	*	320	380	*	*
Aubergine	1	280	90	190	*	*
Batate	2	*	160	*	*	1
Blumenkohl	+	230	140	170	2	3
Bohnen, grün	3	180	140	380	*	*
– in Dosen[a]	*	*	230	170	*	*
Bohnen, weiß	*	2800	800	2000	*	22
Broccoli	15	940	200	260	1	*
Chicoree	*	190	140	300	*	*
Chinakohl	*	340	20	280	*	*
Endivie	6	340	100	220	*	13
Erbse, Schote und Samen	4	*	380	660	2	+
Erbse, grün, in Dosen[a]	2	650	130	200	*	*
Erbse, grün, in Dosen[b]	3	*	180	280	*	*
Erbse, Samen, getrocknet	14	3800	740	1300	4	30–60
Feldsalat	5–62	540	110	*	*	*

Tabelle 7.3 Spurenelementgehalte (Fortsetzung)

Lebensmittel	Jod	Zink	Kupfer	Mangan	Chrom	Selen
Fenchel	*	250	60	*	*	*
Gartenkresse	*	*	*	*	*	*
Grünkohl	12	330	90	550	10	2
Gurke	3	160	90	150	3	bis 60
Kartoffel	4	270	150	150	33	4–20
– Knödel, roh (Trockenprodukt)	*	1050	*	390	*	*
– Kroketten (Trockenprodukt)	*	2410	*	570	*	*
– Chips, ölgeröstet, gesalzen	*	*	730	460	*	*
– Sticks, ölgeröstet, gesalzen	*	1800	840	530	*	*
Knoblauch	3	1000	260	460	*	20
Kichererbse, Samen, grün	*	1240	340	*	*	*
Kohlrabi	1	260	120	130	0	8–167
Kohlrübe	4	80	80	40	*	*
Kopfsalat	3	220	54	350	14	1
Kürbis	1	200	80	*	2	*
Limabohne	*	3100	780	1950	*	*
Linsen, getrocknet	*	5000	660	*	*	11
Löwenzahnblätter	*	1200	170	340	*	*
Mangold	*	350	80	*	*	*
Meerrettich	*	1400	120	460	3	+
Möhren	15	640	130	210	5	+
– in Dosen[a]	*	200–800	*	50–200	*	1
– Saft	*	*	*	*	*	*
Paprikafrüchte	2	180	100	100	*	*
Pastinake	2	850	100	400	13	*
Petersilie, Blatt	*	900	520	*	7	bis 110
Porree (Lauch)	*	310	55	190	3	bis 10
Radieschen	8	160	150	50–200	*	*
Rettich	8	200	130	50	1	2
Rhabarber	1	310	50	130	2	*
Rosenkohl	1	870	90	260	*	18
Rote Rübe	*	590	190	1000	1	1
– Saft	*	*	*	*	*	*
Rotkohl	5	220	60	100	1	2

Tabelle 7.3 Spurenelementgehalte (Fortsetzung)

Lebensmittel	**Jod**	**Zink**	**Kupfer**	**Mangan**	**Chrom**	**Selen**
Sauerkraut, abgetropft	*	320	130	140	5	*
Schwarzwurzel	*	20	300	410	*	*
Sellerie, Knolle	3	310	20	150	1	1
Sojabohnen	6	1000	110	2800	*	60
Sojamehl, vollfett	*	4900	*	4000	*	*
Spargel	7	500	150	270	*	*
Spinat	12	500	120	760	5	2
Tomaten	2	240	90	140	5	1
– Saft	*	86	120	8	*	*
Weiße Rübe	8	230	70	68	1	3–27
Weißkohl	5	210	60	100	1	18
Wirsingkohl	*	300	70	200	*	3
Zucchini	2	*	80	*	*	*
Zuckermais	3	*	60	200	*	*
Zwiebel	2	1400	80	230	16	1
Pilze						
Champignon	18	390	400	110	7	7
– in Dosen	*	*	480	50	*	10
Pfifferling	*	650	200–1000	180	4	+
Steinpilz	*	700	230	170	5	100
Obst						
Ananas	bis 10	260	80	110	*	1
– in Dosen[a]	*	*	50	*	*	1
Apfel	2	120	100	65	*	1
– Mus	*	100	30–260	30	*	+
– Saft (Handelsware)	1	120	59	120	3	*
Apfelsine	2	100	67	29	1	4
– Saft (Handelsware)	*	120	57	30	13	*
– Saft (frisch gepreßt)	1	42	80	30	1	6
Aprikose	1	70	150	270	*	*
– getrocknet	3	400	800	1500	*	*
– in Dosen[a]	*	100	50	*	*	*
Avocado	*	*	210	+	*	*
Banane	3	220	130	530	8	4
Birne	2	230	90	49	2	1
– in Dosen[a]	*	*	70	20	*	+
Brombeere	*	*	140	590	*	*
Dattel, getrocknet	1	340	330	150	29	*

Tabelle 7.3 Spurenelementgehalte (Fortsetzung)

Lebensmittel	Jod	Zink	Kupfer	Mangan	Chrom	Selen
Ebereschenfrucht	*	260	90	1600	3	*
Erdbeere	1	120	120	200	1	*
— in Dosen[a]	*	200	40	190	*	*
Feige	2	250	70	*	*	*
— getrocknet	4	*	380	350	*	*
Grapefruit	1	170	40	13	1	+
— Saft (Handelsware)	1	110	12	10	*	*
— Saft (frisch gepreßt)	1	*	30	8	*	*
Hagebutte	*	920	1800	1200	3	+
Heidelbeeren	*	100	110	300–4800	10	0
— in Dosen[a]	*	*	390	1900	*	*
Johannisbeere, rot	1	100	200	600	2	+
— schwarz	1	180	110	680	3	*
Kirsche, süß	1	150	94	63	3	*
— in Dosen[a]	*	*	110	50	*	*
Mandarine	1	80	90	40	1	17
Papaya	*	120	28	30	*	*
Pfirsich	1	20	50	110	2	+
— getrocknet	1	*	630	*	*	*
— in Dosen[a]	*	*	33	60	*	+
Pflaume	1	70	93	82	2	+
— getrocknet	1	*	400	*	*	*
Preiselbeere	5	250	260	200–2700	1	*
Stachelbeere	+	100	95	40	1	*
Wassermelone	1	100	70	20–200	*	*
Weintraube	1	82	61	73	2	3
— getrocknet	*	100	100	*	*	*
— Saft	+	40	48	50	3	4
Zitrone	1	120	350	30	*	1
— Saft	5	30–200	200	bis 50	*	*
Getränke						
Vollbier, hell	1	20	40	29	1	bis 19
Dessertweine	*	270	10	*	*	*
Rotwein, leichte Qualität	10–60	180	100	bis 200	*	*
Rotwein, schwere Qualität	*	130	40	200	1	*
Weißwein, mittlere Qualität	10–60	230	70	140	*	*

Tabelle 7.3 Spurenelementgehalte (Fortsetzung)

Lebensmittel	Jod	Zink	Kupfer	Mangan	Chrom	Selen
Verschiedenes						
Bierhefe	4	8000	3320	530	*	8–90
Cashew-Kerne	10	4800	3700	840	*	*
Edelkastanie	*	*	230	750	*	*
Erdnuß	13	3070	550	1130	8	2
– geröstet	14	3380	610	1240	*	bis 40
Haselnuß	2	1870	1280	5700	14	2
Honig	*	*	90	30	29	*
Kakaopulver, schwach entölt	*	3500	3900	*	60	*
Kaffee, geröstet	8	*	3000	*	*	*
– Extrakt-Pulver	*	500	50	*	*	*
Kokosnuß	1	500	300–7000	1310	*	810
Mandel, süß	2	2100	850	1900	12	2
Marzipan	*	1500	80	*	*	*
Paranuß	*	4000	1300	600	100	100
Salz						
– jodiertes Speisesalz	1500–2500	*	*	*	*	*
– Meersalz	18	*	*	*	*	*
– Steinsalz	11	*	*	*	*	*
Schokolade, milchfrei	6	2000	1100–2700	*	*	*
– Milchschokolade	6	200	1300	*	6	2
Tee (Schwarzer Tee)	8	3020	2780	73400	110	bis 6
Walnuß	3	2700	880	1970	*	*

+ = in Spuren * = keine Daten a = Gesamtinhalt b = abgetropft

Tabelle 7.3 Spurenelementgehalte (Fortsetzung)
(Quelle: Prof. Dr. I. ELMADFA et al.: Die große GU-Nährwerttabelle, Neuausgabe 1990/91, © Gräfe und Unzer Verlag, München)

Art	Portion[3] (g)	Vitamine (mg / 100 g FS) Ascorbinsäure	Thiamin	Niacin
Alfalfakeime	70	10,3	0,07	1,12
Kopfsalat	70	7,0	0,04	0,28
Mungbohnenkeime	100	13,0	0,14	0,50
Linsenkeime	150	33,8	0,31	–
Chicorée	150	15,0	0,07	0,03
Paprika	150	210,0	0,10	0,60
Tomaten	150	36,0	0,09	0,90
Sojabohnenkeime	200	24,0	0,38	1,76

Tabelle 7.4 Vitamingehalt in Keimlingen[1)] und Gemüse[2)]
(Quelle: BOESE et al. 1986, S. 56)

– keine Angaben

[1)] ermittelte Durchschnittswerte verschiedener Literaturquellen

[2)] I. ELMADFA et al. (1984)

[3)] üblicherweise verzehrte Salatmengen

Keimlinge	Kalium	Mineralstoffgehalt in mg / 100 g FS Calcium	Phosphor	Magnesium	Eisen
Alfalfa	64	28	2	50	2,8
Linsen	–	12	–	–	3,0
Mungbohnen	180	16	48	21	1,1
Sojabohnen	572	96	92	65	1,4

Tabelle 7.5 Mineralstoffgehalt verschiedener Keimlinge*
(Quelle: BOESE et al. 1986, S. 57)

– keine Angaben

* ermittelte Durchschnittswerte aus Literatur

7.4 Zusammensetzung der Mineralwässer

	(mg/kg)							
	Na	Ca	Mg	K	Cl	HCO_3	SO_4	F
Natrium-Gehalt unter 20 mg/kg								
Bad Brückenauer-Wernarzer Wasser	2,4	15,0	6,4	3,0	4,2	63	12,8	0,08
Vittel	3	202	36			402	306	
Adelholzener Primus-Heilquelle	3,4	85,7	27,7	0,9	3,7	387	10,9	0,03
Meinberger Neubrunnen	6,1				11,0			
Contrex	6,2				6,1			
Carolinen-Brunnen, Bielefeld	8	272	49		15	342	563	
Volvic	8	10,4	6	5,4	7,5	64	6,7	
Bad Niedernauer-Römerquelle	8,1	309,5	82,6	1,9	11,5	1180	39,0	
Wittenseer Quelle	9,2	78,8	5,1	1,5	15,7	232	31,1	0,17
Löwen-Sprudel	9,7				14,5			
Kloster-Quelle	9,8	570,0	58,0	3,7	18,4	400,0	1256	0,35
Rietenauer Kneipp-Quelle	9,9	589,0	64,8	3,7	20,5	407	1330	0,29
Rietenauer Heiligenthalquelle, Aspach-R.	10,0	546,0	64,3	4,0	18,5	397	1250	0,29
Marco Heilwasser	10,1	560,0	60,0	3,8	19,9	396	1272	0,34
St. Linus Heilquelle, Pechbrunn (Bayern)	11,7	16,2	6,8	1,4	2,5	116	6,8	0,08
Fürst Bismarck-Quelle, Aumühle	11,8	82,0	5,5	1,6	18,3	212	50,3	0,12
Stifts-Quelle	13,7				42,3			
Staatl. Bad Meinberger	14	618	55	3	27	330	1421	
St. Eliquius/Essen	16	207	41	12		542	217	
Wildunger Reinhardsquelle	16,4	155,4	62,7	2,5	17,7	771	34,4	0,23
Apollo Quelle	17,0				14,8			
Harzer Grauhofbr., Goslar	18,4	113,0	7,8	1,8	28,9	274	73,9	0,14
Schwalbacher, Schöffengrund	19	156	56	2	16	750	29	
Biberacher «Stilles Wasser»	19,3				14,0			
Natrium-Gehalt 20–100 mg/kg								
Casper-Heinrich-Quelle	24,0	281,3	82,5	2,8	37,9	1125	104,4	0,22
Carlsquelle	25,4				39,7			
Thauma-Eisen-Heilquelle, Ludwigsburg	25,9	143,8	52,3	1,3	8,3	813,3	9,1	
St. Georg-Eisen-Heilquelle, Ludwigsburg	26,7	141,2	53,5	1,5	13,6	797	10,4	0,46
Lamscheider Stahlbrunnen, Ludwigsburg	28,6	154,5	59,3	1,6	6,27	890,9	8,6	
Ensinger Heilwasser	30	510	160	7	20	405	1593	
Jebenhauser Mineralquell	36,8				14,2			
Teusser Mineralbrunnen, Löwenstein	37	514	66	8	49	327	1244	
Mineralquelle Grafenquelle	37,8				64,2			
Rosbacher Mineralwasser	39,9	255,9	128,3	3,1	48,4	1442,0	7,5	0,04
Georg-Viktor-Quelle, Bad Wildungen	41,7	202,3	103,3	4,2	7,8	1189	55,9	0,30
Mineralbrunnen Irisquelle	47,9				92,8			
St. Pellegrino	49,8				73,3			
Starzacher Quelle	55	430	75	8	39	796		
Franken Brunnen	63,6				22,3			
Saldinger Schloß-Quelle	65,7				60,4			
Sinziger Mineralwasser	77,0				47,5			
Stephensbrunnen, Salzgitter	93	596	62	2	93	329	1483	
Mühringer Sprudel	97	392	48	11	71	1061	444	
Bad Vilbeler Urquelle	97	126,1	20,7	17,5	69,3	618,2	31,9	

(Fortsetzung s. nächste Seite)

				(mg/kg)				
	Na	Ca	Mg	K	Cl	HCO_3	SO_4	F
Natrium-Gehalt 100–200 mg/kg								
Flora-Brunnen, Gerolstein	126	325	98	10	51	1697	31	
Gerolsteiner-Stern	128,2	364	113	12	38,9	1917	34	
Westerwald-Quelle, Leun	133	143		7	193	665	21	
Bad Driburger Bitterwasser	135,1	671,4	184,5	5,4	145,0	1080	1602	
Dirburger Grafenquelle	137,7				128,3			
Leopolds-Quelle, Bad Rippoldsau	147,2	205,8	40,6	9,2	25,2	746,2	353,6	1,9
Neuselters Mineralbrunnen	148,1	118,7	26,6	7,1	131,7	650	15,1	0,52
Remstal Quelle	150,0				177,3			
Aquella Bochum	152	141	21	5	63	523	245	
Hermanns-Quelle, Bad Vibel	155	156	42	20	113	900	23	
Rheinfels Quelle	155,9				219,9			
St. Anna Quelle, Bad Windsheim	159,0	279,6	84,8	18,1	332,2	476,0	525,2	0,4
Sankt Martin, Bochum	164,7	197,5	25,4	7,0	127,4	534,5	335,4	0,28
Wildberg Quelle	166,3				88,7			
Fränkische St. Florian Quell	167,2				183,6			
St. Gero-Heilquelle, Gerolstein	174,7	407,3	120,5	14,1	72,3	2161	37,9	0,18
Alexanderquelle, Bad Peterstal	178,1	133,3	27,1	13,8	31,3	772,5	163,0	2,69
Tann-Quell, Löhnberg	187,0	131,7	33,4	7,7	173,0	758	18,6	0,36
Bad Windsheimer-Mineral-Brunnen	199,3				219,3			
Natrium-Gehalt 200–400 mg/kg								
St. Michaelis Mineralbrunnen	212,5				280,6			
Schattia Mineralsprudel, Bad Vilbel	214	298	58	28	208	1333	80	
Graf Bernhard Quelle, Löhnberg	215,0	108,0	37,0	12,1	259,0	610	36,0	0,28
Perling Mineralwasser Rhens	220,0	223,0	99,5	8,0	133,0	1428	91,0	0,59
Hirschquelle, Bad Teinach	220,0	216,5	36,5	15,5	32,0	1314	80,5	
Hassia Sprudel Bad Vilbel	226,9	209,0	38,1	21,2	132,4	1192	27,8	
Bad Hersfelder Lullusbrunnen	229,4	157,6	12,0	11,0	129,7	377	483,5	1,4
Weyher Mineralbrunnen	261	144	34		563	258	125	
Freyersbacher Sauerbrunnen	276,0				28,5			
Bad Liebenzeller Paracelsus-Quelle	298,0	40,1	9,7	16,6	322	355	64,2	2,08
Graf Adolf Quelle	304,3				360,2			
Bad Neuenahrer Heilquelle	307,4	79,8	93,9	20,2	66,8	1381	63,9	1,44
Bad Liebenzeller Quelle	314,2				361,4			
Dreiser Sprudel	323,3				22,7			
Vest-Quell Mineralbrunnen	331,7				279,7			
Göppinger-Christophsquelle	331,9	323,0	59,9	26,6	32,5	2006	71,1	0,57
Frische Brise, Ulmtal-Quelle, Löhnberg	335,0	186,0	54,0	13,7	438,0	965	22,0	0,57
Reinbecker Schloßquelle, Aumühle	347,0	83,0	14,5	2,9	609,9	188	11,1	0,15
Selters (Lahn)	347,0				307,5			
Augusta-Victoria-Quelle	350,0				320,2			
Hahndorfer Georgsquelle, Goslar	352,0	6,7	2,0	0,9	261,1	481	28,8	0,91
Natur-Selters	359,4				321,9			
Göppinger Sauerbrunnen	374,1				39,9			
Lindenbrunnen	390,3			260,0				
Natrium-Gehalt 400–500 mg/kg								
Juliushaller, Bad Harzburg	417	40	10	10	542	142	148	
Staatl. Schwalheimer Säuerling	418,6				670,2			
Bad Harzburger Mineralbrunnen	426,0				588,0			

(Fortsetzung s. nächste Seite)

	(mg/kg)							
	Na	Ca	Mg	K	Cl	HCO_3	SO_4	F
Westfalenborn	429,3				570,6			
Friedrich Christian-Heilquelle, Selters	471,0	175,0	63,5	17,3	553,5	1161	29,8	0,32
Nürnberg Quelle	494,6				32,1			
Wildenrath-Quelle	496,4				421,2			
Remstal-Elisabethen-Quelle, Beinstein	496,7	465,2	102,1	28,0	790,8	752	1085	
Natrium-Gehalt 500–1000 mg/kg								
Apollinaris	504,0	94,3	115,3	29,4	168,2	1806	128,0	
Rhenser Mineralbrunnen	530,0	75,0	38,0	10,9	377,0	805	306	0,75
Birresborner Adonis-Quelle	579,9	112,2	80,7	31,9	46,4	2239	26,7	0,49
Dunarisbrunnen, Daun	588,5	77,7	101,4	23,1	69,7	2165	62,5	0,42
Staatl. Fachingen, Mainz	602,5	122,0	53,2	28,1	150,7	1950	65,5	
Christinen Brunnen, Gütersloh	610	10			630	463	88	
Germeta, Warburg	613	604	128	22	1289	938	777	
Arienheller Brunnen, Bad Hönningen	619,6	66,5	91,0	29	294,7	1701	107,1	0,38
Brohler Sprudel	631	98	116	21	322	1905		
Birresborner Phönix-Sprudel	648,0				48,7			
Zwestener Löwensprudel	694,6				1008,4			
Wildunger Helenenquelle	724,4	312	244,5	15,1	608,4	3068	22,1	0,22
Artus Hubertus Sprudel	803,8				443,2			
Artus Roisdorfer Tafelwasser	822,7				755,8			
Marien-Brunnen	840,0				1175,0			
Heppinger Heilwasser, Stilles W.	856,0	115,9	164,8	52,7	244,7	2891	188,0	
Staatl. Bad Kissinger Luitpold Sprudel	857,5	478,6	151,3	48,9	1146	1643	806,7	
Überkinger	895	88	24	19	89	1371	1003	
Brohler Heilwasser	922,6				518,0			
Victoria Brunnen, Lahnstein	930,0				461,5			
Emser Kränchen, Bad Ems	955,3	56,6	47,2	25,2	512,6	2041	50,0	0,98
Bad Weilbacher Herzog-Adolf Quelle	962,0	35,4	19,1	19,6	705,7	1370	170,7	0,52
Adelheidquelle, Bad Überkingen	973,2	136,3	107,0	31,0	117,0	3001	318,5	0,3
Roisdorfer, Bad Hönningen	985	129	89	30	916	1504	343	
Natrium-Gehalt über 1000 mg/kg								
Staatl. Selters, Niederselters	1031	89,2	43,4	24,5	1091	1381	22,5	1,24
Aachener Kaiserbrunnen	1278,0				1484,0			
Kaiser Friedrich Quelle, Offenbach	1415,0	4,6	3,9	16,3	791,3	2042	331,7	
Staatl. Bad Kissinger Max-Brunnen	2333,0	541,2	183,8	95,1	3832	1211	887,7	0,16
Staatl. Bad Kissinger Rakaczy	2529,0	550,4	198,4	95,0	4093,0	1380	876,7	0,25
Bad Hersfelder Vitalisbrunnen	2642,0	695,4	172,8	70,4	3656,0	340	2797	1,83
Romina Friedrichsquelle	2666,0				203,6			
Nürtinger Heinrichsquelle	3382	75,8	62,3	42,6	446,1	3260	4388	0,86
Bad Mergentheimer Karlsquelle	3886	711,4	370,7	102,7	4927	1159	3877	0,49
Bad Mergentheimer Albertquelle	13033	811,6	771,8	321,9	16545	3020	7956	0,80

Tabelle 7.6 Zusammensetzung verschiedener Mineralwässer
(Mit freundlicher Genehmigung von D. WOLLBECK: entnommen aus dem Beitrag: Mineral- und Heilwässer in der natriumarmen Ernährung, Ernährungs-Umschau 33 (1986), S. 389–392.

7.5 Nahrungsergänzungen / Sportlernahrungen

Eine abwechslungsreiche Lebensmittelauswahl ist die beste Ernährungsgrundlage für jeden Sportler. Am Beispiel der Vitamine wurde aber bereits darauf hingewiesen, daß nahezu alle Leistungssportler zusätzlich zur Ernährung entsprechende Präparate einnehmen.
Mit Nahrungsergänzungen wird im Bereich des Leistungssports immer mehr experimentiert. Die herkömmlichen Proteinkonzentrate erscheinen schon fast überholt, wenn man die neuesten Entwicklungen auf dem Gebiet der amerikanischen Performance nutrition für Bodybuilder verfolgt. Da werden Metaboliten des Intermediärstoffwechsels wie *Dimethylglycin* und *alpha-Ketoglutarsäure* neben einer speziellen Aminosäurenmischung als *Endomorphin-Freisetzungsformel* angeboten. Die Präparateaussagen machen deutlich, daß es sich bei diesen Formeln nur um Arzneimittel handeln kann.
Es gibt, von diesen extremen Entwicklungen einmal abgesehen, Argumente für und gegen Nahrungsergänzungen im Sport. So sollen aus orthomolekularer Sicht der biochemischen Individualität des Sportlers und dem damit verbundenen individuellen Bedarf entsprechend spezifische Nährstoffe über Nahrungsergänzungen zugeführt werden.

Die orthomolekulare Medizin befaßt sich mit der Heilwirkung von Nährstoffen, Krankheiten sollen mit Nährstoffen (= «körpereigene» Arzneimittel) beseitigt werden. Der Bedarf an Nährstoffen, welcher für die Erhaltung der Gesundheit nötig ist, kann von Mensch zu Mensch sehr unterschiedlich sein (biochemische Individualität). Die orthomolekulare Medizin berücksichtigt diesen unterschiedlichen Bedarf und benutzt Nährstoffe wie Vitamine, Mineralstoffe, Aminosäuren und Fettsäuren in Form von Nährstoffsupplementen (Burgerstein, 1985). Damit werden allerdings Nährstoffe in pharmakologischer Dosierung quasi als Arzneimittel angeboten.
Ein weiteres Argument für Nährstoffsupplemente führt Kraayenhof (1987, S. 18) an. «Außerdem können Nahrungsergänzungen wie Vitamine, Mineralstoffe und Aminosäuren eine gesunde Alternative für Hormonpräparate und andere ‹dopingartige› Substanzen bilden.»
Nahrungsergänzungen können aber auch eine Alibifunktion für den Sportler haben. Man braucht seine bisherigen Eßgewohnheiten nicht in Frage zu stellen bzw. zu ändern. Die Einnahme eines Konzentrates ist bequemer. Dabei kann die nachteilige Wirkung einer ungünstigen Relation der Hauptnährstoffe nicht durch ein hochdosiertes Vitamin-E-Präparat oder einen Elektrolytdrink aufgehoben werden.

Der Begriff Nahrungsergänzung macht ihre Zweckbestimmung deutlich. Sie steht immer an zweiter Stelle und darf niemals die Auseinandersetzung mit einer vollwertigen und bedarfsangepaßten Ernährung ersetzen.

Schwieriger zu beantworten ist die Frage nach der Notwendigkeit und Höhe einer Nährstoffsupplementation im Sport. Gibt es einen überproportional gesteigerten Bedarf an bestimmten essentiellen Nährstoffen? Reicht nicht die Mehraufnahme von Nahrung bei einem erhöhten Energieumsatz aus, um die benötigten Eiweißbausteine, Vitamine und Mineralstoffe in ausreichender Menge bereitzustellen?

Besteht allerdings ein nachgewiesener Mangel an essentiellen Nährstoffen, so sind Nahrungsergänzungen eine schnelle und sichere Substitutionsmöglichkeit. In der Ernährung des Sportlers können beispielsweise Magnesium, Eisen und Zink kritische Nährstoffe sein. Entsprechende Mineralstoffsupplemente wären dann sinnvoll, wobei Spurenelement-Präparate meist Arzneimittel sind.

Bei einem Energieumsatz über 3000 kcal (12540 kJ) ist es nicht möglich, den erwünschten hohen Kohlenhydratanteil ohne Verwendung von Kohlenhydratkonzentraten (Zucker, Honig, Maltodextrine) zu gewährleisten.

Bei Eiweißzufuhrempfehlungen über 1,5 g Protein/kg Körpergewicht kann der Mehrbedarf durchaus durch ein Eiweißkonzentrat gedeckt werden, um die Aufnahme an Fett, Cholesterin und Harnsäurebildnern einzuschränken.

Bei der Beurteilung von Nahrungsergänzungen und speziellen Sportlernahrungen müssen neben der ernährungsphysiologischen Ebene auch die besonderen Bedingungen und Gegebenheiten im Leistungssport berücksichtigt werden und das Verständnis für die Sportart vorhanden sein. Nahrungsergänzungsprodukte können auch «Convenience» und Sicherheit bedeuten, wenn die Ernährung beispielsweise aufgrund von fehlendem Wissen und Zeitmangel nicht immer den Empfehlungen entspricht. Sicherlich ist auch das Ernährungsangebot im Bereich von Sportstätten, Sportschulen und Leistungszentren nicht immer vorbildhaft. Sportler, die vor dem Training ein herkömmliches – meist fettreiches – Schnellimbißangebot nutzen, würden von einem kohlenhydrat- oder proteinangereicherten Riegelprodukt anstelle der Schnellimbißmahlzeit profitieren.

Die ernährungswissenschaftlichen Anforderungen an eine sportgerechte Imbißmahlzeit bzw. einen Snack lassen sich bei der Entwicklung eines kohlenhydratreichen Riegels für Ausdauer- und Spielsportler wie folgt beschreiben:

- Kohlenhydratanteil am Gesamtenergiegehalt von mindestens 55–60 Prozent
- Kombination aus schneller und langsam verfügbaren Kohlenhydraten (ausreichender Ballaststoffgehalt)
- Fettanteil an der Energiebereitstellung maximal 25 Prozent
- hohe Dichte an für die Ausdauerleistung spezifischen Nährstoffen, beispielsweise Vitamin B_1, Kalium und Magnesium
- gute Verträglichkeit und geschmackliche Akzeptanz.

Ein derartiges Nährstoffprofil macht den Riegel als kleine Mahlzeit sowohl für Breiten- und Leistungssportler als auch für Berufstätige mit hohen mentalen Anforderungen, speziell auch Autofahrer, geeignet.
Die Entwicklung eines eiweißangereicherten Riegelproduktes zielt dagegen vorrangig auf den Leistungs- – und hier besonders auf den Kraftsportler – ab. Gelegentliche Trimm- und Freizeitsportaktivitäten erfordern keine Mehraufnahme an Protein. Ein Riegelprodukt für Kraftsportler (Trainings-Aufbaukost) sollte beispielsweise folgende Eigenschaften aufweisen:

- Proteinreich (ca. 20–30 Prozent des Gesamtenergiegehaltes)
- Fettarm (maximal 20 Prozent der Energie, anzustreben sind 10 Prozent)
- Kohlenhydratreich (mindestens 50 Prozent der Gesamtenergie sollten aus Kohlenhydraten stammen)
- hohe Nährstoffdichte, insbesondere an Vitamin B_6, Magnesium und Calcium.

In Tabelle 7.7 sind die Mindestanforderungen an den Einsatz von Nährstoffkonzentraten im Leistungssport beschrieben.
Tabelle 7.8 gibt eine Gesamtübersicht über Nahrungsergänzungen im Sport.

- **Gezielte Anreicherung eines oder mehrerer für die Sportart oder Sportphase spezifische Nährstoffe**
- **hohe Nährstoffdichte zur Reduzierung des Nahrungsvolumens, wobei jedoch auch die «Verdaulichkeit» maßgeblich ist**
- **weitmögliche Abwesenheit von stoffwechselbelastenden Substanzen, wie hoher Gehalt an versteckten – vornehmlich gesättigten – Fetten, Cholesterin und Purinen, d. h. Harnsäurebildnern**
- **praktische und vielseitige Einsatzmöglichkeit**
- **Ergänzung der Kost bei Unsicherheit über Qualität, Zusammensetzung und Zubereitung der Nahrung bei auswärtiger Verpflegung**
- **Convenience bei fehlender Zeit und Unkenntnis die richtige Zubereitung der Nahrung betreffend.**

Tabelle 7.7 Mindestanforderungen an den Einsatz von Nährstoffkonzentraten im Leistungssport

Weizenkeime, Bierhefe und aufgeschlossene Blütenpollen gelten als Quellen von Vitaminen, Mineralstoffen und Aminosäuren. Bei letzteren ist allerdings wie beim Gelee royale, dem Weisel-Futtersaft bzw. Bienenkönigin-Futtersaft, der Nährstoffgehalt im Vergleich zum Nährstoffbedarf des Menschen und unter Berücksichtigung der empfohlenen Dosierungen äußerst gering. Ein Ernährungszweck ist damit nicht erreichbar. Eine biologische Wirkstoffkombination (Arz-

- Proteinkonzentrate
- Proteinhydrolysate (teilweise als Zusatz zu Proteinkonzentraten), Peptide
- Aminosäuren
- Kohlenhydratkonzentrate
- Kohlenhydrat-Mineralstoffkonzentrate (Energie-Mineralstoff-Getränkepulver oder -Trinkflüssigkeiten, teilweise mit Vitaminzusätzen)
- Vitaminpräparate
- Vitaminpräparate in Kombination mit Mengen- und Spurenelementen
- Mineralstoffkonzentrate
- biologische Nahrungsergänzungen, wie Weizenkeime, Bierhefe, aufgeschlossene Blütenpollen, Gelee royale
- sonstige, zum Beispiel MCT-Fette und Phospholipide (Lecithin).

Tabelle 7.8 Zusatzversorgung im Sport

neimittel) auf der Basis von mikrofein aufgeschlossenen Pollen ist jedoch nach HEINE (1988) ein geeigneter Paraimmunstabilisator mit Wirkung auf die Grundregulation und Grundsubstanz.
Eine kritische Diskussion verschiedener Nährstoffe und Wirkstoffe (u. a. Enzyme, Carnitin, Coenzym Q_{10}) erfolgt in Kapitel 8.

7.6 Lebensmittelrechtliche Beurteilung von Sportlernahrungen

Die Frage, ob Nahrungsergänzungsprodukte für Sportler diätetische Lebensmittel sind, wird zur Zeit kontrovers diskutiert. Zunächst einmal sollte mit dem Begriff «*Sportlernahrungen*» bzw. «*Sportlerlebensmittel*» deutlich gemacht werden, daß es sich um Lebensmittel, nicht aber um Arzneimittel handelt. Von größerer Bedeutung ist aber die Frage nach der Zuordnung der Produkte zu diätetischen Lebensmitteln oder zu Lebensmitteln des allgemeinen Verzehrs.
Die zur Beantwortung dieser Frage maßgeblichen Kriterien ergeben sich aus § 1 Diät V bzw. Art. 1 der EG-Diätrichtlinie, wobei es insbesondere darauf ankommt, ob ein «besonderer» Ernährungszweck erfüllt wird. In der Diät V bzw. der EG-Diätrichtlinie § 1, Abs. 2 Diät V heißt es dazu:
«Lebensmittel dienen einem besonderen Ernährungszweck, wenn sie dazu beitragen, besonderen Ernährungserfordernissen

1. aufgrund von Umständen wie Krankheit, Mangelerscheinung, Funktionsanomalie und Überempfindlichkeit gegen einzelne Lebensmittel oder deren Bestandteile,
2. …

zu entsprechen.»

Art. 1, Abs. 2 b ii der EG-Diätrichtlinie (zitiert aus: Amtsblatt der Europäischen Gemeinschaften Nr. L 186/28 vom 30. 6. 1989):
«Eine besondere Ernährung muß den besonderen Ernährungserfordernissen folgender Verbrauchergruppen entsprechen:
i) …
ii) bestimmter Gruppen von Personen, die sich in besonderen physiologischen Umständen befinden und deshalb einen besonderen Nutzen aus der kontrollierten Aufnahme bestimmter in der Nahrung enthaltener Stoffe ziehen können, oder
iii) …»

Zu klären ist in diesem Zusammenhang, ob für Sportler (Leistungssportler) besondere Ernährungserfordernisse bestehen und ob diese wissenschaftlich hinreichend gesichert sind. Diskutiert wird u. a. ein Mehrbedarf an Mineralstoffen (allgemein anerkannt), an Proteinen bei Kraftsportlern und Bodybuildern sowie an Energie in Form von Kohlenhydraten bei Ausdauersportlern. Mangelerscheinungen an bestimmten Mineralstoffen, beispielsweise bei Magnesium und Eisen, sind bekannt und können direkt auftreten. Insgesamt sind die Auffassungen zu diesem Bereich «besonderer Ernährungszweck» bei Sportlernahrungen jedoch in Literatur und Rechtsprechung unterschiedlich.
Der Arbeitskreis «Lebensmittelchemischer Sachverständiger» des Bundesgesundheitsamtes und der Länder stellt dazu fest (wiedergegeben im Bundesgesundheitsblatt Nr. 10, 1988, S. 394):
«Sportlernahrung – ein diätetisches Lebensmittel?
Sportlernahrungen sind – ausgenommen zur Ernährung bei Mangelerscheinungen nach bestimmten sportlichen Höchstleistungen – kein diätetisches Lebensmittel (s. amtliche Begründung zu § 1 Diät V). Sportler ernähren sich zwangsläufig kalorien- und eiweißreich, als Mangel dürfte allenfalls Elektrolytmangel entstehen. Gemäß § 8 der Diät V sind Süßstoffe als Zusatz zu diätetischen Lebensmitteln zur Ernährung bei Umständen, die einen Austausch von Zucker erfordern, zugelassen. Dieses Erfordernis ist bei Sportlernahrung nicht gegeben.»

Wenn der besondere Ernährungszweck zutrifft, so gilt nach Artikel 4, Abs. 2 der EG-Richtlinie des Rates zur Angleichung der Rechtsvorschriften der Mitgliedsstaaten über Lebensmittel, die für eine besondere Ernährung bestimmt sind (89/398/EWG):

«Nach dem Verfahren des Artikels 13 wird eine Liste der Stoffe mit einem besonderen Ernährungszweck, wie zum Beispiel Vitamine, Mineralsalze, Aminosäuren und andere den für eine besondere Ernährung bestimmten Lebensmitteln hinzuzufügende Stoffe sowie die für sie geltenden Reinheitskriterien und gegebenenfalls die Verwendungsbedingungen festgelegt.»

In Anhang I des Amtsblattes der Europäischen Gemeinschaften vom 30.6.1989 findet sich folgende Aufstellung:
«Gruppen von Lebensmitteln, die für eine besondere Ernährung bestimmt sind und für die in Einzelrichtlinien besondere Vorschriften erlassen werden.
1. ...
2. ...
3. ...
4. ...
5. ...
6. ...
7. ...
8. Lebensmittel für intensive Muskelanstrengungen, vor allem für Sportler
9. ...»

Sind Sportlernahrungen allerdings Lebensmittel des allgemeinen Verzehrs, so folgt daraus, daß bestimmte Süßstoffe und Mineralstoffe nicht zugelassen sind. Ebenfalls finden die allgemeinen Vorschriften des Lebensmittelrechts Anwendung:
1. Zusatzstoffe (Verbotsprinzip)
2. Lebensmittel-Kennzeichnungs-V (Verkehrsbezeichnung, Herstellerangabe, Zutatenverzeichnis, Füllmenge, Haltbarkeitsdatum)
3. Nährwert-Kennzeichnungs-V
4. Vitamin-V
5. Aromen-V
6. spezielle Fragen der Irreführung und Täuschung
7. Verbot der gesundheitsbezogenen Werbung.

7.7 Alternative Kostformen im Sport

Das wachsende Interesse an Zusammenhängen zwischen Ernährung und Leistung bezieht auch die alternativen Kostformen mit ein. Aus Sicht der Sporternährungswissenschaft stellt sich die Frage nach den Vor- und Nachteilen der verschiedenen Ernährungskonzepte für den Sportler.

Abgrenzung und Begründung

Gemeinsam ist den alternativen Kostformen eine freiwillige Einschränkung in der Nahrungswahl. Meist betrifft dies Fleisch und Fleischwaren, Schlachttierfette, Convenience-Produkte (vorgefertigte Lebensmittel), insbesondere aber Zucker und Weißmehlerzeugnisse. Bevorzugt werden pflanzliche Lebensmittel; der Verzehr von Rohkost spielt eine große Rolle. Manchmal werden auch komplizierte Trennvorschriften (Hay'sche Trennkost, «Fit for life») ausgesprochen; die gleichzeitige Aufnahme von Kohlenhydraten und Eiweißen wird dann abgelehnt. Für den Laien ist es oft schwer, die Spreu vom Weizen zu trennen, vor allem wenn die Argumentation auf wissenschaftlich nicht haltbaren Behauptungen aufgebaut wird und die Attraktivität der alternativen Ernährungslehre von Heilungsversprechungen und magischen Lebensmittelvorstellungen (*food fads*) herrührt. Letztere haben im Sport schon immer eine große Rolle gespielt.
Die meisten alternativen Kostformen sind Varianten des Vegetarismus. Eine Ausnahme stellt die Ernährungsweise nach Atkins (Dr. Atkins Diätrevolution und Dr. Atkins Energiediät») dar. Da diese Kostform eiweiß- und fettreich ist, die Kohlenhydrate aber mehr oder weniger stark eingeschränkt werden, ist sie für den Sportler nicht zu empfehlen. Es kann zu Mangelerscheinungen an wichtigen Vitaminen und Mineralstoffen kommen, da der Verzehr von Obst, Kartoffeln, Gemüse und Getreideprodukten am stärksten betroffen ist. Die Bezeichnung *Energiediät* ist für Sportler sogar irreführend. Bekanntlich sind gerade die Kohlenhydrate die Energiequelle, mit der Muskel-, Nerven- und Gehirnzellen am besten, d. h. am ökonomischsten, arbeiten können. Kohlenhydratarme Kostformen (auch zur Gewichtsreduktion) und sportliche Leistungen sind auf Dauer nicht vereinbar.

7.7.1 Vegetarische Ernährungsprinzipien

In Anlehnung an die Ausführungen im Ernährungsbericht 1984 der Deutschen Gesellschaft für Ernährung unterscheidet man:

1. Ovo-Lakto-Vegetarier, die kein Fleisch von warm- und kaltblütigen Tieren essen, wohl aber tierische Lebensmittel wie Milch, Milchprodukte und Eier.
2. Lakto-Vegetarier, die zusätzlich auf den Genuß von Eiern verzichten.
3. Veganer, die den Verzehr sämtlicher von Tieren stammender Lebensmittel ablehnen.

Die vegane Ernährung, die auf jede Zufuhr von tierischen Lebensmitteln verzichtet, kann am ehesten zu Mangelerscheinungen führen. Calcium, Vitamin B_{12}, Eisen, Jod, Zink, Selen und Protein stehen dabei im Vordergrund. Wird die Kost auch noch ausschließlich roh verzehrt, kann sie auf Dauer die energetischen Bedürfnisse eines Sportlers nicht decken.
Die (ovo-)lakto-vegetarische Kost ist vollwertig, vorausgesetzt, sie wird abwechslungsreich gehandhabt.

7.7.2 Vollwert-Ernährung

Vollwert-Ernährung wird überwiegend laktovegetabil gestaltet mit gelegentlicher Ergänzung von Fisch, Ei und Fleisch. Bei dieser Kostform steht die Frische eines Lebensmittels und die nährwertschonende Verarbeitung im Vordergrund. Starre Verbote gibt es nicht.
Vollwert-Ernährung ist ein Qualitätsprinzip bei der Lebensmittelauswahl und Nahrungszubereitung.

Der bekannte Leitsatz der Vollwert-Ernährung von KOLLATH lautet: «Laßt die Nahrung so natürlich wie möglich!» Die Wahrscheinlichkeit, daß die Nahrung alle lebensnotwendigen Bestandteile enthält, ist um so größer, je weniger behandelt, also je «naturbelassener» Lebensmittel sind. Diese Forderung stellen auch Feinschmecker an gutes Essen. Lebensmittel sollten (neben dem Rohverzehr) möglichst frisch und wenig verarbeitet verwendet werden, um Nährwert- und Geschmackseinbußen zu vermeiden. Diese möglichen Verluste bedeuten für die tägliche Ernährungsgestaltung, Gemüse und Obst vermehrt roh zu verzehren und frisch zuzubereiten, d. h. Gemüse auch als Salat aufzutischen und Obst nicht nur als Kompott oder Saft, sondern häufiger, allerdings gut gewaschen und eventuell sparsam geschält, aus der Hand zu genießen. So frisch und so einfach wie möglich, lautet die Devise. Im Sinne einer vollwertigen Ernährung empfehlenswert sind: Vollkornbrötchen, -brote, -gebäck, Vollkornschrote bzw. -mehle, Mehle mit hoher Typenzahl (zum Beispiel ab 1050, steht auf der Packung) zum

Backen, Vollkornflocken, Vollkorn- oder zumindest Parboiled-Reis, Vollkorn- oder Sojateigwaren, frische Kartoffeln (am besten in wenig Wasser garen oder als Pellkartoffeln), frische oder tiefgefrorene Gemüse und Küchenkräuter, Salatgemüse, frische (Soja-)Sprossen (Keimlinge) und Pilze, frisches Obst der Jahreszeit, ungezuckerte, tiefgefrorene Früchte, Frischmilch und fettarme Sauermilchprodukte, ergänzt durch Frischfleisch und frische Seefische. Gesüßt wird mit wenig Honig, Apfel- oder Birnendicksaft oder Ahornsirup. Magnesiumhaltiges Mineralwasser, Früchte- und Kräutertees, Fruchtsaftschorlen sowie Trinkmolke sind gute Durstlöscher.

Ernährungsumstellung in kleinen Schritten

Die Umstellung von oft jahrelang praktizierter «verfeinerter» Nahrung in Richtung Vollwert-Ernährung sollte schrittweise – vielleicht sollte man sagen «einschleichend» – erfolgen. Wenn man dagegen, einer anfänglichen Begeisterung folgend, seine Ernährung von heute auf morgen völlig umstellt, ist damit zu rechnen, daß die alten Ernährungsgewohnheiten bald wieder aufgenommen werden. Die ungewohnte Kost kann Verträglichkeitsprobleme aufwerfen, schmeckt zumindest anders, erfordert ein anderes Verhalten beim Einkauf und der Nahrungszubereitung. So kann es durchaus sein, daß die augenblicklichen Nachteile die nicht sofort feststellbaren Vorteile überwiegen. Auf jeden Fall aber sind individuelle und altersbedingte (Un-)Verträglichkeiten zu berücksichtigen. Hier sind auch bestimmte Kostzusammenstellungen zu beachten, die persönlich «Probleme» bereiten können. Das kann verschiedene Gemüsearten einzeln (zum Beispiel Paprika, Gurken, Zwiebeln) oder in Kombination betreffen. Ebenso sind die Fruchtsäuregehalte in Obst (zum Beispiel Zitrusfrüchte) und Obstsäfte zu bedenken. Zucker, Süßigkeiten, zuckerhaltige Brotaufstriche, konzentrierter Zucker und Honig, gezuckerte Getränke, Kompott, Kaffee und alkoholische Getränke, bestimmte Salatmarinaden und fettreich Zubereitetes können bei gleichzeitigem Verzehr von Kohlenhydraten und Frischkost zu Unverträglichkeiten führen. Kohlgemüse und Hülsenfrüchte galten noch nie als «Schonkost». Gewürze und Küchenkräuter wie Kümmel, Fenchel, Majoran, Salbei und Beifuß können die Verträglichkeit von bestimmten Speisen (Gemüsen) verbessern. Wer keinen voluminösen Salatberg «schafft», für den sind auch Wurzel- und Knollengemüse Frischkost in konzentrierter Form.

Eine ganz wesentliche Voraussetzung für Genuß und gute Bekömmlichkeit ist jedoch das langsame Essen, d.h. sorgfältiges Kauen, das auch den Eigengeschmack frisch zubereiteter Lebensmittel wiederentdecken läßt. Besonders herauszustellen ist, daß ballaststoffreiche Nahrung mit einem hohen Frischkostanteil zum Kauen auffordert und anhaltend sättigt. Die Regulation des Blutzuckerspiegels und der körpereigene Hunger-Sättigungs-Mechanismus wird positiv beeinflußt. Damit rückt das Vollwert-Ernährungsprinzip auch vom theoretischen Kaloriendenken und -zählen ab.

7.7.3 Nachteile bestimmter alternativer Kostformen für den Sportler

Es existiert eine Fülle von Varianten der vegetarisch orientierten Kostformen, oft werden sie nach ihren «Erfindern» benannt. Der fernöstliche Zen-Buddhismus ist Grundlage der Makrobiotik, wobei bestimmte Stufen – als «Heilnahrung» verstanden – so einseitig sind (hauptsächlich Getreideverzehr), daß sie die Nährstoffversorgung des Sportlers nicht sicherstellen können.
Schon an dieser Stelle läßt sich feststellen: Je einseitiger die Lebensmittelauswahl und je komplizierter die Handhabung, desto weniger ist diese alternative Ernährungsform für Sportler geeignet.

7.7.4 Vorteile für den Sportler

Vegetarische Ernährungsprinzipien gewinnen auch im Sport zunehmend an Bedeutung, weil sie eine sinnvolle Kohlenhydratbetonung in der Ernährung ermöglichen. Kohlenhydrate sind in Ausdauersportdisziplinen in der Wettkampfvorbereitung, am Wettkampftag sowie in der Regenerationsphase mit einem Anteil von etwa 60 Prozent an der Energiebereitstellung die zentrale Nährstoffgruppe.
Populäre amerikanische Leistungskostformen (Dr.-Haas-Leistungsdiät, das genaue Gegenteil der Dr.-Atkins-Diät) fordern unter dieser Zielsetzung kohlenhydratreiche Speisen, strikte Fettkontrolle, genügend Eiweiß und hohe Dichte an lebensnotwendigen Nährstoffen. Damit erhält die Kost automatisch einen vegetabilen Trend. Die genannten Anforderungen legen es bei Kenntnis der Lebensmittelzusammensetzung nahe, vermehrt kohlenhydratreiche pflanzliche Lebensmittel (Brot, Kartoffeln, Reis, Teigwaren, Getreideflocken, Gemüse und Obst) zu bevorzugen und tierische Nahrung, die eben nicht nur eiweißreich, sondern oft von Fett begleitet ist, insgesamt kontrolliert zu verwenden. Es ist ein Irrtum zu glauben, nur über die tägliche «Fleischration» könne der Körper ausreichend mit Eiweiß versorgt werden. In der gemischten Kost ergänzen sich folgende pflanzliche und tierische Proteine besonders vorteilhaft, zum Beispiel

- Brot mit Käse,
- Haferflocken mit Milch.
- Kartoffeln mit Ei
- und selbst rein vegetabile Kombinationen
  wie Erbsen und Mais oder Hülsenfrüchte mit Brot.

Es zählt also nicht mehr allein die isolierte Betrachtung der biologischen Wertigkeit eines Lebensmittels, sondern die aufgezeigte Ergänzungswirkung verschiedener Nahrungsproteine.

Mehr pflanzliches Eiweiß

Es muß sogar ausdrücklich darauf hingewiesen werden, daß ein Großteil der täglichen Eiweißzufuhr aus pflanzlichen Lebensmitteln wie Getreideprodukten, Kartoffeln und bestimmten Gemüsen (Erbsen, Mais, Hülsenfrüchte) stammen sollte. Dadurch erhöht sich gleichzeitig der von der Sporternährungswissenschaft gewünschte vorteilhafte Kohlenhydratanteil in der Ernährung.

Kritische Spurenelemente: Eisen und Zink

Diese Überlegungen gelten ebenfalls unter dem vieldiskutierten Aspekt der Eisenversorgung. Obwohl Fleisch und Fleischwaren recht viel Eisen enthalten (bei gemischter Ernährung stammen aus dieser Lebensmittelgruppe etwa 30 Prozent des Eisens), darf nicht übersehen werden, daß die Eisenversorgung der Bevölkerung und des Sportlers ein allgemeines Ernährungsproblem darstellt, das auch bei Fleischessern häufig vorhanden ist. Hämeisen (aus Fleisch und Fleischprodukten) wird mit 23 Prozent im allgemeinen besser resorbiert als Eisen aus pflanzlichen Lebensmitteln (3–8 Prozent bei nicht entleerten Eisenspeichern). Hämeisen fördert die Eisenresorption aus Gemüse. Gleichzeitig in der Nahrung vorhandenes Vitamin C (zum Beispiel aus Frischkostsalat oder Orangensaft) verbessert ebenfalls die Eisenaufnahme. Pflanzliche Quellen für das wichtige Spurenelement Eisen sind Gemüse, frische Gewürzkräuter, Trockenfrüchte, Traubensaft, Roggenvollkornbrot, Hülsenfrüchte, Haferflocken, Weizenkeime, Sesamsaat und Sonnenblumenkerne. Bei Unsicherheit über die Qualität der Eisenversorgung kann schließlich aufgrund einer ärztlichen Untersuchung (*Ernährungsstatus*) bzw. Verordnung eine gezielte Nahrungsergänzung durch eisenhaltige Medikamente bzw. diätetische Präparate vorgenommen werden. Diese Überlegungen gelten möglicherweise auch für Zink.

Änderung der Ernährungsgewohnheiten

Als Resümee läßt sich festhalten: Ovo-lakto-vegetabil orientierte Ernährungsformen ermöglichen eine bedarfsangepaßte, vollwertige und schmackhafte Nahrungsversorgung. Aus gesundheitlicher und leistungsphysiologischer Sicht ist jedoch ein bewußter Fleischkonsum keineswegs abzulehnen. Seefisch ist dagegen mindestens einmal wöchentlich zu empfehlen – der Jodversorgung wegen.

Vor allem gilt es, dem im «Steakglauben» verwurzelten Sportler einen Anstoß zu geben, Fleisch nicht mehr in den Mittelpunkt der täglichen Mahlzeiten zu stellen. Kartoffeln, (Vollkorn-)Reis oder (Vollkorn-)Nudeln bilden dann neben Gemüse den Hauptbestandteil, Fleischgerichte eher die Beilage eines Essens, das auch durch eine Quarkspeise effizient im Eiweißgehalt aufgewertet werden kann. Übrigens: Fleisch, zusammen mit Gemüse verzehrt, verbessert die Eisenausnutzung aus den pflanzlichen Lebensmitteln. «Dickere Scheiben Brot sollen dünner (= fettärmer) belegt werden.» Hier finden wir den gemeinsamen Nenner zu den aktuellen Ernährungsempfehlungen der Deutschen Gesellschaft für Ernährung.

7.8 Außer-Haus-Verpflegung

7.8.1 Gemeinschaftsverpflegung

Die Frage nach einem leistungsadäquaten Verpflegungsangebot stellt sich in Trainingsstätten, Sportschulen und Leistungszentren sowie in einem weitaus komplexeren Anforderungsgefüge bei internationalen Veranstaltungen mit Teilnehmern aus den verschiedensten Ländern und damit auch unterschiedlichen Ernährungsgewohnheiten. Im Vordergrund muß die Abstimmung von Quantität und Qualität in bezug auf den Bedarf des Sportlers stehen (Tabelle 7.10). Beides wird oft nicht zufriedenstellend gelöst.

So wird oft der Bedarf an Nahrungsenergie überschätzt und der Durchschnittswert für die Kalorienzufuhr zu hoch angesetzt. Nicht vergessen werden darf, daß Sportler zwischen den Mahlzeiten noch zusätzliche Lebensmittel, wie Riegel und Süßigkeiten, verzehren.

Das weitaus größere Problem der Gemeinschaftsverpflegung im Sport ergibt sich aber aus der qualitativen Zusammensetzung der Speisen. Die Kost ist oft zu fett- und eiweißreich, was aus einer Überbewertung der Nahrungsproteine für die Leistungsfähigkeit des Sportlers resultiert. Auffallend ist das durchgängig festzustellende Kohlenhydratdefizit. Vor allem vor Ausdauerbeanspruchungen müssen vermehrt leicht verdauliche kohlenhydratreiche Speisen – auch in Form von Zwischenmahlzeiten – angeboten werden. Qualitativ aufgewertet werden kann das Essensangebot in der Gemeinschaftsverpflegung durch bevorzugte Verwendung von Reis, Nudeln, Kartoffeln, Brot, frischen Gemüsen, Obst und fettarmen Milchprodukten. Auch das Getränkeangebot sollte abwechslungsreich sein: magnesiumreiches Mineralwasser, verschiedene Fruchtsäfte, diverse Teezubereitungen, Kakao, Milchmixgetränke.

Tabelle 7.10: Leitlinien für die Verpflegungseinrichtungen im Sportbereich

- Betonung des Kohlenhydratanteils in der Kost vor allem in Form der vorteilhaften komplexen Kohlenhydrate
- strikte(!) Kontrolle der Fettzufuhr, insbesondere in Verbindung mit dem Verzehr eiweißreicher Lebensmittel sowie bei der Zubereitung (voran stehen fettfreie Garmethoden)
- hohe essentielle Nährstoffdichte in den Speisen, d. h. bestmöglicher Vitamin- und Mineralstoffgehalt in bezug zum Energiegehalt
- verteiltes, diverses Speisenangebot
- Bereitstellung von verschiedenen Getränken, die bekömmlich, durstlöschend, kalium- und magnesiumreich sind.

Besteht eine Vollverpflegung, beispielsweise in Schulen, Trainingslagern und Hotels, so muß vor allem ein kohlenhydratbetontes, vielseitiges Frühstück – am besten als Buffet – angeboten werden. Bei einem entsprechenden Lebensmittel- und Speisenangebot (Tabelle 7.11) und einer guten Information des Sportlers ist gerade die Möglichkeit, sich Mahlzeiten selbst zusammenzustellen, die beste Voraussetzung für eine persönliche richtige Ernährung.

7.8.2 Verpflegung im Ausland

Bei Reisen in ferne Länder sind für den Sportler neben der Zeitverschiebung und dem Klimawechsel vor allem Probleme bei der Ernährungsumstellung und Lebensmittelhygiene zu beachten. Ungewohnte und fettreiche Speisen sowie offen angebotene, mit Eiswürfeln gekühlte Getränke sollte man am besten meiden.
Oft empfiehlt es sich gerade im Ausland, Vollkornbrot, Vollkornkekse und Haferflocken sowie eventuell Mineralsalzmischungen mitzunehmen.
Das größte Problem stellen aber Magen-Darm-Verstimmungen mit Durchfallerkrankungen dar. Ungewohnte Speisen, beispielsweise mit viel Öl zubereitete Gerichte, können die Ursache dafür sein. Vor allem aber enthalten Leitungswasser, Eis, ungeschältes Obst, ungewaschene Gemüse und Rohkostsalate oft Keime in höherer Konzentration, die unser Magen-Darm-System nicht verträgt.

Tabelle 7.11: Orientierungspunkte für die Speisengestaltung im Sport

- Vorsuppen, sofern gereicht, sind stets mit Reis-, Nudel- oder Kartoffeleinlage zu versehen.
- Die sonst üblichen Nährmittel-Beilagen Reis, Nudeln, Spätzle, (Semmel)-Knödel, (Pell-)Kartoffeln sollen mengenmäßig dominieren – der Kohlenhydrate wegen. Die Eiweißträger Fleisch, Fisch, Huhn werden zur Beilage.
- Für die Zubereitung der Speisen sind immer möglichst fettarme Garverfahren zu wählen! Ziel ist eine leichte Verdaulichkeit der Speisen.
- Es ist darauf zu achten, daß nur junges, wenig Zellulose enthaltendes Gemüse Verwendung findet. Der Verzicht auf blähendes Gemüse / Hülsenfrüchte versteht sich von selbst.
- Es ist im Sinne der Geschmackspräferenzen der Sportler wünschenswert, ein alternatives Angebot der wichtigen Kohlenhydrat-Beilagen und Nachtische bereitzustellen, d. h. wenn die Fleisch- oder Fischspeisen es ermöglichen, dazu verschiedene Kohlenhydratbeilagen anzubieten, beispielsweise zum Fisch Reis und Kartoffelpüree oder zum Braten bzw. Gulasch Knödel (Semmel- oder Kartoffelknödel) und Teigwaren (Nudeln oder Spätzle). Als Nachspeise sind frisches Obst, Obstsalate, Fruchtkaltschalen, Joghurtspeisen und Pudding mit Fruchtsirup empfehlenswert.

Ein Problem kann auch die mangelnde Magensalzsäurebildung (Schutz vor Lebensmittelinfektionen) sein, die bei hohen Schweißverlusten auftritt. Man sollte dann das Essen entsprechend stärker salzen und würzen sowie saure Zitrussäfte trinken.
Bei einer Erkrankung empfiehlt sich abgekochter schwarzer Tee, leicht gesüßt und mit einer Prise Kochsalz. Wegen des Durchfalls wird man am ehesten Zwieback oder Knäckebrot dazu mögen. Bei stärkeren Beschwerden ist der Arzt zu fragen.
Ansonsten sollte man jedoch mit Appetit und Freude ans Essen gehen, denn das Genußempfinden selbst fördert die körperlichen Voraussetzungen für einen einwandfreien Verlauf der Verdauungsvorgänge.
Übrigens, auch auf Reisen ist das über den Tag verteilte Essen und Trinken in Form von kleinen Portionen die beste Empfehlung, um Leistungseinbußen durch Zeitverschiebungen, Klimawechsel und Ernährungsumstellung vorzubeugen.

Kapitel 8

Kritische Anmerkungen zu Wirkstoffen und leistungssteigernden Maßnahmen im Sport

Eine Reihe von Präparaten, die unterschiedliche chemische Substanzgruppen enthalten und zum Teil sogar im Lebensmittelhandel erhältlich sind, werden aus marketingtechnischen und verkaufsfördernden Gründen mit Aussagen beworben, die in keiner Weise wissenschaftlich belegbar sind und maßgeblich auf Spekulationen beruhen. Im folgenden sollen die aktuellen Substanzgruppen hinsichtlich der sportmedizinisch, ernährungsphysiologisch und biochemisch vertretbaren Wirkmechanismen erörtert werden.

8.1 Enzyme, Fatburner

Da es sich bei diesen Substanzen um Eiweißverbindungen handelt, müssen Denaturierungs- und Abbauvorgänge bei der Magen-Darm-Passage berücksichtigt werden. Präparate (Arzneimittel), die bei Krankheiten aus therapeutischen Gründen zum Einsatz gelangen, weisen eine veränderte Galenik auf, so daß es durchaus denkbar erscheint, daß der eigentliche Wirkstoff in der Dünndarmregion freigesetzt wird. Der Einsatz von Verdauungsenzymen ist beim gesunden Leistungssportler, auch bei gesteigerter Nahrungsaufnahme, nicht notwendig.
In der letzten Zeit sind vermehrt Präparate (Enzyme wie *Bromelin* und *Papain*) auf den Markt gekommen, die gezielt Fett abbauen sollen *(Fatburner)*. Beobachtungen beim Umgang mit diesen Wirksubstanzen zeigten eine erhebliche Veränderung der Verdauung, wobei es maßgeblich zu einer Veränderung des Stuhlvolumens bis hin zum Durchfall kommt. Es erscheint denkbar, daß der Körper durch diese Maßnahme zur Abdeckung seines Energiebedarfs Fettdepots mobili-

siert. Eine direkte Wirkung auf die Lipolyse konnte aber nicht nachgewiesen werden. Einige Hersteller empfehlen mehrwöchige Kuren, die jedoch bedenklich erscheinen, da dem Körper durch die veränderte Verdauung essentielle Nährstoffe vorenthalten werden können. Mangelerscheinungen sind nicht auszuschließen.

In den USA sind in sogenannten Fatburner-Präparaten noch weitere Substanzen enthalten: *Carnitin, Arginin* und *Ornithin, Inositol* (ein zuckerähnlicher Stoff, der früher den B-Vitaminen zugeordnet wurde) und jodhaltiges Algenpulver zur Stimulierung der Schildrüse. Es liegen jedoch insgesamt keine gesicherten medizinischen Untersuchungsergebnisse über einen günstigen Einfluß auf den Fettabbau vor. Fazit: Ein vermehrter Fettabbau erfolgt grundsätzlich nur bei einer gesteigerten körperlichen Aktivität und ist nicht durch «Pilleneinnahme» zu erzwingen.

8.2 Phospholipide

Lecithin verkürzt angeblich die Erholungszeit. Die dazu vorliegende relevante Studie (MIES, 1960) wurde an sechs Sportstudenten und mit der damals vorhandenen Untersuchungstechnik durchgeführt. Kontrollierte, randomisierte Studien im Doppelblind-Testverfahren liegen dagegen nicht vor.

8.3 Coenzym Q_{10} und Inosin

Beide Substanzen wurden in Arzneimitteln bei der Behandlung der hypoxischen Herzinsuffizienz eingesetzt.

Die Ubiquione sind eine Gruppe von Substanzen, auf die alle sauerstoff-energetischen Lebewesen, angefangen bei den Mikroorganismen bis zu den Menschen, angewiesen sind.

Ubiquion Q_{10} ist die dem menschlichen Organismus angepaßte Einzelsubstanz aus dieser Gruppe. Es wirkt gleichermaßen wie ein Vitamin und Enzym. Dieser natürliche Wirkstoff besteht aus einem gewebefreundlichen, ungesättigten Fettanteil und einem Molekülanteil, der mit seinem Oxidationspotential die maximale Sauerstoffversorgung des Herzens sichert bei gleichzeitiger Stärkung der Abwehrkräfte.

CoQ_{10} (Ubidiquion Q_{10}) soll eine bessere Sauerstoffverwertung, sinnvolle Energieausnutzung und Leistungssteigerung ermöglichen. (Literatur: E. G. Bliznakow, G. L. Hunt, The Mircale Nutrient Coenzyme Q_{10}, Bantam Books, N. Y. 1987.)

8.4 Aminosäuren

Aminosäurepräparate werden nicht wie Proteinkonzentrate als Aufbaunahrung eingesetzt, sondern man schreibt ihnen pharmakologische – also arzneiliche – Effekte zu:
1. Steigerung der Hormonsynthese (z. B. Wachstumshormon)
2. Verkürzung der Regenerationszeit
3. Steigerung (Anregung) der Muskelproteinsynthese
4. Schutz vor Proteinverlusten und geringer ausgeprägte Ermüdungserscheinungen bei intensiven Belastungen
5. Beeinflussung psychischer Vorgänge (Vorstufe der Serotoninsynthese).

Ansatzweise konnten in letzter Zeit einzelne Untersuchungsergebnisse zum Teil eine Bestätigung dieser Thesen liefern, ein abschließendes Urteil ist jedoch nicht möglich. Auch muß berücksichtigt werden, daß die Studien teilweise an Patientenkollektiven mit manifesten krankhaften Veränderungen durchgeführt wurden und die Ergebnisse jetzt zunehmend auf eine mögliche Leistungssteigerung bei Sportlern theoretisch spekulativ übertragen werden.
Es fehlen kontrollierte Studien an einem entsprechenden Sportleruntersuchungskollektiv.

8.5 Isotonie

Die Isotonie ist bei der Getränkeherstellung zunächst nur ein labortheoretischer Ansatz. Die Konzentration der gelösten Bestandteile eines Getränkes soll den Verhältnissen in der Blutflüssigkeit entsprechen. Unter physiologischen Bedingungen wird aber die Isotonie bereits bei der Magen-Darm-Passage verändert. Daher sind leicht hypotone Getränke unter der Zielsetzung der raschen Flüssigkeitsresorption besser geeignet.
Die Isotonie wird durch Zuckerzusatz erreicht, der Mineralstoffgehalt ist dagegen oft sehr gering.

8.6 Antioxidantien

Vielversprechender als ein möglicher leistungssteigernder Effekt einzelner Wirkstoffe und essentieller Nährstoffe sind die antioxidativen Eigenschaften einzelner Vitamine – insbesondere Vitamin E, Vitamin C und β-Carotin – sowie von Selen. Sie werden dann nicht verabreicht, um eine Leistungssteigerung zu erzielen, sondern um den Organismus vor den Folgen einer intensiven körperlichen Belastung zu schützen. In diesem Zusammenhang wird der sogenannte oxidative Streß angeführt. Nach Sies (1988) führen körperliche Belastungen größeren Ausmaßes, wie Bergsteigen und als Extremfall der Marathonlauf, zum oxidativen Streß.
Die Bildung von reaktiven Sauerstoffverbindungen unter physiologischen und pathologischen Bedingungen ist eine normale Begleiterscheinung des aeroben Stoffwechsels. So werden laufend Superoxidanionen und Wasserstoffperoxide gebildet. Diese freien Radikale sind hochreaktive Moleküle, die den Körperzellen ernsten Schaden zufügen können. Sie können Kettenreaktionen auslösen, bei denen verschiedene Zellkomponenten (z. B. die hochungesättigten Lipide der Zellmembranen) oxidiert und zerstört werden können – es sei, ein Antioxidans blockiert den Reaktionsablauf als sogenannter *Radikalen-Fänger*. Auch der Singulett-Sauerstoff *(aktivierter Sauerstoff)* kann durch Vitamin E und β-Carotin unschädlich gemacht werden.
Gesundheitsschutz bei vermehrten Belastungen setzt also ein ausreichendes Vorhandensein antioxidativer Nährstoffe voraus. Für die Lipidbestände sind die Antioxidantien Vitamin E und β-Carotin wichtig. Im wäßrigen Raum der Zelle wirken Vitamin C und Selen als Antioxidantien bzw. Schutznährstoffe.
Die Erforschung der Antioxidantienrolle von Nährstoffen wird zur Zeit sehr intensiv betrieben, so daß konkrete Empfehlungen für die Antioxidantien-Supplementation gegeben werden können: 150 mg Vitamin C, 60 mg Vitamin E und 15 mg Carotinoide einschließlich β-Carotin = Provitamin A pro Tag. β-Carotin gilt nach heutiger Kenntnis im Gegensatz zum Vitamin A selbst in hoher Dosierung als gesundheitlich unbedenklich.

8.7 Doping

Unter diesem Begriff sind Wirkstoffgruppen und Methoden zusammengefaßt, mit deren Hilfe eine künstliche Leistungssteigerung erzielt werden soll. Zu den derzeit verbotenen Wirkstoffgruppen gehören *Stimulantien, Narkotika, anabole Steroide, Beta-Blocker und Diuretika*; Alkohol, Lokalanästhetika und Corticosteroide gelten als eingeschränkt anwendbare Wirkstoffgruppen. Aufgrund der Erfahrungen der Olympischen Spiele 1984 in Los Angeles wurde Blutdoping als Methode verboten.

Grundsätzlich muß aus medizinischer Sicht darauf hingewiesen werden, daß die Gabe eines Medikamentes aus den verbotenen Wirkstoffgruppen nicht notwendigerweise mit einer objektivierbaren Leistungssteigerung einhergeht, wie dies häufig in der wissenschaftlichen Sekundärliteratur beschrieben wird. Den Artikeln liegen häufig nur Beobachtungen oder subjektive Empfindungen zugrunde, die Wechselwirkungen oder Placebo-Effekte nicht ausschließen können.

Die regelmäßige Anwendung der Dopingpräparate führt relativ rasch zur Gewöhnung und bei bestimmten Wirkgruppen auch zur Sucht. Dosissteigerungen und später auch die Kombination unterschiedlicher Substanzgruppen sind die Folge; 20 Tabletten aus drei oder vier verschiedenen Wirkspektren sind in bestimmten (vor allem kraftbetonten) Sportarten als Tagesdosis keine Seltenheit. In solchen Fällen dominieren dann jedoch die Nebenwirkungen: Leberkrebs *(bei*

Abb. 8.1 Komponenten körperlicher Leistungsfähigkeit (nach: DE MARÉES, H.: Sportphysiologie. S. 546, hrsg. von den Troponwerken, Köln-Mühlheim)

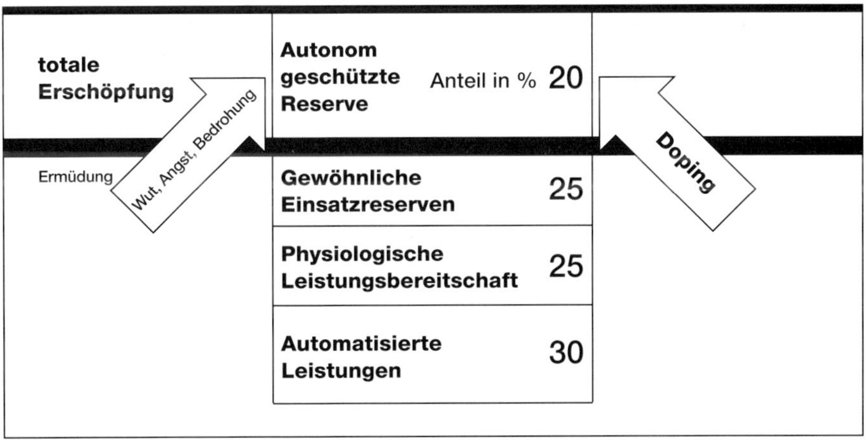

Anabolika), psychische Schäden mit ausgeprägt depressiver Stimmungslage *(bei Amphetaminen)* bis hin zum Todesfall sind die Folgen.

Fazit: Die Einnahme von Dopingpräparaten geht nicht unbedingt mit einer objektivierbaren Leistungssteigerung einher, führt aber nach kurzer Zeit schon zu irreversiblen gesundheitlichen Schäden.

Durch die Ereignisse der letzten Zeit entbrannte eine heftige Diskussion zu der Frage, inwieweit durch eine «Legalisierung» der Wirkstoffe und Methoden der Dopingmißbrauch eingeschränkt oder gar völlig aufgehoben werden kann.

Die Autoren dieses Buches stehen allen Maßnahmen einer künstlichen bzw. unphysiologischen Leistungssteigerung grundsätzlich ablehnend gegenüber und unterstellen den Sportlern, die trotz Kenntnis über die erheblichen gesundheitlichen Folgeerscheinungen Dopingmittel verwenden, einen profilneurotischen Intelligenzdefekt.

Vielmehr sind alle sportlerbetreuenden Personen (Trainer, Sportmediziner, Psychologen usw.) aufgefordert, die Athleten auf verschiedene, natürliche leistungssteigernde Maßnahmen hinzuweisen und diese gezielt in Trainings- und Wettkampfvorbereitungen zu integrieren.

Liste der verbotenen Wirkstoffgruppen und Methoden

I. Verbotene Wirkstoffgruppen

A. Stimulantien
B. Narkotika
C. Anabole Steroide
D. Beta-Blocker
E. Diuretika
F. Peptidhormone und Analoge

II. Verbotene Methoden

A. Blutdoping
B. Pharmakologische, chemische und physikalische Manipulation

III. Wirkstoffgruppen, zugelassen nur mit gewissen Einschränkungen

A. Alkohol
B. Lokalanaesthetika
C. Kortikosteroide

Anmerkung

Gemäß der Dopingdefinition der Medizinischen Kommission des IOC ist Doping der Gebrauch von Substanzen, die zu den verbotenen pharmakologischen Wirkstoffgruppen gehören, und die Anwendung unzulässiger Maßnahmen, wie das Blutdoping. Diese Art der Definition hat den Vorteil, daß neue pharmakologische Wirkstoffe, die zum Teil speziell für Dopingzwecke synthetisiert sein mögen, automatisch wegen ihrer Zugehörigkeit zu einer verbotenen Wirkstoffgruppe verboten sind. Um das Dopingverbot zu verdeutlichen, werden Beispiele für verbotene Wirkstoffe aufgezählt. Verwendet werden die «Internationalen Freinamen» (INN), die die Weltgesundheitsorganisation registriert. Diese Aufzählung ist nicht als eine vollständige, abgeschlossene Liste aller Substanzen aufzufassen.

Substanzen aus den verbotenen Wirkstoffgruppen dürfen unter keinen Umständen an im Wettkampf befindliche Athleten verabreicht werden, es sei denn, die Medizinische Kommission des IOC hat ihre Verwendung ausdrücklich erlaubt.

Wenn Substanzen aus den verbotenen Wirkstoffgruppen bei einer Dopingkontrolle analytisch nachgewiesen werden, wird die Medizinische Kommission des IOC entsprechend den Dopingkontrollregeln des IOC vorgehen. In diesem Zusammenhang sei darauf hingewiesen, daß die Gegenwart einer verbotenen Substanz einen Verstoß gegen die Dopingregeln darstellt, unabhängig von der Applikationsart.

Tabelle 8.1 Doping-Definition der Medizinischen Kommission des IOC für die Spiele der XXIV. Olympiade, Seoul 1988, und für die XIII. Winterspiele in Calgary 1988 (Quelle: Donike, M., Rauth, S.: Dopingkontrollen: Bundesinstitut für Sportwissenschaft 1989)

A. Stimulantien (Beispiele)

Amfepramon	Etamivan	Morazon
Amfetaminil	Etilamfetamin	Nikethamid
Amphenazol	Fencamfamin	Pemolin
Amphetamin	Fenetyllin	Pentetrazol
Benzphetamin	Fenproporex	Phendimetrazin
Cathin	Furfenorex und	Phenmetrazin
Chlorphentermin	verwandte Verbindungen	Phentermin
Clobenzorex	Koffein* (Coffein)	Phenylpropanolamin
Clorprenalin	Kokain (Cocain)	Pipradol
Cropropamid**	Mefenorex	Prolintan
Crotethamid**	Methamphetamin	Prophylhexedrin
Dimetamfetamin	Methoxyphenamin	Pyrovaleron
Ephedrin	Methylephedrin	Strychnin
Etafedrin	Methylphenidat	

* Ein positiver Dopingfall mit Koffein liegt vor, wenn die Koffeinkonzentration im Urin 12 Mikrogramm/ml übersteigt.

** Bestandteile von Micoren®.

B. Narkotika (Beispiele)

Alphaprodin	Dihydrocodein	Nalbuphin
Anileridin	Dipipanon	Pentazocin
Buprenorphin	Ethoheptazin	Pethidin
Codin	Ethylmorphin	Phenazocin
Dextromoramid	Levorphanol	Trimeperidin und
Dextropropoxyphen	Methadon	verwandte Verbindungen
Diamorphin (Heroin)	Morphin	

C. Anabole Steroide (Beispiele)

Bolasteron	Mesterolon	Norethandrolon
Boldenon	Metandienon	Oxandrolon
Clostebol	Metenolon	Oxymesteron
Dehydrochlormethyl-	Methyltestosterone und	Oxymetholon
testosteron	verwandte Verbindungen	Stanozolol
Fluoxymesteron	Nadrolon	Testosteron*

* Als Doping gilt die Applikation von Testosteron und jede andere Manipulation, die dazu führt, daß das Verhältnis der Urinkonzentration von Testosteron zu Epitestosteron höher als 6 liegt.
Es ist bekannt, daß die Applikation von Choriongonadotropin (HCG-Schwangerschaftshormon) und anderen Verbindungen mit ähnlicher Wirkung bei Männern zu einer erhöhten Produktion von androgenen Steroiden führt. Die Anwendung dieser Wirkstoffe ist daher verboten.

D. Beta-Blocker (Beispiele)		
Acebutolol	Metoprolol und verwandte Verbindungen	Propranolol
Alprenolol	Nadolol	Sotalol
Atenolol	Oxprenolol	
Labetalol		

E. Diuretika (Beispiele)		
Acetazolamid	Chlormerodrin	Furosemid
Amilorid	Chlortalidon und verwandte Verbindungen	Hydrochlorothiazid
Bendroflumethiazid	Diclofenamid	Mersalyl
Bumetanid	Etacrynsäure	Spironolacton
Canrenon		Triamteren

Tabelle 8.2 Beispiele zu den verbotenen Wirkstoffgruppen (Quelle: DONIKE, M., RAUTH, S.: Dopingkontrollen: Bundesinstitut für Sportwissenschaft 1989)

8.8 β-Endorphin

Hierbei handelt es sich um ein Peptid, das aus 31 Aminosäuren aufgebaut ist und dem eine analgesierende (schmerzlindernde) Wirkweise zugeschrieben wird. Dieser Effekt erklärt sich dadurch, daß die Substanz im Gehirn die Rezeptoren besetzt, über die auch die Wirkung von Opiaten ausgelöst wird (sogenannte *Morphin-Rezeptoren*). Das Gehirn ist in der Lage, das Peptid selbst zu synthetisieren, und verfügt so über ein körpereigenes Schmerzmittel, das aber nur im Extremfall gebildet wird. Diesem könnte nach neueren Erfahrungen eine Bedeutung bei Ausdauerbelastungen zukommen: Durch hartes, intensives Training überschreitet der Sportler regelmäßig und bewußt seine Schmerztoleranzgrenze und wird dadurch zunehmend schmerzunempfindlich; dies wäre eine Erklärung, warum z. B. verschiedene Läufer extreme Belastungen annähernd schmerzfrei durchhalten können, obwohl ihnen «das Blut förmlich aus den Schuhen quillt». Darüber hinaus könnte so auch die gelegentlich beschriebene «Sucht» nach dem Laufen verständlich werden: β-Endorphin erzeugt (als Medikament) ebenso eine Abhängigkeit wie die Morphine. Bevor jedoch die biologische Wirkung dieser Substanz nicht restlos geklärt ist, können Zusammenhänge im Sport nur spekulativ diskutiert werden und muß die Frage nach «physiologischem Doping durch β-Endorphin» offen bleiben.

8.9 Sportmedizinische Untersuchungen

Sie dienen zunächst der Prüfung des Gesundheitszustandes des Sportlers und sollen Erkrankungen, die eine Kontraindikation zum Sport darstellen, ausschließen. Darüber hinaus läßt sich mit den verschiedenen Belastungsverfahren die Leistungsfähigkeit des Athleten verifizieren.

Es sei an dieser Stelle auf zwei Aspekte kritisch hingewiesen:

1. Zahlreiche Sportler erkennen nicht die medizinische Relevanz dieser Untersuchungen; hier ist weitere Informationsarbeit unbedingt erforderlich.
2. Nur wenige, sportmedizinisch ausgebildete Ärzte erläutern den Sportlern die Untersuchungsergebnisse und deren Konsequenzen für Trainingssteuerung und Wettkampfvorbereitung; eine enge Zusammenarbeit zwischen Athlet, Trainer und Arzt sollte zukünftig angestrebt werden.

Anhang

Literatur

ADIBI, S.: Roles of branched-chain amino acids in metabolic regulation. J Lab Clin-Med 95 (1980) 475–484

ANDERSON, R. A.: Chrom und körperliche Leistungsfähigkeit. VitaMinSpur 4 (1989) 14–18

BACH, A. C.: Carnitine in human nutrition. Z. Ernährungswiss. 21 (1928) 257 bis 265

BÄSSLER, K.-H.; FEKL, W.; LANG, K.: Grundbegriffe der Ernährungslehre, Berlin, Heidelberg, New York, Springer[4], 1987

BECKER, H.: Das Öl der Nachtkerze Oenothera biennis, eine Quelle therapeutisch und diätetisch interessanter Fettsäuren. Zeitschrift für Phytotherapie (1983) 3–15

BENNINGHOFF, A.; GOERTTLER, K.: Lehrbuch der Anatomie des Menschen, Band 1–3, München, Berlin, Wien: Urban und Schwarzenberg

BERDANIER, C.: Role of Membrane Lipids in Metabolic Regulation. Nutrition Reviews 46 (1988) 145–149

BERG, A.; LAIS, M.; HUBER, G.; KEUL, J.: Einfluß einer biologischen Wirkstoffkombination auf die belastungsbedingten Serumveränderungen der Kreatinkinase-Aktivität, des Harnstoffspiegels sowie der Spurenelemente Eisen und Zink bei Ausdauersportlern. Dtsch. Ztschr. Sportmed. 36 (1985) 170–175

BERG, A.; BAUMSTARK, M.; ROKITZKI, L.; KEUL, J.: Die essentiellen Fettsäuren (omega-3- und omega-6-Fettsäuren). Ihre Bedeutung für die Prävention und Rehabilitation von Herz-Kreislauf-Erkrankungen. Dtsch. Ztschr. Sportmed. 38 (1987) Sonderdruck Heft 12, 3–8

BEUKER, F.: Magnesium – das Vielgesichtige. Herz, Sport und Gesundheit 4 (1987) 40–41

BIENER, K.: Sportmedizin, Band 1–3, Derendingen–Solothurn: Habegger

BOESE, B.; ROHDE, A.; MEIER-PLOEGER, A.: Keimlinge – eine Bereicherung des Gemüseangebotes? AID-Verbraucherdienst 31 (1986) 54–59

BÖHMER, D.: Elektrolytverluste durch Schweiß. In: Sportmedizin – Kursbestimmung (RIECKERT, H. [Hrsg.]), Berlin, Heidelberg: Springer, 1987, 508 bis 512

BREDENKAMP, A.; HAMM, M.: Trainieren im Sportstudio, Bünde: Fitness-Contur Verlag 1990

BROD, B.; MENDEN, E.: Pflanzliches und tierisches Eiweiß in der Ernährung des Menschen. Eine Standortbestimmung aus physiologischer und ökunomischer Sicht. Schriftenreihe Verbrauchs- und Ernährungsforschung, Vereinigung Getreide-, Markt- und Ernährungsforschung e. V. (Hrsg.), Bonn–Bad Godesberg (1984) 2–47

BROUNS, F.; SARIS, W.; TENHOOR, F.: Der Einfluß von Kohlenhydraten und Flüssigkeit auf die Leistungsfähigkeit von Mannschaftssportlern. Leistungssport (1987) H. 5, 5–10

BRUBACHER, G.: Bestimmung von Vitaminen und Beurteilung von Normwerten. In: Vitamine und Leistung (KEUL, J. Hrsg.), Grenzach–Wyhlen: Editiones Roche 1988, 15–25

BUDDECKE, E.: Grundriß der Biochemie. Berlin, New York: De Gruyter[7] 1985

BURGERSTEIN, L.: Heilwirkung von Nährstoffen. Heidelberg: Haug[4] 1985

BYLUND, A.-C. et al.: Physical Training in Man. Skeletal Muscle Metabolism in Relation to Muscle Morphology and Running Ability. Physiology and Occupational Physiology 36 (1977) 151 bis 169

COLGAN, M.: Ihr persönliches Vitamin-Profil. Bayreuth: Hestia 1985

COSTILL, D. L.: Carbohydrates for Exercise. Int. J. SportsMed. 9 (1988) 1–18

DEUTSCHE GESELLSCHAFT FÜR ERNÄHRUNG (Hrsg.): Ernährungsberichte 1984 und 1988, Frankfurt

DEUTSCHE GESELLSCHAFT FÜR ERNÄHRUNG (Hrsg.): Empfehlungen für die Nährstoffzufuhr. Frankfurt: Umschau-Verlag[4] 1985/1991

DICKHUTH, H.; AUFENANGER, W.; KEUL, J.: Kohlenhydrate und körperliche Leistungsfähigkeit. In: Sport und Gesundheit, 7. Sportmed. Seminar «Sportgerechte Ernährung», Tübingen 83 (1984) 37–42

DONATH, R.; SCHÜLER, K.-P.: Ernährung der Sportler, Berlin: Sportverlag[3] 1985

DONIKE, M.; RAUTH, S.: Dopingkontrollen. Bundesinstitut für Sportwissenschaft 1989

DREWS, H.: Magnesiumzufuhr durch Mineralwasser. AID-Verbraucherdienst 34 (1989) 130

EISENMANN, P.; JOHNSON, D.: Coaches Guide to Nutrition and Weight Control. Champaign Illinois: Human Kinetics Publishers 1982

ELMADFA, I.; FRITZSCHE, D.; CREMER, H.-D.: Die große Vitamin und Mineralstoff Tabelle. München: Gräfe und Unzer 1984

ELMADFA, I.; LEITZMANN, C.: Ernährung des Menschen. Stuttgart: Ulmer 1988

ELMADFA, I. et al.: Die große GU Nährwerttabelle. München: Gräfe und Unzer 1988/1989

ERBERSDOBLER, H. F.: Nahrungsergänzungsprodukte für Sportler. Ernährungsphysiologische Grundlagen und praktische Konsequenzen. Lebensmittelchem. Gerichtl. Chem. 43 (1989) 1–3

ERBERSDOBLER, H. F.: Milchproteine für Aufbau-, Diät- und Geriatrische Ernährung; in: NIENHAUS, A., REIMERDES, E. H.: Milcheiweiß für Lebensmittel, Hamburg: Behr's 1987, S. 201–217

ERBERSDOBLER, H. F.; TRAUTWEIN, E.: Lysino-alanin-Indikator der Proteinschädigung oder toxischer Lebensmittelbestandteil? Ernährungsumschau 31 (1984) 147–150

ERP-BAART v., A. et al.: Part I. Energy, Carbohydrates, Protein and Fat Intake. Int. J. SportsMed. 10 (1989) 3–10

FÖRSTER, H.: Grundlagen von Ernährung und Diätetik. Frankfurt: Govi Verlag 1978

GEISS, K.-R.; NÖCKER, J.; WAAG, K.-L.; KASPER, H.; QUEENEY, D.: Das Calorymetic-System; im Vertrieb der Spo-Med Ag, CH-Unterägerie 1989

HAAS, R.: Eat to succeed. New York: Rawson Associates 1986

HAMM, M.; NILLES, M.: Gemeinschaftsverpflegung. Herz, Sport und Gesundheit 3 (1986) 28–31

HAMM, M.; HAMM, C.: Fitneßernährung für Herz und Kreislauf. Köln: Echo Verlag 1987

HAMM, M.; WEBER, M.: Sporternährung praxisnah. Weil der Stadt: Hädecke 1988

HAMM, M.: Sporternährung praxisnah. Deutsche Apotheker Zeitung 128 (1988) 684–689

HAMM, M.: Alternative Kostformen im Sport, Dialog Ernährung und Vitamine, evi, Frankfurt 1989

HAMM, M.: Sportlernahrung. Vortrag auf Symposium Aktuelle Fragen der Ernährung. Deutsche Gesellschaft für Ernährung und Gesellschaft Deutscher Chemiker, Fachgruppe «Lebensmittelchemie und gerichtliche Chemie», Gießen 14.4.1989

HAMM, M.: Ernährungsberatung. In: Ratgeber zur Betreuung von Herzgruppen (HALHUBER, M.-J.; KRASEMANN, E. O.; MÜCKE, F. Hrsg.); Köln 1989: Echo Verlags GmbH 241–249

HAMM, M.: Fitnessernährung, Reinbek bei Hamburg: Rowohlt Taschenbuch Verlag 1990

HAMM, M.: Schluß mit dem Diät-Streß! München: Humboldt Taschenbuchverlag 1992

HAMM, M.; STROBEL, S.; FALAVIGNA, L.: Das Fitness-Kochbuch, Reinbek bei Hamburg: Rowohlt Taschenbuch Verlag 1992

HARALAMBI, G.: Einführung in die Sportbiochemie. Berlin: Bartels und Wernitz 1985

Heine, H.; Kolenda, Cl.: Anregung der physiologischen Lysefähigkeit neutrophiler Granulozyten durch biologische Wirkstoffkombinationen – untersucht an Regazell Energen. Cytobiologische Revue 12 (1988) Sonderdruck 3 bis 8

Hüllemann, K.-D.: Leistungsmedizin. Sportmedizin. Stuttgart: Thieme Verlag

Isidori, A.; Monaco, A.; Cappa, M.: A study of growth hormone release in man after oral administration of amino acids. Current Medical Research and Opinion 7 (1981) 475–481

Jekat, F.: Nahrungseiweiß. AID-Verbraucherdienst 29 (1984) 179–184

Jekat, F.: Mineralstoffe, Salze, Elektrolyte in Nahrung und Organismus des Menschen. AID-Verbraucherdienst 31 (1986) 179–182

Jungmann, K.; Möhler, H.: Biochemie. Berlin, Heidelberg, New York: Springer

Karlson, P.: Kurzes Lehrbuch der Biochemie für Mediziner und Naturwissenschaftler. Stuttgart: Georg Thieme Verlag[9]

Kasper, H.: Ernährungsmedizin und Diätetik. München, Wien, Baltimore: Urban und Schwarzenberg[6] 1987

Keidel, W. D.: Kurzgefaßtes Lehrbuch der Physiologie. Stuttgart: Thieme

Ketz, H.-A.: Grundriß der Ernährungslehre. Jena: Gustav Fischer[2] 1984

Ketz, H.-A.: Die Ernährung des gesunden Menschen. Berlin: Volk und Gesundheit[4] 1980

Ketz, H.-A.: Ernährung und Leistung II. Der Einfluß der Ernährung auf die geistig-psychische und körperliche Leistungsfähigkeit. Ernährungsforschung 21 (1976) 100–103

Keul, J.: Kohlenhydrate zur Leistungsbeeinflussung in der Sportmedizin. Nutr. Metabol. 18 (1975) Suppl. 1, 157–170

Keul, J.: Ernährung und Hochleistungssport. In: V. Symposium Wissenschaft und Ernährungspraxis: Ernährung und Leistungsfähigkeit. Bad Soden 4. 5. 1984

Keul, J.; Hollmann, W.; Bässler, K.-H.; Kindermann, W.; Berg, A.; Weicker, H.; Howald, H.; Nöcker, J.; Dewijn, J. F.; Schürch, P.: Leistungsförderung durch gezielte Ernährung. 29. Colloquium, Bundesverband der diätetischen Lebensmittelindustrie, 1979

Keul, J.; Witzigmann, E.: Die Olympia-Diät. München: Heyne 1988

Kieffer, F.: Spurenelemente und ihre Steuerfunktion. Dtsch. Z. Sportmed. 37 (1986) 119–123

Klahr, S.; Purkerson, M. L.: Effects of dietary protein on renal function and on the progression of renal disease. Am J-Clin Nutr 47 (1988) 146–152

Klepping, J.; Boggio, V.; Marcer, I.: Résultats d'enquêtes alimentaires réalisées chez des sportifs français. Schweiz. Ztschr. Sportmed. 31 (1984) 15 bis 19

Koerber, K. v.; Männle, T.; Leitzmann, C.: Vollwert-Ernährung, Heidelberg: Haug[5] 1986

Konopka, P.: Sporternährung. München: BLV[3] 1988

Kraayenhof, H.: Nahrungsergänzungen im Spitzensport. ORTHOMolekular (1987) 18–20

Kübler, W.: Nährstoffdichte – Grundlagen und Anwendung in der Ernährungspraxis. AID-Verbraucherdienst 31 (1986) 47–53

Laube, H.: Kohlenhydrate in der Ernährung. Ihr Einfluß auf Krankheiten und stoffwechselaktive Hormone. München, Berlin, Wien: Urban und Schwarzenberg 1976

Lemon, P.: In vivo leucine oxidation at rest and during two intensities of exercise. Journal of Applied Physiology 53 (1982) 947–954

Lemon, P.: Auswirkung der Eiweißzufuhr auf die Stoffwechselvorgänge bei Hochleistungssportlern. Deutsche Molkerei-zeitung 105 (1984) 978–982

Lyte, M.; Shinitzky, M.: A special lipid mixture for membrane fluidization. Biochimica et Biophysica Acta 812 (1985) 133–138

MACHLIN, L. J.: Handbook of Vitamins. Nutritional, Biochemical and Clinical Aspects. New York and Basel: Marcel Dekker, Inc. 1984

MADER, A.: Magnesium und sportliche Leistung. Dtsch. Z. Sportmed. 38 (1987) Sonderheft, 50–59

MARÉES DE, H.: Sportphysiologie. Medizin von heute, Band 10, Köln: Tropon 1976

MIES, H.: Über den Einfluß des «Lecithins» auf den Erholungsvorgang. Münchener Medizinische Wochenschrift 100 (1958) 2009–2011

MIES, H.; ERNST, E.: Weitere Untersuchungen über den Einfluß des «Lecithins» auf den Erholungsvorgang. Münchener Medizinische Wochenschrift 102 (1960) 713–716

MOCH, K.-J.: Sport und Ernährung. Ernährungs-Umschau 35 (1988) B 41 bis B 44

MOCH, K.-J.: Erwiderung. Arbeitskreis Sport und Ernährung. Ernährungs-Umschau 36 (1989) B 4

NÖCKER, J.: Die Ernährung des Sportlers. Schorndorf: Hofmann 1978

ODRIOZOLA, J.: Iron Metabolism in Athletes. New Studies in Athletics. Rom: I. A. A. F. 1987, 93–100

OTTAWAY, P.; HARGIN, K.: Food for Sport. A Handbook of Sports Nutrition. Cambridge: Resource Publications 1985

PROKOP, L.: Gemeinschaftsverpflegung im Sport. Österr. Journal für Sportmedizin (1983), 28–30

PUDEL, V.: Praxis der Ernährungsberatung. Berlin, Heidelberg, New York: Springer 1985

RAPOPORT, S. M.: Medizinische Biochemie. Berlin: VEB Verlag Volk und Gesundheit

REINDELL, H.; ROSKAMM, H.: Herzkrankheiten. Berlin, Heidelberg, New York: Springer

REUSS, F.: Aminosäuren. Fitness News 1989 (Serie)

REUSS, F.: Diskussion zum Beitrag «Sport und Ernährung», Ernährungs-Umschau (1988) B 41–B 44. In: Ernährungs-Umschau 36 (1989) B 3

ROKITZKI, L.; KEUL, J.: Vitamine im Sport. Dtsch. Z. Sportmed. 39 (1988) Nr. 2, 44–49

ROKITZKI, L.; HUBER, G.; BERG, A.; KEUL, J.: Die Bestimmung von fett- und wasserlöslichen Vitaminen im Blut und Serum bei Normalpersonen und Sportlern. Dtsch. Z. Sportmed. 39 (1988) Sonderheft, 26–34

ROKITZKI, L.; DICKHUTH, H.-K.; HUBER, G.; JAKOB, E.; KEUL, J.: Ernährung, Vitamin-Substitution und sportliche Leistungsfähigkeit. In: dialog Ernährung und Vitamine, Frankfurt, evi 1989 Ausgabe 9, 1–6

ROST, R.; HAMM, M.; NILLES, M.: Sportmedizinische und ernährungswissenschaftliche Aspekte. Band 24 der Beiträge zur Trainings- und Wettkampfentwicklung im Hallenhandball (MÜLLER, H. J., Hrsg.), Mandelbachtal 1984

ROST, R.: Herz und Sport. Erlangen: perimed Fachbuch Verlagsgesellschaft mbH

SARIS, W. (Hrsg.): Nutrition and Top sport. Int. J. SportsMed. 10 (1989) Supplement 1, S 1–S 76

SCHMIDT, R. F.; THEWS, G.: Einführung in die Physiologie des Menschen. Berlin, Heidelberg, New York: Springer

SCHNABEL, A.: Sportgerechte Ernährung. In: Sportmedizin im Mannschaftssport. Beiträge zur Sportmedizin, Band 14, Erlangen: perimed

SCHNEIDER, F.; ZERBES, H.; GÖTTE, H.-C.; KÜHNE, K.: Die Rolle der Nahrungseiweiße in der Sportlerernährung. Med. u. Sport 21 (1981) 183–187

SIEBERT, G.: Gehirnstoffwechsel und mentale Leistungen unter dem Einfluß von Glucose. Ernährung/Nutrition 11 (1987) 474–480

SIES, H.: Vitamine als Antioxidantien: Vitamin E, Vitamin C, beta Carotin und das Spurenelement Selen. In: Vitamine und Leistung (KEUL, J., Hrsg.), Grenzach Wyhlen: Editiones Roche 1988, 1–14

SOUCI, S.; FACHMANN, W.; KRAUT, H.: Die Zusammensetzung der Lebensmittel. Stuttgart: Wissenschaftliche Verlagsgesellschaft mbH

STURMAN, J. A.: Taurine in development. J. Nutrition 118 (1988) 1169–1176

VICTORIA, R.: L'Alimentation et le Sport. Consommateurs Actualités. Paris (1986) Nr. 551, 7–13

WILLIAMS, C.: Dietary manipulation and athletic performance. In: Science and sporting performance (DAVIES, B.; THOMAS, G., Hrsg.). Oxford: Publications 1982, 6–22

WILLIAMS, M. H.: Nutrition for Fitness and Sport. Wm. C. Brown Publishers. Dubuque 1992, 3. Aufl.

WIRTHS, W.: Kleine Nährwert Tabelle der Deutschen Gesellschaft für Ernährung. Frankfurt: Umschau Verlag

WORM, N.: Das Kohlenhydrat Kompendium. München: TR-Verlagsunion 1988

Foods, Nutrition and Sports Performance. Proceedings of an International Consensus held 4–6 February 1991, Lausanne. Journal of Sports Science Volume Nine, Special Issue 1991.

Stellungnahme der Untergruppe «Sportlerernährung» der Arbeitsgruppe «Fragen der Ernährung» der Lebensmittelchemischen Gesellschaft, Fachgruppe in der GDCh. Lebensmittelchemie 45 (1991), 20–22.

Fachartikel zur Sportlerernährung erscheinen laufend in nachfolgend genannten Zeitschriften:

Aktuelle Ernährungsmedizin – Klinik und Praxis (fortlaufende Bände), Georg Thieme Verlag, Stuttgart, New York

Ernährungs-Umschau – Aus Forschung und Praxis (fortlaufende Bände), Umschau Verlag, Frankfurt

Leistungssport – Zeitschrift für die Fortbildung von Trainern, Übungsleitern und Sportlehrern, Hrsg.: Deutscher Sportbund (fortlaufende Bände), Philippka-Verlag, München

Deutsche Zeitschrift für Sportmedizin (fortlaufende Bände), Deutscher Ärzte-Verlag GmbH, Köln

British Journal of Nutrition (fortlaufende Bände), Cambridge University Press, Cambridge, UK

American Journal of clinical nutrition (fortlaufende Bände), published by American society of clinical nutrition, Baltimore, USA

International Journal of Sports Medicine (fortlaufende Bände), Georg Thieme Verlag, Stuttgart, New York

Die Autoren

Dr. med. Kurt-Reiner Geiß arbeitet als Sportmediziner und hat in Zusammenarbeit mit der Stiftung «Deutsche Sport-Hilfe» viele Kaderathleten sport- und ernährungsmedizinisch an Olympiastützpunkten betreut und beraten; er hält Vorträge und Seminare zu den Themen Sporternährung, Trainingssteuerung und Wettkampfvorbereitung für Trainer und Sportler.

Prof. Dr. Michael Hamm (Jahrgang 1951) ist Ernährungswissenschaftler an der Fachhochschule Hamburg. Seine Arbeits- und Forschungsschwerpunkte sind: Sporternährung, Ernährungsberatung, Gesundheitserziehung und Diätetik. Er ist als Referent und Buchautor tätig. Ferner arbeitet er als Dozent für Sporternährung auf Fachseminaren des Deutschen Sportstudio Verbandes und betreut das Pilotprojekt Ernährungsberatung am Olympiastützpunkt Hamburg. Prof. Hamm hat 1991 an den Ergebnissen der Internationalen Wissenschaftlichen Konsensus-Konferenz «Nahrungsmittel, Ernährung und sportliche Leistung» in Zusammenarbeit mit dem IOC in Lausanne mitgearbeitet.

Functional Food
BEHR'S VERLAG